소 방
공무원
한국사

KB137351

PREFACE

소방공무원은 화재를 예방·진압하고 재난·재해 등의 위급한 상황에서의 구급·구조 활동 등을 통해 국민의 생명과 신체 및 재산을 보호함으로써 공공의 안녕과 질서 유지, 복리증진에 이바지함을 목적으로 한다. 또한 화재예방 및 구조와 구급 업무 이외에 지령실 업무 및 각 시설물들에 대한 소방점검을 비롯해 각종 긴급재난 예방활동도 하며, 해마다 각종 화재사고가 증가하고 있어 소방공무원의 선발인원은 매년 증가하고 있는 추세이다.

소방공무원(공채) 필기시험과목

시험의 출제수준은 소방업무수행에 필요한 기본적인 능력·지식을 검정할 수 있는 정도로 각 과목별로 변경된 출제분야에 대해 유의하여 학습전략을 세워야 한다.

본서는 한국사의 내용을 체계적으로 구분하고, 기출문제 분석과 함께 출제가 예상되는 핵심문제 풀이를 실어 단기간에 최대의 학습효과를 거둘 수 있도록 만전을 기하였다. 또한 최신 기출문제분석으로 학습의 마무리를 책임진다. 본서가 수험생 여러분을 합격의 길로 안내하기를 희망한다.

STUDY 학습Guide

step 1
핵심유형 정리

방대한 양의 기본이론을 체계적으로 정리하여 필수적인 핵심이론을 담았습니다. 한국사를 정치·경제·사회·문화로 분류하여 한국사 시험에서 가장 중요한 시대별 변화와 그 흐름을 쉽게 파악할 수 있습니다. 서원각만의 빅데이터로 구축된 빈출 사료를 수록하여 이론 학습과 동시에 문제 출제 포인트 파악이 가능합니다.

step 2
기출문제 파악

공무원 시험에서 가장 중요한 것은 기출 동향을 파악하는 것입니다. 이론정리와 기출문제를 함께 수록하여 개념이해와 출제경향 파악이 즉각적으로 이루어지도록 구성했습니다. 이를 통해 문제에 대한 이해도와 해결능력을 동시에 향상시켜 학습의 효율성을 높였습니다.

step3
예상문제 연계

문제가 다루고 있는 개념과 문제 유형, 문제 난도에 따라 엄선한 예상문제를 수록하여 문제풀이를 통해 기본개념과 빈출이론을 다시 한 번 학습할 수 있도록 구성하였습니다. 예상문제를 통해 응용력과 문제해결능력을 향상시켜 보다 탄탄하게 실전을 준비할 수 있습니다.

step 4
최신 기출분석

부록으로 최근 시행된 2021년 기출문제를 수록하였습니다. 최신 기출 동향을 파악하고 학습한 이론을 기출과 연계하여 정리할 수 있습니다. 각 문제마다 꼼꼼하고 명쾌한 해설을 제공하여 혼자서도 충분히 출제경향을 파악하고 스스로의 학습상태를 점검할 수 있습니다.

step 5
반복학습

반복학습은 자신의 약점을 보완하고 학습한 내용을 온전히 자기 것으로 만드는 과정입니다. 반복학습을 통해 이전 학습에서 확실하게 깨닫지 못했던 세세한 부분까지 철저히 파악하여 보다 완벽하게 실전에 대비할 수 있습니다.

01

핵심이론정리

방대한 양의 한국사 이론 중 시험에 빈출되는 핵심 내용만을 체계적으로 정리하여 학습의 효율을 높였습니다. 또한 학습한 내용을 바로 기출문제와 연계하여 확인할 수 있도록 이론과 기출문제를 연계하여 구성하였습니다.

---

01 역사의 학습목적

기출**PLUS**

기출 2016. 4. 9. 인사혁신처
다음 글을 근거로 할 때, 사료를 탐구하는 자세로 옳지 않은 것은?

▶ 보기
역사라는 말은 사람에 따라 다양한 뜻으로 사용되고 있지만, 일반적으로 '과거에 있었던 사실'과 '조사되어 기록된 과거'라는 두 가지 뜻을 지니고 있다. 즉, 역...

section **1** 역사의 의미

(1) 역사의 일반적 의미

일반적으로 '과거에 있었던 사실'과 '조사되어 기록된 과거'의 두 가지 ... 있다.

(2) 사실로서의 역사(history as past)와 기록으로서의 역사(history as histor...

① **사실로서의 역사** … 객관적 의미의 역사, 시간적으로 현재에 이르기까지 ... 든 과거 사건을 의미한다. 이러한 의미에서 역사란 바닷가의 모래알과 ...

02

출제예상문제

다양한 난도와 유형으로 엄선한 예상문제 풀이를 통해 문제해결능력을 높이고 자신의 학습도를 다시 한 번 점검할 수 있습니다.

Let's check it out

01 출제예상문제

01 다음은 어떤 역사서의 서문이다. 역사를 바라보는 필자의 태도와 가장 가까운 진술은?

> 듣건대 새 도끼 자루를 다루은 헌 도끼 자루를 표준으로 삼고 …… (중략) …… 범례는 사마천의 사기를 본받았고, 본기라고 하지 않고 세가라고 한 것은 명분의 중요함을 보이려 한 것인데 신우(우왕), 신창(창왕)을 세가에 넣지 않고 열전으로 내려놓은 것은 왕위 찬탈한 죄를 엄히 밝히려 한 까닭입니다.

① 역사는 과거의 복원이다.
② 역사는 과학 그 이상도 이하도 아니다.
③ 역사학습의 목적은 교훈을 얻는 데 있다.
④ 역사가는 과거의 사건을 평가해서는 안 된다.

TIP!
제시된 내용은 기록으로서의 역사로, 역사는 과거의 사실을 토대로 역사가가 이를 조사하고 연구하여 주관적으로 재구성한 것이라고 보고 있다.
①②④ 사실로서의 역사로, 객관적 사실만을 의미한다.

03

최신기출문제

2021년에 시행된 실제 기출문제를 풀어보면서 최종적으로 마무리하여 합격에 한 걸음 더 가까이 다가갈 수 있습니다.

2021. 4. 3. 소방공무원 채용

1 (개) 시대에 볼 수 있는 모습으로 가장 적절한 것은?

수행 평가 보고서

간석기

• 주제 : (개) 시대의 사회 변화
• 조사 내용 : 약 1만 년 전 빙하기가 끝나면서 한반도에는 오늘날과 유사한 자연환경과 기후가 나타나게 되었다. 당시 (개) 시대의 사람들은 강가나 바닷가에 머물면서 농경과 목축을 시작함으로써 조, 수수, 피 등 잡곡류를 생산할 수 있게 되었다. 또한 이들은 간석기 등의 정교한 돌 도구를 제작하기 시작하였다.

① 계절제를 주관하는 천군
② 가락바퀴를 사용하는 사람

CONTENTS 차 례

PART 01 한국사의 바른 이해

01 역사의 학습목적 ···································· 10
  출제예상문제 / 12
02 한국사와 세계사 ·································· 17
  출제예상문제 / 19

PART 02 선사시대의 문화와 국가의 형성

01 선사시대의 전개 ·································· 24
  출제예상문제 / 28
02 국가의 형성 ······································ 37
  출제예상문제 / 46

PART 03 고대 국가의 형성과 발전

01 고대의 정치 ······································ 62
  출제예상문제 / 72
02 고대의 경제 ······································ 88
  출제예상문제 / 92
03 고대의 사회 ······································ 98
  출제예상문제 / 103
04 고대의 문화 ······································ 110
  출제예상문제 / 118

PART 04 고려의 형성과 발전

01 고려의 정치 ······································ 130
  출제예상문제 / 142
02 고려의 경제 ······································ 159
  출제예상문제 / 166
03 고려의 사회 ······································ 173
  출제예상문제 / 177
04 고려의 문화 ······································ 184
  출제예상문제 / 192

CONTENTS

PART 05 조선의 형성과 발전

01 조선의 정치 ··· 204
　출제예상문제 / 215

02 정치상황의 변동 ··· 228
　출제예상문제 / 235

03 조선의 경제 ··· 242
　출제예상문제 / 248

04 경제상황의 변동 ··· 256
　출제예상문제 / 264

05 조선의 사회 ··· 275
　출제예상문제 / 281

06 사회의 변동 ··· 289
　출제예상문제 / 295

07 조선의 문화 ··· 303
　출제예상문제 / 311

08 문화의 새 기운 ··· 320
　출제예상문제 / 332

PART 06 근현대사의 이해

01 국제 질서의 변동과 근대 국가 수립 운동 ········· 346
　출제예상문제 / 367

02 일제의 강점과 민족운동의 전개 ················· 382
　출제예상문제 / 398

03 대한민국의 발전과 현대 세계의 변화 ··········· 410
　출제예상문제 / 423

PART 07 최근기출문제분석

2021. 4. 3. 소방공무원 채용 ························· 432

PART

01

한국사의 바른 이해

01 역사의 학습목적
02 한국사와 세계사

역사의 학습목적

기출PLUS

section 1 역사의 의미

(1) 역사의 일반적 의미

기출 2016. 4. 9. 인사혁신처

다음 글을 근거로 할 때, 사료를 탐구하는 자세로 옳지 않은 것은?

┌ 보기 ┐
역사라는 말은 사람에 따라 다양한 뜻으로 사용되고 있지만, 일반적으로 '과거에 있었던 사실'과 '조사되어 기록된 과거'라는 두 가지 뜻을 지니고 있다. 즉, 역사는 '사실로서의 역사'와 '기록으로서의 역사'라는 두 측면이 있다. 전자가 객관적 의미의 역사라면, 후자는 주관적 의미의 역사라 할 수 있다. 우리가 역사를 배운다고 할 때, 이것은 역사가들이 선정하여 연구한 '기록으로서의 역사'를 배우는 것이다.

① 사료는 '과거에 있었던 사실'이므로 그대로 '사실로서의 역사'라고 판단한다.
② 사료를 이해하기 위해 그 사료가 기록된 당시의 전반적인 시대 상황을 살펴본다.
③ 사료 또한 사람에 의해 '기록된 과거'이므로, 기록한 역사가의 가치관을 분석한다.
④ 동일한 사건 또는 같은 시대를 다루고 있는 여러 다른 사료와 비교·검토해 본다.

《정답 ①

일반적으로 '과거에 있었던 사실'과 '조사되어 기록된 과거'의 두 가지 뜻을 지니고 있다.

(2) 사실로서의 역사(history as past)와 기록으로서의 역사(history as historiography)

① **사실로서의 역사** … 객관적 의미의 역사, 시간적으로 현재에 이르기까지 일어났던 모든 과거 사건을 의미한다. 이러한 의미에서 역사란 바닷가의 모래알과 같이 수많은 과거 사건들의 집합체가 된다.

② **기록으로서의 역사**

   ㉠ 주관적 의미의 역사, 역사가가 과거의 사실을 토대로 조사·연구하여 주관적으로 재구성한 것을 의미한다. 이 경우의 역사는 기록된 자료 또는 역사서와 같은 의미가 된다.

   ㉡ 우리가 역사를 배운다고 할 때는 역사가들이 선정하여 연구한 기록으로서의 역사를 배우는 것이다.

   ㉢ 기록으로서의 역사는 과거 모든 사실을 대상으로 하는 것이 아니라 역사가들이 특별히 의미있다고 선정한 사실에 한정되며, 연구할 때 과학적 인식을 토대로 한 학문적 검정을 하여야 한다.

POINT 랑케(L. Ranke)와 카(E.H. Carr)의 역사인식

   ㉠ 랑케 : 사실로서의 역사인식 → "역사가는 자기 자신을 죽이고 과거가 본래 어떠했는가를 밝히는 것을 그의 지상 과제로 삼아야 하고, 이때 오직 역사적 사실로 하여금 이야기하게 해야 한다."

   ㉡ 카 : 기록으로서의 역사인식 → "역사가와 역사상의 사실은 서로를 필요로 한다. 사실을 갖지 못한 역사가는 뿌리가 없는 존재로 열매를 맺지 못한다. 역사가가 없는 사실은 생명이 없는 무의미한 존재이다."

section 2 역사학습의 목적

(1) 역사학습의 의의

① 의미 … 역사 그 자체를 배워서 과거 사실에 대한 지식을 늘리는 것을 의미한다.

② 역사와 지식 … 역사는 지식의 보고(寶庫)라는 말이 있다. 이는 역사가 정치, 경제, 사회, 문화, 종교 등 여러 방면에 걸친 지식이 포함되어 있는 과거 인간생활에 대한 지식의 총체라는 것을 의미한다.

③ 의의
  ㉠ 역사를 통하여 현재를 살아가는 데 필요한 능력과 교훈을 얻을 수 있다.
  ㉡ 인간 생활에 대한 지식을 얻을 수 있다.

(2) 역사학습의 목적

① 과거 사실을 통해 현재의 이해 … 과거의 사실을 통해 현재를 바르게 이해할 수 있다. 역사는 개인과 민족의 정체성 확립에 유용하다.

② 삶의 지혜를 습득 … 현재 우리가 당면한 문제를 올바르게 파악하고 대처하여 미래에 대한 전망을 할 수 있다.

③ 역사적 사고력과 비판능력 함양
  ㉠ 역사적 사건의 보이지 않는 원인과 의도, 목적을 추론하는 역사적 사고력이 길러지게 된다.
  ㉡ 잘잘못을 가려 정당한 평가를 내리는 비판능력을 길러준다.

01 다음은 어떤 역사서의 서문이다. 역사를 바라보는 필자의 태도와 가장 가까운 진술은?

> 듣건대 새 도끼 자루를 다루듯 헌 도끼 자루를 표준으로 삼고 …… 〈중략〉 …… 범례는 사마천의 사기를 본받았고, 본기라고 하지 않고 세가라고 한 것은 명분의 중요함을 보이려 한 것인데 신우(우왕), 신창(창왕)을 세가에 넣지 않고 열전으로 내려놓은 것은 왕위 찬탈한 죄를 엄히 밝히려 한 까닭입니다.

① 역사는 과거의 복원이다.
② 역사는 과학 그 이상도 이하도 아니다.
③ 역사학습의 목적은 교훈을 얻는 데 있다.
④ 역사가는 과거의 사건을 평가해서는 안 된다.

TIPS!

제시된 내용은 기록으로서의 역사로, 역사는 과거의 사실을 토대로 역사가가 이를 조사하고 연구하여 주관적으로 재구성한 것이라고 보고 있다.
①②④ 사실로서의 역사로, 객관적 사실만을 의미한다.

02 다음 중 기록으로 역사와 관련이 없는 것은?

① 객관적 역사관이다.
② 현재와 과거는 만난다.
③ Carr의 입장이다.
④ 역사가의 주관적 요소가 개입되었다.

TIPS!

① 역사의 객관성을 강조한 실증주의 사관으로 사실로서의 역사의 내용이다.
※ 주관적 역사관
　㉠ 역사가가 과거의 사실을 토대로 조사·연구하여 주관적으로 재구성한 역사이다.
　㉡ 카(E.H. Carr)의 ㉤장으로, 역사는 과거와 현재의 대화이다.
　㉢ 모든 과거의 사실을 역사라고 하지 않고 역사가들이 의미있다고 선정한 사실이며, 역사연구를 위해서는 과학적 인식을 토대로한 학문적 검증이 필요하다.

Answer 01.③ 02.①

03 다음은 역사의 의미나 본질에 대한 견해이다. 이와 일치하는 활동은?

> • 모든 역사는 현재의 역사이다.
> • 모든 역사는 사상의 역사이다.
> • 역사는 과거와 현재와의 끊임없는 대화이다.

① 한강변에 16세기 정자(亭子)를 그대로 복원하였다.
② 청계천 복원공사에서 발견된 조선의 유물을 박물관으로 옮겼다.
③ 아차산 고구려 산성 유적은 5세기 고구려의 팽창과 관련이 있다는 보고서를 제출하였다.
④ 한강변 재건축 현장에서 움집터가 발견되자, 관련법규에 따라 전문가에게 조사를 의뢰하였다.

TIPS!
제시된 내용은 기록으로서의 역사를 말한다. 주관적 의미의 역사, 즉 역사가가 과거의 사실을 토대로 조사·연구하여 주관적으로 재구성하는 것이다.
①②④ 사실로서의 역사, 즉 과거로부터 현재에 이르기까지 일어난 객관적 사실을 말한다.

04 역사의 의미에 대한 이해 중 다른 하나는?

① 역사는 있는 그대로의 사실을 가리킨다.
② 과거에 일어난 객관적 사실이 모두 역사에 해당된다.
③ 역사가는 자신을 숨기고 과거의 사실을 밝혀야 한다.
④ 역사가는 과거의 사실을 자신의 견해와 지식으로 재구성한다.

TIPS!
사실로서의 역사는 객관적 사실, 즉 시간적으로 현재에 이르기까지 일어났던 모든 과거 사건을 의미한다. 기록으로서의 역사는 과거의 사실을 토대로 역사가가 이를 조사하고 연구하여 주관적으로 재구성한 것이다.
①②③는 역사의 의미를 과거에 있었던 사실로 인식한 것이고, ④는 조사되어 기록된 과거로 인식한 것이다.

Answer 03.③ 04.④

05 다음 중 ㉠의 입장에서 서술된 것은?

> 역사라는 단어는 사람에 따라 매우 다양한 뜻으로 사용되고 있지만 일반적으로 ㉠'사실로서의 역사(history as past)'와 '기록으로서의 역사(history as historiograph)'라는 두 측면이 있다.

① 역사가가 특별히 의미가 있다고 선정한 사실에 제한되어 있다.
② 역사란 바닷가의 모래알과 같이 수많은 과거 사건들의 집합체이다.
③ 역사가의 가치관과 주관적 요소가 반영되어 있다.
④ 역사란 역사가 과거의 사실을 조사하고 연구하여 재구성한 것이다.

💡 TIPS!
② 객관적 사실로서 시간상 과거에서 현재에 이르기까지 발생했던 모든 사건을 말한다.

06 다음 중 역사학습의 목적으로 옳지 않은 것은?

① 자연에 대한 경외심을 습득한다.
② 정당한 평가를 내리는 역사적 비판력을 기른다.
③ 역사적 사건의 보이지 않는 원인과 의도, 목적을 추론할 수 있다.
④ 현재의 문제를 올바르게 파악하고 대처하여 삶의 지혜를 습득한다.

💡 TIPS!
역사를 배움으로써 과거의 사실을 토대로 현재를 바르게 이해할 수 있고, 역사를 통하여 삶의 지혜를 습득할 수 있으며, 역사적 사고력과 비판력을 기를 수 있다.

Answer 05.② 06.①

07 다음 글의 관점에 따른 역사 연구 방법으로 옳지 않은 것은?

> • 랑케의 주장을 따르는 역사 연구이다.
> • 역사가는 자신을 죽이고 과거에 있었던 사실 그대로를 밝혀야 한다는 입장이다.
> • 독어의 Geschichte는 "어떤 일이 일어났다."라는 말에서 나온 명사이다.

① 고대 무역항인 당항성에 가서 토성의 길이를 측정하였다.
② 돌무지 무덤인 서울 석촌동 고분과 만주의 장군총을 비교하였다.
③ 고려 시대 관료 중에서 과거 합격자와 문음으로 등용된 사람의 명단을 찾아보았다.
④ 통일 신라 시대와 고려 시대를 비교하여 고려를 중세 사회로 보는 근거를 찾았다.

☞ TIPS!
② 과거의 사실을 토대로 역사가가 이를 조사하고 연구하여 주관적으로 재구성한 주관적 의미의 역사에 대한 설명이다.

08 역사적 사실은 현재적 입장에서 재해석해야 한다는 입장과 일치하는 역사학습의 과정이 아닌 것은?

① 임진왜란이 한국과 일본의 외교관계에 끼친 영향을 조사한다.
② 동학농민운동 중 농민들이 주장한 폐정개혁안과 갑오개혁의 홍범 14조를 비교·분석한다.
③ 일제강점기에 일본이 토지조사사업을 통해 수탈한 토지의 면적을 알아본다.
④ 실학자들이 주장한 개혁안들이 정책에 반영되었다면 어떤 변화가 나타났을까 가정한다.

☞ TIPS!
현재주의적 관점에서 역사가의 태도는 역사가가 객관적일 수 없으며, 현재의 관점에서 과거의 사실을 재해석해야 한다는 입장이다.
③ 객관적인 사실로서 역사가가 재해석한 것이라고 보기 어렵다.

09 다음 중 선사시대 인류의 생활 모습을 알기 위한 연구 방법으로 가장 기초적인 것은?

① 유적이나 유물을 발굴·조사한다.
② 벼농사의 흔적을 찾아본다.
③ 동굴이나 강가 지역을 조사한다.
④ 당시에 쓰인 기록이나 문헌을 찾아본다.

☞ TIPS!
① 문자기록이 없기 때문에 유적이나 유물의 발굴을 통하여 추정한다.

Answer 07.② 08.③ 09.①

10 다음 중 역사와 역사학에 관한 내용으로 옳지 않은 것은?

① 역사라는 말은 '사실로서의 역사'와 '기록된 사실'이라는 두 측면의 의미가 있다.

② 역사학의 주된 관심은 인간 활동의 구조적 측면을 연구하는 데 있다.

③ 사료의 해석은 역사가의 사관이나 역사의식이 주관적으로 작용되기도 한다.

④ 카(Carr)는 역사는 과거와 현재의 대화라고 하여 기술로서의 역사를 강조하였다.

 TIPS!

② 역사학은 인간 활동의 변화적 측면에 관심을 가지며, 사회과학은 구조적 측면의 연구에 주목한다.

11 어떤 역사가의 입장을 설명한 글이다. 이와 같은 입장을 가지고 역사를 탐구하는 사람이 아닌 것은?

> 역사는 '과거와 현재의 대화'이다. 역사학습이야말로 과거 세계와 현재 인간의 대화에 의한 만남의 광장이다. 우연한 만남이 아니라, 역사적 실천을 목적으로 하는 만남인 것이다. 역사학습은 과거 사실로서의 역사를 바르게 이해하는 데에서 출발하나, 궁극적으로는 현재를 살고 있는 우리들의 성장을 기약하는 것이다.

① 역사가가 없는 사실은 생명이 없는 무의미한 존재이다.

② 역사는 후세의 역사가가 자기 자신의 견해로 자료를 해석하여 놓은 것이다.

③ 역사가는 있는 그대로의 사실을 밝혀내려고 노력해야 한다.

④ 현재의 상황에 따라 과거에 중요하지 않던 사실이 중요한 역사적 사실로 부각되기도 한다.

TIPS!

제시된 글의 '과거와 현재의 대화'라는 부분으로 보아 카(Carr)의 역사적 입장이다.

③ 랑케의 역사관이다.

Answer 10.② 11.③

한국사와 세계사

section 1 한국사의 보편성과 특수성

(1) 세계사적 보편성

국가와 민족을 초월한 전 세계 인류의 공통성을 말한다. 동물이나 식물과 다른 인간 고유의 생활모습과 자유, 평등, 박애, 평화, 행복 등 공통적인 이상을 추구하는 것을 말한다.

(2) 민족의 특수성

인간이 살아가는 지역의 고유한 자연환경과 역사 경험을 통해 다양한 언어, 풍속, 종교, 예술, 사회제도가 창출되는 것을 말한다. 이는 교통과 통신이 발달하지 못했던 근대 이전에 두드러졌다. 이에 세계를 몇 개의 문화권으로 나누기도 하고 하나의 문화권 안에서 민족문화의 특수성을 추출하기도 한다.

(3) 우리 민족사의 발전

우리 민족은 국토의 자연환경을 효과적으로 활용하여 다양한 민족과 국가들과 문물을 교류하면서 내재적인 변화와 발전을 이룩하였다.

① **우리 민족의 보편성** … 자유와 평등, 민주와 평화 등 전 인류의 공통적 가치를 추구해 왔다.

② **우리 민족의 특수성** … 반만년의 역사와 단일민족국가의 전통을 유지해오고 있다. 국가에 대한 충성과 부모에 대한 효도가 중시되고, 두레·계·향도와 같은 공동체조직이 발달하였다.

> **POINT** 우리나라 불교와 유교의 특수성
> ㉠ 불교 : 현세구복적이며 호국적인 성향이 매우 강하였다.
> ㉡ 유교 : 삼강오륜의 덕목 중에서 나라에 대한 의리를 강조하였다.

(4) 한국사의 이해

우리 민족의 역사적 삶의 특수성을 이해하고 그 가치를 깨우치는 것이어야 한다. 우리 역사와 문화의 특수성에 대한 이해는 한국사를 바르게 인식하는 데 기초가 될 뿐만 아니라 우리가 민족적 자존심을 잃지 않고 세계 문화에 공헌하는 데에도 필요하다.

section **2** 민족문화의 이해

(1) 민족문화의 형성

① 선사시대 … 아시아 북방문화와 연계되는 문화를 형성하였다. 조상들의 슬기와 노력으로 다른 어느 민족의 그것과도 구별되는 특수성을 지니고 있으면서도 보편적 가치를 추구해 왔다.

② 고대사회 … 중국문화와 깊은 연관을 맺으면서 독자적인 고대문화를 발전시켰다.

③ 고려시대 … 불교를 정신적 이념으로 채택하였다.

④ 조선시대 … 삼강오륜과 같은 유교적 가치를 중시하였다.

(2) 민족문화의 발전

① 튼튼한 전통문화의 기반 위에서 민족적 특수성을 유지하고 한국문화의 개성을 확립하였다.

② 외래문화를 주체적으로 수용하여 세계사적 보편성을 추구하였다.

(3) 세계화시대의 역사의식

① 안으로는 민족주체성을 견지하되, 밖으로는 외부세계의 변화에 적극적으로 대응하는 개방적 민족주의에 기초하여야 한다. 아울러 인류 사회의 평화와 복리 증진 등 인류 공동의 가치를 추구하는 진취적 역사정신이 세계화시대에 요구되는 사고라 할 수 있다.

② 모든 민족의 역사에는 세계사적 보편성과 민족의 특수성이 함께 존재한다. 즉, 역사를 바르게 이해한다는 것은 세계사적 보편성과 지역적 특수성을 균형 있게 파악함을 의미하는 것이다.

01 다음 중 역사 이해에 대한 설명으로 옳지 않은 것은?

① 국가와 민족을 초월하여 전 인류에게 공통적으로 나타나는 성향을 세계사적 보편성이라 한다.

② 각 민족의 고유한 문화를 민족적 특수성이라 한다.

③ 교통, 통신이 발달하지 못하였던 근대 이전에는 세계사적 보편성이 두드러졌다.

④ 세계를 몇 개의 문화권으로 나누어 그 지역적 특수성을 이해한다.

> **TIPS!**
>
> ③ 교통, 통신이 발달하지 못하였던 근대 이전 시대에는 민족적 · 지역적 특수성이 강하게 나타났다.

02 우리 문화의 전통에 대한 설명으로 옳지 않은 것은?

① 선진적 외래문화를 주체적으로 수용하는 것이 민족문화 발전의 토대가 된다.

② 삼국시대에 중국문화와 깊은 관계를 맺으며 독자적인 문화를 발전시켰다.

③ 우리 문화는 특수성을 지니고 있으면서 보편적 가치를 추구해 왔다.

④ 유교와 불교는 외래 사상으로 그대로 들여와서 원래 모습을 보존하고 있다.

> **TIPS!**
>
> 삼국시대에는 중국문화와 깊은 관련을 맺었다. 불교, 유교사상을 수용하여 한국문화로 토착화시켰다.

03 세계화시대에 바람직한 한국사 이해를 위해 필요한 것은?

① 세계화시대에는 민족의 특수성보다는 세계사적 보편성을 우선시해야 한다.

② 민족사의 특수성을 이해하는 것은 세계문화의 공헌과는 거리가 멀다.

③ 민족 주체성은 지키되 개방적 민족주의에 기초한 역사의식이 필요하다.

④ 민족의 우수성을 강조하여 민족적 정체성을 확립한다.

> **TIPS!**
>
> ① 세계사적 보편성과 민족사적 특수성이 서로 조화가 이루어야 한다.
> ② 배타적 민족주의 혹은 배타적 국수주의는 지양해야 한다.
> ④ 내 것을 버리고 무조건 외래의 문화만을 추종하는 문화적 사대주의는 지양해야 한다.

Answer 01.③ 02.④ 03.③

04 다음에서 역사를 학습하는 데 필요한 기본 태도로 옳은 것을 모두 고르면?

> ⊙ 한국사는 다른 지역의 문화와 관계없이 발전하여 왔기 때문에 특수성이 강조될 필요가 있다.
> ⓛ 환경 위기가 심화되고 있으므로, 환경문제에 대한 역사적 검토가 필요하다.
> ⓒ 현재는 세계화시대이므로, 세계사적 시각을 확보하는 것이 가장 중요하다.
> ⓔ 역사를 보는 눈은 각각의 민족이 처한 시대적 상황에 따라 달라져서는 안 된다.
> ⓜ 역사를 배우는 목적은 인류 사회의 과거를 통하여, 현대 사회의 여러 가지 문제를 바르게 인식하는 데 있다.

① ⊙ⓛ   ② ⊙ⓔ

③ ⓛⓜ   ④ ⓒⓔ

> 🔆 **TIPS!**
> ⓛ 현재 환경문제에 인류 생존과 관련된 문제로서 역사적 검토가 필요하다.
> ⓜ 역사를 배우는 목적은 삶의 지혜를 습득하기 위함이다.

05 다음 글의 요지를 가장 바르게 설명한 것은?

> 한국의 불교는 현세구복적이고 호국적인 성향이 남달리 강하였다. 또한 한국의 유교는 삼강오륜의 덕목 중에서도 충·효·의가 강조되었는데, 이는 우리 조상이 가족질서에 대한 헌신과 국가수호, 그리고 사회정의실현에 특별한 관심을 가졌음을 보여 주는 것으로, 중국의 유학이 인(仁)을 중심 개념으로 설정하고, 사회적 관용을 존중하는 것과 대비된다고 볼 수 있다.

① 우리 문화는 세계사적 보편성과 무관하다.
② 한국인들은 자신들만의 고유문화를 발전시켰다.
③ 우리 문화에는 보편성과 특수성이 함께 나타난다.
④ 세계 문화의 흐름이 우리 민족문화에도 그대로 나타난다.

> 🔆 **TIPS!**
> 유교와 불교는 중국, 일본 등과의 공통적인 문화요소이나, 삼국에 전파되어 각각 발달하면서 그 지역의 역사적 조건과 고유문화에 따라 독특한 모습을 띠게 되었다.
> ①② 모든 민족의 역사에는 보편성과 특수성이 함께 존재한다.
> ④ 문화는 생활양식의 총체로, 그 지역 사람들의 생활 속에서 주체적으로 수용된다.

Answer 04.③ 05.③

06 다음 중 우리 문화의 형성과정에 대한 설명으로 옳지 않은 것은?

① 선사시대에는 아시아의 북방문화와 연계되는 문화를 형성하였다.

② 고대사회는 중국을 통하여 유학, 불교, 한자 등이 전래되어 영향을 받았기 때문에 독자적인 문화를 이룩하기 어려웠다.

③ 고려시대는 정신적 이념으로 불교를 채택하였다.

④ 조선시대는 유교적 문화가 중요시 되었다.

TIPS!

② 중국의 문화를 수용하여 민족 고유의 독자적인 문화를 이룩하였다.

Answer 06.②

PART

02

선사시대의 문화와
국가의 형성

01 선사시대의 전개
02 국가의 형성

01 선사시대의 전개

section **1** 선사시대의 세계

(1) 인류의 기원

① **오스트랄로피테쿠스**(남방원숭이) … 약 300만~350만년 전에 출현한 최초의 인류이다. 직립 보행을 하여 두 손으로 간단하고 조잡한 도구를 사용할 수 있었다.

② **호모 하빌리스**(손재주 좋은 사람) … 약 200만년 전에 출현하였고, 아프리카에서 발견되었다(전기구석기시대).

③ **호모 에렉투스**(곧선 사람) … 자바인 · 베이징인 · 하이델베르크인이 대표적이며, 불을 사용하였고, 사냥과 채집활동을 하였다.

④ **호모 사피엔스**(슬기 사람) … 네안데르탈인으로 석기를 제작하였고, 시체매장풍습이 있었다.

⑤ **호모 사피엔스 사피엔스**(슬기 슬기 사람) … 약 4만년 전에 출현하였고, 체질상의 특징이 오늘날의 인류와 거의 같으며 현생 인류에 속하는 여러 인종의 직계조상으로 추정되고 있다.

(2) 신석기문화와 청동기문명의 발생

① 신석기문화
  ㉠ 농경과 목축이 시작되었으며, 간석기와 토기를 사용하였다.
  ㉡ 정착생활을 하였으며, 촌락공동체가 형성되었다.
  ㉢ 채집경제(수렵, 어로, 채집)에서 생산경제(농경, 목축)로 전환되면서 생활양식이 크게 변하였다.
  ㉣ 신석기혁명 : 농경과 목축의 시작으로 식량 생산 등의 경제활동을 전개하여 인류의 생활모습 · 양식이 크게 변화하였다.

POINT 선사시대와 역사시대
　　㉠ 선사시대 : 문자를 사용하지 못한 구석기, 신석기시대를 말한다.
　　㉡ 역사시대 : 문자를 사용한 청동기시대 이후로, 우리나라는 철기시대부터 문자를 사용한 것으로 추정된다.

② 청동기문명의 발생
　㉠ 기원전 3,000년경을 전후하여 4대 문명이 형성되었다(메소포타미아의 티그리스강과 유프라테스강, 이집트의 나일강, 인도의 인더스강, 중국의 황허강 유역).
　㉡ 청동기시대에는 관개농업이 발달하고, 청동기가 사용되었으며, 도시가 출현하고, 문자를 사용하고, 국가가 형성되었다.

section 2 우리나라의 선사시대

(1) 우리 민족의 기원

① 우리 민족의 형성 … 우리 조상들은 만주와 한반도를 중심으로 동북아시아에 넓게 분포하였다. 신석기시대부터 청동기시대를 거쳐 민족의 기틀이 형성되었다.

② 동방문화권의 형성 … 인근 문화권과 교류하면서 독자적인 문화를 형성하였다.

③ 우리 민족의 특징
　㉠ 인종상으로 황인종에 속하고, 언어학상으로 알타이어족과 가까운 관계에 있다.
　㉡ 우리 민족은 오래전부터 하나의 민족 단위를 형성하고 농경생활을 바탕으로 독자적인 문화를 이룩하였다.

(2) 구석기시대의 유물과 유적

① 시작 … 우리나라와 그 주변지역에 구석기시대 사람들이 살기 시작한 것으로 약 70만년 전부터이다.

② 시대구분(석기를 다듬는 방식에 따라 세 시기로 구분)
　㉠ 전기 구석기 : 큰 석기 한 개를 여러 용도에 사용하였다(평남 상원 검은모루동굴, 경기도 연천 전곡리 유적).
　㉡ 중기 구석기 : 큰 몸돌에서 떼어낸 돌 조각인 격지로 잔손질을 하여 석기를 제작하였다.
　㉢ 후기 구석기 : 쐐기 같은 것을 대고 같은 형태의 돌날격지 여러 개를 제작하였다(충남 공주 석장리).

기출 2020. 5. 30. 경찰공무원(순경)
한국의 선사시대에 대한 설명으로 가장 적절하지 않은 것은?
① 중기구석기시대에는 몸돌에서 떼어 낸 돌조각인 격지를 잔손질하여 석기를 만들었다.
② 신석기시대에는 제주 고산리나 양양 오산리 등에서 목책, 환호 등의 시설이 만들어졌다.
③ 신석기시대에는 백두산이나 일본에서 유입된 것으로 보이는 흑요석이 사용되었다.
④ 청동기시대에는 어로 활동이나 조개 채집의 비중이 줄어들어 패총이 많이 발견되지 않는다.

＜정답 ②

기출 2017. 6. 17. 제1회 지방직
한반도 선사시대에 대한 설명으로 옳지 않은 것은?
① 구석기시대 전기에는 주먹도끼와 슴베찌르개 등이 사용되었다.
② 신석기시대 집터는 대부분 움집으로 바닥은 원형이나 모서리가 둥근 사각형이다.
③ 신석기시대 사람들은 조개류를 많이 먹었으며, 때로는 장식으로 이용하기도 하였다.
④ 청동기시대의 전형적인 유물로는 비파형동검 · 붉은간토기 · 반달돌칼 · 홈자귀 등이 있다.

＜정답 ①

기출PLUS

기출 2020. 7. 11. 인사혁신처

(개) 시기의 생활상에 대한 설명으로 옳은 것은?

┌ 보기 ┐

1935년 두만강 가의 함경북도 종성군 동관진에서 한반도 최초로 ☐(개)☐ 시대 유물인 석기와 골각기 등이 발견되었다. 발견 당시 일본에서는 ☐(개)☐ 시대 유물이 출토되지 않은 상황이었다.

① 반달 돌칼을 이용하여 벼를 수확하였다.
② 넓적한 돌 갈판에 옥수수를 갈아서 먹었다.
③ 사냥이나 물고기잡이 등을 통해 식량을 얻었다.
④ 영혼 숭배 사상이 있어 사람이 죽으면 흙 그릇 안에 매장하였다.

❮정답 ③

기출 2018. 6. 23. 서울특별시

구석기시대 사람들의 생활상에 대한 설명으로 가장 옳은 것은?

① 대체로 동굴이나 바위그늘에서 생활하였으며 불을 사용할 줄 알았다.
② 단양 수양개, 연천 전곡리, 공주 석장리 등 강가에 살던 사람들은 주로 고기잡이와 밭농사를 하며 생활하였다.
③ 이 시기의 대표적인 무덤 형식은 고인돌과 돌널무덤이다.
④ 주먹도끼, 가로날도끼, 민무늬 토기 등의 도구를 사용했다.

❮정답 ①

(3) 구석기시대의 생활

① 경제

　㉠ 뗀석기와 동물의 뼈나 뿔로 만든 뼈 도구를 사용하여 채집과 사냥을 하면서 생활하였다.

　㉡ 처음에는 찍개 같은 도구를 여러 가지 용도로 썼으나 점차 뗀석기를 제작하는 기술이 발달함에 따라 용도가 뚜렷한 작은 석기들을 만들게 되었다.

　㉢ 주먹도끼·찍개·팔매돌 등은 사냥도구이고, 긁개·밀개 등은 대표적인 조리도구이다.

② 주거

　㉠ 동굴이나 바위 그늘에서 살거나 강가에 막집을 짓고 살았다(상원 검은모루동굴, 제천 창내, 공주 석장리).

　㉡ 후기의 막집에는 기둥자리, 담자리, 불 땐 자리가 남아 있고 집터의 규모는 작은 것은 3~4명, 큰 것은 10명이 살 수 있을 정도의 크기였다.

③ 사회

　㉠ **무리생활**: 무리를 이루어 큰 사냥감을 찾아다니며 생활하였다.

　㉡ **평등한 공동체적 생활**: 무리 가운데 경험이 많고 지혜로운 사람이 지도자가 되었으나 권력을 갖지는 못했으며, 모든 사람이 평등한 공동체적 생활을 하였다.

④ **종교, 예술** … 석회암이나 동물의 뼈 또는 뿔 등에 고래와 물고기를 새긴 조각품(단양 수양개)을 만들어 풍성한 사냥감을 비는 주술적 의미를 담았다.

⑤ 중석기시대

　㉠ **환경**: 빙하기가 지나고 기후가 따뜻해져 큰 짐승 대신에 작고 빠른 짐승을 잡기 위해 활과 잔석기를 사용하였다.

　㉡ **도구**: 한 개 내지 여러 개의 석기를 나무나 뼈에 꽂아 쓰는 이음도구(톱, 활, 창, 작살)를 만들었다.

　㉢ **생활**: 기후가 따뜻해지면서 동식물이 번성하게 되어 식물의 채취와 고기잡이를 많이 하였다.

　㉣ **유적지**: 통영의 상노대도 조개더미의 최하층, 거창 임불리, 홍천 하화계리, 웅기 부포리, 평양 만달리 등이 있다.

(4) 신석기시대의 유물과 유적

① **시작** … 우리나라의 신석기시대는 기원전 8,000년경부터 시작되었다.

② **간석기의 사용** … 돌을 갈아서 여러 가지 형태와 용도를 가진 간석기를 사용하였다.

③ **토기의 사용** … 음식을 조리하고 저장하게 되었다.

④ 유적지와 토기
- ㉠ 빗살무늬토기 이전의 토기 : 이른 민무늬토기, 덧무늬토기, 눌러찍기문토기(압안문토기) 등이 발견되고 있다. 제주 한경 고산리, 강원 고성 문암리, 강원 양양 오산리, 부산 동삼동 조개더미 등에서 발견되었다.
- ㉡ 빗살무늬토기 : 도토리나 달걀모양의 뾰족한 밑 또는 둥근 밑모양을 하고 있으며 크기가 다양하다. 전국 각지에 널리 분포되어 있으며 대표적인 유적은 서울 암사동, 평양 남경, 김해 수가리 등으로 대부분 바닷가나 강가에 자리 잡고 있다.

(5) 신석기시대의 생활

① 농경생활의 시작
- ㉠ 잡곡류의 경작 : 황해도 봉산 지탑리와 평양 남경의 유적에서 탄화된 좁쌀이 발견되어 잡곡류를 경작하였다는 것을 알 수 있다.
- ㉡ 농기의 사용 : 돌괭이, 돌삽, 돌보습, 돌낫 등이 주요 농기구였다.
- ㉢ 소규모 경작 : 집 근처의 텃밭이나 강가의 퇴적지를 소규모로 경작하였던 것으로 보인다.

② 경제
- ㉠ 사냥과 고기잡이
  - 사냥은 주로 활이나 창으로 사슴류와 멧돼지 등을 잡았다.
  - 고기잡이에는 여러 가지 크기의 그물과 작살, 돌이나 뼈로 만든 낚시 등을 이용하였다.
  - 굴 · 홍합 등의 조개류를 먹었다.
- ㉡ 원시적 수공업 : 가락바퀴나 뼈바늘이 출토되는 것으로 의복이나 그물을 제작하였다.

③ 주거
- ㉠ 원형이나 둥근 네모꼴의 바닥을 가진 움집에서 4 ~ 5명 정도의 가족이 거주하였다.
- ㉡ 햇빛을 많이 받는 남쪽으로 출입문을 내었으며, 화덕이나 출입문 옆에는 저장구덩이를 만들어 식량이나 도구를 저장하였다.

④ 사회 … 혈연을 바탕으로 한 씨족이 족외혼을 통해 부족을 형성하였고, 평등한 사회였다.

⑤ 원시신앙의 출현
- ㉠ 애니미즘 : 자연현상, 자연물에 영혼이 있다고 믿어 재난을 피하거나 풍요를 기원하는 것을 의미한다. 태양과 물에 대한 숭배가 대표적이다.
- ㉡ 영혼, 조상숭배 : 사람이 죽어도 영혼은 없어지지 않는다는 믿음을 말한다.
- ㉢ 샤머니즘 : 인간과 영혼 또는 하늘을 연결시켜 주는 존재인 무당과 그 주술을 믿는 것이다.
- ㉣ 토테미즘 : 자기 부족의 기원을 특정 동식물과 연결시켜 그것을 숭배하는 믿음이다.

⑥ 예술 … 흙으로 빚어 구운 얼굴 모습이나 동물의 모양을 새긴 조각품, 조개껍데기 가면, 조가비나 동물뼈 또는 이빨로 만든 치레걸이 등이 있다.

기출PLUS

기출 2021. 4. 3. 소방공무원

(가) 시대에 볼 수 있는 모습으로 가장 적절한 것은?

┌ 보기 ┐

수행 평가 보고서

간석기

- 주제 : (가) 시대의 사회 변화
- 조사 내용 : 약 1만 년 전 빙하기가 끝나면서 한반도에는 오늘날과 유사한 자연환경과 기후가 나타나게 되었다. 당시 (가) 시대의 사람들은 강가나 바닷가에 머물면서 농경과 목축을 시작함으로써 조, 수수, 피 등 잡곡류를 생산할 수 있게 되었다. 또한 이들은 간석기 등의 정교한 돌 도구를 제작하기 시작하였다.

① 계절제를 주관하는 천군
② 가락바퀴를 사용하는 사람
③ 부족을 지배하는 읍군과 삼로
④ 비파형 동검을 보고 있는 군장

◀ 정답 ②

01 다음과 같은 사상이 등장한 사회의 모습은?

> • 영혼이나 하늘을 인간과 연결시켜주는 무당과 그 주술을 믿었다.
> • 사람이 죽어도 영혼은 사라지지 않는다고 믿었다.

① 무리를 이끄는 지도자는 권력을 가지고 있었다.　　② 가락바퀴를 이용하여 의복을 제작하였다.

③ 동굴이나 강가에 막집을 짓고 살았다.　　　　　　④ 벼농사가 일반적으로 행해졌다.

 TIPS!

제시된 사상은 영혼불멸사상과 샤머니즘으로 신석기시대의 신앙의 형태이다.
①④ 청동기　③ 구석기

02 다음 중 토기를 처음 사용한 시대의 집자리 형태는?

① 막집　　　　　　　　　　　　　　　　② 원형 또는 장방형의 움집

③ 구릉이나 산간지에 집단취락　　　　　④ 배산임수의 위치

TIPS!

신석기시대에는 토기를 처음 사용하여 음식을 저장할 수 있었다. 신석기시대의 집자리의 형태는 원형이나 모가 둥근 방형이었다.

03 다음 중 신석기시대의 특징으로 옳지 않은 것은?

① 결혼의 상대를 다른 씨족에서 구하는 족외혼이 행해졌다.

② 씨족 중심의 혈연사회이다.

③ 자연물에 영혼이 있다고 믿는 애니미즘적인 신앙을 지니고 있었다.

④ 씨족장의 권위에 대하여 씨족원들은 무조건 복종하였다.

TIPS!

④ 신석기시대는 평등사회로 지배와 피지배관계가 발생하지 않았으며, 주로 연장자나 경험이 많은 이가 부족을 이끌었다.

Answer　01.②　02.②　03.④

04 다음 중 신석기시대에 관한 설명으로 옳은 것은?

① 정치적 지배관이 형성되었다.

② 농경이 본격적으로 시작되었다.

③ 토기를 처음으로 사용하였다.

④ 주로 구릉시대에서 거주하였다.

> **TIPS!**
> ① 신석기시대는 평등사회였다.
> ② 신석기후반에 농사가 시작되었다.
> ④ 주로 강가나 바닷가의 움집에서 생활하였다.

05 선사시대를 대표하는 여러 유물에 대한 설명으로 옳지 않은 것은?

㉠ 고인돌	㉡ 빗살무늬토기
㉢ 청동거울	㉣ 반달돌칼

① ㉠의 존재는 당시 계급이 분화되었을 것이라 추측할 수 있는 근거가 된다.

② ㉡은 신석기시대 후기에 사용된 대표적 유물로 곡식을 담는 데 사용하였다.

③ ㉢은 청동검처럼 지배자들이 사용했던 물건이라 볼 수 있다.

④ ㉣과 같은 석기는 청동기시대에 이르면 거의 찾아볼 수 없는 유물이다.

> **TIPS!**
> ④ 반달돌칼은 청동기시대에 곡식의 이삭을 자르는 데 사용하던 도구이다.

06 다음 중 신석기시대의 생활상으로 옳은 것은?

① 동굴이나 막집에서 살았다.

② 뗀석기와 뼈도구를 이용했다.

③ 농경의 시작과 음식물 저장을 했다.

④ 계급사회였다.

> **TIPS!**
> ①② 구석기시대의 상황이다.
> ③ 신석기시대의 주거는 움집이 보편화되었으며, 가장 큰 생활상의 변화는 농경의 시작과 토기의 사용으로 인한 음식물의 저장으로, 채집경제에서 생산경제로 변화한 것이다.
> ④ 청동기 이후의 일이다.

Answer 04.③ 05.④ 06.③

07 신석기시대의 사회 모습이 아닌 것은?

① 신석기인들은 방추차를 이용하여 짐승 가죽에서 벗어나 옷감을 짜서 만들었다.
② 엄격한 족내혼이 행해졌다.
③ 이 시기의 최대 발명은 토기 제작이었다.
④ 집터는 대개 움집 자리로 바닥은 원형이나 모서리가 둥근 네모꼴이었다.

 TIPS!

② 신석기시대에는 부족사회를 이루고 있었다. 부족은 혈연을 바탕으로 한 씨족을 기본 구성 단위로 하였는데, 이들 씨족은 점차 다른 씨족과의 혼인을 통하여 부족을 이루었다.

08 다음 중 신석기시대의 모습이 아닌 것은?

① 농경의 시작으로 사냥과 어로활동이 경제생활에서 차지하는 비중이 점차 줄어들었다.
② 비파형 동검을 사용하였다.
③ 아낙네들은 뼈바늘을 이용하여 그물을 손질하였다.
④ 농경과 정착생활을 하게 되면서 인간은 자연의 섭리를 생각하게 되었다.

TIPS!

① 신석기시대에는 농경기술이 발달하면서 사냥과 어로활동이 경제생활에서 차지하는 비중이 점차 줄어들었지만 여전히 식량을 얻는 중요한 수단이었다.
② 비파형 동검은 청동기시대의 유물이다.
③ 뼈바늘과 가락바퀴의 출토로 옷이나 그물을 만들었음을 알 수 있다.
④ 애니미즘, 샤머니즘, 토테미즘 등 신앙생활을 하였다.

09 다음 중 구석기시대에 관한 설명으로 옳지 않은 것은?

① 농경, 목축이 시작되었다.   ② 평등한 공동체적 생활을 하였다.
③ 뗀석기와 골각기를 사용하였다.   ④ 주술적인 조각품을 남겼다.

TIPS!

① 농경과 목축이 시작된 시기는 신석기시대이다.

Answer 07.② 08.② 09.①

10 다음 중 구석기인 생활의 특징으로 옳은 것은?

① 기둥이 있는 움집에서 생활했다.

② 조, 피, 수수를 경작하기 시작했다.

③ 혈연을 바탕으로 한 씨족·부족사회였다.

④ 주술적 의미의 예술작품을 남겼다.

 TIPS!

① 청동기시대

②③ 신석기시대

11 구석기시대의 생활에 대한 설명으로 옳은 것을 모두 고르면?

> ㉠ 역사시대가 시작되었다.
>
> ㉡ 인류의 4대 문명이 나타났다.
>
> ㉢ 시체를 매장하는 풍습이 있었다.
>
> ㉣ 불을 사용하여 음식을 익혀 먹었다.
>
> ㉤ 사냥과 채집을 통하여 식량을 조달하였다.

① ㉠㉡㉢　　　　　　　　　　　　② ㉠㉢㉣

③ ㉡㉢㉣　　　　　　　　　　　　④ ㉢㉣㉤

 TIPS!

㉠ 선사시대와 역사시대를 구분하는 것은 문자사용 여부이다.

㉡ 인류 4대 문명이 나타난 것은 청동기시대이다.

12 구석기시대의 유물과 유적에 대한 설명으로 옳지 않은 것은?

① 우리나라와 주변에 구석기인이 살기 시작한 것은 약 70만 년 전부터이다.
② 전기 구석기에는 진흙으로 그릇을 빚어 불에 구워서 만든 민무늬토기를 사용하였다.
③ 대표적인 유적지로는 상원 검은모루동굴, 연천 전곡리, 공주 석장리 등이 있다.
④ 후기 구석기에는 쐐기를 사용하여 형태가 같은 여러 개의 돌날격지를 만들었다.

> 💡 **TIPS!**
> ② 토기가 사용된 것은 신석기시대이다.
> ※ 구석기의 시대구분
> ㉠ 전기 : 큰 석기 한 개를 가지고 여러 가지 용도로 사용
> ㉡ 중기 : 큰 몸돌에서 떼어낸 돌조각을 가지고 잔솔질을 하여 석기 제작
> ㉢ 후기 : 쐐기를 이용하여 형태가 같은 여러 개의 돌날격지를 제작

13 다음 중 구석기문화의 특징에 해당하지 않는 것은?

① 채집과 수렵을 통해 식량을 획득하였다.
② 여가시간을 이용하여 장식용 조각품을 제작하였다.
③ 뗀석기를 사용하였다.
④ 무리생활을 하였으며 평등한 공동체생활을 하였다.

> 💡 **TIPS!**
> ② 사냥의 대상이 되는 동물의 번성을 비는 주술적 의미의 조각품을 제작하였다.
> ※ 구석기문화의 특징
> ㉠ 뗀석기를 사용하였다.
> ㉡ 동굴과 막집에서 생활하였다.
> ㉢ 채집과 수렵을 위해 이동생활을 하였다.
> ㉣ 평등한 공동체적 생활을 하였다.

14 다음 중 신석기문화의 특징이 아닌 것은?

① 농경과 목축이 시작되었다.
② 간석기와 토기를 사용하였다.
③ 채집경제가 생산경제로 전환되었다.
④ 도시가 출현하였다.

Answer 12.② 13.② 14.④

🔆 TIPS!

④ 도시의 발달은 청동기시대의 특징이다.

※ 신석기문화의 특징
  ㉠ 농경생활의 시작
  ㉡ 간석기의 사용
  ㉢ 토기의 사용
  ㉣ 평등사회
  ㉤ 움집 생활
  ㉥ 원시신앙의 출현

15 다음 중 신석기시대의 원시신앙에 대한 설명이 아닌 것은?

① 자연현상, 자연물에 영혼이 있다고 믿었다.
② 사람이 죽어도 영혼이 없어지지 않는다고 믿었다.
③ 인간과 영혼 또는 하늘을 연결시켜 주는 존재인 무당과 그 주술을 믿었다.
④ 스스로 하늘의 자손이라고 믿는 부족이 생겨났다.

🔆 TIPS!

④ 선민사상을 가진 부족은 청동기시대에 나타났다.

※ 신석기시대의 원시신앙
  ㉠ 애니미즘
  ㉡ 영혼·조상숭배
  ㉢ 샤머니즘
  ㉣ 토테미즘

16 신석기시대의 토기에 대한 설명으로 옳지 않은 것은?

① 빗살무늬토기의 형태로는 뾰족한 밑, 또는 둥근 밑 모양 등이 있다.
② 덧무늬토기나 눌러찍기문토기도 발견된다.
③ 민무늬토기, 미송리식 토기도 이 시기의 유물이다.
④ 대체로 바닷가나 강가에서 출토된다.

🔆 TIPS!

③ 민무늬토기와 미송리식 토기는 청동기시대에 사용되었다.

Answer 15.④ 16.③

17 다음은 선사시대의 한 시기에 대한 설명이다. 이 시기에 대한 설명으로 옳은 것은?

- 빙하기가 끝나고 기온이 상승하면서 환경이 급변하였다.
- 채집경제활동에서 생산경제활동으로 변하였다.
- 정착생활이 시작되었고 촌락공동체가 형성되었다.

① 청동기를 사용하였으며, 도시가 출현하였다.
② 농경과 목축이 시작되어 생활양식이 변하였다.
③ 인류는 선사시대를 지나 역사시대로 접어들었다.
④ 원시종교가 발생하였으며 시체를 매장하기 시작하였다.

TIPS!

제시된 내용은 신석기시대에 대한 설명으로 신석기시대에는 농경과 목축이 시작되어 인류의 생활양식은 크게 변하였다.

18 다음의 유적이 갖는 특성은?

- 서울 암사동
- 강원도 양양 지경리
- 부산 동삼동
- 황해도 봉산 지탑리

① 험한 산세로 외적 방어에 유리한 요새
② 강이나 바닷가로서 어로에 유리한 지역
③ 농사를 짓기에 적합한 지역
④ 전형적인 배산임수 주거지역

TIPS!

제시된 내용들은 신석기시대의 유적이다. 신석기시대의 유적은 대부분 바닷가나 강가에 자리잡고 있다.

19 다음 중 씨족을 통해 부족을 형성하여 살았던 사람들의 생활상을 잘 재현한 것은?

① 가락바퀴나 뼈바늘로 그물을 손질하는 아낙네
② 반달돌칼로 추수하는 사람들
③ 민무늬토기에 음식을 담는 여자
④ 무리를 이루어 큰 사냥감을 찾아다니며 생활하는 사람들

Answer 17.② 18.② 19.①

> **TIPS!**
>
> 씨족을 통한 부족을 이뤘던 시기는 신석기시대이다.
> ②③ 청동기시대의 생활상이다.
> ④ 구석기시대의 생활상이다.

20 신석기시대의 예술활동이 아닌 것은?

① 흙으로 빚어 구운 얼굴모습

② 태양숭배와 풍요를 기원하는 기하학 무늬 바위그림

③ 조가비나 동물뼈 또는 이빨로 만든 치레걸이

④ 조개껍데기 가면

> **TIPS!**
>
> ② 청동기시대의 예술활동이다.

21 다음은 선사시대의 도구제작방법을 나타낸 것이다. 이에 대한 설명으로 옳은 것은?

> 전기에는 큰 석기 한 개를 가지고 여러가지 용도로 썼으나, 중기에는 큰 몸돌에서 떼어 낸 돌조각인 격지들을 가지고 잔손질을 하여 석기를 만들었다. 후기에는 쐐기 같은 것을 대고 형태가 같은 여러 개의 돌날격지를 만드는 데까지 발달하였다.

① 전기에는 사냥과 채집, 후기는 농경이 중심이 된 사회였다.

② 후기에 이르러서는 진흙으로 빚은 토기를 사용하기도 하였다.

③ 전기는 구석기, 중기는 중석기, 후기는 신석기시대를 가리킨다.

④ 전기에는 주먹도끼, 후기에는 슴베찌르개와 같은 도구가 사용되었다.

> **TIPS!**
>
> 제시된 글은 구석기시대를 뗀석기의 제작방법에 따라 세 단계로 구분한 것이다. 구석기시대에는 사냥과 채집을 하며, 주로 동굴이나 바위 그늘에 살거나 강가에 막집을 짓고 살았다.

Answer 20.② 21.④

22 다음에서 설명하는 시기에 해당하는 일이 아닌 것은?

> 집 근처의 조그만 텃밭을 이용하거나 강가의 퇴적지를 소규모로 경작하였다. 이 시기에 사냥과 고기잡이의 비중이 점차 줄어들었지만, 여전히 식량을 얻는 중요한 수단이었다.

① 곰을 부족의 수호신으로 섬겼다.
② 조개껍데기를 모아 목걸이를 만들었다.
③ 무당을 통해 조상에게 자신의 뜻을 전하였다.
④ 스스로 하늘의 자손이라 주장하는 부족이 나타났다.

> **TIPS!**
> 제시된 글은 강가에 거주하면서 농사를 짓기 시작한 시기로, 신석기시대의 상황이다.

23 다음 중 정착생활이 시작되었던 시대에 관한 설명으로 옳지 않은 것은?

① 자연물을 숭배하는 애니미즘, 특정한 동식물을 부족의 기원으로 여겨 섬기는 토테미즘 등의 원시신앙이 출현하였다.
② 민무늬토기, 빗살무늬토기, 덧무늬토기 등이 발견되었다.
③ 수렵·채집생활이 위주였다.
④ 씨족을 바탕으로 한 부족사회였다.

> **TIPS!**
> 정착생활은 신석기후기에 일부 지역에서 조, 피, 수수 등을 재배하면서 가능해졌다.
> ③ 수렵·채집생활이 위주였던 시기는 구석기시대이다.

Answer 22.④ 23.③

02 국가의 형성

section 1 고조선과 청동기문화

(1) 청동기의 보급

① **청동기시대의 시작** … 한반도에서는 기원전 10세기경에, 만주지역에서는 이보다 앞서는 기원전 13 ~ 15세기경에 청동기시대가 전개되었다.

② **사회 변화** … 생산경제가 이전보다 발달하고 청동기 제작과 관련된 전문 장인이 출현하였으며 사유재산제도와 계급이 발생하게 되었다.

③ **유적** … 중국의 요령성과 길림성을 포함하는 만주지역과 한반도에 걸쳐 분포되어 있다.
   ㉠ **북한지역**: 함북 회령 오동리, 나진 초도, 평북 강계 공귀리, 의주 미송리, 평양 금탄리와 남경
   ㉡ **남한지역**: 경기 여주 흔암리, 파주 덕은리, 충남 부여 송국리, 충북 제천 황석리

④ **유물**
   ㉠ **석기**: 반달돌칼, 바퀴날도끼, 홈자귀
   ㉡ **청동기**: 비파형 동검과 화살촉 등의 무기류, 거친무늬거울
   ㉢ **토기**: 미송리식 토기, 민무늬토기, 붉은간토기
   ㉣ **무덤**: 고인돌, 돌널무덤, 돌무지무덤

⑤ **비파형 동검과 민무늬토기**
   ㉠ **비파형 동검**: 만주로부터 한반도 전역에 이르는 넓은 지역에서 출토되어 미송리식 토기 등과 함께 이 지역이 청동기시대에 같은 문화권에 속하였음을 보여 준다.
   ㉡ **민무늬토기**: 밑바닥이 편평한 원통모양의 화분형과 밑바닥이 좁은 팽이형이 기본적인 모양이며, 빛깔은 적갈색이다.

(2) 철기의 사용

① **철기시대의 시작** … 우리나라에서는 중국 전국시대 혼란기에 유이민들이 전래하면서 기원전 4세기경부터 철기를 쓰기 시작하였다.

② **철기문화의 보급**
   ㉠ 철제 농기구의 사용으로 농업이 발달하여 경제 기반이 확대되었다.
   ㉡ 철제 무기와 철제 연모의 사용으로 청동기는 의식용 도구로 변하였다.

③ 유물

　　㉠ 화폐 출토 : 명도전, 오수전, 반량전을 통하여 중국과의 활발한 교류를 알 수 있다.

　　㉡ 붓의 출토 : 경남 창원 다호리 유적에서 나온 붓을 통해 한자를 사용했음을 알 수 있다.

④ 청동기의 독자적 발전

　　㉠ 비파형 동검은 세형동검으로, 거친무늬거울은 잔무늬거울로 형태가 변하였다.

　　㉡ 거푸집의 사용 : 청동기를 제작하던 거푸집도 전국의 여러 유적에서 발견되고 있다.

⑤ 다양한 토기의 사용 … 민무늬토기 이외에 입술 단면에 원형·타원형·삼각형의 덧띠를 붙인 덧띠토기, 검은간토기 등이 사용되었다.

(3) 청동기 · 철기시대의 생활

① 경제생활의 발전

　　㉠ 간석기의 다양화 : 간석기가 매우 다양해지고 기능도 개선되어 생산경제도 좀 더 발달하였다.

　　㉡ 농경의 발달 : 개간도구(돌도끼, 홈자귀, 괭이)로 곡식을 심고, 추수도구(반달돌칼)로 농경을 더욱 발전시켰다.

　　㉢ 농업 : 조, 보리, 콩, 수수 등 밭농사 중심이었지만 일부 저습지에서 벼농사가 시작되었다.

　　㉣ 수렵·어로·가축사육 : 사냥이나 고기잡이도 여전히 하고 있었지만 농경의 발달로 점차 그 비중이 줄어들었고 돼지, 소, 말 등의 가축의 사육은 증가되었다.

② 주거생활의 변화

　　㉠ 집터 유적 : 한반도 전역에서 발견되는데 대체로 앞쪽에는 시냇물이 흐르고 뒤쪽에는 북서풍을 막아 주는 나지막한 야산이 있는 곳에 우물을 중심으로 자리잡고 있다.

　　• 집터의 형태와 구조

　　－대체로 직사각형이며 움집은 점차 지상가옥으로 바뀌어 갔다.

　　－움집 중앙의 화덕은 한쪽 벽으로 옮겨지고, 저장구덩도 따로 설치하거나 한쪽 벽면을 밖으로 돌출시켜 만들었다.

　　－창고와 같은 독립된 저장시설을 집 밖에 따로 만들기도 하였고, 움집을 세우는 데에 주춧돌을 이용하기도 하였다.

　　• 다양한 용도의 집터 : 그 넓이가 다양한 것으로 보아 주거용 외에 창고, 공동작업장, 집회소, 공공의식장소 등도 만들었음을 알 수 있다. 이를 통하여 사회조직이 점차 발달하였고 복잡해졌다는 것을 추정할 수 있다.

　　• 집터의 규모 : 보통의 집터는 부부를 중심으로 하는 4~8명 정도의 가족이 살 수 있는 크기이며, 이는 한 가족용으로 만들어진 것이다.

　　㉡ 정착생활의 규모의 확대 : 집터는 넓은 지역에 많은 수가 밀집되어 취락형태를 이루고 있다. 이것은 농경의 발달과 인구의 증가로 정착생활의 규모가 점차 확대되었음을 보여 주는 것이다.

[신석기시대와 청동기시대의 주거지]

구분	신석기	청동기
형태	원형, 모서리가 둥근 네모꼴 움집	직사각형 움집, 지상가옥
화덕위치	중앙	한쪽 벽
저장구덩	화덕, 출입문 옆	따로 설치, 밖으로 돌출
규모	4 ~ 5명	4 ~ 8명

③ 사회생활의 변화

ㄱ 성 역할의 분리 : 여성은 가사노동을, 남성은 농경 · 전쟁에 종사하였다.

ㄴ 빈부 격차와 계급의 발생 : 생산력의 증가에 따라 잉여생산물이 생기게 되자, 힘이 강한 자가 이를 개인적으로 소유하여 빈부의 격차와 계급의 분화를 촉진하였고 이는 무덤의 크기와 껴묻거리의 내용에 반영되었다.

④ 고인돌의 출현

ㄱ 계급사회의 반영 : 청동기시대에는 고인돌과 돌넘무덤 등이 만들어졌고, 철기시대에는 널무덤과 독무덤 등이 만들어졌다. 그 중에서 계급사회의 발생을 보여 주는 대표적인 무덤이 고인돌이다.

ㄴ 고인돌의 전형적인 형태 : 보통 북방식과 같이 4개의 판석 형태의 굄돌을 세워 돌방을 만들고 그 위에 거대하고 편평한 덮개돌을 얹은 것이다.

ㄷ 전역에 분포 : 고인돌은 우리나라 전역에 걸쳐 분포되어 있다.

ㄹ 의의 : 무게가 수십 톤 이상인 덮개돌을 채석하여 운반하고 무덤에 설치하는 데에는 많은 인력이 필요하였다. 따라서 고인돌은 당시 지배층이 가진 정치권력과 경제력을 잘 반영해 주고 있다.

⑤ 군장의 출현

ㄱ 선민사상의 대두 : 경제, 정치력이 우세한 부족이 스스로 하늘의 자손이라 믿는 선민사상을 가지고 주변의 약한 부족을 통합하거나 정복하고 공납을 요구하였다.

ㄴ 정복활동의 활발 : 청동 · 철로 된 무기로 정복활동이 활발하였다.

ㄷ 계급사회와 군장의 출현 : 평등사회는 계급사회로 바뀌게 되고 권력과 경제력을 가진 지배자인 군장이 출현하게 되었다.

(4) 청동기 · 철기시대의 예술

① 주술적 성격

ㄱ 청동으로 만든 도구의 모양이나 장식에는 미의식과 생활모습이 표현되었고, 지배층의 무덤에서 출토된 청동으로 만든 의식용 도구에는 호랑이, 사슴, 사람의 손 모양 등을 사실적으로 조각하거나 기하학적 무늬를 정교하게 새겨 놓아 의식을 행하는 데 사용되었다.

ㄴ 흙으로 빚은 사람이나 짐승모양의 토우는 본래의 용도 외에도 풍요를 기원하는 주술적 의미를 가지고 있다.

기출PLUS

기출 2019. 4. 6. 인사혁신처

청동기시대의 유적과 유물에 대한 설명으로 옳은 것은?

① 연천 전곡리에서는 사냥도구인 주먹도끼가 출토되었다.

② 창원 다호리에서는 문자를 적는 붓이 출토되었다.

③ 강화 부근리에서는 탁자식 고인돌이 발견되었다.

④ 서울 암사동에서는 곡물을 담는 빗살무늬토기가 나왔다.

〈정답 ③

② 풍성한 수확의 염원
- ㉠ 울주반구대 바위그림 : 거북, 사슴, 호랑이, 새 등의 동물과 작살이 꽂힌 고래를 비롯한 여러 종류의 고래, 그물에 걸린 동물, 우리 안의 동물 등이 새겨져 있어 사냥과 고기잡이의 성공과 풍성한 수확을 기원하였다.
- ㉡ 고령 양전동 알터 바위그림 : 기하학 무늬가 새겨져 있어 태양 숭배와 풍요를 기원하는 의미를 가진다.

(5) 단군과 고조선

① 고조선의 건국
- ㉠ 족장사회의 출현 : 청동기문화의 발전과 함께 족장이 지배하는 사회가 출현하였으며, 강한 족장이 주변의 여러 족장사회를 통합하면서 점차 권력을 강화해 갔다.
- ㉡ 고조선의 건국 : 족장사회에서 가장 먼저 국가로 발전한 것은 고조선으로 단군왕검이 건국하였으며(B.C. 2333), 단군왕검은 지배자의 칭호였다.
- ㉢ 고조선의 세력범위 : 요령지방을 중심으로 성장하여 인접한 족장사회들을 통합하면서 한반도까지 발전하였는데, 비파형 동검과 고인돌의 출토분포로서 알 수 있다.

② 고조선의 발전 … 초기에는 요령지방, 후기에는 대동강 유역의 왕검성 중심으로 독자적인 문화를 이룩하면서 발전하였다.
- ㉠ 왕위 세습 : 부왕, 준왕 같은 강력한 왕이 등장하여 왕위를 세습하였다(B.C. 3세기경).
- ㉡ 관리 설치 : 상(相), 대부(大夫), 장군 등의 관직을 두었다.
- ㉢ 중국과 대립 : 요서지방을 경계로 하여 연(燕)과 대립하였다.

③ 단군신화에 나타난 사회의 모습
- ㉠ 내용 : 환웅부족이 태백산 신시를 중심으로 세력을 형성하였고, 환웅부족과 곰부족이 연합하여 고조선을 형성함으로써 단군왕검이 탄생하고 홍익인간이념을 내세운 제정일치의 사회가 되었다.
- ㉡ 해석 : 구릉지대에 거주하면서 농경생활을 하고 있었고 선민사상을 가지고 있었으며 사유재산의 성립과 계급의 분화에 따라 사회생활을 주도하였다.

(6) 위만의 집권

① 위만 조선의 성립
- ㉠ 위만의 세력 확대 : 중국 유이민 집단인 위만이 준왕의 신임을 받아 서쪽 변경을 수비하는 임무를 맡게 되고 이주민 세력을 통솔하면서 자신의 세력을 점차 확대하여 나갔다.
- ㉡ 위만의 건국 : 준왕을 축출하고 위만이 왕이 되었다(B.C. 194).

POINT 위만 조선의 의미 … 위만은 고조선으로 들어올 때 상투를 틀고 조선인의 옷을 입었다. 그리고 왕이 된 뒤에도 나라 이름을 그대로 조선이라 하였고, 그의 정권에서는 토착민 출신으로 높은 지위에 오른 자가 많았다. 따라서 위만의 고조선은 단군의 고조선을 계승한 것으로 볼 수 있다.

기출PLUS

기출 2019. 6. 15. 서울특별시

고조선을 주제로 한 학술 대회를 개최할 경우, 언급될 내용으로 가장 적절하지 않은 것은?
① 위만의 이동과 집권 과정
② 진대법과 빈민 구제
③ 범금 8조(8조법)에 나타난 사회상
④ 비파형 동검 문화권과 국가의 성립

〈정답 ②

② **위만 조선의 발전**

  ㉠ 철기문화를 수용하였고 상업과 무역업이 발달하였다.

  ㉡ 정복사업의 전개 : 사회·경제의 발전을 기반으로 중앙정치조직을 갖춘 강력한 국가로 성장하고, 활발한 정복사업의 전개로 광대한 영토를 차지하였다.

  ㉢ 중계무역의 독점 : 지리적인 이점을 이용하여 중계무역의 이득을 독점하기 위해 한과 대립하였다.

③ **고조선의 멸망**

  ㉠ 한과의 대항 : 위만 조선에 위협을 느낀 한의 무제는 대규모 침략을 강행하였으나 고조선은 한의 군대에 맞서 완강하게 대항하였다.

  ㉡ 위만 조선의 멸망 : 장기간의 전쟁으로 지배층의 내분이 일어나 왕검성이 함락되어 멸망하였다(B.C. 108).

④ **한 군현의 설치와 소멸** … 고조선이 멸망하자 한은 고조선의 일부 지역에 군현을 설치하여 지배하고자 하였으나 결국 고구려의 공격을 받아 소멸되었다.

(7) 고조선의 사회

① **8조법과 고조선의 사회상** … 권력과 경제력의 차이가 발생하고, 재산의 사유가 이루어지면서 형벌과 노비가 생겨나게 되었다.

> **POINT** 8조법
> ㉠ 기록문헌 : 후한 때 반고의 한서지리지에 일부 조목의 내용만이 전해진다.
> ㉡ 주요 내용
> • 사람을 죽인 자는 즉시 사형에 처한다.
> • 사람을 상해한 자는 곡물로써 배상한다.
> • 남의 물건을 훔친 자는 노비로 삼되, 자속하려는 자는 돈 50만전을 내야 한다.
> ㉢ 사회상
> • 개인의 생명과 재산이 존중된 제정일치사회였다.
> • 사유재산제도가 발달하였다.
> • 농업 중심의 노예제사회, 계급사회였다.
> • 가부장적 가족제도가 있었다.
> • 형벌과 노비가 존재했다.
> • 범죄를 수치로 여겼으며 여자의 정절을 귀하게 여겼다.

② **한 군현의 엄한 율령 시행**

  ㉠ 토착민들의 저항 : 한 군현이 설치된 후 억압과 수탈을 당하던 토착민들은 이를 피하여 이주하거나 단결하여 한 군현에 대항하였다.

  ㉡ 한 군현의 법 조항 확대

  • 엄한 율령을 시행하여 자신들의 생명과 재산을 보호하려 하였다.

  • 법 조항도 60여 조로 증가하였고 풍속도 각박해져 갔다.

기출PLUS

[기출] 2020. 6. 20. 소방공무원

다음 자료가 설명하는 나라에 대한 설명으로 옳지 않은 것은?

┌ 보기 ┐
사람을 죽인 자는 즉시 죽이고, 남에게 상처를 입힌 자는 곡식으로 갚는다. 도둑질한 자는 노비로 삼는다. 이를 용서받고자 하는 자는 한 사람마다 50만 전을 내야 한다.

– 『한서』

① 영고라는 제천행사가 있었다.
② 사람의 생명과 노동력을 중시하였다.
③ 형벌과 노비가 존재한 계급사회였다.
④ 상·대부·장군 등의 관직이 있었다.

< **정답** ①

기출PLUS

section **2** 여러 나라의 성장

(1) 부여

① **건국** … 만주 송화강 유역의 평야지대를 중심으로 성장하였다.

② **경제생활**

　㉠ 농경과 목축을 주로 하였고, 하호(下戶)의 생산활동에 의존하였다.

　㉡ 특산물로는 말·주옥·모피 등이 유명하였다.

③ **정치**

　㉠ 발전과 쇠퇴 : 1세기 초에 왕호를 사용하였고, 중국과 외교관계를 맺는 등 발전된 국가의 모습을 보였다. 그러나 북쪽으로 선비족, 남쪽으로는 고구려와 접하고 있다가 3세기 말에 선비족의 침입으로 쇠퇴하여 고구려에 편입되었다.

　㉡ 정치조직

　　• 왕 아래에는 가축의 이름을 딴 마가, 우가, 저가, 구가와 대사자, 사자 등의 관리가 있었다.

　　• 가(加)는 저마다 따로 행정구획인 사출도를 다스리고 있어서 왕이 직접 통치하는 중앙과 합쳐 5부를 이루었다.

　　• 왕의 권력이 미약하였으나 왕이 나온 대표 부족의 세력은 매우 강해서 궁궐, 성책, 감옥, 창고 등의 시설을 갖추고 있었다.

　㉢ 가의 역할 : 왕권이 미약하여 제가들이 왕을 추대·교체하기도 하였고, 수해나 한해로 농사가 잘 되지 않으면 그 책임을 왕에게 묻기도 하였다.

④ **법률**(부여의 4조목)

　㉠ 살인자는 사형에 처하고, 그 가족은 데려다 노비로 삼는다(연좌제 적용).

　㉡ 절도죄를 지은 자는 12배의 배상을 물린다(1책12법).

　㉢ 간음한 자는 사형에 처한다.

　㉣ 부인이 투기가 심하면 사형에 처하되, 그 시체는 산 위에 버린다. 단, 그 여자의 집에서 시체를 가져가려면 소·말을 바쳐야 한다.

⑤ **풍습**

　㉠ 순장 : 왕이 죽으면 많은 사람들을 껴묻거리와 함께 묻는 순장의 풍습이 있었다.

　㉡ 흰 옷을 좋아했고, 형사취수와 일부다처제 풍습이 있었다.

　㉢ 은력(殷曆)을 사용하였다.

　㉣ 제천행사 : 수렵사회의 전통을 보여주는 것으로 12월에 하늘에 제사를 지내고 노래와 춤을 즐기는 영고를 열었으며, 죄수를 풀어주었다.

　㉤ 우제점복 : 소를 죽여 그 굽으로 길흉을 점치기도 하였다.

⑥ **역사적 의의** … 연맹왕국의 단계에서 멸망하였지만 고구려나 백제의 건국세력이 부여의 한 계통임을 자처하였고, 건국신화도 같은 원형을 바탕으로 하고 있다.

기출 2016. 6. 25. 서울특별시

다음 자료와 관련된 나라에 대한 설명으로 가장 옳지 않은 것은?

─ 보기 ─

• 풍속에 장마와 가뭄이 연이어 오곡이 익지 않을 때, 그 때마다 왕에게 허물을 돌려 '왕을 마땅히 바꾸어야 한다.'라거나 혹은 '왕은 마땅히 죽어야 한다.'라고 하였다.

• 정월에 지내는 제천 행사는 국중 대회로 날마다 마시고 먹고 노래하고 춤추는데 그 이름은 영고라 한다.

－「삼국지」 위서 동이전 －

① 쑹화 강 유역의 평야 지대에서 성장하였다.

② 왕 아래 가축의 이름을 딴 여러 가(加)들이 있었다.

③ 왕이 죽으면 노비 등을 함께 묻는 순장의 풍습이 있었다.

④ 국력이 쇠퇴하여 광개토대왕 때 고구려에 완전 병합되었다.

❮정답 ④

(2) 고구려

① **건국** … 부여 계통의 주몽이 부여의 지배계급 내의 분열, 대립과정에서 박해를 피해 남하하여 독자적으로 압록강 중류 졸본(환인)지방에서 건국하였다(B.C. 37).

② **경제** … 졸본지방은 큰 산과 깊은 계곡으로 된 산악지대였기 때문에 농토가 부족하고 토지가 척박하였으며, 힘써 일을 하여도 양식이 부족하였다.

③ **정치**
  ㉠ 5부족연맹체 : 건국초기부터 주변의 소국들을 정복하고 평야지대로 진출하고자 하였다.
    • 대가(大加)들의 관리 통솔 : 왕 아래 상가, 고추가 등의 대가들이 있었으며, 대가들은 독립적인 세력을 유지하였다. 이들은 각기 사자, 조의, 선인 등의 관리를 거느리고 있었다.
    • 제가회의 : 중대한 범죄자가 있으면 제가회의를 통하여 사형에 처하였고, 그 가족을 노비로 삼았다.
  ㉡ 정복활동의 전개 : 활발한 정복전쟁으로 한의 군현을 공략하여 요동으로 진출하였고, 옥저를 정복하여 공물을 받았다.

④ **풍속**
  ㉠ 서옥제(데릴사위제) : 혼인을 정한 뒤 신부집의 뒤꼍에 조그만 집을 짓고 거기서 자식을 낳고 장성하면 아내를 데리고 신랑집으로 돌아가는 제도이다.
  ㉡ 제천행사 : 10월에는 추수감사제인 동맹을 성대하게 열었다.
  ㉢ 조상신 제사 : 건국 시조인 주몽과 그 어머니 유화부인을 조상신으로 섬겨 제사를 지냈다.

(3) 옥저와 동예

① **옥저**
  ㉠ 경제 : 비옥한 토지를 바탕으로 농사가 잘되었으며, 어물과 소금 등 해산물이 풍부하였다. 그러나 고구려에 공납으로 바쳤다.
  ㉡ 풍속 : 고구려와 같이 부여족의 한 갈래였으나 풍속이 달랐다.
    • 민며느리제가 있었다.
    • 골장제(가족공동무덤)가 유행하여 가족이 죽으면 시체를 가매장하였다가 나중에 그 뼈를 추려서 목곽에 안치하였다. 또 목곽 입구에는 죽은 자의 양식으로 쌀을 담은 항아리를 매달아 놓기도 하였다.

② **동예**
  ㉠ 경제
    • 토지가 비옥하고 해산물이 풍부하여 농경, 어로 등 경제생활이 윤택하였다.
    • 명주와 삼베를 짜는 등 방직기술이 발달하였다.
    • 단궁(활)과 과하마(조랑말), 반어피(바다표범의 가죽) 등이 유명하였다.

기출PLUS

기출 2021. 4. 3. 소방공무원

(가) 나라에 대한 설명으로 옳은 것은?

┌ 보기 ┐

　(가) 의 혼인하는 풍속은 여자의 나이가 10살이 되기 전에 혼인을 약속하고, 신랑 집에서는 (그 여자를) 맞이하여 장성하도록 길러 아내로 삼는다. (여자가) 성인이 되면 다시 친정으로 돌아가게 한다. 여자의 친정에서는 돈을 요구하는데, (신랑 집에서) 돈을 지불한 후 다시 신랑 집으로 돌아온다.
　　　　－『삼국지』, 위서 동이전

① 농경과 관련하여 동맹이라고 하는 제천행사가 있었다.
② 대가들의 호칭에 말, 소, 돼지, 개 등의 가축 이름을 붙였다.
③ 단궁, 반어피(바다표범 가죽), 과하마 등의 특산물로 중국과 교역하였다.
④ 시체를 가매장하였다가 뼈만 추려 가족 공동 무덤인 큰 나무 덧널에 넣었다.

<정답 ④

기출PLUS

기출 2018. 10. 13. 소방공무원

다음 밑줄 친 '이 나라'에 대한 설명으로 옳은 것은?

─ 보기 ─
이 나라는 산천을 중요시하여 산과 내마다 각기 구분이 있어 함부로 들어가지 않는다. 같은 씨족끼리 결혼하지 않는다. … (중략) … 부락을 함부로 침범하면 벌로 노비와 소·말을 부과하는데, 이를 책화라 한다.

① 사출도가 존재하였다.
② 서옥제라는 혼인 풍습이 있었다.
③ 무천이라는 제천 행사를 거행하였다.
④ 소도라고 불린 신성 구역이 존재하였다.

<정답 ③

© 풍속
• 제천행사 : 무천이라는 제천행사를 10월에 열었다.
• 족외혼을 엄격하게 지켰다.
• 책화 : 각 부족의 영역을 함부로 침범하지 못하게 하고 만약 침범하면 노비와 소, 말로 변상하게 하였다.

③ 옥저와 동예의 한계
㉠ 위치 : 함경도 및 강원도 북부의 동해안의 변방에 위치하여 선진문화의 수용이 늦어졌으며, 고구려의 압력으로 크게 성장하지 못하였다.
㉡ 정치 : 각 읍락에 읍군, 삼로라는 군장이 자기 부족을 지배하였다. 고구려의 압력과 수탈로 큰 정치세력을 형성하지 못했다.

(4) 삼한

① 진(辰)의 성장과 발전
㉠ 성장 : 고조선 남쪽지역에는 일찍부터 진이 성장하고 있었다. 진은 기원전 2세기경 고조선의 방해로 중국과의 교통이 저지되기도 하였다.
㉡ 발전 : 고조선 사회의 변동에 따라 대거 남하해 오는 유이민에 의하여 새로운 문화가 보급되어 토착문화와 융합되면서 사회가 더욱 발전하였다.
㉢ 연맹체의 출현 : 진이 발전하면서 마한, 변한, 진한의 연맹체들이 나타나게 되었다.

② 삼한의 형성
㉠ 마한
• 위치 : 천안·익산·나주지역을 중심으로 하여 경기·충청·전라도지방에서 발전하였다.
• 구성 : 54개의 소국으로 이루어졌고 모두 10만여 호였는데, 그 중에서 큰 나라는 1만여 호, 작은 나라는 수천 호였다.
㉡ 변한과 진한
• 위치 : 변한은 김해·마산지역을 중심으로, 진한은 대구·경주지역을 중심으로 발전하였다.
• 구성 : 변한과 진한은 각기 12개국으로 이루어졌고 모두 4만~5만호였는데, 그 중에서 큰 나라는 4,000~5,000호, 작은 나라는 600~700호였다.

③ 삼한의 주도 세력
㉠ 마한 목지국 : 삼한 중에서 마한의 세력이 가장 컸으며, 마한을 이루고 있는 소국의 하나인 목지국의 지배자가 마한왕 또는 진왕으로 추대되어 삼한 전체의 주도세력이 되었다.
㉡ 삼한의 정치적 지배자 : 삼한의 지배자 중 세력이 큰 것은 신지, 견지 등으로, 작은 것은 부례, 읍차 등으로 불렀다.

④ 삼한의 제정 분리
㉠ 천군(제사장) : 정치적 지배자 외에 제사장인 천군이 있었다. 그리고 신성지역으로 소도가 있었는데, 이 곳에서 천군은 농경과 종교에 대한 의례를 주관하였다.

ⓒ **소도(신성지역)** : 천군이 주관하는 소도는 군장의 세력이 미치지 못하는 곳으로, 죄인이라도 도망을 하여 이 곳에 숨으면 잡아가지 못하였다.

⑤ **삼한의 경제·사회상**

　ⓐ **일반인의 생활** : 읍락에 살면서 농업과 수공업의 생산을 담당하였으며, 초가지붕의 반움집이나 귀틀집에서 살았다.

　ⓑ **공동체적인 전통** : 두레조직을 통하여 여러가지 공동작업을 하였다.

　ⓒ **제천행사** : 해마다 씨를 뿌리고 난 뒤인 5월의 수릿날과 가을 곡식을 거두어들이는 10월에 계절제를 열어 하늘에 제사를 지냈다. 이러한 제천행사 때에는 온 나라 사람들이 모두 모여서 날마다 음식과 술을 마련하여 노래를 부르고 춤을 추며 즐겼다.

　ⓓ **철기문화를 바탕으로 한 농경사회** : 철제 농기구의 사용으로 인해 농경이 발달하였고 벼농사를 지었다.

　ⓔ **변한의 철 생산** : 철이 많이 생산되어 낙랑, 왜 등에 수출하였고 교역에서 화폐처럼 사용되기도 하였다. 마산의 성산동 등지에서 발견된 야철지는 제철이 성하였음을 보여주고 있다.

⑥ **삼한의 변동**

　ⓐ 철기시대 후기의 문화 발전은 삼한사회의 변동을 가져왔다.

　ⓑ 지금의 한강 유역에서는 백제국이 성장하면서 마한지역을 통합해 갔다.

　ⓒ 낙동강 유역에서는 가야국이, 그 동쪽에서는 사로국이 성장하여 중앙집권국가의 기반을 마련하면서 각각 가야 연맹체와 신라의 기틀을 다져 나갔다.

[연맹왕국의 비교]

부여	고구려	옥저	동예	삼한
송화강 유역	압록강 유역	함흥평야	함경도, 강원도 북부	한강 이남
5부족연맹체, 왕 → 마가, 우가, 저가, 구가	5부족연맹체, 왕 → 고추가, 상가	연맹체를 형성하지 못하고 부족장이 통치(삼로, 읍군)		제정분리(제사장 : 천군, 군장 : 신지, 견지, 읍차, 부례)
• 반농반목 • 말, 주옥, 모피 생산	• 부경 : 지배층의 창고 • 약탈경제	해산물 풍부	• 단궁 • 과하마 • 반어피 • 방직기술의 발달	• 저수지 축조 • 변한 : 철 생산 (왜, 낙랑에 수출) • 벼농사 발달
• 순장 • 형사취수제 • 우제점법 • 1책12법 • 은력	• 서옥제 (데릴사위제) • 점복 • 1책12법	• 가족공동묘 • 민며느리제	• 족외혼 • 책화	두레
영고(12월)	동맹(10월)		무천(10월)	수릿날(5월), 계절제(10월)

01 다음 중 청동기시대에 등장한 신앙은?

① 토테미즘

② 애니미즘

③ 선민사상

④ 샤머니즘

> **TIPS!**
>
> ① 토테미즘 : 신석기시대의 신앙으로 특정한 동물이나 식물을 자신의 부족과 연결하여 숭배하는 것이다.
> ② 애니미즘 : 신석기시대의 자연물에 영혼이 존재한다는 사상으로 태양과 물에 대한 숭배가 두드러졌다.
> ③ 선민사상 : 청동기시대에 농경이 발달하고 사유재산이 형성되면서 계급이 등장하게 되었다. 이때 지배계층은 자신들이 신의 선택을 받은 특별한 존재라고 여겼다.
> ④ 샤머니즘 : 인간과 영혼을 연결시켜주는 주술사와 그의 주술을 믿는 것으로 신석기 시대에 발생하였으며 여전히 숭배의 대상이다.

02 위만 조선이 한나라의 침입으로 왕검성이 함락되어 멸망하게 된 직접적인 원인으로 옳은 것은?

① 독자적인 문화를 발전시키지 못하였다.

② 철기 문화를 수용하지 못하여 군사력이 약하였다.

③ 상업과 무역이 발달하지 못하여 폐쇄적인 자급자족의 경제였다.

④ 예와 진의 무역을 막고 중계무역의 이득을 독점하였다.

> **TIPS!**
>
> 위만 조선 … 본격적으로 철기문화를 수용하고 철기의 사용에 따른 무기생산과 농업이 발달하여 이에 따른 상업과 무역이 융성하였다. 중앙정치조직을 갖추고 우세한 무력을 기반으로 영토를 확장했으며 지리적 이점을 이용하여 예와 진이 직접 중국과 교역하는 것을 막고 중계무역의 이득을 독점하려 하였다. 이에 한나라의 무제는 대규모 공격을 감행하였는데 장기간의 전쟁으로 인한 고조선 지배층의 내분이 원인이 되어 B.C. 108년에 왕검성이 함락되면서 멸망하였다.

03 철기문화의 전래에 관한 설명으로 옳지 않은 것은?

① 새로운 무덤 형태인 독무덤이 출현하였다.

② 한자가 전래되었다.

③ 청동기는 의기화되었다.

④ 지배와 피지배 관계가 형성되었다.

> **TIPS!**
>
> ④ 계급이 발생하고 사유재산제도가 생긴 것은 청동기 시대이다.

Answer 01.③ 02.④ 03.④

04 다음이 설명하는 나라는?

> 만주 송화강 유역에서 일어난 나라로 농경과 목축업을 주로 하였고, 특산물로 말, 주옥, 모피 등이 있었다.

① 동예　　　　　　　　　　　　　② 삼한
③ 부여　　　　　　　　　　　　　④ 고구려

> **TIPS!**
>
> 부여의 특징
> ㉠ 건국 : 송화강 유역의 평야지대
> ㉡ 정치
> • 왕 아래 마가, 우가, 저가, 구가 그리고 대사자, 사자 등의 관리가 존재
> • 제가들이 다스리는 사출도가 존재
> • 가뭄이 들거나 곡식이 잘 여물지 않으면 대가들이 왕에게 그 책임을 물어 폐위시키기도 함
> ㉢ 경제 : 농경과 목축이 성행하였으며 말, 주옥, 모피가 유명
> ㉣ 풍속 : 형사취수제, 순장, 영고(12월), 우제점법

05 다음 중 청동기, 초기철기시대의 생활상으로 옳지 않은 것은?

① 돌로 만든 농기구 외에 청동으로 된 농기구를 사용하기 시작하였다.
② 민무늬토기, 붉은간토기, 검은간토기를 사용하였다.
③ 청동기시대 말기에는 저습지에서 벼농사가 행해졌다.
④ 생산경제가 더욱 발전하고 사유재산제도와 계급이 나타나게 되었다.

> **TIPS!**
>
> ① 청동기시대의 농기구로는 반달돌칼, 홈자귀 등의 석기가 이용되었으며 청동제 농기구는 없었다. 그리고 초기철기시대에는 철제 농기구의 사용으로 농업이 발달하여 경제 기반이 확대되었다.

Answer 04.③ 05.①

06 다음은 고조선의 세력범위를 나타낸 지도이다. 이를 뒷받침하는 유물 또는 유적으로 거리가 먼 것은?

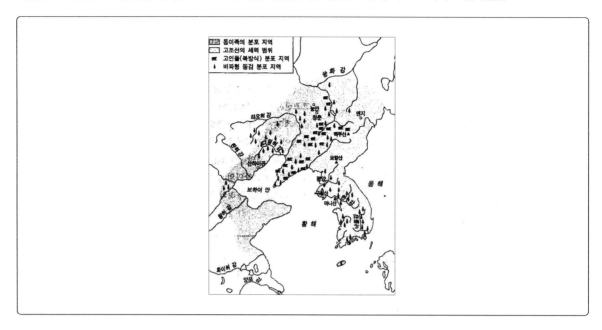

① 고인돌 ② 명도전
③ 비파형 동검 ④ 미송리식 토기

◉TIPS!
② 명도전은 중국의 춘추전국시대에 연나라와 제나라에서 사용한 청동화폐이다.

07 다음 중 고조선에 대한 설명으로 옳은 것은?

① 고조선은 철기문화를 바탕으로 건국되었다.
② 위만 조선은 고조선의 지리적인 이점을 이용하여 중계무역의 이익을 독점하려고 하였다.
③ 고조선은 상, 대부 등의 관직을 두었다.
④ 고조선은 요령지방과 대동강 유역을 중심으로 발전하였다.

◉TIPS!
① 고조선은 청동기문화를 바탕으로 건국되었다.
③ 고조선은 상, 대부, 장군 등의 관직을 설치하였다.
④ 고조선은 요령지방과 대동강 유역을 중심으로 발전하였다.

Answer 06.② 07.②

08 다음 '한서의 법금8조'에 나타난 고조선 사회의 설명으로 옳지 않은 것은?

> ㉠ 살인자는 사형에 처한다.
> ㉡ 남에게 상해를 입힌 자는 곡식으로 배상한다.
> ㉢ 도둑질한 자는 노비로 삼으며, 용서받고자 할 때는 50만 냥을 내야 한다.

① 제정분리
② 생명존중
③ 사유재산제
④ 농경사회

> 💡 **TIPS!**
> ① 고조선은 단군왕검이라는 호칭에서 알 수 있듯이 제정일치의 사회이다. 한서의 8조법만으로 제정분리인지의 확인은 불가능하다.

09 다음 중 고조선에 관한 설명으로 옳지 않은 것은?

① 이주민들에게는 읍군, 삼로라는 직책을 주었다.
② 사유재산제도와 노비제도가 성립되어 있었다.
③ 남에게 상해를 입힌 자는 곡물로 배상한다.
④ 사회조직이 복잡해지면서 8조밖에 없던 법금이 60조로 늘어났다.

> 💡 **TIPS!**
> ① 읍군, 삼로는 옥저나 동예에서 각 읍락에 있었던 군장의 명칭으로 자기 부족을 다스렸으나 큰 정치세력을 형성하지 못하였다.

10 철기가 보급됨에 따라 나타난 현상이 아닌 것은?

① 철제 무기와 농구의 사용으로 청동기는 자취를 감추었다.
② 각지에 보다 강력한 정치조직체인 국가가 성립되었다.
③ 양산, 김해, 웅천 등지에 조개 무덤을 남겼다.
④ 부족들 간의 교역이 활발해짐에 따라 문화가 융합되었다.

> 💡 **TIPS!**
> ① 초기철기시대에는 철제 농기구의 사용으로 농업이 발달하여 경제 기반이 확대되었다. 철제 무기와 철제 연모를 쓰게 됨에 따라 그 때까지 사용해 오던 청동기는 의식용 도구로 변하였다.

Answer 08.① 09.① 10.①

11 다음과 같은 생활모습을 지녔던 사회에 대해 역사적 탐구를 하고자 할 때, 가장 거리가 먼 조사활동은?

> • 매년 5월 씨뿌리기가 끝날 때와 10월에 농사가 끝날 때면 제사를 올리고 음주가무를 즐겼다.
> • 철을 생산하여 낙랑 및 왜와 교역하였고, 시장에서 물건을 살 때 화폐처럼 사용하였다.

① 삼국지 동이전의 내용을 분석한다.
② 낙동강 유역의 철 산지를 알아본다.
③ 서남해안의 해류와 고대 항로를 조사한다.
④ 돌무지 덧널무덤의 분포를 조사한다.

TIPS!
제시된 내용은 삼한의 사회에 대한 설명이다.
④ 돌무지 덧널무덤은 신라에서 주로 만든 무덤으로 삼한 사회에 대한 역사적 탐구에는 적절하지 않다.

12 다음과 관련된 사회상에 대한 설명으로 옳은 것은?

> 정치적 지배자 외에 제사장인 천군이 있었다. 그리고 신성지역으로 소도라는 곳이 있었는데, 이곳에서 천군은 농경과 종교에 대한 의례를 주관하였다. 이곳은 군장의 세력이 미치지 못하는 곳으로, 죄인이 도망을 하여 이곳에 숨으면 잡아가지 못하였다.

① 철이 많이 생산되어 낙랑·왜 등에 수출하였다.
② 서옥제의 풍속과 동맹이라는 제천행사가 있었다.
③ 방직기술이 발달하였고 엄격한 족외혼 사회였다.
④ 민며느리제와 가족공동무덤이 있었다.

TIPS!
제시된 내용은 삼한에 대한 설명이다. 삼한에는 정치적 지배자 외에 제사장인 천군이 있었던 제정분리사회였으며, 신성지역으로 소도라는 곳이 있어 이곳에서 천군은 농경과 종교에 대한 의례를 주관하였다.
① 삼한 ② 고구려 ③ 동예 ④ 옥저

Answer 11.④ 12.①

13 다음 글을 읽고 알 수 있는 고조선과 부여의 공통점으로 옳은 것은?

〈고조선〉
- 사람을 죽인 자는 사형에 처한다.
- 사람을 상해한 자는 곡물로써 배상한다.
- 남의 물건을 훔친 자는 노비로 삼되 자속하려는 자는 돈 50만을 내야 한다.
- 부인들은 정신하여 음란하지 않았다.

〈부여〉
- 살인자는 사형에 처하고 그 가족은 노비로 삼는다.
- 절도자는 물건 값의 12배를 배상한다.
- 간음자는 사형에 처한다.
- 투기가 심한 부인은 사형에 처하되 그 시체를 산 위에 버려 썩게 한다. 단, 그 여자의 집에서 시체를 가져가려면 소와 말을 바쳐야 한다.

⊙ 사유재산과 노동력 중시　　　　　　　ⓒ 계급사회
ⓒ 가부장제 사회　　　　　　　　　　　ⓔ 제정일치사회

① ⊙ⓒ　　　　　　　　　　　　　　② ⊙ⓒ
③ ⊙ⓔ　　　　　　　　　　　　　　④ ⊙ⓒⓒ

TIPS!

고조선의 법금8조과 부여의 1책12법의 공통점
⊙ 당시 사회에서는 생명(노동력)과 사유재산을 중히 여겼다.
ⓒ 권력과 경제력의 차이가 발생한 계급사회였다.
ⓒ 재산의 사유가 이루어지면서 형벌과 노비도 발생하였다.
ⓔ 가부장제적인 가족제도가 확립되었다.
ⓜ 죄를 짓는 것을 수치로 여겼으며 여자의 정절을 중요시하였다.

Answer 13.④

14 청동기문화를 바탕으로 건국된 우리나라 최초의 부족국가는?

① 옥저   ② 고조선

③ 부여   ④ 고구려

 TIPS!

청동기문화의 발전과 함께 군장이 지배하는 사회가 출현하여 세력이 강한 군장은 주변과 여러 사회를 통합하고 점차 권력을 강화하여 갔다. 이 중 가장 먼저 국가로 발전한 것이 고조선이다.

15 다음 중 청동기시대에 대한 설명으로 옳지 않은 것은?

① 한반도의 청동기시대는 기원전 10세기경에 시작하였다.

② 만주지역은 기원전 15 ~ 13세기경부터 청동기시대가 전개되었다.

③ 청동기시대의 유적은 만주지역과 한반도에 걸쳐 분포되어 있다.

④ 빗살무늬토기의 출토지를 보아 주로 강가나 바닷가에서 살았음을 짐작할 수 있다.

TIPS!

④ 빗살무늬토기는 신석기시대의 대표적인 유물이다.

16 유적지에서 반달돌칼, 비파형 동검, 바퀴날도끼, 토기 파편, 탄화된 볍씨 등이 발견되었다. 당시의 사회 모습으로 옳지 않은 것은?

① 촌락은 배산임수형태를 가지고 있었다.

② 일부 저습지에서 벼농사가 이루어졌다.

③ 금속제 무기를 사용한 정복활동이 활발하였다.

④ 주로 해안이나 강가에서 농경 생활을 하였다.

TIPS!

반달돌칼, 바퀴날도끼, 토기 파편, 탄화된 볍씨 등은 청동기시대의 유물이다. 당시의 집자리 유적은 주로 구릉지나 산간지방에서 발견된다.

Answer   14.②   15.④   16.④

17 다음과 같은 현상을 바탕으로 일어난 역사적 사실은?

> 이 시기에는 고인돌이 많이 만들어졌다. 무게가 수십 톤 이상인 덮개돌을 채석하여 운반하고 무덤을 설치하기까지는 많은 인력이 필요하다. 따라서 이와 같은 무덤을 만들 수 있는 강한 세력이 나타났음을 알 수 있다.

① 제정분리의 심화   ② 선민사상의 대두
③ 보편종교의 탄생   ④ 성 역할의 분리

TIPS!

청동기시대에는 고인돌 무덤을 만들 수 있을 정도로 상당한 정치력과 경제력을 갖춘 지배자가 나타났다. 이는 사유재산제도와 계급이 발생하면서 나타났으며, 부족 내에서 족장세력이 성장하여 세력이 약한 다른 부족을 통합하면서 국가가 성립되기 시작하였다. 정치·경제적 영향력이 강한 부족에서는 스스로 하늘의 자손이라 칭하는 선민사상이 나타나게 되었다.

18 청동기시대의 유물과 유적에 대한 설명으로 옳지 않은 것은?

① 강가에 짓던 막집에서 움집을 만들어 생활하였다.
② 반달돌칼, 바퀴날도끼, 홈자귀 등의 석기를 사용하였다.
③ 비파형 동검과 거친무늬거울 등의 청동기가 사용되었다.
④ 미송리식 토기, 민무늬토기, 붉은간토기 등의 토기를 사용하였다.

TIPS!

① 구석기시대에는 동굴이나 막집을 짓고 살았으며 신석기시대에는 움집에서 생활하였다. 그리고 청동기시대에는 움집을 세우는 데 주춧돌이 이용되었으며, 점차 지상가옥으로 바뀌었다.

Answer 17.② 18.①

19 고조선 사람들의 생활에 대한 다음 설명 중 옳지 않은 것은?

① 사람을 죽인 자는 사형에 처했다.

② 지배층의 이익을 위해 법이 이용되었다.

③ 남의 이를 부러뜨리면 자신의 이를 부러뜨려야 했다.

④ 여자들의 정조를 강조하는 가부장적 사회였다.

> **TIPS!**
> 8조법의 내용과 고조선의 사회상
> ㉠ 주요 내용
> • 사람을 죽인 자는 즉시 사형에 처한다.
> • 사람을 상해한 자는 곡물로써 보상한다.
> • 남의 물건을 훔친 자는 노비로 삼되, 자속하려는 자는 돈 50만전을 내야 한다.
> ㉡ 사회상
> • 개인의 생명과 재산이 존중된 제정일치의 사회였다.
> • 사유재산제도가 발달하였다.
> • 가부장적 가족제도가 있었다.
> • 형벌과 노비가 존재했다.
> • 범죄를 수치로 여겼으며 여자의 정절을 귀하게 여겼다.

20 다음의 내용을 통해 추론할 수 있는 당시의 사회상으로 옳지 않은 것은?

> 옛날 하늘 신 환인의 아들 환웅은 천하를 다스리고 인간 세상에 뜻이 있었다. 환인이 그 뜻을 알고 천하를 살펴보니, 태백산이 널리 인간을 이롭게 할 만한 곳이라 천부인 3개를 주어 내려가 다스리게 하였다. 환웅은 3천의 무리를 거느리고 태백산 신단수 밑에 내려와 그 곳을 신시라 하였다. 환웅 천왕은 풍백(바람), 우사(비), 운사(구름)를 거느리고 곡식. 수명. 질병. 형벌. 선악 등 인간의 360여 가지 일을 맡아서 주관하여 세상을 다스리고 교화하였다.

① 사회규범은 엄격하였다.

② 구릉 지대에 거주하면서 농경생활을 하였다.

③ 재산의 공유제가 발달하였다.

④ 피지배 계층이 발생한 계급사회였다.

> **TIPS!**
> 제시된 글은 고조선의 건국신화의 일부로 청동기시대에 나타난 선민사상과 함께 당시의 종교관과 생활풍습을 알 수 있는 내용이다.
> ③ 재산 공유제는 알 수 없다.

Answer 19.③ 20.③

21 다음 중 고조선에 관한 설명으로 옳지 않은 것은?

① 청동기문화를 바탕으로 국가가 건설되었다.
② 중국의 연과 대등한 세력을 형성하면서 발전하였다.
③ 중국과 중계무역을 주도하여 한과 마찰을 빚었다.
④ 유이민 세력인 위만은 토착세력을 정치에서 배제시켰다.

● TIPS!

④ 위만은 입국할 때에 상투를 틀고 조선인의 옷을 입고 있었다고 기록되어 있다. 위만은 나라 이름을 '조선'이라 하였고, 그의 정권에는 토착민 출신으로 높은 지위에 오른 자가 많았다.

22 다음의 사실을 통하여 알 수 있는 고조선의 영역을 보여 주는 대표적인 유물은?

> 고조선은 요령지방을 중심으로 성장하여, 점차 인접한 군장사회들을 통합하면서 한반도까지 발전하였다.

① 세형 동검, 민무늬토기　　　　　　② 비파형 동검, 민무늬토기
③ 세형 동검, 미송리식 토기　　　　　④ 비파형 동검, 미송리식 토기

● TIPS!

고조선의 세력범위는 비파형 동검, 북방식 고인돌, 미송리식 토기의 출토지역과 거의 일치한다.

23 다음 중 기원전 3세기경의 고조선 모습으로 옳지 않은 것은?

① 연과 요서지방을 경계로 대립할 만큼 강성하였다.
② 왕 아래 상, 대부, 장군 등의 관직이 있었다.
③ 강력한 왕의 등장으로 왕위 세습이 이루어졌다.
④ 율령이 반포되고, 중앙집권적 고대국가로 넘어갔다.

● TIPS!

④ 고대국가에 대한 설명으로, 고조선은 고대국가의 형태로 발전하지 못하고 한의 침입으로 멸망했다.

Answer 21.④ 22.④ 23.④

24 초기 국가의 변화과정에 대한 설명으로 옳지 않은 것은?

① 부여 – 선비족의 침입으로 쇠퇴하고, 그 후 한 군현에 편입되었다.

② 고구려 – 2세기경에 중앙집권국가로 성장하였다.

③ 옥저 – 크게 성장하지 못하고 고구려에 흡수되었다.

④ 변한 – 낙동강 유역에 가야국이 등장하여 연맹왕국으로 발전하였다.

> **TIPS!**
> ① 부여가 있던 만주지역은 부여가 망한 후 고구려 영토로 편입되었다.

25 다음 중 옥저와 동예가 고대국가로 발전하지 못한 이유는?

① 일찍부터 고구려의 팽창으로 압박과 수탈을 당하였다.

② 군장의 지위는 세습이 아닌 선출을 통하여 결정되었다.

③ 수많은 소국으로 이루어져 있었다.

④ 씨족사회의 전통이 강하게 남아 강력한 정치권력의 탄생이 어려웠다.

> **TIPS!**
> 옥저와 동예는 함경도 및 강원도 북부의 동해안의 변방에 위치하여 선진문화의 수용이 늦어졌으며, 고구려의 압력으로 크게 성장하지 못하였다.

26 다음 중 삼한 사회의 특징으로 옳지 않은 것은?

① 철기문화가 발달하였다.

② 벼농사가 성행하여 저수지가 만들어졌다.

③ 5부족연맹체가 형성되었다.

④ 군장의 힘이 미치지 못하는 소도가 있었다.

> **TIPS!**
> ③ 5부족연맹체는 부여와 고구려의 특징이다.

Answer 24.① 25.① 26.③

27 다음은 부여에서 시행된 법의 내용이다. 이를 통하여 당시의 사회 모습을 바르게 추론한 것을 모두 고르면?

- 살인자는 사형에 처하고 그 가족은 노비로 삼는다.
- 남의 물건을 훔쳤을 때는 물건 값의 12배를 배상한다.
- 간음한 자와 투기가 심한 부인은 사형에 처한다.

- ㉠ 민본주의 사상이 나타나 있다.
- ㉡ 토지 소유를 중시한 사회다.
- ㉢ 일부일처제가 보편화된 사회다.
- ㉣ 가부장적 가족제도가 확립된 사회다.
- ㉤ 지배층의 권리와 재산을 보호하기 위한 법이다.

---

① ㉠㉡
② ㉠㉤
③ ㉡㉢
④ ㉣㉤

TIPS!

제시된 내용을 통해 생명 존중과 노동력 중시, 계급의 존재를 알 수 있다. 그리고 사유재산이 보호되고 있으며 가부장제도가 확립되었음을 알 수 있다. 그러나 당시의 법은 지배층의 권익을 보호하기 위한 것이었다.

28 다음 중 옥저에 대한 설명으로 옳은 것은?

① 고대왕국으로 발전하였으며, 후에 낙랑에 멸망되었다.
② 매매혼의 제도인 민며느리제가 있었다.
③ 단궁과 과하마, 반어피 등이 유명하였다.
④ 정치적 지배자 외에 제사장인 천군이 있었다.

TIPS!

① 옥저는 고대 왕국으로 발전하지 못하였으며, 고구려에 의해 멸망되었다.
③ 동예에 관한 설명이다.
④ 삼한에 대한 설명이다.

Answer 27.④ 28.②

29 다음을 통해 알 수 있는 부여와 고구려 사회에 대한 설명으로 옳은 것은?

> 사출도, 제가회의, 대사자, 사자

① 제사와 정치가 분리되어 있었다.
② 연맹왕국으로 발전하였다.
③ 농경과 목축을 기반으로 한 사회였다.
④ 강력한 왕권을 바탕으로 중앙집권체제를 구축하였다.

TIPS!

부여와 고구려의 공통점…부여는 왕 아래 마가·우가·저가·구가를 합쳐 5부족 연맹체를 형성하였으며, 가(加)들은 저마다 행정구획인 사출도를 다스렸고 대사자·사자 등의 관리가 있었다. 고구려는 소노부, 순노부, 계루부, 절노부, 관노부 등 5부족 연맹체로 중대한 일은 제가회의를 통해 해결하였다.
㉠ 부여족의 자손으로 5부족연맹체를 이루었다.
㉡ 부여에는 영고, 고구려에는 동맹이라는 제천행사가 있었다.
㉢ 군장과 관리의 명칭에 가(加)와 사자(使者)가 있다.
㉣ 하호가 생산을 담당하였다.
㉤ 1책12법이 행하여졌다.
㉥ 우제점법(점복)이 행하여졌다.

30 철기시대 여러 나라의 지배계층에 대한 설명으로 옳은 것은?

① 삼한에서는 제사장인 천군의 세력이 강화됨에 따라 점차 제정이 분리되었다.
② 옥저와 동예에서는 읍군이라는 연맹장 밑에 삼로라는 작은 족장이 있어, 자기 부락을 통치하였다.
③ 부여에서는 제가들이 왕명에 의하여 사출도를 다스렸다.
④ 고구려의 대가들은 각기 사자, 조의, 선인 등을 거느리고 독립적인 세력을 유지하였다.

TIPS!

① 삼한에서는 정치적 군장세력이 커지면서 제사장인 천군의 지배세력이 약화되었다.
② 옥저와 동예에서는 읍군이나 삼로라는 군장이 자기 부족을 다스렸다.
③ 부여의 제가들은 독자적으로 사출도를 통치하였으며 왕이 직접 통치하는 중앙과 합쳐 5부를 이루었다.

Answer 29.② 30.④

31 다음 중 삼한의 형성과정으로 옳은 것은?

① 한강 이남의 여러 부족 중 세력이 강한 부족의 활발한 정복활동을 통해 성장하였다.

② 진과 한의 교체기에 한반도로 들어온 중국의 유이민들이 세운 소국 연맹체로 출발하였다.

③ 부여족의 한 갈래가 한강 이남으로 진출하여 연맹체를 형성하였다.

④ 한강 이남의 진과 고조선 유이민들이 융합하여 연맹체로 발전하였다.

● TIPS!

고조선 남쪽의 진에는 고조선의 유민에 의하여 새로운 문화가 보급되었는데 토착문화와 융합되면서 더욱 사회가 발전하였다. 그리하여 마한, 변한, 진한의 연맹체가 나타나게 되었다.

32 다음 중 옥저에 대한 설명이 아닌 것은?

① 가축의 이름을 딴 가(加)들이 읍락을 통치하였다.

② 사람이 죽으면 가매장하였다가 나중에 가족공동무덤에 안치하였다.

③ 어물, 소금과 같은 해산물이 풍부하였다.

④ 결혼하기 전 여자가 시집에서 사는 민며느리제 풍습이 있었다.

● TIPS!

① 부여에서 가축의 이름을 딴 가(加)들이 읍락을 통치하였다.

Answer 21.④ 32.①

PART

03

고대 국가의 형성과 발전

01 고대의 정치
02 고대의 경제
03 고대의 사회
04 고대의 문화

01 고대의 정치

section 1 고대국가의 성립

(1) 고대국가의 성격

① **연맹왕국의 형성** … 철기문화의 보급과 이에 따른 생산력의 증대를 토대로 성장한 여러 소국들은 그 중 우세한 집단의 족장을 왕으로 하는 연맹왕국을 이루었다.

② **고대국가의 형성**
- ㉠ **대외정복활동** : 집단 내부의 지배력을 강화하는 동시에 다른 집단에 대한 지배력을 키워 나갔다.
- ㉡ **율령 반포** : 통치체제가 정비되었다.
- ㉢ **불교 수용** : 집단의 통합을 강화하기 위하여 불교를 받아들였다.

③ **고대국가로의 발전과정**
- ㉠ 선진문화의 수용과 지리적 위치에 따라 차이를 보인다.
- ㉡ 고구려, 백제, 신라의 순서로 고대국가체제가 정비되고, 가야연맹은 삼국의 각축 속에서 중앙집권화를 이루지 못하고 해체되었다.

POINT 연맹왕국과 고대국가의 차이점
- ㉠ 연맹왕국 : 왕권 미약(선거제), 다원적 지배, 일원적 지배, 지방분권, 군장세력 강화, 군장의 지방 지배, 원시신앙
- ㉡ 고대국가 : 왕권 강화(부자상속), 일원적 지배, 중앙집권, 군장의 중앙귀족, 관료 편입, 외관 파견, 불교 수용

(2) 삼국의 성립

① **초기의 고구려**
- ㉠ **성장** : 졸본성에서 주변 소국을 통합하여 성장하였으며, 국내성으로 도읍을 옮겼다.
- ㉡ **지배체제의 정비**
  - 태조왕(1세기 후반) : 옥저와 동예를 복속하고, 독점적으로 왕위를 세습하였으며 통합된 여러 집단들은 5부 체제로 발전하였다.
  - 고국천왕(2세기 후반) : 부족적인 전통을 지녀온 5부가 행정적 성격의 5부로 개편되었고 왕위의 계승도 형제상속에서 부자상속으로 바뀌었으며, 족장들이 중앙귀족으로 편입하는 등 중앙집권화와 왕권 강화가 진전되었다.

기출 2021. 4. 17. 인사혁신처

다음 시가를 지은 왕의 재위 기간에 있었던 사실은?

┌ 보기 ┐
펄펄 나는 저 꾀꼬리
암수 서로 정답구나
외로울사 이 내 몸은
뉘와 더불어 돌아가랴

① 진대법을 시행하였다.
② 낙랑군을 축출하였다.
③ 졸본에서 국내성으로 천도하였다.
④ 율령을 반포하여 중앙집권 체제를 강화하였다.

〈 정답 ③

② 초기의 백제
- ㉠ 건국(B.C. 18) : 한강 유역의 토착민과 고구려 계통의 북방 유이민의 결합으로 성립되었는데, 우수한 철기문화를 보유한 유이민 집단이 지배층을 형성하였다.
- ㉡ 고이왕(3세기 중엽) : 한강 유역을 완전히 장악하고, 중국의 문물을 수용하였다. 율령을 반포하였으며 관등제를 정비하고 관복제를 도입하는 등 지배체제를 정비하였다.

③ 초기의 신라
- ㉠ 건국(B.C. 57) : 경주의 토착집단과 유이민 집단의 결합으로 건국되었다.
- ㉡ 발전 : 석탈해 집단의 합류로 박·석·김의 3성이 번갈아 왕위를 차지하였다. 주요 집단들은 독자적인 세력 기반을 유지하면서 유력 집단의 우두머리는 왕(이사금)으로 추대되었다.
- ㉢ 지배체제의 정비(내물왕, 4세기) : 활발한 정복활동을 통해 낙동강 유역으로 영역을 확장하고 김씨가 왕위를 세습하였으며 마립간(대수장)의 칭호를 사용하였다.
- ㉣ 고구려의 간섭 : 광개토대왕의 군사지원으로 왜를 격퇴하고(내물왕), 중국 문물을 수용하였다.

④ 초기의 가야
- ㉠ 위치 : 낙동강 하류의 변한지역에서는 철기문화를 토대로 농업생산력이 증대되어 정치집단들이 등장하였다.
- ㉡ 전기 가야연맹(금관가야 중심) : 김해를 주축으로 하여 경남해안지대에 소국연맹체를 형성하였다.
  - 농경문화의 발달과 철의 생산(중계무역 발달)으로 경제적인 발전을 이루었다.
  - 백제와 신라의 팽창으로 세력이 약화되고(4세기 초) 고구려군의 가야지방 원정으로 몰락하게 되었다. 이에 따라 중심세력이 해체되어 낙동강 서쪽 연안으로 축소되었다.

🔎POINT 임나일본부설
- ㉠ 일본의 야마토 조정이 4세기 후반 한반도 남부지역에 진출, 백제·신라·가야를 지배하고, 특히 가야에 일본부라는 기관을 두어 6세기 중엽까지 직접 지배하였다는 내용이다.
- ㉡ 일본서기에 왜군이 한반도 임나에 일본부를 설치하고 백제의 사신이 왜왕에게 칠지도를 바쳤다는 기록과 광개토대왕비의 신묘년 기사를 근거로 하였다.
- ㉢ 일본서기의 5세기 이전 기록은 신화로 간주되어 임나일본부의 실체는 불분명하며, 광개토대왕비의 신묘년 기사도 주어에 따라 해석의 차이가 있다. 또한 칠지도에 새겨진 글을 보면 백제왕이 왜왕에게 하사한다는 내용으로 해석하기도 한다.

기출PLUS

기출 2019. 6. 15. 서울특별시

〈보기〉에서 밑줄 친 '이 나라'에 대한 설명으로 가장 옳은 것은?

┌ 보기 ┐

천지가 개벽한 뒤로 이곳에는 아직 나라가 없고 또한 왕과 신하도 없었다. 단지 아홉 추장이 각기 백성을 거느리고 농사를 지으며 살았다. …… 아홉 추장과 사람들이 노래하고 춤추면서 하늘을 보니 얼마 뒤 자주색 줄이 하늘로부터 내려와서 땅에 닿았다. 줄 끝을 찾아보니 붉은 보자기에 금빛 상자가 싸여 있었다. 상자를 열어 보니 황금색 알 여섯 개가 있었다. …… 열 사흘째 날 아침에 다시 모여 상자를 열어 보니 여섯 알이 어린아이가 되어 있었다. 용모가 뛰어나고 바로 앉았다. 아이들이 나날이 자라 십수 일이 지나니 키가 9척이나 되었다. 얼굴은 한고조, 눈썹은 당의 요임금, 눈동자는 우의 순임금과 같았다. 그달 보름에 맏이를 왕위에 추대하였는데, 그가 곧 이 나라의 왕이다.

– 삼국유사 –

① 중국 동진으로부터 불교를 받아들여 왕실의 권위를 높였다.
② 재상을 뽑을 때 정사암에 후보 이름을 써서 넣은 상자를 봉해 두었다.
③ 큰일이 있을 때에는 반드시 화백제도를 통해 여러 사람의 의견을 따랐다.
④ 철기를 만들 때 사용하는 덩이쇠를 화폐와 같은 교환 수단으로 이용하기도 하였다.

❮정답 ④

section 2 삼국의 발전과 통치체제

(1) 삼국의 정치적 발전

① 고구려

  ㉠ 영토 확장

  • 4세기 미천왕 때에 서안평을 점령하고 낙랑군을 축출하여 압록강 중류를 벗어나 남쪽으로 진출할 수 있는 발판을 마련하였다.

  • 고국원왕 때는 전연과 백제의 침략으로 국가적 위기를 맞기도 하였다.

  ㉡ 국가체제의 정비와 국력의 확장(소수림왕, 4세기 후반)

  • 불교의 수용, 태학의 설립, 율령의 반포로 중앙집권국가로의 체제를 강화하였다.

  • 지방에 산재한 부족세력을 통제하면서 새로운 발전의 토대를 마련하였다.

② 백제

  ㉠ 대외 팽창(근초고왕, 4세기 후반) : 마한의 대부분을 정복하였으며, 황해도 지역을 두고 고구려와 대결하기도 하였다. 또한 낙동강 유역의 가야에 지배권을 행사하였고, 중국의 요서지방과 산동지방, 일본의 규슈지방까지 진출하였다.

  ㉡ 중앙집권체제의 정비(근초고왕) : 왕권은 점차 전제화되고 왕위의 부자상속이 시작되었다.

  ㉢ 중앙집권체제 확립(침류왕) : 불교를 공인하였다.

③ 신라

  ㉠ 국력의 신장

  • 눌지왕 때에 고구려의 간섭을 배제하기 위해 나·제동맹을 결성하였다.

  • 왕위의 부자상속(눌지왕)으로 자주적 발전을 시작하였다.

  • 6촌을 6부의 행정구역으로 개편하면서 발전하였다.

  ㉡ 지배체제정비

  • 지증왕(6세기 초) : 국호(사로국 → 신라)와 왕의 칭호(마립간 → 왕)를 변경하고, 수도와 지방의 행정구역을 정리하였으며 대외적으로 우산국(울릉도)을 복속시켰다.

  • 법흥왕(6세기 중엽) : 병부의 설치, 율령의 반포, 공복의 제정 등으로 통치질서를 확립하였다. 또한 골품제도를 정비하고, 새로운 세력을 포섭하고자 불교를 공인하였다(이차돈의 순교). 독자적 연호인 건원을 사용하여 자주국가로서의 위상을 높였고 금관가야를 정복하여 영토를 확장시켜 중앙집권체제를 완비하였다.

(2) 삼국 간의 항쟁

① 고구려의 대제국 건설

  ㉠ 광개토대왕(5세기) : 대제국 건설의 기초 마련의 시기이다.

  • 영락이라는 연호를 사용하였다.

  • 만주지방에 대한 대규모 정복사업을 단행하였고, 백제를 압박하여 한강 이남으로 축출하였다.

기출 2021. 4. 17. 인사혁신처

(개) 시기에 신라에서 있었던 사실은?

┌─ 보기 ─┐

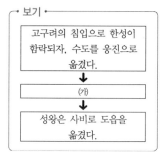

고구려의 침입으로 한성이 함락되자, 수도를 웅진으로 옮겼다.

↓

(가)

↓

성왕은 사비로 도읍을 옮겼다.

① 대가야를 정복하였다.

② 황초령순수비를 세웠다.

③ 거칠부가 『국사』를 편찬하였다.

④ 이차돈의 순교를 계기로 불교가 공인되었다.

❮정답 ④

- 신라에 침입한 왜를 격퇴함으로써 한반도 남부에까지 영향력을 확대하였다.

ⓛ **장수왕(5세기)** : 동북아시아의 대제국 건설의 시기이다.
- 남북조와 교류하면서 중국을 견제하였다.
- 평양 천도(427)를 단행하여 백제의 수도인 한성을 함락하였다.
- 죽령 ~ 남양만 이북을 확보(광개토대왕비와 중원고구려비 건립)하여 한강 유역으로 진출하였다.
- 만주와 한반도에 걸친 광대한 영토를 차지하여 중국과 대등한 지위의 대제국을 건설하였다.

ⓒ **문자왕(5세기 후반)** : 동부여를 복속하고 고구려 최대의 영토를 확보하였다.

② **백제의 중흥**

㉠ **웅진(공주) 천도(문주왕, 5세기 후반)** : 고구려의 남하정책으로 대외팽창이 위축되어 무역활동이 침체되는 가운데 정치적 혼란으로 왕권이 약화되고 귀족세력이 국정을 장악하게 되었다.

ⓛ **체제 정비(5세기 후반)**
- 동성왕 : 신라와 동맹을 강화하여 고구려에 대항하였고, 탐라를 복속하였다.
- 무령왕 : 지방의 22담로에 왕족을 파견하여 지방통제를 강화하였다.

ⓒ **성왕(6세기 중반)**
- 체제 정비 : 사비(부여)로 천도(538)하고, 남부여로 국호를 개칭하였다.
- 제도 정비 : 중앙은 22부, 수도는 5부, 지방은 5방으로 정비하였다.
- 승려 등용 : 불교를 진흥시키고, 일본에 불교를 전파하였다.
- 중국의 남조와 교류하였다.

③ **신라의 발전(진흥왕, 6세기)**

㉠ **체제 정비** : 화랑도를 국가적 조직으로 개편하고, 불교를 통해 사상적 통합을 꾀하였다.

ⓛ **영토 확장** : 한강 유역을 장악하여 경제적 기반을 강화하고 전략적 거점을 확보할 수 있었고 중국 교섭의 발판이 되었다. 북으로는 함경도, 남으로는 대가야를 정복하였다(단양적성비, 진흥왕순수비).

> **POINT** 가야연맹의 해체
> ㉠ 후기 가야연맹 : 5세기 후반 고령지방의 대가야를 중심으로 새롭게 형성되었다. 신라와의 결혼동맹으로 국제적 고립에서 벗어나려 하였다.
> ⓛ 가야의 해체 : 중앙집권국가로 발전하지 못하고 금관가야는 신라 법흥왕, 대가야는 신라 진흥왕에 의해 각각 멸망되었다.

(3) 삼국의 통치체제

① **통치조직의 정비**

㉠ **삼국 초기** : 부족 단위 각 부의 귀족들이 독자적으로 관리를 거느리는 방식으로 귀족회의에서 국가의 중요한 일을 결정하였다.

기출PLUS

기출 2021. 4. 3. 소방공무원

밑줄 친 '왕에 대한 설명으로 옳은 것은?

▸ 보기 ◂

신라가 사신을 보내 왕에게 말하기를, "왜인이 그 국경에 가득 차 성을 부수었으니, 노객은 백성 된 자로서 왕에게 귀의하여 분부를 청한다."고 하였다. …… 10년 경자(庚子)에 보병과 기병 5만을 보내 신라를 구원하게 하였다. …… 관군이 이르자 왜적이 물러가므로, 뒤를 급히 추격하여 임나가라(任那加羅)의 종발성에 이르렀다. 성이 곧 귀순하여 복종하므로, 순라병을 두어 지키게 하였다.

① 태학을 설립하였다.
② 대가야를 정복하였다.
③ 관산성에서 전사하였다.
④ 독자적인 연호를 사용하였다.

‹ 정답 ④

기출 2020. 6. 20. 소방공무원

다음 사건이 일어난 시기를 연표에서 옳게 고른 것은?

▸ 보기 ◂

백제 왕이 가량(加良)과 함께 와서 관산성을 공격하였다. …… 신주의 김무력이 주의 군사를 이끌고 나가 교전하였는데, 비장인 삼년산군 고간(高干) 도도(都刀)가 재빨리 공격하여 백제 왕을 죽였다. 이때 신라 군사들이 승세를 타고 싸워 대승하여 좌평 4명, 병졸 29,600명을 베어 한 필의 말도 돌아가지 못하게 하였다.
– 『삼국사기』

(가)	(나)	(다)	(라)
나·제 동맹 체결	웅진 천도	사비 천도	

① (가)
② (나)
③ (다)
④ (라)

‹ 정답 ④

기출PLUS

ⓛ **중앙집권체제의 형성**: 왕을 중심으로 한 통치체제로 왕의 권한이 강화되었고, 관등제와 행정구역이 정비되어 각 부의 귀족들은 왕권 아래 복속되고, 부족적 성격이 행정적 성격으로 개편되었다.

② **관등조직 및 중앙관제**

구분	관등	수상	중앙관서	귀족합의제
고구려	10여 관등	대대로(막리지)		제가회의
백제	16관등	상좌평	6좌평, 22부(시비천도 이후)	정사암회의
신라	17관등	상대등	병부, 집사부	화백회의

③ **지방제도**

㉠ **지방조직**

구분	관등	수상	중앙관서	귀족합의제
고구려	5부	5부(욕살)	3경(평양성, 국내성, 한성)	제가회의
백제	5부	5방(방령)	22담로(지방 요지)	정사암회의
신라	5부	6주(군주)	2소경[중원경(충주), 동원경(강릉)]	화백회의

㉡ **지방제도의 정비**: 최상급 지방행정단위로 부와 방 또는 주를 두고 지방장관을 파견하였고, 그 아래의 성이나 군에도 지방관을 파견하여 지방민을 직접 지배하였으나, 말단 행정단위인 촌은 지방관을 파견하지 않고 토착세력을 촌주로 삼았다. 그러나 대부분의 지역은 중앙정부의 지배가 강력히 미치지 못하여 지방세력가들이 지배하게 되었다.

④ **군사조직** … 지방행정조직이 그대로 군사조직이기도 하여 각 지방의 지방관은 곧 군대의 지휘관(백제의 방령, 신라의 군주)이었다.

section 3 대외항쟁과 신라의 삼국통일

(1) 고구려와 수·당의 전쟁

① **동아시아의 정세(6세기 말)**

㉠ **중국**: 수(隋)가 남북조를 통일하여 고구려를 침공하였다.

㉡ **한반도**: 신라의 팽창으로 고구려와 백제가 여·제동맹을 맺어 대응하였다.

㉢ **국제**: 남북연합(돌궐·고구려·백제·왜) ↔ 동서연합(수·신라)

② **수와의 전쟁** … 고구려가 요서지방을 선제공격하자 수의 문제와 양제는 고구려를 침입해왔는데 을지문덕이 살수에서 큰 승리를 거두었다(612).

③ **당과의 전쟁**…당 태종은 요동의 여러 성을 공격하고 전략상 가장 중요한 안시성을 공격하였으나 고구려에 의해 패하였다(645). 이후 고구려는 당의 빈번한 침략을 물리쳐 당의 동북아시아 지배야욕을 좌절시켰다.

(2) 백제와 고구려의 멸망

① **한반도 정세의 변화**…여·제동맹 이후 나·당연합이 결성되었다.

② **백제의 멸망**

  ⊙ **과정** : 신라는 황산벌에서 백제를 격파하여 사비성으로 진출하였고, 당군은 금강 하구로 침입하였다. 결국 사비성은 함락되었다(660).

  ⓛ **원인** : 정치질서의 문란과 지배층의 향락으로 국방이 소홀해지면서 몰락하게 되었다.

  ⓒ **부흥운동** : 왕자 풍을 중심으로 복신과 흑치상지, 도침 등은 주류성과 임존성을 거점으로 하여 사비성과 웅진성을 공격하였으나 나·당연합군에 의하여 진압되었다. 이때 왜군이 백제 지원을 나섰으나 백강전투에서 패배하고 말았다.

③ **고구려의 멸망**

  ⊙ **과정** : 나·당연합군의 침입으로 평양성이 함락되었다(668).

  ⓛ **원인** : 지배층의 분열과 국력의 약화로 정치가 불안정하였다.

  ⓒ **부흥운동** : 보장왕의 서자 안승을 받든 검모잠과 고연무 등은 한성과 오골성을 근거지로 한 때 평양성을 탈환하였으나 결국 실패하였다.

(3) 신라의 삼국통일

① **과정**…신라·고구려·백제 유민의 연합으로 당과 정면으로 대결하였다.

  ⊙ **당의 한반도 지배의지** : 한반도에 웅진도독부, 안동도호부, 계림도독부를 설치하였다.

  ⓛ **나·당전쟁** : 신라의 당 주둔군에 대한 공격으로 매소성과 기벌포싸움에서 승리를 거두게 되고 당군을 축출하여 삼국통일을 이룩하였다(676).

② **삼국통일의 의의와 한계**

  ⊙ **의의** : 당의 축출로 자주적 성격을 인정할 수 있으며 고구려와 백제 문화의 전통을 수용하고, 경제력을 확충함으로써 민족문화 발전의 토대를 마련하였다는 점에서 큰 의의가 있다.

  ⓛ **한계** : 외세(당)의 협조를 받았다는 점과 대동강에서 원산만 이남에 국한된 불완전한 통일이라는 점에서 한계성을 가진다.

기출PLUS

기출 2020. 7. 11. 인사혁신처

(개) 인물에 대한 설명으로 옳은 것은?

─ 보기 ─

김춘추가 당나라에 들어가 군사 20만을 요청해 얻고 돌아와서 ▢(개)▢ 을/를 보며 말하기를, "죽고 사는 것이 하늘의 뜻에 달렸는데, 살아 돌아와 다시 공과 만나게 되니 얼마나 다행한 일입니까?"라고 하였다. 이에 ▢(개)▢ 이/가 대답하기를, "저는 나라의 위엄과 신령함에 의지하여 두 차례 백제와 크게 싸워 20 성을 빼앗고 3만여 명을 죽이거나 사로잡았습니다. 그리고 품석 부부의 유골이 고향으로 되돌아왔으니 천행입니다."라고 하였다.

─ 『삼국사기』 ─

① 황산벌에서 백제군을 물리쳤다.

② 화랑이 지켜야 할 세속오계를 제시하였다.

③ 진덕여왕의 뒤를 이어 신라왕으로 즉위하였다.

④ 당에서 숙위 활동을 하다가 부대총관이 되어 신라로 돌아왔다.

〈정답 ①

기출PLUS

section **4** 남북국시대의 정치 변화

(1) 통일신라의 발전

① 왕권의 전제화

    ㉠ 무열왕 : 통일과정에서 왕권을 강화하였으며 이후 무열왕 직계자손이 왕위를 계승하게 되었다.

    ㉡ 유교정치이념의 수용 : 통일을 전후하여 유교정치이념이 도입되었고, 중앙집권적 관료정치의 발달로 왕권이 강화되어 갔다.

    ㉢ 집사부 시중의 기능 강화 : 상대등의 세력을 억제하였고 왕권의 전제화가 이루어졌다.

    ㉣ 신문왕 : 귀족세력을 숙청하고 정치세력을 다시 편성하였다.

      • 군사조직을 9서당 10정으로 정비하고 지방행정조직도 9주 5소경으로 완비하였다.

      • 관료전을 지급하고 녹읍을 폐지하여 귀족의 경제기반을 약화시켰다.

      • 유학사상을 강조하고 국학을 설립하여 유교정치이념을 확립시켰다.

② 정치세력의 변동

    ㉠ 왕권이 전제화되면서 진골귀족의 세력은 약화되었고 진골귀족 때문에 정치적으로 성장할 수 없었던 6두품 세력은 왕권과 결탁하여 상대적으로 부각되었다.

    ㉡ 6두품의 진출 : 학문적 식견을 바탕으로 왕의 정치적 조언자로 활동하거나 행정실무를 총괄하였다. 이들은 전제왕권을 뒷받침하고, 학문 · 종교분야에서 활약하였다.

③ 전제왕권의 동요(8세기 후반, 경덕왕)

    ㉠ 진골귀족세력의 반발로 흔들리기 시작하였다.

    ㉡ 녹읍제가 부활하고, 사원의 면세전이 증가되어 국가재정의 압박을 가져왔다.

    ㉢ 귀족들이 특권적 지위를 고수하려 하고, 향락과 사치가 계속되자 농민의 부담은 가중되었다.

(2) 발해의 건국과 발전

① 건국 … 고구려 출신의 대조영이 길림성에 건국하여 남북국이 형성되었다(698).

② 국가성격

    ㉠ 이원적 민족구성 : 지배층은 고구려인이고 피지배층은 말갈인으로 구성되었다.

    ㉡ 고구려 계승의식 표방 : 일본에 보낸 국서에 고려 또는 고려국왕이라는 칭호를 사용하였고, 고구려 문화와 유사성이 있다.

③ 발해의 발전

    ㉠ 영토 확장(무왕) : 동북방의 여러 세력을 복속시켜 북만주 일대를 장악하였고, 당의 산둥반도를 공격하고, 돌궐 · 일본과 연결하여 당과 신라에 대항하였다.

기출 2021. 4. 3. 소방공무원

다음 내용을 실시한 왕의 업적으로 옳은 것은?

┌ 보기 ┐

• 1년, 병부령 군관을 죽이고 교서를 내렸다. "병부령 이찬 군관은 …… 반역자 흠돌 등과 교섭하여 역모 사실을 미리 알고도 말하지 않았다. …… 군관과 맏아들은 스스로 목숨을 끊게 하고, 이를 온 나라에 널리 알려라."

• 9년, 정월에 명을 내려 내외관의 녹읍을 없애고 해마다 조(租)를 차등 있게 주었다.
　　　　　　　　　－ 『삼국사기』

① 삼국 통일을 이룩하였다.
② 국학을 설치하여 관료를 양성하였다.
③ 한강을 차지하고, 북한산에 순수비를 세웠다.
④ 국호를 신라로 확정하고, 왕의 호칭을 사용하였다.

〈정답 ②

ⓒ 체제 정비(문왕)

- 당과 친선관계를 맺고 문물을 수입하였다.
- 중경에서 상경으로 천도하였고, 신라와의 대립관계를 해소하려 상설교통로를 개설하였다.
- 천통(고왕), 인안(무왕), 대흥(문왕), 건흥(선왕) 등 독자적 연호 사용으로 중국과 대등한 지위에 있음을 과시하기도 하였다.

ⓒ 중흥기(선왕) : 요동지방으로 진출하였으며 남쪽으로는 신라와 국경을 접할 정도로 넓은 영토를 차지하고, 지방제도를 완비하였다. 당에게서 '해동성국'이라는 칭호를 받았다.

ⓒ 멸망 : 거란의 세력 확대와 귀족들의 권력투쟁으로 국력이 쇠퇴하자 거란에 멸망당하였다.

(3) 남북국의 통치체제

① 통일신라

ⓒ 중앙정치체제 : 전제왕권의 강화를 위해 집사부 중심의 관료기구가 강화되었다.

- 집사부 시중의 지위가 강화되고 집사부 아래에 위화부와 13부를 두고 행정업무를 분담하였다.
- 관리들의 비리와 부정 방지를 위한 감찰기관인 사정부를 설치하였다.

[통일신라의 중앙관제]

관부명	담당업무	설치시기	6전제도와 비교	고려 유사 관부
집사부(성)	국가기밀사무	진덕여왕	중시(시중)	중추원
병부	군사	법흥왕	병부	병부
조부	공부(貢賦)수납			호부
예부	의례		예부	예부
승부	마정(馬政)	진평왕		
영객부	외교 · 외빈접대			예부
위화부	관리 · 인사		이부	이부
창부	재정담당		호부	호부
공장부	공장(工匠)사무	진덕여왕	공부	공부
좌 · 우이방부	형사 · 법률		형부	형부
사정부	감찰	무열왕		어사대
선부	선박 · 교통	문무왕		
사록관	녹봉 · 사무			
예작부	토목 · 건축	신문왕	공부	공부

기출PLUS

기출 2020. 6. 20. 소방공무원

다음 자료가 설명하는 나라에 대한 설명으로 옳지 않은 것은?

┌ 보기 ┐
그 넓이는 2,000리이고, 주·현의 숙소나 역은 없으나 곳곳에 마을이 있는데, 대다수가 말갈의 마을이다. 백성은 말갈인이 많고 원주민은 적다. 모두 원주민을 마을의 우두머리로 삼는데, 큰 마을은 도독이라 하고 그다음 마을은 자사라 한다. 백성들은 마을의 우두머리를 수령이라고 부른다.
－『유취국사』

① 전국을 5경 15부 62주로 정비하였다.
② 정당성의 대내상이 국정을 총괄하였다.
③ 수도는 당의 수도인 장안을 본떠 건설하였다.
④ 중앙에서 지방을 견제하기 위해 외사정을 파견하였다.

‹정답 ④

기출PLUS

ⓛ 유교정치이념의 수용 : 국학을 설립하였다.

ⓒ 지방행정조직의 정비(신문왕) : 9주 5소경으로 정비하여 중앙집권체제를 강화하였다.

- 9주(도독) : 총관(후에 도독)으로 바꾸어 군사적 기능을 약화시키고 행정적 기능을 강화하였다.

- 5소경 : 군사적·행정적 요지에 설치하였다.

POINT 신라의 5소경 … 신라의 수도[금성(경주)]가 지나치게 동남쪽에 치우쳐 있음으로 나타나는 지방 통치의 어려움을 보완하기 위한 것이었다. 통일 이후에는 피정복민을 회유하고 통제하기 위한 목적이 강하였으나 중앙의 귀족들을 소경에 이주시켜, 소경을 각 지방의 사회적·문화적 중심지가 되도록 하였다. 옛 삼국 및 가야연맹의 위치를 고려하여 금관경(김해), 서원경(청주), 남원경(남원), 북원경(원주), 중원경(충주)을 설치하였다.

- 지방관의 감찰을 위하여 외사정을 파견하였고, 상수리제도를 실시하였으며, 향·부곡이라 불리는 특수행정구역도 설치하였다.

ⓔ 군사조직의 정비

- 9서당 : 옷소매의 색깔로 표시하였는데 부속민에 대한 회유와 견제의 양면적 성격이 있다.

- 10정 : 9주에 각 1정의 부대를 배치하였으나 한산주에는 2정(남현정, 골내근정)을 두었다.

ⓜ 통치체제 변화의 한계와 의의 : 중국식 정치제도의 도입으로 강력한 중앙집권적 전제 국가로 발전하였다. 그러나 진골귀족이 권력을 독점하는 한계를 가지고 있었다.

② 발해

ⓣ 중앙정치체계 : 당의 제도를 수용하였으나 명칭과 운영은 독자성을 유지하였다.

- 3성 : 정당성(대내상이 국정 총괄), 좌사정, 우사정(지·예·신부)

- 6부 : 충부, 인부, 의부, 자부, 예부, 신부

- 중정대(감찰), 문적원(서적 관리), 주자감(중앙의 최고교육기관)

ⓛ 지방제도 : 5경 15부 62주로 조직되었고, 촌락은 주로 말갈인 촌장이 지배하였다.

ⓒ 군사조직 : 중앙군(10위), 지방군

(4) 신라말기의 정치 변동과 호족세력의 성장

① 전제왕권의 몰락

ⓣ 국가기강의 해이 : 진골귀족들의 반란과 왕위쟁탈전이 심화되었다.

ⓛ 귀족연합정치 : 집사부 시중보다 상대등의 권력이 더 커졌다.

ⓒ 지방민란의 발생 : 중앙의 지방통제력이 더욱 약화되는 계기가 되었다.

② 농민의 동요

ⓣ 농민부담의 증가 : 귀족들의 대토지 소유가 확대되고 왕실과 귀족들의 사치와 향락으로 국가재정이 바닥나면서 농민의 부담은 증가되었다.

ⓛ 과중한 수취체제와 자연재해는 농민의 몰락을 가져오고, 신라 정부에 저항하게 되었다.

기출 2018. 10. 13. 소방공무원

다음 교서를 내린 왕의 업적으로 옳은 것은?

─ 보기 ─

과인이 위로는 하늘과 땅의 도움을 받고 아래로는 조상의 신령스러운 돌보심 덕분에 흉돌 등의 악이 쌓이고 죄가 가득 차서 그 음모가 탄로 나고 말았다. 이는 곧 사람과 신이 함께 배척하는 바요 하늘과 땅 사이에 용납될 수 없는 바이니, 도의를 범하고 풍속을 훼손함에 있어 이보다 더 심한 것은 없을 것이다.

① 전국을 9주 5소경 체제로 정비하였다.

② 황룡사를 건립하여 왕권을 강화하였다.

③ 발해의 유민을 대대적으로 포용하였다.

④ 매소성과 기벌포 전투에서 승리하였다.

◁ 정답 ①

③ 호족세력의 등장 … 지방의 행정·군사권과 경제적 지배력을 가진 호족세력은 성주나 장군을 자처하며 반독립적인 세력으로 성장하였다.

④ 개혁정치 … 6두품 출신의 유학생과 선종의 승려가 중심이 되어 골품제 사회를 비판하고 새로운 정치이념을 제시하였다. 지방의 호족세력과 연계되어 사회 개혁을 추구하였다.

POINT 후삼국의 성립

ㄱ 후백제
- 건국 : 농민 출신의 견훤이 군진·호족세력을 토대로 완산주(전주)에 건국하였다(900).
- 중국과는 외교관계를 맺었으나 신라에는 적대적이었다.
- 한계 : 농민에 대한 지나친 조세 부과로 반감을 샀으며, 호족세력의 포섭에 실패하는 한계를 갖고 있었다.

ㄴ 후고구려
- 건국 : 신라 왕실의 후손 궁예가 초적·호족세력을 토대로 송악(개성)에 건국하였다(901).
- 국호 : 후고구려 → 마진 → 태봉으로 바뀌었고 도읍지도 송악에서 철원으로 옮겨졌다.
- 관제 : 국정최고기구인 광평성과 여러 관서를 설치하고 9관등제를 실시하였다.
- 한계 : 농민에 대한 지나친 조세를 부과하였고 미륵신앙을 이용한 전제정치를 펼쳐 신하들에 의해 축출되었다.

기출PLUS

기출 2020. 6. 20. 소방공무원

밑줄 친 '이 시기'에 볼 수 있었던 모습으로 옳은 것은?

┌ 보기 ┐
혜공왕 이후 진골 귀족들의 왕위 쟁탈전이 치열해진 이 시기에는 집사부 시중보다 상대등의 권한이 강화되었고, 20명의 왕이 교체되는 등 정치적인 혼란이 거듭되었다. 또한 중앙 정부의 통제력이 약화되면서 김헌창의 난 등이 발생하였다.
└────────────────┘

① 우산국을 정벌하는 장군
② 『계원필경』을 저술하는 6두품
③ 김흠돌의 난을 진압하는 군인
④ 노비안검법 시행을 환영하는 농민

정답 ②

기출 2020. 5. 30. 경찰공무원(순경)

다음에 제시된 역사적 사건들을 시간 순서대로 바르게 나열한 것은?

┌ 보기 ┐
ㄱ 후백제의 견훤이 경주를 침공해 경애왕을 죽였다.
ㄴ 후백제의 신검이 견훤을 금산사에 유폐시켰다.
ㄷ 왕건이 국호를 고려라 정하고 송악으로 천도하였다.
ㄹ 고려가 공산 전투에서 후백제에게 패하였다.
└────────────────┘

① ㄱㄷㄴㄹ   ② ㄱㄹㄷㄴ
③ ㄷㄱㄴㄹ   ④ ㄷㄱㄹㄴ

정답 ④

01 다음 중 발해의 군사 및 행정제도에 관한 설명으로 옳은 것은?

① 특수 행정구역으로 22담로가 존재하였다.
② 당의 3성 6부제를 모방하여 그대로 운영하였다.
③ 중앙군은 9서당으로 구성되었다.
④ 중정대는 관리감찰기구로 고려시대의 어사대와 유사한 기능을 수행하였다.

> **TIPS!**
> ① 22담로는 백제시대의 특수 행정구역이며, 발해의 지방제도는 5경 15부 62주이다.
> ② 당의 3성 6부제를 모방하여 발해의 실정에 맞게 변화시켜 운영하여 2성 6부제였으며, 6부의 이름도 당과는 차이가 있었다.
> ③ 9서당은 통일신라의 중앙군이며, 발해의 중앙군은 10위로 궁성과 수도의 경비를 담당하였다.

02 통일신라시대에 관료전을 지급하고 백성들에게 정전을 지급했던 시기의 시대적 상황으로 옳지 않은 것은?

① 6두품의 활약
② 신문왕 때(687) 시행
③ 집사부 시중의 권한 강화
④ 관료전 지급으로 귀족세력 강화

> **TIPS!**
> ④ 신문왕 때 귀족세력을 약화시키기 위하여 관료전을 지급하고 녹읍을 폐지하여 국가의 토지지배권을 강화하였다.

03 다음 중 신라왕의 칭호가 가장 늦게 나타난 것은?

① 거서간
② 차차웅
③ 이사금
④ 마립간

> **TIPS!**
> 신라 왕호의 변천
> ㉠ 거서간 : 대인, 군장의 의미(박혁거세)
> ㉡ 차차웅 : 제주, 무당의 의미(남해)
> ㉢ 이사금 : 계승자, 연장자의 의미(유리 ~ 흘해)
> ㉣ 마립간 : 대군장, 우두머리를 의미(내물 ~ 소지)
> ㉤ 왕 : 지증왕(한자식 왕호), 법흥왕(불교식 왕명), 무열왕(중국식 시호)

Answer 01.④ 02.④ 03.④

04 다음 중 5세기 삼국항쟁 시기에 대한 옳은 설명은?

① 단양 적성비가 세워졌다.

② 수나라가 고구려를 침략하였다.

③ 신라와 백제가 동맹을 체결했다.

④ 백제의 근초고왕이 요서, 산둥지방까지 진출하였다.

> **TIPS!**
> 5세기에는 고구려의 남하정책에 대항하고자 백제의 비류왕과 신라의 눌지왕이 나·제 동맹을 체결하였다.

05 통일신라시대에 대한 설명으로 옳지 않은 것은?

① 병부의 설치

② 9주 5소경 체제

③ 9서당 10정의 설치

④ 집사부의 권한 강화

> **TIPS!**
> ① 병부는 신라 법흥왕 때 설치되었다.

06 다음 내용을 시대순으로 나열하면?

> ㉠ 백제는 수도를 사비로 천도하고 국호를 남부여로 고치면서 중흥을 꾀하였다.
> ㉡ 대가야가 멸망하면서 가야연맹체가 완전 해체되었다.
> ㉢ 고구려는 위의 침입으로 위축되기도 하였다.
> ㉣ 고구려는 평양 천도 후에 백제의 한성을 함락하였다.
> ㉤ 백제는 수군을 정비하여 요서지방으로 진출하였다.

① ㉢ - ㉠ - ㉡ - ㉢ - ㉤

② ㉢ - ㉣ - ㉠ - ㉡ - ㉣

③ ㉢ - ㉣ - ㉤ - ㉠ - ㉡

④ ㉢ - ㉤ - ㉣ - ㉠ - ㉡

> **TIPS!**
> ㉠ 6세기 초반 ㉡ 6세기 후반 ㉢ 3세기 ㉣ 5세기 ㉤ 4세기

Answer 04.③ 05.① 06.④

07 다음과 같은 고구려와 백제의 발전이 가능했던 공통적 배경으로 옳은 것은?

> • 백제 근초고왕은 해외로 진출하여 요서지역을 점령하고 산둥반도까지 진출하여 해상무역로를 개척하였다.
> • 고구려 미천왕은 한사군을 축출하고 서안평을 점령하였고, 광개토왕은 요동까지 진출하였으며, 장수왕은 남북조와 교류하면서 외교관계를 다변화하였다.

① 율령을 반포하고 중앙집권화를 추구하는 시기였기 때문
② 중국의 정치적 분열기를 이용할 수 있었기 때문
③ 중국이 한 왕조 말기여서 혼란하였기 때문
④ 한반도에서 영토 확장의 한계성을 극복하고자 했기 때문

 TIPS!

　　제시된 내용은 4세기의 한반도 정세로 이 당시 중국은 5호 16국 시대였다. 따라서 고구려와 백제는 중국의 혼란스러운 시기를 이용해 발전이 가능했다.

08 다음 중 신라중대의 특징으로 옳지 않은 것은?

① 6두품은 왕의 정치적 조언자 역할
② 집사부 시중의 권한 강화
③ 신문왕의 국학 설치
④ 왕위 계승이 진골에서 성골로 교체

TIPS!

　　④ 왕위 계승은 무열왕의 등극 이후부터는 진골들이 계승하였다.

Answer 07.② 08.④

09 신라중대에는 무열왕계 진골이 집권하여 중앙집권을 강화하였다. 그 시기의 사실로 바른 것은?

⊙ 신문왕 때 녹읍을 폐지하고 관료전을 지급하였다.
ⓒ 성덕왕 때 백성들에게 정전을 지급하였다.
ⓒ 경덕왕 때 귀족들의 녹읍이 부활되었다.
ⓔ 이 시기에는 상대등의 세력이 강화되었다.

① ⊙ⓒ
② ⊙ⓒ
③ ⊙ⓔ
④ ⓒⓒ

TIPS!
ⓒ 경덕왕 때 귀족들의 반발로 녹읍이 부활된 것은 사실이지만, 이는 중앙집권이 강화된 것이 아니라 이때부터 전제왕권이 흔들리기 시작했다.
ⓔ 신라중대 왕권전제화시기에는 왕명을 받들고 기밀사무를 관장하는 집사부의 장관인 시중의 기능을 강화하고, 귀족세력의 이익을 대변하던 상대등의 세력을 억제하였다.

10 다음 역사적 사실들을 순서대로 나열한 것은?

⊙ 백제는 남부여로 개칭하고 중흥을 시도하였다.
ⓒ 진흥왕이 대가야를 정벌하였다.
ⓒ 고구려는 전연의 침입으로 위축되었다.
ⓔ 고구려는 평양 천도 후 백제의 한성을 정벌하였다.

① ⓒ - ⊙ - ⓔ - ⓒ
② ⓒ - ⓒ - ⊙ - ⓔ
③ ⓒ - ⓒ - ⓔ - ⊙
④ ⓒ - ⓔ - ⊙ - ⓒ

TIPS!
⊙ 6세기 초반 ⓒ 6세기 중반 ⓒ 4세기 초반 ⓔ 5세기

11 다음 중 고구려의 정치적 발전에 관한 설명으로 옳은 것은?

① 장수왕은 신라를 도와서 왜구를 격퇴하고, 신라와 힘을 합쳐 백제를 한강 이남으로 몰아냈다.

② 3세기 초 위기에 처해진 것은 북조 전연의 남진정책 때문이다.

③ 소수림왕은 태학을 설립하고 율령의 반포 및 불교를 공인하는 등 체제를 개혁하였다.

④ 광개토대왕은 북위의 왕이 의탁해 오자 제후로 삼았다.

> **◉ TIPS!**
> ① 장수왕이 아니라 광개토대왕 때의 일이다.
> ② 고구려가 전연의 침입으로 국가적 위기에 처한 시기는 4세기 고국원왕 때이다.
> ④ 5세기 장수왕 때의 일이다.

12 다음 중 발해에 대한 설명으로 옳지 않은 것은?

① 고구려의 유장 대조영이 세웠다.

② 연호를 천통이라 썼다.

③ 수도를 처음에는 동모산에서 상경으로 옮겼다.

④ 나라 이름을 대진국이라 했다.

> **◉ TIPS!**
> ④ 고구려 장군 출신인 대조영이 고구려 유민과 함께 길림성의 돈화현 동모산을 중심으로 진(震)국을 세웠다가 뒤에 발해로 고쳤다.

13 다음 중 신라 문무왕에 관한 설명으로 옳지 않은 것은?

① 당나라의 문화 수입에 배타적이었다.

② 진골 출신의 첫 왕인 무열왕의 아들이다.

③ 호국적 신념으로 인하여 유언에 따라 화장하고 수중릉인 대왕암을 만들었다.

④ 668년 고구려를 멸망시켰다.

> **◉ TIPS!**
> ① 문무왕은 즉위 후 당의 문물과 제도를 도입하면서 당나라와 우의를 다지는 데 힘썼다. 664년 부인들의 의복을 당제(唐制)에 따르게 하였으며, 당나라의 음악인 당악을 수입하였다. 또한 674년에는 당의 역력을 모방하여 새로운 역력을 제정하였다.

Answer 11.③ 12.④ 13.①

14 다음 중 살수대첩 당시의 역사적 상황으로 옳은 것은?

① 고구려의 연개소문은 서북 국경지대에 천리장성을 쌓았다.
② 신라는 한강 유역을 차지하고 수나라와 우호정책을 폈다.
③ 고구려의 유민들은 동모산을 근거로 발해를 건국하였다.
④ 가야연맹체의 중심이 대가야로 옮겨졌다.

> **●TIPS!**
> 살수대첩 … 612년(영양왕 23년) 고구려의 선제공격으로 수의 문제와 양제가 고구려를 침략하였으나, 을지문덕의 유도작전으로 살수에서 수의 대군을 격파하였다. 이후 수나라가 멸망하고 당 태종이 즉위하면서 고구려 침공을 준비하자 고구려 연개소문은 천리장성을 쌓는 등 대당 강경책을 취하였다.
> ① 천리장성은 당의 침략을 막기 위해 연개소문이 645년 북의 부여성에서 남의 비사성까지 쌓은 성이다.
> ② 6세기 신라 진흥왕은 장수왕의 남하정책 이후 120년간 지속된 나·제동맹을 결렬하고 한강 유역을 독점했다. 이후 신라는 당항성을 쌓고 중국 남북조와 통교할 수 있었다.
> ③ 고구려의 장군 출신인 대조영은 698년 고구려 유민들을 이끌고 길림성의 돈화시 동모산을 중심으로 발해를 건국하였다.
> ④ 5세기 이후 가야는 전쟁의 피해를 받지 않은 고령지방의 대가야로 그 중심이 이동되면서 연맹의 세력권이 재편되었다.

15 다음은 신라시대의 정치변천과정에 대한 설명이다. 옳지 않은 것은?

① 박, 석, 김의 3성이 교대로 왕위를 차지하였는데, 이때 그 우두머리를 마립간이라 하였다.
② 내물왕 때 고구려 광개토대왕의 군대가 왜를 물리치기도 하였다.
③ 지증왕 때 국호를 신라로 바꾸었다.
④ 진흥왕은 화랑도를 국가적 조직으로 개편하였다.

> **●TIPS!**
> ① 신라는 처음 진한 소국의 하나인 사로국에서 출발하였는데, 경주지역의 토착민집단과 유이민 집단의 결합으로 건국되었다. 이후 동해안으로 들어온 석탈해 집단이 등장하면서 박·석·김의 3성(姓)이 교대로 왕위를 차지하였다. 이때 유력 집단의 우두머리는 이사금(왕)으로 추대되었고 주요 집단들은 독자적인 세력 기반을 유지하고 있었다.

16 다음 중 진흥왕순수비에 대한 설명으로 옳지 않은 것은?

① 북한산비는 김정희에 의해서 밝혀졌다.
② 마운령비는 최남선, 황초령비는 윤정현이 발견하였다.
③ 신라의 영토 확대를 알 수 있는 삼국시대의 대표적 금석문이다.
④ 우리나라 최초의 금석문이며 함경북도에는 존재하지 않는다.

 TIPS!

④ 현전하는 우리나라 금석문 중 가장 오래된 것은 낙랑시대의 비석으로 점제현 신사비(A.D. 86)이며, 현존하는 최고(最古)의 신라 비문으로 지증왕 때(503)의 영일냉수리비가 있다.

17 다음 중 발해의 지방제도에 대한 설명으로 옳지 않은 것은?

① 5경 15부 62주로 구성되며 부에는 도독, 주에는 자사를 파견하였다.
② 발해의 서울은 5경이었고 이 중 상경이 중심지였다.
③ 발해의 촌락은 토착인으로서 고구려인을 수령으로 삼아 지배하였다.
④ 상경은 지금의 길림성, 동경성 일대이다.

TIPS!

③ 발해시대에 지방행정의 말단인 촌락은 주로 말갈족으로 구성되었으며 촌장을 매개로 지배되었다.

18 다음은 신라 신문왕의 정책들이다. 이러한 정책을 시행할 목적은?

• 국학의 설립	• 9주 5소경 설치
• 문무 관료에게 토지 지급	• 녹읍 폐지
• 달구벌 천도 시도	• 귀족세력의 숙청

① 귀족의 경제적 특권 보장
② 유교이념을 통한 귀족체제의 강화
③ 중앙집권적 전제왕권 강화
④ 국가재정의 확보책

Answer 16.④ 17.③ 18.③

TIPS!

신문왕은 중앙정치기구(14부 완성)와 군사조직(9서당 10정)을 정비하고, 지방행정조직(9주 5소경)을 완비하여 정치체제를 정비하였으며, 문무 관리에게 관료전을 지급하고 귀족의 경제 기반이었던 녹읍을 폐지하기도 하였다. 또한 달구벌(대구지역) 천도계획이 경주를 중심으로 한 토착귀족들의 반발로 백지화되었지만, 이러한 신문왕의 정책은 모두 귀족세력을 숙청하고 정치세력을 다시 편성하여 중앙집권적 전제왕권을 강화하려는 의도였다.

19 당나라의 한반도에 대한 야욕을 직접적으로 보여 주는 것은?

① 백제, 고구려, 신라의 땅에 웅진도독부, 안동도호부, 계림도독부를 설치했다.
② 주류성을 거점으로 왕족인 복신과 승려 도침이 왕자 풍을 받들고 백제부흥운동을 일으켰다.
③ 검모잠이 안승을 받들어 고구려의 부흥을 도모하였다.
④ 금강 하구의 기벌포에서 당의 수군을 섬멸하였다.

TIPS!

당이 신라와 연합하여 백제와 고구려를 멸망시킨 것은 신라를 이용하여 한반도 전체를 장악하려는 야심 때문이었다. 백제·고구려가 무너지자 당은 백제의 옛 땅에 웅진도독부를 두고, 다시 고구려의 점령 이후 평양에 안동도호부를 설치하였으며, 심지어 신라 본토에 계림도독부를 두어 한반도 전체에 대한 지배권을 확보하려 하였다.

20 삼국의 항쟁은 5 ~ 7세기에 활발했는데, 5세기에 있었던 사실로 옳은 것은?

① 고구려 장수왕 때 남하정책을 실시했다.
② 무령왕 때 22담로를 설치하였다.
③ 신라의 팽창에 백제와 고구려가 동맹을 하였다.
④ 법흥왕 때 상대등과 병부를 설치하였다.

TIPS!

① 장수왕(413 ~ 491) ② 무령왕(501 ~ 523) ③ 여·제동맹(6세기) ④ 법흥왕(514 ~ 540)

Answer 19.① 20.①

21 백제와 고구려가 멸망하게 된 공통적인 원인으로 옳은 것은?

① 중앙집권적 정치조직을 갖추지 못하였다.
② 수도의 천도로 국가의 재정적 낭비가 심하였다.
③ 중국과 외교관계를 수립하지 못하였다.
④ 지배층의 사치와 국론분열현상이 심하였다.

TIPS!

백제와 고구려는 정치질서의 문란과 지배층의 향락으로 국방이 소홀해지면서 국력이 약화되어 멸망하게 되었다.

22 신라의 삼국통일을 전후하여 나타난 정치적 변화로 옳지 않은 것은?

① 6두품이 왕권을 뒷받침하였다.
② 유교정치이념이 강조되었다.
③ 호족세력이 새롭게 중앙정치에 진출하였다.
④ 무열왕 계열의 진골들이 왕위를 독점하였다.

TIPS!

③ 호족세력이 중앙정치에 진출하게 된 것은 신라말기의 일이다.

23 신라의 군사제도에 대한 설명으로 옳은 것은?

① 지방군은 9주에 각 1정씩 두어 9정으로 형성되었다.
② 지방군은 토착인을 장군으로 삼아 통치하였다.
③ 통일 후 지방에 있는 군대를 약화시켜 지방 반란에 대비하였다.
④ 중앙군인 9서당에는 민족 융합을 위해 신라 이외의 사람들도 포함되었다.

TIPS!

신라의 군사제도로는 중앙군인 9서당과 지방군인 10정이 있다. 9서당에는 고구려와 백제 사람은 물론 말갈족까지 포함하며 민족 융합을 시도하였으며, 지방군인 10정은 8주에 각 1정씩 두고 한산주에는 2정을 두었다. 주의 도독이나 군대의 장군 등 핵심적인 권력은 진골귀족이 독점하였다.

Answer 21.④ 22.③ 23.④

24 다음 중 신라하대의 사회현상으로 옳은 것은?

① 6두품 중심의 골품제가 강화되었다.
② 무열왕계 진골들의 왕위 독점이 계속되었다.
③ 지방세력의 반란이 빈번하게 일어났다.
④ 불교나 화랑도를 통한 국가정신이 강조되었다.

> **TIPS!**
> 신라하대의 왕위 계승은 무열계에서 내물계로 바뀌게 되었지만, 왕위쟁탈전은 심해져 갔고, 왕권은 불안정하였으며, 지방의 반란은 지속되었다.

25 다음 중 신라하대에 등장한 호족세력에 대한 설명으로 옳지 않은 것은?

① 해상무역을 통해 경제적 부를 축적하고 군사적 기반을 마련하였다.
② 왕위쟁탈전에서 밀려난 중앙귀족들이 지방에 정착하여 지방 세력을 형성하였다.
③ 근거지에 성을 쌓고 스스로 성주나 장군을 자처하였다.
④ 중앙의 진골귀족과 함께 골품제를 통하여 사회적 특권을 누리고 있었다.

> **TIPS!**
> 호족세력은 스스로 성주나 장군으로 자처하며 반독립적인 세력으로 성장하게 되었다. 지방의 행정과 군사권을 장악하였으며, 경제적 지배력도 행사하였다.
> ④ 골품제의 혜택은 입을 수 없었다.

26 신라말기에 등장한 호족들에 대한 설명으로 옳은 것은?

① 녹읍을 기반으로 경제적 지배력을 행사하였다.
② 군대를 보유하여 스스로 성주 혹은 장군이라고 칭하였다.
③ 호족들은 대부분 도당유학생 출신이었다.
④ 경제력과 군사력을 바탕으로 하여 왕위 쟁탈전을 벌였다.

> **TIPS!**
> ② 신라말기의 호족세력은 지방의 행정·군사권과 경제적 지배력을 행사하고 있었으며 스스로 성주나 장군으로 칭하면서 반중앙적인 세력으로 성장하였다.

Answer 24.③ 25.④ 26.②

27 발해의 역사를 시대순으로 나열하였다. (가)의 시기에 일어난 사건으로 옳지 않은 것은?

> 무왕 – 장문휴의 수군으로 당의 산동지방을 공격하고, 요서지방에서 당군과 격돌하였다.
>
> ↓
>
> (가)
>
> ↓
>
> 선왕 – 넓은 영토를 차지하여 당시 중국에서 발해를 해동성국이라 칭하였다.

① 당과 친선관계를 맺고 당의 문물을 받아들여 체제를 정비하였다.
② 동북방의 세력을 복속하고 북만주지역을 장악하였다.
③ 신라와 상설 교통로를 개설하여 대립관계를 해소하였다.
④ 인안, 대흥이라는 독자적 연호를 사용하여 중국과 대등함을 강조하였다.

> **TIPS!**
> ② 무왕 때의 업적이다.
> ※ 문왕의 업적
> ㉠ 당과의 친선관계를 맺고 당의 문물을 받아드려 체제를 정비하였다.
> ㉡ 신라와의 상설 교통로 개설을 통한 대립관계 해소를 시도하였다.
> ㉢ 수도를 중경에서 상경으로 천도하였다.
> ㉣ 독자적인 연호(인안, 대흥) 사용으로 중국과의 대등함을 강조하였다.

28 발해를 우리 민족사의 일부로 포함시키고자 할 때 그 증거로 제시할 수 있는 내용들로만 묶은 것은?

> ㉠ 발해를 건국한 대조영은 고구려의 유민이었다.
> ㉡ 발해의 문화 기반은 고구려 문화를 계승하였다.
> ㉢ 발해는 당과는 다른 독자적인 정치 운영을 하였다.
> ㉣ 발해는 신라와 함께 당의 빈공과에 많은 합격자를 내었다.
> ㉤ 발해의 왕이 일본에 보낸 국서에 '고(구)려국왕'을 자처하였다.

① ㉠㉡㉢
② ㉠㉡㉣
③ ㉠㉡㉤
④ ㉡㉢㉤

> **TIPS!**
> 발해가 건국된 지역은 고구려 부흥운동이 활발하게 일어난 요동지역이었다. 발해의 지배층 대부분은 고구려 유민이었으며 발해의 문화는 고구려적 요소를 많이 포함하고 있었다.

Answer 27.② 28.③

29 삼국과 남북국시대의 지방통치조직에 대한 설명 중 옳지 않은 것은?

① 고구려는 수도와 지방을 모두 5부로 나누고 지방에는 욕살이라는 지방장관을 파견하였다.
② 백제는 수도와 지방을 각각 5부, 5방으로 나누고 지방장관으로 방령을 파견하였다.
③ 통일신라는 수도가 한쪽에 치우쳐 있는 것을 보완하기 위해 5소경을 설치하였다.
④ 발해는 촌락의 촌장을 고구려인으로 임명하여 통제력을 강화하였다.

> **TIPS!**
> ④ 발해는 촌락의 촌장을 토착 말갈인의 유력자로 임명하였다.

30 중앙집권적 고대국가의 특징으로 옳은 것을 모두 고르면?

㉠ 왕의 다른 집단에 대한 지배력 강화 ㉡ 지배, 피지배관계의 발달로 계급 발생
㉢ 율령을 반포하여 통치체제 정비 ㉣ 족장들의 부족에 대한 지배력 강화
㉤ 집단의 통합을 강화하기 위하여 불교 수용

① ㉠㉡㉢
② ㉠㉢㉣
③ ㉠㉢㉤
④ ㉡㉣㉤

> **TIPS!**
> ㉡ 족장들의 부족에 대한 지배력이 점차 약해지고, 족장은 중앙으로 흡수되어 갔다.
> ㉣ 청동기시대에 계급이 발생되었다.

31 중앙집권적 고대국가로 체제가 정비되어 가는 과정에 대한 설명으로 옳지 않은 것은?

① 연맹국가 가운데 부여가 가장 먼저 중앙집권체제를 형성하였다.
② 마한은 연맹왕국단계에서 백제에 완전 병합되고 말았다.
③ 고구려, 백제, 신라의 순서로 고대국가체제가 정비되어 갔다.
④ 선진 문화의 수용이나 지리적 위치에 따라 차이가 있다.

> **TIPS!**
> ① 부여는 북방민족과 고구려의 압력을 받아 중앙집권국가로 성장하지 못하였다.

Answer 29.④ 30.③ 31.①

32 4세기 중반 백제의 대외관계에 대한 설명으로 옳지 않은 것은?

① 마한세력을 정복하여 전라도 남해안까지 이르렀다.
② 낙동강 유역의 가야에 지배권을 행사하였다.
③ 수군을 정비하여 고구려가 점령하고 있던 중국의 요동지방으로 진출하였다.
④ 일본의 규슈지방에 진출하였다.

③ 중국의 산둥 · 요서 지방으로 진출하였다.

33 다음 중 가야연맹에 대한 설명으로 옳지 않은 것은?

① 철의 생산이 풍부해 경제가 발달하였다.
② 신라, 왜의 세력을 끌어들여 백제를 공략하는 동시에 중앙집권국가로 발전하게 되었다.
③ 전기에는 금관가야가 중심이 되었으나 후기에는 대가야를 중심으로 가야연맹이 새롭게 형성되었다.
④ 한 군현, 왜와의 중계무역을 통해 많은 이득을 얻었다.

TIPS!
② 가야는 왜, 백제와 연결하여 신라를 여러 차례 공격하였지만, 중앙집권국가로는 발전하지 못하였다.

34 다음은 삼국의 성립으로부터 삼국통일 이전까지의 사건을 왕과 연결한 것이다. 연결이 옳지 않은 것은?

① 율령 반포 – 소수림왕, 고이왕, 법흥왕
② 한강 점유 – 미천왕, 고이왕, 진흥왕
③ 불교 수용 – 소수림왕, 침류왕, 법흥왕
④ 최대 영토 – 문자왕, 근초고왕, 진흥왕

TIPS!
② 삼국의 한강 유역의 점령은 백제, 고구려, 신라의 순으로 이루어졌다. 백제는 3세기 고이왕, 고구려는 5세기 장수왕, 신라는 6세기 진흥왕 때이다.

Answer 32.③ 33.② 34.②

35 고구려 광개토대왕에 대한 설명으로 옳은 것은?

① 수도를 졸본에서 국내성으로 옮기고 체제를 정비하였다.
② 한 군현의 잔여 세력을 몰아내고 요동지방을 확보하였다.
③ 후연을 이기고 요동지역을 확보하였다.
④ 고구려 최대의 영토를 차지하였다.

TIPS!

광개토대왕은 만주 대부분의 지방까지 영토를 확장하고, 백제를 한강 이남으로 축출하였으며, 신라에 침입한 왜를 격퇴하여 한반도 남부까지 영향력을 확대하고 후연을 격파하여 요동지역을 차지하였다.

36 중원고구려비가 건립된 시기를 전후하여 고구려의 정세는 어떠하였는가?

① 서안평을 점령하고 낙랑군을 축출하였다.
② 천리장성을 축조하여 중국의 침략에 대비하였다.
③ 수·당의 침입을 물리치고 최대 영토를 확보하였다.
④ 남북조와 각각 교류하면서 중국을 적절히 견제하였다.

TIPS!

중원고구려비는 5세기 후반 장수왕이 건립하였다.
① 4세기 미천왕 시기의 일이다.
② 7세기, 고구려 멸망시기의 일이다.
③ 고구려의 성장과 관련이 없는 일이다.

37 다음 중 가야에 대한 설명으로 옳은 것은?

① 건국 초기에는 대가야가 중심세력이었다.　　② 철의 생산과 중계무역을 통해 발전하였다.
③ 신라 문화의 영향을 받아 발전하였다.　　④ 청동기문화를 기반으로 성립하였다.

TIPS!

2～3세기 건국 초에는 김해의 금관가야를 중심으로 연맹왕국이 형성되었으나, 고구려 군대가 낙동강 유역까지 진출하면서 그 세력이 약화되었다. 5세기 이후에는 고령지방의 대가야를 중심으로 연맹의 세력권이 재편되었다.

Answer 35.③ 36.④ 37.②

38 삼국의 통치체제에 대한 내용으로 옳은 것은?

① 삼국의 관등제와 관직체계의 운영은 원칙적으로 능력을 기준으로 하였다.
② 백제는 각 부의 하급관료조직을 흡수하여 17관등을 두었다.
③ 신라는 4세기경에 각 부의 관료조직을 흡수하여 10여 관등을 두었다.
④ 개인이 승진할 수 있는 관등의 상한은 골품에 따라 정해져 있었다.

> **TIPS!**
> ② 신라 법흥왕 ③ 고구려 4세기경

39 다음 통일신라 지방통치제도의 시행 목적으로 옳은 것은?

외사정, 9주 5소경, 상수리제도

① 백제와 고구려의 유민통합
② 지방 통치의 강화
③ 지방 군사력의 강화
④ 지방 토착세력의 통합

> **TIPS!**
> 통일신라는 주·군에 감찰임무를 가진 외사정을 파견하여 중앙집권적 통치조직을 강화시켰으며 9주 5소경을 두어 수도인 금성이 지역적으로 동남쪽에 치우쳐 있는 것을 보완하고, 각 지방의 균형 있는 발전을 꾀하였다. 또한 지방호족의 자제를 상경시켜 놓음으로써 지방 세력의 통제하였다.

Answer 38.④ 39.②

40 통일신라와 발해의 감찰기구를 설명한 것이다. 이를 토대로 두 나라의 정치상황을 바르게 추론한 것은?

> • 신라 – 관리들의 비리와 부정을 방지하기 위하여 감찰기구인 사정부를 두었으며, 외사정을 파견하여 지방관을 감찰하였다.
> • 발해 – 당의 어사대 기능을 참작하여 중정대란 기구를 두어 관리들의 비위를 감독하였다.

① 왕권이 더욱 전제화되었다.
② 문관 중심의 통치구조가 확립되었다.
③ 지방 세력의 성장을 억제하였다.
④ 당의 제도를 바탕으로 통치기구를 정비하였다.

TIPS!

감찰기구를 만든 것은 관료기구를 확대하면서도 국왕의 통치권을 효과적으로 보장하기 위해서였다. 이러한 감찰기구를 통해 왕을 중심으로 하는 중앙집권적 지배체제를 강화하였다.

Answer 40.①

02 고대의 경제

기출PLUS

section 1 삼국의 경제생활

(1) 삼국의 경제정

① 정복활동과 경제정책
- ㉠ 정복지역의 지배자를 내세워 공물을 징수하였다.
- ㉡ 전쟁포로들은 귀족이나 병사에게 노비로 지급하였다.

② 정복지역에 대한 정책 변화 … 피정복민에 대한 차별이 감소되어 갔으나 신분적 차별은 여전하였고 더 많은 경제적 부담을 졌다.

③ 수취체제의 정비
- ㉠ 초기 : 농민으로부터 전쟁물자를 징수하고, 군사를 동원하였다.
- ㉡ 수취체제의 정비 : 노동력의 크기로 호를 나누어 곡물·포·특산물 등을 징수하고 15세 이상 남자의 노동력을 징발하였다.

④ 농민경제의 안정책 … 철제 농기구를 보급하고, 우경이나·황무지의 개간을 권장하였으며, 저수지를 축조하였다.

⑤ 수공업 … 노비들이 무기나 장신구를 생산하였으며, 수공업 생산을 담당하는 관청을 설치하였다.

⑥ 상업 … 도시에 시장이 형성되었으며, 시장을 감독하는 관청을 설치하였다.

⑦ 국제무역 … 왕실과 귀족의 수요품을 중심으로 공무역의 형태로 이루어졌다(4세기 이후 발달).
- ㉠ 고구려 : 남북조와 북방민족을 대상으로 하였다.
- ㉡ 백제 : 남중국, 왜와 무역하였다.
- ㉢ 신라 : 한강 확보 이전에는 고구려, 백제와 교류하였으나 한강 확보 이후에는 당항성을 통하여 중국과 직접 교역하였다.

(2) 경제생활

① 귀족의 경제생활
- ㉠ 경제 기반 : 자신이 소유한 토지와 노비, 국가에서 지급받은 녹읍과 식읍을 바탕으로 하였다.
- ㉡ 농민 지배 : 귀족은 그들의 지배하에 있는 농민을 동원하여 농장을 경영하고, 고리대금업으로 농민의 땅을 빼앗거나 노비로 만들어 재산을 늘렸다.

기출 2020. 5. 30. 경찰공무원(순경)

한국 고대국가의 경제에 대한 설명 중 가장 적절하지 않은 것은?

① 삼국시대에는 개인 소유의 토지가 사실상 존재했으며 일반 백성은 이를 경작하거나 남의 토지를 빌려 경작하기도 했다.
② 통일신라에는 녹비법, 퇴비법 등의 시비법이 발달하고 윤작법이 보급되어 생산력이 증가하였다.
③ 삼국시대에는 점차 국가 체제가 정비되면서 관청을 두고 여기에 수공업자를 배정하여 무기나 비단 등 필요한 물품을 생산하였다.
④ 삼국 통일 후 인구 증가와 상품 생산의 확대에 따라 경주에 서시와 남시가 설치되었다.

〈정답 ②

ⓒ 주거생활 : 기와집, 창고, 마구간, 우물, 주방을 설치하여 생활하였다.

② 농민의 경제생활

    ㉠ 경작활동 : 자기 소유의 토지(민전)나 남의 토지를 빌려 경작하였다.

    ㉡ 농기구의 변화 : 돌이나 나무 농기구에서 철제 농기구로 변하였고 우경이 확대되었다.

    ⓒ 수취의 부담 : 생활이 어려울 정도로 곡물·삼베·과실을 부담하였고, 노동력을 징발당하였다.

    ㉣ 생활개선 : 농사기술을 개발하고 경작지를 개간하였다.

section 2 남북국시대의 경제적 변화

(1) 통일신라의 경제정책

① 목적 … 피정복민과의 갈등 해소와 사회 안정을 위한 것이었다.

② 수취체제의 변화

    ㉠ 조세 : 생산량의 10분의 1 정도를 수취하였다.

    ㉡ 공물 : 촌락 단위로 그 지역의 특산물을 징수하였다.

    ⓒ 역 : 군역과 요역으로 이루어져 있었으며, 16에서 60세의 남자를 대상으로 하였다.

③ 민정문서

    ㉠ 작성

      • 목적 : 정부가 농민에 대한 조세와 요역 부과 자료로 추정된다.

      • 작성의 단위 : 자연촌 단위로 매년 변동사항을 조사하여 3년마다 작성하였다.

      • 작성자 : 촌주가 작성하였다.

    ㉡ 토지조사 : 토지의 귀속관계에 따라 연수유전답, 촌주위답, 관모전답, 내시령답, 마전 등으로 분류되어 있다.

    ⓒ 인구조사 : 남녀별, 연령별로 6등급으로 조사하였다. 양인과 노비, 남자와 여자로 나누어 기재되어 있다.

    ㉣ 호구조사 : 9등급으로 구분하였다.

④ 토지제도의 변화 … 귀족에 대한 국왕의 권한을 강화하기 위한 것이었으며, 농민경제의 안정을 추구하였다.

    ㉠ 관료전 지급(신문왕) : 식읍을 제한하고, 녹읍을 폐지하였으며 관료전을 지급하였다.

    ㉡ 정전 지급(성덕왕) : 왕토사상에 의거하여 백성에게 정전을 지급하고, 구휼정책을 강화하였다.

    ⓒ 녹읍 부활(경덕왕) : 녹읍제가 부활되고 관료전이 폐지되었다.

기출PLUS

기출 2017. 12. 16. 지방직 추가

'신라촌락(민정)문서를 통해서 알 수 있는 내용으로 옳지 않은 것은?

① 인구를 중시하여 소아의 수까지 파악했다.

② 내시령과 같은 관료에게 토지가 지급되었다.

③ 촌락의 경제력을 파악할 때 유실수의 상황을 반영했다.

④ 촌락을 통제하기 위해서 지방관으로 촌주가 파견되었다.

〈정답 ④

기출 2017. 3. 18. 서울특별시

다음 중 통일신라시대의 사회와 경제 관련 내용으로 가장 옳지 않은 것은?

① 신문왕은 관료전을 지급하고 녹읍을 폐지하였다.

② 성덕왕대에는 일반 백성들에게 정전을 지급하였다.

③ 헌강왕대에 녹읍이 부활되고, 경덕왕대에 관료전이 폐지되었다.

④ 일본 정창원에서 발견된 '신라 촌락 문서'는 서원경 부근의 4개 촌락을 대상으로 한 것이다.

〈정답 ③

기출**PLUS**

기출 2019. 6. 15. 제1회 지방직

통일신라의 경제상황에 대한 설명으로 옳지 않은 것은?

① 왕경에 서시전과 남시전이 설치되었다.
② 어아주, 조하주 등 고급비단을 생산하여 당나라에 보냈다.
③ 촌락의 토지 결수, 인구 수, 소와 말의 수 등을 파악하였다.
④ 시비법과 이앙법 등의 발달로 농민층에서 광작이 성행하였다.

❮정답 ④

(2) 통일신라의 경제

① 경제 발달
　㉠ 경제력의 성장
　　• 중앙 : 통일 이후 인구와 상품 생산이 증가되어, 동시(지증왕) 외에 서시와 남시(효소왕)가 설치되었다.
　　• 지방 : 지방의 중심지나 교통의 요지에서 물물교환이 이루어졌다.
　㉡ 무역의 발달
　　• 대당 무역 : 나 · 당전쟁 이후 8세기 초(성덕왕)에 양국관계가 재개되면서 공무역과 사무역이 발달하였다.
　　– 대당 무역품 : 수출품은 명주와 베, 해표피, 삼, 금 · 은세공품 등이었고 수입품은 비단과 책 및 귀족들이 필요로 하는 사치품이었다.
　　– 대당 무역로 : 지금의 전남 영암에서 상하이 방면으로 가는 길과 경기도 남양만에서 산둥반도로 가는 길이 있었다.
　　– 신라인의 대당 진출 : 산둥반도와 양쯔강 하류에 신라방(거주지), 신라소(자치기관), 신라관(여관), 신라원(절)이 설치되었다.
　　• 대일 무역 : 초기에는 무역을 제한하였으나, 8세기 이후에는 무역이 활발하였다.
　　• 국제무역 : 이슬람 상인이 울산을 내왕하였다.
　　• 청해진 설치 : 장보고가 해적을 소탕하였고 남해와 황해의 해상무역권을 장악하여 당, 일본과의 무역을 독점하였다.

② 귀족의 경제생활
　㉠ 왕실과 귀족경제의 향상
　　• 왕실은 새로 획득한 땅을 소유하여, 국가수입 중 일부를 획득하였다.
　　• 국가는 왕실과 귀족이 사용할 물품을 생산하기 위한 관청을 정비하여 왕실과 귀족에게 공급하였다.
　㉡ 귀족의 경제적 기반
　　• 녹읍과 식읍을 통해 농민을 지배하여 조세와 공물을 징수하고, 노동력을 동원하였다.
　　• 국가에서 지급한 것 외에도 세습토지, 노비, 목장, 섬을 소유하기도 하였다.
　㉢ 귀족의 일상생활
　　• 사치품(비단, 양탄자, 유리그릇, 귀금속)을 사용하였다.
　　• 경주 근처의 호화주택과 별장을 소유하였다(안압지, 포석정 등).

③ 농민의 경제생활
　㉠ 농민경제의 한계 : 척박한 토양과 적은 생산량으로 남의 땅을 빌려서 농사짓고, 생산량의 반 이상을 토지 소유자에게 지불하였다.
　㉡ 수취의 부담 : 전세는 생산량의 10분의 1 정도를 징수하였으나, 삼베 · 명주실 · 과실류를 바쳤고, 부역이 많아 농사에 지장을 초래하였다.

ⓒ 농토의 상실
- 8세기 후반 귀족이나 호족이 토지 소유를 늘리며 토지를 **빼앗겼다**.
- 남의 토지를 빌려 경작하거나 노비로 자신을 팔거나, 유랑민이나 도적이 되기도 하였다.

ⓔ 향·부곡민 : 농민보다 많은 부담을 가졌다.

ⓜ 노비 : 왕실, 관청, 귀족, 사원(절) 등에 소속되어 물품을 제작하거나, 일용 잡무 및 경작에 동원되었다.

(3) 발해의 경제 발달

① 수취제도
  ㉠ **조세** : 조·콩·보리 등의 곡물을 징수하였다.
  ㉡ **공물** : 베·명주·가죽 등 특산물을 징수하였다.
  ㉢ **부역** : 궁궐·관청 등의 건축에 농민이 동원되었다.

② **귀족경제의 발달** … 대토지를 소유하였으며, 당으로부터 비단과 서적을 수입하였다.

③ 농업
  ㉠ **밭농사** : 기후조건의 한계로 콩, 조, 보리, 기장 등의 밭농사가 중심이 되었다.
  ㉡ **논농사** : 철제 농기구를 사용하고, 수리시설을 확충하여 일부 지역에서 이용하였다.

④ **목축과 수렵** … 돼지·말·소·양을 사육하고, 모피·녹용·사향을 생산 및 수출하였다.

⑤ **어업** … 고기잡이도구를 개량하고, 숭어, 문어, 대게, 고래 등을 잡았다.

⑥ 수공업
  ㉠ 금속가공업(철, 구리, 금, 은), 직물업(삼베, 명주, 비단), 도자기업 등 다양하게 발달하였다.
  ㉡ 철의 생산이 풍부했으며, 구리제련술이 발달하였다.

⑦ **상업** … 도시와 교통요충지에 상업이 발달하고, 현물과 화폐를 주로 사용하였으나 외국 화폐가 유통되기도 하였다.

⑧ **무역** … 당, 신라, 거란, 일본 등과 무역하였다.
  ㉠ **대당 무역** : 산둥반도의 덩저우에 발해관을 설치하였다.
    - 수출품 : 토산품과 수공업품(모피, 인삼, 불상, 자기)
    - 수입품 : 귀족들의 수요품인 비단, 책 등
  ㉡ **대일 무역** : 일본과의 외교관계를 중시하여 활발한 무역활동을 전개하였다.
  ㉢ **신라와의 관계** : 필요에 따라 사신이 교환되고 소극적인 경제, 문화 교류를 하였다.

01 다음 중 민정문서(신라장적)에 대한 설명으로 옳은 것은?

① 천민 집단과 노비의 노동력은 기록하지 않았다.
② 소백산맥 동쪽에 있는 중원경과 그 주변 촌락의 기록이다.
③ 인구를 연령별로 6등급으로 나누어 작성하였다.
④ 5년마다 촌락의 노동력과 생산력을 지방관이 작성하였다.

> **TIPS!**
> ③ 연령과 성별에 따라 6등급으로, 호는 인구수에 따라 9등급으로 나누어 기록하였다.

02 신문왕 때 폐지되었던 녹읍이 경덕왕 때 다시 부활한 이유로 옳은 것은?

① 왕권 강화　　　　　　　　　② 귀족 세력의 반발
③ 피정복민의 회유　　　　　　④ 농민의 생활 안정

> **TIPS!**
> ② 경덕왕 때 귀족의 반발로 녹읍제가 부활되어 국가경제가 어렵게 되었다.

03 다음 중 통일신라시대에 관한 내용으로 옳은 것은?

① 관료전을 지급받은 관리는 토지에 거주하는 백성을 상대로 조세·역 등을 징수했다.
② 농민뿐 아니라 천민의 노동력도 철저히 징수되었다.
③ 촌주가 촌 단위로 10년마다 민정문서를 작성하여 촌의 호수, 인구 수 등의 변동상황을 기록하였다.
④ 여성의 인력은 조사대상에서 제외되었다.

> **TIPS!**
> ① 백성들에게 조세와 공물을 징수하고, 노동력을 마음대로 징발하는 권리를 가진 토지는 녹읍이다.
> ③ 민정문서(신라장적)는 촌주가 3년마다 작성하였다.
> ④ 연령과 성별에 따라 6등급으로 인정(人丁)을 구분하여 민정문서에 기록하였다.

Answer 01.③ 02.② 03.②

04 다음 중 고대 농민의 생활상으로 옳은 것을 바르게 묶은 것은?

⊙ 삼국시대 농업생산력은 저조하였다.
ⓒ 삼국시대 지방 농민은 잡역과 군역을 담당하였다.
ⓒ 통일신라 때에는 왕토사상에 기초하여 일반 백성에게 토지를 지급하였다.
ⓔ 농민들도 녹읍과 식읍을 받았다.
ⓜ 일본에서 발견된 민정문서를 통해 삼국의 생활상을 알 수 있다.

① ⊙ⓒⓒ
② ⊙ⓒⓔ
③ ⓒⓒⓔ
④ ⓒⓔⓜ

TIPS!
ⓔ 녹읍과 식읍은 귀족들이 받는 토지였다.
ⓜ 일본에서 발견된 민정문서는 통일신라 때의 문서로, 당시 촌락의 경제상황과 국가의 세무행정을 알 수 있는 자료이다.

05 통일신라의 민정문서에 대한 설명으로 옳은 것은?

① 1933년 서원경 근처에서 발견되었다.
② 수령과 향리가 3년마다 작성하였다.
③ 호는 인구수에 따라 6등급으로 편성했다.
④ 노동력과 생산자원을 철저히 조사하였다.

TIPS!
① 1933년 일본의 동대사(東大寺) 정창원(正倉院)에서 서원경(청주)과 그 부근에 4개 촌락을 대상으로 작성한 민정문서가 최초로 발견되었다.
② 촌주가 3년마다 그 증감을 조사하고 작성하였다.
③ 호는 인구수에 따라 9등급으로 나누었다.

Answer 04.① 05.④

06 다음은 통일신라 때의 토지 제도에 대한 설명이다. 이에 관한 설명으로 옳은 것은?

> 통일 후에는 문무 관료들에게 토지를 나누어 주고, 녹읍을 폐지하는 대신 해마다 곡식을 나누어 주었다.

① 농민 경제가 점차 안정되었다.　　　　② 귀족들의 농민 지배가 더욱 강화되었다.
③ 귀족들의 기반이 더욱 강화되었다.　　④ 귀족에 대한 국왕의 권한이 점차 강화되었다.

TIPS!

　제시된 내용은 관료전을 지급하는 대신 녹읍을 폐지한 조치에 대한 설명이다. 녹읍은 토지세와 공물은 물론 농민의 노동력까지 동원할 수 있었으나 관료전은 토지세만 수취할 수 있었다.

07 통일신라 때의 경제활동에 대한 설명으로 옳은 것은?

① 한 번 경작한 토지는 다음해에는 쉬게 한 후 그 다음해에 경작하였다.
② 금성과 5소경이 모두 무역 중심지로 성장하였다.
③ 수공업자들은 상품 생산을 통해 생계를 이어 갔다.
④ 귀족들은 노비에게 정전을 경작시켰다.

TIPS!

① 우경을 통한 깊이갈이, 시비법의 발달 등이 이루어지기 전까지 같은 토지를 해마다 경작하는 것은 어려운 일이었으며 휴경이 극복된 것은 고려말 이후였다.
② 당시 국제 무역의 중심지는 울산항과 청해진이다.
③ 수공업품 생산은 주로 국가가 수공업자를 동원하여 부역을 통해 생산하거나, 귀족들이 노비를 통해 생산하는 방식이었다.
④ 정전은 농민에게 지급된 토지이다.

08 고대 사회에서 농업생산력의 향상을 위해 국가가 취했던 정책으로 옳지 않은 것은?

① 저수지 등의 수리시설을 확충하였다.　　② 소를 이용한 우경을 장려하였다.
③ 정복지에 녹읍과 식읍을 설치하였다.　　④ 철제 농기구를 농민에게 보급하였다.

TIPS!

　고대 사회에서 농업진흥책은 주로 새로운 농업의 권장과 토지 개간, 수리시설의 확보에 집중되었다.
③ 녹읍과 식읍의 설치는 농민들을 귀족에 예속시켜 농민 경제에 부정적인 역할을 하였다.

Answer 06.④ 07.① 08.③

09 다음 중 통일신라의 무역활동과 관계 없는 것은?

① 한강 진출로 당항성을 확보하여 중국과의 연결을 단축시켰다.

② 산둥반도와 양쯔강 하류에 신라인 거주지가 생기게 되었다.

③ 통일 직후부터 일본과의 교류가 활발해졌다.

④ 장보고가 청해진 설치하고 남해와 황해의 해상무역권을 장악하였다.

> **💡 TIPS!**
>
> ③ 일본과의 무역은 통일 직후에는 일본이 신라를 견제하고, 신라도 일본의 여·제 유민을 경계하여 경제교류가 활발하지 못하였으나 8세기 이후 정치의 안정과 일본의 선진문화에 대한 욕구로 교류가 활발해졌다.

10 다음 중 통일신라의 대외무역에 대한 설명으로 옳지 않은 것은?

① 대당 최대 무역항은 울산항이었다.

② 당과의 무역은 8세기 이후부터 관계가 긴밀해지며 번성하였다.

③ 신라의 수출품은 명주, 베, 해표피, 삼, 금과 은, 세공품 등이었다.

④ 수입품으로는 철제농기구 등 생필품이 중심이었다.

> **💡 TIPS!**
>
> ④ 신라의 수입품은 비단, 책, 귀족들이 사용하는 사치품 등이 중심이었다.

11 다음 중 삼국시대의 경제생활에 대한 설명으로 옳지 않은 것은?

① 농민은 자기 소유의 토지를 가질 수 없었다.

② 왕권 중심의 정치가 발달하게 됨에 따라 모든 국토는 왕토라는 사상이 나오게 되었다.

③ 전쟁에 공이 있는 장군이나 귀족들에게는 식읍이나 녹읍이 지급되었다.

④ 고구려의 농민들은 매 호마다 조로 곡식을 바치고, 개인은 인두세나 베로 곡식을 바쳤다.

> **💡 TIPS!**
>
> ① 농민은 자기 소유의 토지를 경작하기도 하였다.

Answer 09.③ 10.④ 11.①

12 고대의 경제생활에 관한 설명으로 옳지 않은 것은?

① 조로 곡식을, 인두세로 포목이나 곡식을 바쳤다.

② 왕토사상이 존재하였으나 일반민의 토지 소유를 인정하였다.

③ 통일신라에서는 방직기술과 공예품 제조기술이 발달하였다.

④ 발해는 논농사보다 밭농사를 주로 하여 벼농사는 행해지지 않았다.

> **TIPS!**
> ④ 발해의 농업은 기후조건으로 인해 조·콩·보리·기장 등을 재배하는 밭농사를 주로 행해졌으나, 철제 농기구의 사용과 수리시설의 확보 등을 통해 일부 지역에서 벼농사가 행해지기도 했다.

13 다음 중 신라 민정문서의 내용으로 옳지 않은 것은?

① 통일신라시대의 서원경과 그 부근 촌락에 대한 기록이다.

② 나무들의 수를 기록한 것으로 보아 이들도 과세대상이었음을 알 수 있다.

③ 노동력과 생산자원을 철저하게 관리하기 위해서 작성하였다.

④ 수령과 향리가 매년 변동사항을 조사해 작성하였다.

> **TIPS!**
> ④ 민정문서는 3년마다 촌주가 작성하였다.

14 다음에서 발해의 경제생활에 대한 내용으로 옳은 것을 모두 고르면?

> ㉠ 밭농사보다 벼농사가 주로 행하였다.
> ㉡ 제철업이 발달하여 금속 가공업이 성행하였다.
> ㉢ 어업이 발달하여 먼 바다에 나가 고래를 잡기도 하였다.
> ㉣ 가축의 사육으로 모피, 녹용, 사향 등이 생산되었다.

① ㉠㉡   ② ㉠㉢

③ ㉠㉡㉣   ④ ㉡㉢㉣

> **TIPS!**
> ㉠ 발해의 농업은 기후가 찬 관계로 콩, 조 등의 곡물 생산이 중심을 이루었고 밭농사가 중심이 되었다.

Answer 12.④ 13.④ 14.④

15 고대 여러 나라의 무역활동에 관한 설명으로 옳지 않은 것은?

① 고구려 - 중국의 남북조 및 유목민인 북방 민족과 무역하였다.
② 백제 - 남중국 및 왜와 무역을 하였다.
③ 발해 - 당과 평화관계가 성립되어 무역이 활발하게 이루어졌다.
④ 통일신라 - 삼국통일 직후 당, 일본과 활발하게 교류하였다.

 **TIPS!**

④ 통일 이후 일본과의 교류를 제한하여 무역이 활발하지 못하였으며, 8세기 이후부터 다시 교역이 이루어졌다.

16 다음 중 신라의 녹읍에 대한 설명으로 옳은 것은?

① 민정문서는 녹읍의 실상을 알려주는 좋은 자료이다.
② 왕이 귀족에게 하사한 것이나, 왕토사상에 의해 왕이 마음대로 처분할 수 있었다.
③ 관료들은 녹읍에서 생산된 곡물만 수취할 수 있었다.
④ 신문왕은 한 때 귀족세력을 억누르기 위하여 폐지하기도 하였다.

TIPS!

① 민정문서는 녹읍의 실상을 알려주는 자료가 아니고, 당시 촌락의 경제상황과 국가의 세무행정을 알 수 있는 자료이다.
② 왕토사상이 있었으나 개인사유지를 왕이 마음대로 처분할 수는 없었다.
③ 귀족관료들은 그 토지에 딸린 노동력과 공물도 모두 수취할 수 있었다.

17 삼국시대의 수공업 생산에 대한 설명으로 옳은 것은?

① 국가가 관청을 두고 기술자를 배치하여 물품을 생산하였다.
② 도자기가 생산되어 중국에 수출하였다.
③ 수공업의 발달은 상품경제의 성장을 촉진하였다.
④ 노예들은 큰 작업장에 모여 공동으로 생산 활동을 하였다.

TIPS!

초기에는 기술이 뛰어난 노비에게 국가가 필요로 하는 물품을 생산하게 하였으나, 국가체제가 정비되면서 수공업 제품을 생산하는 관청을 두고 수공업자를 배치하여 물품을 생산하였다.

Answer 15.④ 16.④ 17.①

03 고대의 사회

기출PLUS

section 1 신분제 사회의 성립

(1) 사회계층과 신분제도

① 신분제도의 출현 … 정복전쟁으로 여러 부족들이 통합되는 과정에서 지배층 사이에 위계서열이 마련되면서 등장하였다.

> **POINT** 읍락사회의 신분
> ㉠ 호민 : 경제적으로 부유한 계층
> ㉡ 하호 : 농업에 종사하는 평민
> ㉢ 노비 : 주인에게 예속되어 생활하고 있는 천민

② 귀족의 등장
   ㉠ 부여와 초기 고구려에는 가·대가로 불린 권력자들이 있었다.
   ㉡ 호민을 통해 읍락을 지배하는 한편, 자신의 관리와 군사력을 가지고 정치에 참가하였다.
   ㉢ 중앙집권국가가 성립하는 과정에서 귀족으로 편제되었다.

③ 신분제 운영 … 출신 가문의 등급에 따라 관등 승진에 특권을 누리거나 제한을 받았고, 경제적 혜택에 차등이 생기게 되었다.

> **POINT** 고대사회의 성격
> ㉠ 엄격한 계급사회
> • 지배계급 : 왕족과 귀족세력이 정치권력을 독점하고 농지, 산림, 목장 등을 소유하는 등 여러가지 사회적 특권을 누렸다(율령 제정, 엄격한 신분제도 마련).
> • 피지배계급 : 평민·노비·천민이 있었으며, 주로 생산활동에 종사하였다.
> - 평민 : 인두세와 호세를 부담하는 자영농과 토지를 잃고 몰락한 농민으로 계층이 분화되었다.
> - 노비 : 전쟁노비, 부채노비, 형벌노비가 있었다.
> ㉡ 엄격한 신분제도
> • 지배계급은 평민과 노비 등을 다스리기 위해 각종 정치기구와 신분제도, 율령을 마련하였다.
> • 개인의 능력보다는 친족의 사회적 지위가 중시된 귀족 중심의 엄격한 신분제사회였다.

(2) 귀족·평민·천민

① 삼국시대의 계층구조
   ㉠ 구성 : 왕족을 비롯한 귀족·평민·천민으로 크게 구분되지만, 기능상으로는 더욱 세분화된 계층으로 나누어진다.

ⓛ 특징
- 강한 법적 구속력을 가진다.
- 지배층은 특권을 유지하기 위하여 율령을 제정하였다.
- 신분은 능력보다는 그가 속한 친족의 사회적 위치에 따라 결정되었다.

② 귀족 · 평민 · 천민의 구분
  ㉠ 귀족 : 왕족을 비롯한 옛 부족장 세력이 중앙의 귀족으로 재편성되어 정치권력과 사회 · 경제적 특권을 향유하였다. 골품제와 같은 지배층만을 대상으로 한 별도의 신분제를 운영하기도 하였다.
  ㉡ 평민 : 대부분 농민으로서 신분적으로 자유민이었으나 귀족층에 비하여 정치 · 사회적으로 많은 제약을 받았다. 조세를 납부하고 노동력을 징발 당하였기 때문에 생활이 어려웠다.
  ㉢ 천민 : 노비들은 왕실과 귀족 및 관청에 예속되어 신분이 자유롭지 못하였다. 전쟁포로나 형벌 · 채무로 노비가 되는 경우가 많았다.

section 2 삼국사회의 풍습

(1) 고구려의 사회기풍

① 특징 … 산간지역에 위치한 고구려는 식량 생산이 충분하지 않았기 때문에 대외정복 활동이 활발하였고 사회기풍도 씩씩하였다.

② 형법 … 반역을 꾀하거나 반란을 일으킨 자는 화형에 처한 뒤에 다시 목을 베었고, 그 가족들은 노비로 삼았다. 적에게 항복한 자나 전쟁 패배자는 사형에 처했으며 도둑질한 자는 12배를 배상하도록 하였다.

③ 사회계층
  ㉠ 귀족 : 왕족인 고씨와 5부 출신의 귀족들은 지위를 세습하면서 높은 관직을 맡아 국정 운영에 참여하였다.
  ㉡ 백성 : 대부분 자영농으로 조세 납부 · 병역 · 토목공사에 동원되는 의무를 가졌다. 흉년이 들거나 빚을 갚지 못하면 노비로 전락하기도 하였다.
  ㉢ 천민 · 노비 : 피정복민이나 몰락한 평민이 대부분이었다.

④ 풍습 … 형사취수제, 서옥제가 있었고 자유로운 교제를 통해 결혼하였다.

(2) 백제인의 생활상

① 백제의 생활모습
- ㉠ 백제의 언어·풍습·의복은 고구려와 유사하며, 중국과 교류하여 선진문화를 수용하기도 하였다.
- ㉡ 백제인들은 상무적인 기풍을 간직하고 말 타기와 활쏘기를 좋아하였다.

② 형법 … 반역이나 전쟁의 패배자는 사형에 처하고, 도둑질한 자는 귀양을 보내고 2배를 배상하게 하였으며, 뇌물을 받거나 횡령을 한 관리는 3배를 배상하고 종신토록 금고형에 처하였다.

③ 귀족사회
- ㉠ 왕족인 부여씨와 8성의 귀족으로 구성되었다.
- ㉡ 중국 고전과 역사서를 탐독하고 한문을 능숙하게 구사하였으며, 관청의 실무에도 밝았고 투호나 바둑 및 장기를 즐겼다.

(3) 신라의 골품제도와 화랑도

① 신라 사회의 특징 … 중앙집권화의 시기가 늦어 여러 부족의 대표들이 정치를 운영하는 초기의 전통을 오랫동안 유지하였다.

② 화백회의
- ㉠ 기원 : 여러 부족의 대표들이 함께 모여 정치를 운영하였다.
- ㉡ 기능
  - 국왕 추대 및 폐위에 영향력을 발휘하면서 왕권을 견제하기도 하였다.
  - 귀족들의 단결을 굳게 하고 국왕과 귀족 간의 권력을 조절하는 기능을 담당하였다.

③ 골품제도
- ㉠ 특징 : 관등 승진의 상한선이 골품에 따라 정해져 있어 개인의 사회활동과 정치활동의 범위를 제한하는 역할을 하였다.
- ㉡ 제한 : 골품에 따라 가옥의 규모, 장식물, 복색, 수레 등에 제한을 두었다.

④ 화랑도
- ㉠ 기원 : 원시사회의 청소년 집단에서 유래하였다.
- ㉡ 구성 : 귀족의 자제 중에서 선발된 화랑을 지도자로 삼고, 귀족은 물론 평민까지 망라한 많은 낭도들이 그를 따랐다.
- ㉢ 활동 : 전통적 사회규범을 배웠으며, 사냥과 전쟁에 관한 교육을 통해 협동과 단결정신을 기르고 심신을 연마하였다.
- ㉣ 국가조직으로 발전 : 진흥왕 때 국가적 차원에서 그 활동을 장려하여 조직이 확대되었고, 원광은 세속 5계를 가르쳤으며, 화랑도 활동을 통해 국가가 필요로 하는 인재가 양성되었다.

section 3 남북국시대의 사회

(1) 통일신라와 발해의 사회

① 통일 후 신라 사회의 변화
- ㉠ 삼국통일의 사회적 기반 : 혈연적 동질성과 언어, 풍습 등 문화적 공통성을 바탕으로 통일사회를 이룩하였다.
- ㉡ 신라의 민족통합책 : 백제와 고구려 옛 지배층에게 신라 관등을 부여하였고, 백제와 고구려 유민들을 9서당에 편성시켰다.
- ㉢ 통일신라의 사회모습
  - 전제왕권의 강화 : 영토와 인구가 증가되고 경제력이 향상되었고 통일 이후 왕권이 강화되었다.
  - 진골귀족사회 : 중앙관청의 장관직을 독점하고, 합의를 통해 국가 중대사를 결정하였다.
  - 6두품의 진출 : 학문적 식견과 실무 능력을 바탕으로 국왕을 보좌하였으나 신분의 제약으로 높은 관직 진출에 한계가 있었다.
  - 골품제의 변화 : 3두품에서 1두품 사이의 구분은 실질적인 의미를 잃고, 평민과 동등하게 간주되었다.

② 발해의 사회구조
- ㉠ 지배층 : 왕족 대씨와 귀족 고씨 등 고구려계가 대부분을 구성하였다.
- ㉡ 피지배층 : 대부분 말갈인으로 구성되어 이들 중 일부는 지배층이 되거나 자신이 거주하는 촌락의 우두머리가 되어 국가행정을 보조하였다.

③ 통일신라의 생활
- ㉠ 도시의 발달
  - 통일신라의 서울인 금성(경주)은 정치와 문화의 중심지로서 귀족들이 모여 사는 대도시로 번성하였다.
  - 5소경 : 과거 백제, 고구려, 가야의 지배층과 신라 귀족이 거주하는 문화의 중심지 역할을 하였다.
- ㉡ 귀족생활 : 저택에서 노비와 사병을 거느렸고 지방의 전장(대토지)과 목장에서 수입이 있었으며, 고리대업을 하기도 하였다. 불교를 후원하였고 수입된 사치품을 선호하였다.
- ㉢ 평민생활 : 자영농이었지만, 귀족의 토지를 빌려 경작하며 생계를 잇거나 귀족에게 빌린 빚을 갚지 못하여 결국 노비가 되는 경우도 적지 않았다.

기출 2019. 6. 15. 서울특별시

발해의 사회 모습에 대한 설명으로 가장 옳지 않은 것은?

① 주민은 고구려 유민과 말갈인으로 구성되었다.

② 중앙 문화는 고구려 문화를 바탕으로 당의 문화가 가미된 형태를 보였다.

③ 당, 신라, 거란, 일본 등과 무역하였는데, 대신라 무역의 비중이 가장 컸다.

④ 유학 교육기관인 주자감을 설치하여 귀족 자제에게 유교 경전을 가르쳤다.

〈정답 ③

기출PLUS

기출 2016. 6. 18. 제1회 지방직

다음 자료에 나타난 시기에 대한 설명으로 옳은 것은?

┌ 보기 ┐

곳곳에서 도적이 벌 떼같이 일어났다. 이에, 원종, 애노 등이 사벌주(상주)에 의거하여 반란을 일으키니, 왕이 나마 벼슬의 영기에게 명하여 잡게 하였다.

① 지방에서는 호족 세력이 성장하였다.
② 신진 사대부가 대두하여 권문세족을 비판하였다.
③ 농민들은 전정, 군정, 환곡 등 삼정의 문란으로 고통을 받았다.
④ 봄에 곡식을 빌려 주었다가 가을에 추수한 것으로 갚게 하는 진대법을 실시하였다.

〈정답 ①

(2) 통일신라 말의 사회모순

① 통일신라 말의 사회상황

    ㉠ 백성의 생활 곤궁 : 귀족들의 정권 다툼과 대토지 소유 확대로 백성의 생활이 어려워졌다.

    ㉡ 지방 세력의 성장 : 지방의 토착세력과 사원들은 대토지를 소유하면서 유력한 신흥세력으로 성장하였다.

    ㉢ 자영농의 몰락 : 귀족들의 농장이 확대됨에 따라 자영농이 몰락하였다.

    ㉣ 농민의 부담 가중 : 중앙정부의 통치력 약화로 대토지 소유자들은 세금을 부담하지 않는 대신 농민들이 더 많은 조세를 감당하게 되었다.

② 사회모순의 표출

    ㉠ 호족의 등장 : 지방의 유력자들을 중심으로 무장조직이 결성되었고, 이들을 아우른 큰 세력가들이 호족으로 등장하였다.

    ㉡ 정부의 대책 : 수리시설을 정비하고 자연재해가 심한 지역에 조세를 면제해 주었다. 또 굶주리는 농민을 구휼하였으나 큰 효과는 거두지 못하였다.

    ㉢ 빈농의 몰락 : 토지를 상실한 농민들은 소작농이나 유랑민, 화전민이 되었으며, 그들 중의 일부는 노비가 되기도 하였다.

    ㉣ 농민봉기 : 중앙정부의 기강이 극도로 문란해졌으며, 지방의 조세 거부로 국가재정이 고갈되자 국가는 강압적으로 조세 징수를 할 수밖에 없었고, 마침내 전국 각지에서 농민봉기가 일어나게 되었다.

01 다음 중 통일신라말기의 사회 상황으로 옳은 것은?

① 억불숭유 정책의 실시　　　　　　　　② 교종 세력의 강화
③ 성골과 진골의 왕위 쟁탈전　　　　　　④ 지방 호족 세력의 성장

> **TIPS!**
> ④ 통일신라말기에 지방 세력인 호족들이 점차 형성하여 중앙정부에 항거하는 반독립적 세력으로 성장

02 통일신라후기에서 후삼국시대에 나타난 시대적 상황으로 옳지 않은 것은?

① 중앙 정부의 지방 통제력이 약화되어 지방 호족 세력이 성장하였다.
② 진골 세력이 분열되어 왕위 쟁탈전을 벌였다.
③ 6두품은 자신들의 주장이 받아들여지지 않자 점차 반신라적인 성향을 보였다.
④ 교종은 호족의 반정부적 성향을 뒷받침하면서 새로운 시대의 정신적 기반이 되었다.

> **TIPS!**
> ④ 선종에 대한 설명이다.

03 다음 중 신라의 골품제도에 대한 설명으로 옳지 않은 것은?

① 골품제도는 고대국가가 형성되는 과정에서 형성되었다.
② 부모 중 한쪽만 왕족일 경우에는 진골이다.
③ 6두품은 아찬에까지 오를 수 있었다.
④ 골품제는 귀족부터 평민에 이르는 신라의 신분체제이다.

> **TIPS!**
> ④ 골품제는 평민을 제외한 귀족 중심의 폐쇄적 신분체제이다.

Answer　01.④　02.④　03.④

04 다음 중 신라말기 6두품 세력과 관련이 없는 것은?

① 지방 세력의 성장　　　　　　　　　② 골품제 비판
③ 선종의 유행　　　　　　　　　　　　④ 향·부곡의 설치

 TIPS!

④ 6두품은 골품제로 인하여 관직 승진에 한계가 있어 비판하였으며 지방으로 내려가 호족과 결탁하기도 하였고 사상적으로는 선종을 지지하였다.

05 다음 국가에 대한 설명 중 맞는 것은?

① 부여 – 군장으로 상가, 고추가 등이 있고, 서옥제의 풍습이 있다.
② 고구려 – 영고라는 제천행사가 있었다.
③ 삼한 – 소도의 천군은 농경과 종교에 대한 의례를 주관한다.
④ 옥저 – 한 군현을 정복하고 요동으로 진출하였다.

TIPS!

①④ 고구려　② 부여

06 다음 중 신라하대의 6두품의 성향으로 맞는 것은?

① 각 지방에서 반란을 일으켰다.
② 새로운 정치질서의 수립을 시도하지만 탄압과 배척을 당하자 점차 반신라적 경향으로 바뀌었다.
③ 진골귀족에 대항하여 왕권과 결탁하였다.
④ 화백회의 기능을 강화시켰다.

TIPS!

6두품의 성향

신라중대(통일 후)	신라하대
• 진골귀족에 대항하여 왕권과 결탁	• 중앙권력에서 배제
• 학문적 식견과 실무능력을 바탕으로 국왕 보좌	• 호족과 연결
• 집사부 시랑 등 관직 맡으며 정치적 진출	• 합리적인 유교이념 내세움
• 행정실무 담당	• 개혁이 거부되자 반신라적 경향
	• 선종의 등장에 주된 역할

① 신라하대에 농민들은 강압적인 수취로 인해 중앙정부에 대한 불평과 불만이 높아지고 지방에서 반란을 일으켰다.
③ 신라중대에 왕권과 결탁하여 진골에 대항하였다.
④ 화백회의 기능을 강화시키는 것은 귀족세력이다.

Answer 04.④　05.③　06.②

07 다음 중 골품제와 관등제에 관한 설명으로 옳은 것은?

① 자색 공복은 진골만이 입을 수 있었다.

② 6두품은 이벌찬까지 승진할 수 있었다.

③ 5두품은 중시, 령에 임명이 가능하였다.

④ 4두품은 대나마인 도독에 임명이 가능하였다.

> **TIPS!**
> ② 6두품은 6관등인 아찬까지 승진할 수 있었다.
> ③ 5두품은 10관등인 대나마까지 승진할 수 있었으며, 중시·령은 5관등인 대아찬부터 임명되었으므로 진골귀족만이 가능하였다.
> ④ 4두품은 12관등인 대사까지 승진할 수 있었으며, 도독은 9관등 급벌찬부터 2관등인 이찬까지 임명되었으므로 6두품 이상이 되어야 가능하였다.
> ※ 신라의 골품제와 관등제

등급	관등명	진골	6두품	5두품	4두품	복색
1	이벌찬					
2	이찬					자색
3	잡찬					
4	파진찬					
5	대아찬					
6	아찬					
7	일길찬					비색
8	사찬					
9	급벌찬					
10	대나마					청색
11	나마					
12	대사					
13	사지					
14	길사					황색
15	대오					
16	소오					
17	조의					

08 신라의 신분제도(골품제도)를 분석한 내용으로 옳지 않은 것은?

① 공복의 색깔은 골품에 따라 결정되었다.

② 중앙집권국가로 발전해 가는 과정에서 형성되었다.

③ 골품에 따라 정치·사회적 활동의 제한을 받았다.

④ 신분적 한계를 절감한 6두품은 주로 종교와 학문에 전념하였다.

> **TIPS!**
> ① 신라 공복의 색깔은 관등에 따라 자색·비색·청색·황색으로 구분지었다.

Answer 07.① 08.①

09 다음 중 삼국시대의 노비에 대한 설명으로 옳은 것은?

① 평민처럼 정상적인 가족을 구성할 수 있었다.
② 나라에서 부과하는 조세를 납부하고 노동력을 징발 당하였다.
③ 엄한 율령체제는 이들을 다스리기 위한 것이다.
④ 전쟁이나 채무, 형벌 등이 노비로 전락하게 된 중요한 요인이었다.

TIPS!
삼국시대의 노비는 왕실과 귀족 및 관청에 예속되어 신분이 자유롭지 못하였으며 대개 전쟁포로나 형벌, 채무로 노비가 되었다.

10 통일신라 사회에 대한 설명으로 옳지 않은 것은?

① 금성은 귀족들이 모여 사는 곳으로 정치와 문화의 중심지였다.
② 6두품은 중앙관청이나 지방의 장관직으로 올라 정치적 주도권을 장악하였다.
③ 가난한 농민들은 귀족의 토지를 빌려서 경작하며 생계를 유지하였다.
④ 3, 2, 1두품은 평민과 동등하게 지위가 허락되었다.

TIPS!
중앙관청의 장관이나 지방장관직은 진골귀족들의 독점적 전유물이었다. 6두품들은 신분의 제약으로 높은 관직 진출에 한계가 있었다. 3두품에서 1두품 사이의 구분은 실질적 의미를 잃고, 평민과 동등하게 간주되었다.

11 통일 직후 신라 사회의 변화에 대한 설명으로 옳은 것은?

① 백제와 고구려의 옛 지배층은 평민화되었다.
② 왕권 강화에 장애가 되는 진골귀족들을 숙청하였다.
③ 정복당한 지역의 주민들은 특수지역에 거주하며 천민이 되었다.
④ 6두품 출신들은 정치에서 배제당하자 일부가 당으로 건너갔다.

TIPS!
통일 후 신문왕 왕권 강화에 장애가 되는 진골 귀족의 일부를 숙청하고 고구려와 백제의 유민들을 포용하여 민족 통합에 노력하였다.

Answer 09.④ 10.② 11.②

12 다음 중 발해의 사회구조에 대한 설명으로 옳지 않은 것은?

① 지배층의 대다수는 고구려계 사람이다.

② 상층사회에서는 당의 제도와 문물이 확산되었다.

③ 말갈인들은 전부 피지배층이다.

④ 노비와 예속민이 존재하는 차별적인 사회다.

> **TIPS!**
>
> ③ 발해는 고구려계 유민과 말갈족으로 구성된 이중적인 사회였다. 지배층의 대다수는 고구려계 유민으로 형성되었으나 말갈족에서도 지배계층으로 편입된 사람이 있었으며, 촌락의 촌주가 되어 국가 행정을 보조하였다.

13 고대 여러 나라의 사회 모습에 관한 설명으로 옳지 않은 것은?

① 고구려 – 빈민을 구제하기 위한 시책으로 진대법이 시행되었다.

② 백제 – 귀족들은 엄한 율령체제를 제정하고 자신들의 사회체제를 유지하고자 하였다.

③ 신라 – 골품에 따라 거주하는 가옥이나 복색, 수레 등의 제한이 있었다.

④ 발해 – 상층 사회에서는 전통적인 말갈사회의 내부조직이 보존되고 있었다.

> **TIPS!**
>
> 발해의 민족구성을 보면 지배층은 고구려 유이민들로 피지배층은 말갈인들로 구성되어 있으며 하층 사회에는 말갈사회의 내부전통이 보존되어 있었다.

14 다음 중 신라에 대한 설명으로 옳은 것은?

① 화랑은 모두 진골귀족만이 되었다.

② 골품제도는 씨족사회의 유풍을 계승한 것이다.

③ 골품제도는 삼국통일 과정기에 왕권을 강화하기 위해 마련되었다.

④ 6두품은 신라중대 왕권과 결탁하여 진골에 대항하였다.

> **TIPS!**
>
> ① 화랑은 진골을 중심으로 하되 6두품 출신도 있었다.
> ② 씨족사회의 유풍을 계승한 제도는 화백회의와 화랑제도이다.
> ③ 골품제도는 중앙 집권적 국가체제가 정비될 무렵에 부족장 세력을 통합하고 편제하면서 형성되었다.

Answer 12.③ 13.④ 14.④

15 다음 중 신라의 골품제에 관한 설명으로 옳은 것은?

① 왕족은 성골, 족장세력은 진골로 편성되었다.
② 골품의 등급은 관리들의 복색과 일치한다.
③ 개인의 신분과 함께 친족의 등급을 표시한다.
④ 친족의 사회적 신분보다 개인의 능력이 중시된다.

 TIPS!

② 신라의 관리 복색은 자색, 비색, 청색, 황색의 4가지로 나뉘어 있었는데 이는 관등에 따른 것이지 골품에 따른 것은 아니었다.

16 신라의 화백회의에 대한 설명으로 옳지 않은 것은?

① 계급 간의 대립과 갈등을 조절, 완화하는 기능을 가졌다.
② 귀족들의 대표자 회의의 변형으로 국가의 주요사항을 회의하던 기구이다.
③ 회의에 참여하던 진골 이상의 귀족을 대등이라 하고, 그 의장을 상대등이라 하였다.
④ 만장일치제의 의견통일원칙을 취하였다.

TIPS!

① 화랑도의 기능이다. 화백의 기능은 귀족들의 단결을 강화하고 국왕과 귀족 간의 권력을 조절하는 기능을 수행하였다.

17 다음 중 화랑도와 화백회의의 공통점으로 옳은 것은?

① 국가형성초기의 전통을 계승하였다.
② 지배층과 피지배층의 대립과 갈등을 완화시켰다.
③ 외국의 우수한 제도를 실정에 맞게 토착화하였다.
④ 국왕 중심의 중앙집권적인 통치제도를 확립하였다.

TIPS!

① 신라는 고구려, 백제에 비하여 중앙집권국가로 발전한 시기가 늦은 편이었다. 그런 만큼 신라는 국가형성초기의 전통을 오랫동안 유지하였다.

18 화랑도와 관련된 설명으로 옳지 않은 것은?

① 사회의 핵심인물을 양성하는 교육적인 기능을 가졌다.
② 진흥왕 때에 국가적 조직으로 확대되었다.
③ 옛 씨족사회의 청소년집단에서 유래하였다.
④ 귀족과 평민 간의 계급적 갈등을 심화시켰다.

Answer 15.③ 16.① 17.① 18.④

TIPS!

④ 화랑도는 귀족 출신의 화랑과 평민 출신의 낭도로 구성되어 계급 간의 대립과 갈등을 조절하고 완화하는 기능을 하였다.

19 다음을 보충하기 위해 조사해야 할 내용으로 가장 적절한 것은?

> 삼국은 중앙집권국가로 발전하면서 귀족, 평민, 천민의 신분구조를 갖추었다. 왕족을 비롯한 귀족들이 정치권력과 사회 · 경제적 특권을 누렸으며, 이들은 통치질서와 사회기강을 확립하기 위해, 그리고 자신들의 특권을 유지하기 위해 엄격한 법률을 마련하였다.

① 율령
② 진대법
③ 민정문서
④ 골품제도

TIPS!

제시된 내용은 삼국 사회에서 지배층이 엄격한 형법이나 율령을 제정한 목적에 대해 설명하고 있다. 고대사회의 율령은 지배층의 특권을 유지하기 위한 것으로 형법적인 내용을 많이 담고 있다.

20 다음에서 발해 사회의 모습을 바르게 설명한 것으로만 골라 묶으면?

> ㉠ 말갈인은 지배층에 편입되지 않았다.
> ㉡ 지배층은 주로 고구려계 사람들로 구성되어 있었다.
> ㉢ 주민 구성의 대다수를 차지한 것은 말갈인이었다.
> ㉣ 하층사회에서는 고구려 사회의 내부 조직을 그대로 보존하였다.

① ㉠㉡
② ㉠㉢
③ ㉡㉢
④ ㉢㉣

TIPS!

㉠ 말갈인은 고구려 전성기 때부터 고구려에 편입된 종족으로 발해 건국 후 일부는 지배층이 되거나 자신이 거주하는 촌락의 우두머리가 되어 국가 행정을 보조하였다.
㉣ 하층사회에서는 말갈 사회의 전통적인 생활모습을 오랫동안 유지하고 있었다.

Answer 19.① 20.③

04 고대의 문화

기출PLUS

section 1 | 학문과 사상·종교

(1) 한자의 보급과 교육

① 한자의 전래
  ㉠ 한자는 철기시대부터 지배층을 중심으로 사용되었다.
  ㉡ 한자의 뜻과 소리를 빌려 우리말을 기록하는 이두·향찰이 사용되었고, 이로써 한문이 토착화되고 한문학이 널리 보급되어 갔다.

② 교육기관의 설립과 한자의 보급
  ㉠ 고구려
   • 태학(수도): 유교경전과 역사서를 가르쳤다.
   • 경당(지방): 청소년에게 한학과 무술을 가르쳤다.
  ㉡ 백제
   • 5경 박사·의박사·역박사: 유교경전과 기술학 등을 가르쳤다.
   • 한문 문장: 북위에 보낸 국서는 매우 세련된 한문 문장으로 쓰였으며, 사택지적 비문에는 불당을 세운 내력을 기록하고 있다.
  ㉢ 신라: 임신서기석을 통해 청소년들이 유교경전을 공부하였던 사실을 알 수 있다.

③ 유학의 교육
  ㉠ 삼국시대: 학문적으로 깊이 있게 연구된 것이 아니라, 충·효·신 등의 도덕규범을 장려하는 정도였다.
  ㉡ 통일신라
   • 유학교육기관: 신문왕 때 국학이라는 유학교육기관을 설립하였고, 경덕왕 때는 국학을 태학이라고 고치고 박사와 조교를 두어 논어와 효경 등 유교경전을 가르쳤는데, 이것은 충효일치의 윤리를 강조한 것이었다.
   • 독서삼품과: 원성왕 때 학문과 유학의 보급을 위해 마련하였다.
  ㉢ 발해: 주자감을 설립하여 귀족 자제들에게 유교경전을 교육하였다.

(2) 역사 편찬과 유학의 보급

① 삼국시대
  ㉠ 역사 편찬의 목적: 학문이 점차 발달되고 중앙집권적 체제가 정비됨에 따라 자기 나라의 전통을 이해하고 왕실의 권위를 높이며 나라에 대한 백성들의 충성심을 모으기 위해 편찬하였다.

ⓛ 역사 편찬의 내용

- 고구려 : 유기, 이문진의 신집 5권
- 백제 : 고흥의 서기
- 신라 : 거칠부의 국사

② 통일신라

ㄱ 김대문 : 화랑세기, 고승전, 한산기를 저술하여 주체적인 문화의식을 드높였다.

ㄴ 6두품 유학자 : 강수(외교문서를 잘 지은 문장가)나 설총(화왕계 저술)이 활약하여 도덕적 합리주의를 제시하였다.

ㄷ 도당 유학생 : 김운경, 최치원이 다양한 개혁안을 제시하였다. 특히 최치원은 당에서 빈공과에 급제하고 계원필경 등 뛰어난 문장과 저술을 남겼으며, 유학자이면서도 불교와 도교에 조예가 깊었다.

③ 발해 … 당에 유학생을 파견하였고 당의 빈공과에 급제한 사람도 여러 명 나왔다.

POINT 발해의 학문

ㄱ 학문의 발달

- 당과 교역하면서 당으로부터 많은 서적을 수입하고, 당에 유학생도 보내어 학문이 일찍부터 발달하였다.
- 유학생 중에서 당의 빈공과에 급제하는 사람이 나왔고, 외교사신이나 승려 중에는 한시에 능한 사람도 많았다. 이거정 등은 당에서 유학하고 돌아와 유교 지식인으로 활동하였다.

ㄴ 발해 문자사용 : 동경성에서 발견된 압자와(押字瓦, 압자기와) 중에 한자와는 다른 발해 문자가 있었으나, 아직 판독되지 않고 있다. 비록 독자적인 문자를 가졌다고 해도, 대외적 외교문서는 물론 국내외 공식기록은 한문을 사용하였다.

ㄷ 발해의 금석문

- 근래에 발견된 정혜공주묘지와 정효공주묘지가 세련된 4 · 6변려체로 쓰여 있는 점으로 보아, 발해에서 능숙한 한문을 구사하고 있었음을 알 수 있다.
- 정혜 · 정효공주는 문왕의 둘째 딸과 넷째 딸이며, 각각의 묘지가 1949년과 1980년에 만주 화룡현에서 출토되었는데, 그것은 발해 문화 연구에 중요한 자료가 되고 있다.

(3) 불교의 수용

① 불교의 전래와 공인 … 중앙집권적 국가체제를 정비할 무렵인 4세기에 전래되었다.

ㄱ 고구려 : 소수림왕 때 중국의 전진에서 전래되었다(372).

ㄴ 백제 : 침류왕 때 동진에서 전래되었다(384).

ㄷ 신라 : 고구려에서 전래되었고(457), 법흥왕 때(이차돈의 순교) 공인되었다(527).

② 불교의 영향

ㄱ 새로운 국가정신의 확립과 왕권 강화의 결과를 가져왔다. 신라의 경우는 불교식 왕명이나 세속 5계를 통해 발전하게 되었다.

ㄴ 삼국은 사상 · 음악 · 미술 · 건축 · 공예 · 의학 등의 선진문화를 수용할 수 있었고 새로운 문화를 창조하게 되었다.

기출PLUS

기출 2019. 6. 15. 서울특별시

삼국의 사회 · 문화에 관한 설명으로 가장 옳지 않은 것은?

① 고구려는 영양왕 때 이문진이 유기를 간추려 신집 5권을 편찬했다.

② 백제의 승려 원측은 당나라에 가서 유식론(唯識論)을 발전시켰다.

③ 신라의 진흥왕은 두 아들의 이름을 동륜 등으로 짓고 자신은 전륜성왕으로 자처했다.

④ 백제 말기에는 미래에 중생을 구제한다는 미륵신앙이 유행하기도 하였다.

〈정답 ②

기출PLUS

③ **신라의 불교** … 업설(왕즉불사상), 미륵불신앙(불국토사상 – 화랑제도의 정신적 기반)이 불교의 중심교리였다.

④ **도교의 전래** … 산천숭배나 신선사상과 결합하여 귀족사회에 전래되었다. 고구려의 사신도, 백제의 산수무늬벽돌, 금동대향로를 통해 알 수 있다.

(4) 불교사상의 발달

① **통일신라** … 다양하고 폭넓은 불교사상에 대한 본격적인 이해기반을 확립하기 시작하였다.
- ⑤ **원효** : 불교의 사상적 이해기준을 확립시켰고(금강삼매경론, 대승기신론소), 종파 간의 사상적인 대립을 극복하고 조화시키려 애썼으며, 불교의 대중화에 이바지하였다(아미타신앙).
- ⑥ **의상** : 화엄일승법계도를 통해 화엄사상을 정립하였고, 현세에서 고난을 구제한다는 관음사상을 외치기도 하였다.
- ⑥ **혜초** : 인도에 가서 불교를 공부하였으며, 왕오천축국전을 저술하기도 하였다.

② **발해** … 왕실과 귀족을 중심으로 성행하였고, 문왕은 스스로를 불교적 성왕으로 일컬었다.

(5) 선종과 풍수지리설

① **선종** … 통일 전후에 전래되어 신라말기에 유행하였다.
- ⑤ **성격** : 경전의 이해를 통하여 깨달음을 추구하는 교종과는 달리 선종은 문자를 뛰어 넘어(不立文字) 구체적인 실천 수행을 통하여 각자의 마음속에 내재된 깨달음을 얻는(見性成佛)는 실천적 경향이 강하였다.
- ⑥ **선종 9산** : 지방의 호족세력과 결합하여 각 지방에 근거지를 두었다.
- ⑥ 지방문화의 역량을 증대시키고 고려 사회 건설의 사상적 바탕이 되기도 하였다.

② **풍수지리설** … 신라말기의 도선과 같은 선종 승려들이 중국에서 풍수지리설을 들여왔다.
- ⑤ **성격** : 도읍, 주택, 묘지 등을 선정하는 인문 지리적 학설을 말하며, 도참사상과 결합하기도 하였다.
- ⑥ 경주 중심에서 벗어나 다른 지방의 중요성을 자각하는 계기가 되었고, 국토를 지방 중심으로 재편성하는 주장을 펴기도 하였다. 이는 신라 정부의 권위를 약화시키는 역할을 하기도 하였다.

(1) 천문학과 수학

① 천문학의 발달 ··· 천체 관측을 중심으로 발달하였다.

　㉠ 배경 : 농경과 밀접한 관련을 가졌으며, 왕의 권위를 하늘과 연결시켰다.

　㉡ 발달

　　• 고구려 : 별자리를 그린 천문도가 만들어졌다.

　　• 신라 : 세계에서 가장 오래된 천문대인 첨성대를 세워 천체를 관측하였다.

　㉢ 일월식, 혜성의 출현, 기상 이변들이 삼국사기에 기록되어 있는데 매우 정확한 기록으로 밝혀지고 있다.

② 수학의 발달 ··· 수학적 지식을 활용한 조형물을 통해 높은 수준으로 발달했음을 알 수 있다.

　㉠ 고구려 : 고분의 석실과 천장의 구조

　㉡ 백제 : 정림사지 5층 석탑

　㉢ 신라 : 황룡사지 9층 목탑, 석굴암의 석굴구조, 불국사 3층 석탑, 다보탑

(2) 목판인쇄술과 제지술의 발달

① 배경 ··· 불교문화의 발달에 따라 불경을 대량으로 인쇄하기 위한 목판인쇄술과 질 좋은 종이를 만들 수 있는 제지술이 발달하였다.

② 무구정광대다라니경 ··· 세계에서 가장 오래된 목판인쇄물이며, 닥나무 종이를 사용하였다.

(3) 금속기술의 발달

① 고구려 ··· 철의 생산이 중요한 국가적 산업이었으며, 우수한 철제 무기와 도구가 출토되었다. 고분벽화에는 철을 단련하고 수레바퀴를 제작하는 기술자의 모습이 묘사되어 있다.

② 백제 ··· 금속공예기술이 발달하였다(칠지도, 백제 금동대향로).

③ 신라 ··· 금세공기술이 발달하고(금관), 금속주조기술도 발달하였다(성덕대왕 신종).

(4) 농업기술의 혁신

① 철제 농기구의 보급을 통해 농업생산력이 증가하였으며, 이는 중앙집권적 귀족국가로 발전하는 경제적 기반이 되었다.

기출 2016. 3. 19. 사회복지직

삼국시대 금속 제작기술에 대한 설명으로 옳지 않은 것은?

① 철광석 생산이 풍부하고 제작기술이 발달한 가야에서는 철로 만든 불상이 유행하였다.

② 백제에서 제작해 왜에 보낸 칠지도는 강철로 만들고 금으로 글씨를 상감해 새겨 넣었다.

③ 고구려 고분 벽화에는 철을 단련하고 수레바퀴를 제작하는 인물의 모습이 그려져 있다.

④ 신라 고분에서 출토된 금관은 뛰어난 제작기법과 형태를 보여주고 있다.

〈정답 ①

기출PLUS

기출 2019. 6. 15. 제1회 지방직

삼국시대 문화에 대한 설명으로 옳지 않은 것은?

① 선덕여왕 때에 첨성대를 세웠다.
② 목탑 양식의 미륵사지석탑이 건립되었다.
③ 가야 출신의 우륵에 의해 가야금이 신라에 전파되었다.
④ 사신도가 그려진 강서대묘는 돌무지무덤으로 축조되었다.

◀정답 ④

기출 2020. 5. 30. 경찰공무원(순경)

고대국가의 문화에 대한 설명으로 가장 적절하지 않은 것은?

① 고구려에는 초기에 돌무지무덤(積石塚)이 유행했는데, 이른 시기의 것들은 단순한 돌무지였지만 점차 기단을 만들고 피라미드 형태로 정교하게 돌을 쌓아 올렸다.
② 고구려의 고분벽화는 초기에는 생활상을 표현한 그림이 많았지만 후기로 갈수록 추상화되었다.
③ 무령왕릉과 송산리 6호분은 중국 남조의 영향을 받은 벽돌무덤(塼築墳)이다.
④ 신라의 돌무지덧널무덤(積石木槨墳)은 고구려와 백제의 영향을 받았다. 황남대총, 호우총이 그 사례로 들 수 있다.

◀정답 ④

② **삼국의 농업기술** … 쟁기, 호미, 괭이 등의 농기구가 보급되어 농업 생산이 증가되었다.

　　㉠ **고구려** : 쟁기갈이, 보습의 사용으로 농업이 발달하였다(4세기).

　　㉡ **백제** : 수리시설의 축조, 철제농기구의 개량을 통해 논농사가 발전하였다(4 ~ 5세기).

　　㉢ **신라** : 우경의 보급 및 확대로 생산량이 증가하였다(5 ~ 6세기).

section 3 고대인의 자취와 멋

(1) 고분과 고분벽화

① **고구려**

　　㉠ **초기** : 돌을 정밀하게 쌓아 올린 돌무지무덤으로, 다듬은 돌을 계단식으로 7층까지 쌓아 올린 장군총이 대표적인 무덤이다.

　　㉡ **후기** : 굴식 돌방무덤은 돌로 널방을 짜고 그 위에 흙으로 덮어 봉분을 만든 것으로, 내부에 벽화를 그리기도 하였다. 이런 무덤은 만주 집안, 평안도 용강, 황해도 안악 등에 분포되었으며 무용총(사냥그림), 강서대묘(사신도), 쌍영총, 각저총(씨름도) 등이 대표적이다.

　　㉢ **고분벽화** : 당시의 생활, 문화, 종교 등을 파악할 수 있다. 초기에는 무덤 주인의 생활을 표현한 그림이 많았고 후기로 갈수록 점차 추상화되어 상징적 그림으로 변하였다.

② **백제**

　　㉠ **한성시대** : 계단식 돌무지무덤으로서 서울 석촌동에 있는 고구려 초기의 고분과 유사하다.

　　㉡ **웅진시대** : 굴식 돌방무덤과 벽돌무덤(금관 장식과 지석으로 꾸며진 중국 남조의 영향을 받은 무덤)이 유행하였다.

　　㉢ **사비시대** : 규모는 작지만 세련된 굴식 돌방무덤을 만들었다.

③ **신라** … 거대한 돌무지 덧널무덤(천마총의 천마도)을 만들었으며, 삼국통일 직전에는 굴식 돌방무덤도 만들었다.

④ **통일신라** … 불교의 영향으로 화장이 유행하였으며, 거대한 돌무지 덧널무덤에서 점차 규모가 작은 굴식 돌방무덤으로 바뀌었다. 그리고 무덤의 봉토 주위를 둘레돌로 두르고, 그 둘레돌에는 12지신상을 조각하였다.

⑤ **발해**

　　㉠ **정혜공주묘** : 굴식 돌방무덤으로 모줄임 천장구조가 고구려 고분과 닮았고, 이곳에서 나온 돌사자상은 매우 힘차고 생동감이 있다.

　　㉡ **정효공주묘** : 묘지와 벽화가 발굴되었는데, 이 무덤에서 나온 유물들은 발해의 높은 문화수준을 보여준다.

(2) 건축과 탑

① 삼국시대
  - ㉠ **궁궐** : 평양의 안학궁은 고구려 남진정책의 기상을 보여준다.
  - ㉡ **사원** : 신라의 황룡사는 진흥왕의 팽창의지를 보여주고, 백제의 미륵사는 무왕이 추진한 백제의 중흥을 반영하는 것이다.
  - ㉢ **가옥** : 고구려의 고분벽화에는 가옥구조가 잘 나타나 있다.
  - ㉣ **성곽** : 산성이 대부분이었으며 방어를 위해 축조하였다.
  - ㉤ **탑** : 불교의 전파와 함께 부처의 사리를 봉안하여 예배의 주 대상으로 삼았다.
    - 고구려 : 주로 목탑을 건립했는데 이제는 남아 있는 것이 없다.
    - 백제 : 목탑형식의 석탑인 익산 미륵사지 석탑, 부여 정림사지 5층 석탑이 대표적인 석탑이다.
    - 신라 : 몽고의 침입 때 소실된 황룡사 9층 목탑과 벽돌모양의 석탑인 분황사탑이 유명하다.

② 통일신라
  - ㉠ **건축** : 궁궐과 가옥은 남아있는 것이 거의 없다.
    - 불국사 : 불국토의 이상을 조화와 균형감각으로 표현한 사원이다.
    - 석굴암 : 아름다운 비례와 균형의 조화미로 건축분야에서 세계적인 걸작으로 손꼽는다.
    - 조경술 : 인공 연못인 안압지는 화려한 귀족생활을 보여 준다.
  - ㉡ **탑** : 목탑과 전탑의 양식을 계승하고 발전시켰다. 2중 기단 위에 3층의 석탑이 있는 형식이 유행하였다(감은사지 3층 석탑, 불국사 석가탑, 양양 진전사지 3층 석탑).
  - ㉢ **승탑과 승비** : 신라말기에 선종이 유행하면서 승려들의 사리를 봉안하는 승탑과 승비가 유행하였다. 승탑과 승비는 세련되고 균형감이 뛰어나 이 시기 조형미술을 대표하며, 신라말기 지방호족들의 정치적 역량이 성장하였음을 보여 준다.

③ 발해 … 외성을 쌓고, 주작대로를 내고, 그 안에 궁궐과 사원을 세웠다.

(3) 불상 조각과 공예

① 삼국시대 … 불상으로는 미륵보살반가상을 많이 제작하였다. 그 중에서도 금동미륵보살반가상은 날씬한 몸매와 자애로운 미소로 유명하다.
  - ㉠ **고구려** : 연가 7년명 금동여래입상(중국 북조의 영향을 받았으나 강인한 인상과 은은한 미소에는 고구려의 독창성이 보임)
  - ㉡ **백제** : 서산 마애삼존불상(부드러운 자태와 온화한 미소)
  - ㉢ **신라** : 경주 배리석불입상(푸근한 자태와 부드럽고 은은한 미소)

② 통일신라
  - ㉠ **석굴암의 본존불과 보살상** : 사실적 조각으로 불교의 이상세계를 구현하는 것이다.

기출PLUS

기출 2019. 6. 15. 제1회 지방직

밑줄 친 '그'에 대한 설명으로 옳은 것은?

─ 보기 ─

그는 중국 유학을 마치고 귀국한 다음, 국왕에게 황룡사에 9층탑을 세울 것을 건의했다. 그가 9층탑 건립을 건의한 데에는 주변 나라의 침입을 막고자 하는 호국정신이 담겨 있다.

① 화랑이 지켜야 할 세속오계를 지었다.
② 대국통으로 있으면서 계율을 지키는 일에 힘을 보탰다.
③ 통일 이후의 사회갈등을 통합으로 이끄는 화엄사상을 강조하였다.
④ 일심(一心) 사상을 주장하여 불교 교리의 대립을 극복하고자 하였다.

◀정답 ②

    ⓒ 조각 : 태종 무열왕릉비의 받침돌, 불국사 석등, 법주사 쌍사자 석등이 유명하다.

    ⓒ 공예 : 상원사 종, 성덕대왕 신종, 특히 성덕대왕 신종은 맑고 장중한 소리, 경쾌하고 아름다운 비천상으로 유명하다.

③ 발해

    ㉠ 불상 : 흙을 구워 만든 불상과 부처 둘이 앉아 있는 불상이 유명한데, 고구려 양식을 계승하고 있다.

    ⓒ 조각 : 벽돌과 기와무늬(고구려 영향), 석등(팔각기단)이 유명하다.

    ⓒ 공예 : 자기공예가 독특하게 발전하였고 당에 수출하기도 했다.

(4) 글씨·그림과 음악

① 서예

    ㉠ 광개토대왕릉 비문 : 웅건한 서체로 쓰였다.

    ⓒ 김생 : 질박하면서도 굳센 신라의 독자적인 서체를 열었다.

② 그림

    ㉠ 천마도 : 신라의 힘찬 화풍을 보여준다.

    ⓒ 솔거 : 황룡사 벽에 그린 소나무 그림에 날아가던 새들이 앉으려 하였다.

    ⓒ 화엄경 변상도 : 섬세하고 유려한 모습은 신라 그림의 높은 수준을 보여 준다.

③ 음악과 무용(종교 및 노동과 밀접한 관련)

    ㉠ 고구려 : 왕산악은 거문고를 만들고 악곡을 지었다.

    ⓒ 신라 : 백결 선생은 방아타령을 지어 가난한 사람들을 달랬다.

    ⓒ 가야 : 우륵은 가야금을 만들고 12악곡을 지었다.

(5) 한문학과 향가

① 삼국시대

    ㉠ 한시 : 황조가(고구려, 유리왕의 이별의 슬픔을 노래함), 오언시(을지문덕이 수의 장수에게 보냄)가 전해지고 있다.

    ⓒ 노래 : 구지가(무속신앙과 관련), 회소곡(노동과 관련), 정읍사(백제), 혜성가(신라의 향가) 등이 유행하였다.

② 통일신라

    ㉠ 향가 : 화랑에 대한 사모의 심정, 형제간의 우애, 공덕이나 불교에 대한 신앙심을 담고 있으며 삼대목을 편찬하였다.

    ⓒ 설화문학 : 에밀레종 설화, 설씨녀 이야기, 효녀 지은 이야기 등을 통해 종교와 백성들의 어려운 삶을 찾아볼 수 있다.

③ 발해 … 4·6변려체로 쓰인 정혜·정효공주의 묘지를 통해 높은 수준을 알 수 있고, 시인으로 양태사(다듬이 소리)가 유명하다.

section 4 일본으로 건너간 우리 문화

(1) 삼국문화의 일본 전파

① 일본 고대문화 성립과 발전에 큰 영향을 끼쳤다.

② 백제

    ㉠ 아직기와 왕인 : 4세기에 아직기는 일본의 태자에게 한자를 가르쳤고, 뒤이어 왕인은 천자문과 논어를 가르쳤다.

    ㉡ 노리사치계 : 6세기에 불경과 불상을 전하였다. 그 결과 일본은 고류사 미륵반가사유상과 호류사 백제관음상을 만들 수 있었다.

    ㉢ 5경박사, 의박사, 역박사, 화가, 공예 기술자가 파견되어 이들에 의해 목탑이 건립되었고, 백제가람양식이 생겨났다.

③ 고구려

    ㉠ 담징 : 종이와 먹의 제조방법을 전하였고, 호류사의 벽화를 그렸다.

    ㉡ 혜자 : 쇼토쿠 태자의 스승이 되었다.

    ㉢ 혜관 : 불교 전파에 큰 공을 세웠다.

    ㉣ 다카마쓰 고분벽화가 수산리 고분벽화와 흡사한 점에서 고구려의 영향력을 살펴볼 수 있다.

④ 신라 … 축제술(한인의 연못)과 조선술을 전해주었다.

⑤ 삼국의 문화는 야마토 정권과 아스카 문화의 형성에 큰 영향을 주었다.

(2) 일본으로 건너간 통일신라 문화

① 통일신라 문화의 전파는 일본에서 파견해 온 사신을 통해 이루어졌다.

② 원효, 강수, 설총이 발전시킨 유교와 불교문화는 일본 하쿠호문화의 성립에 기여하였다. 불상, 탑, 가람배치, 율령과 정치제도 등의 분야에서 통일신라의 불교와 유교의 영향이 컸다.

③ 심상에 의하여 전해진 화엄사상은 일본 화엄종의 토대가 되었다.

01 다음 중 강서고분, 무용총, 각저총 등 벽화가 남아있는 고분의 형태는?

① 굴식벽돌무덤

② 굴식돌방무덤

③ 돌무지무덤

④ 돌무지덧널무덤

> **TIPS!**
> 굴식돌방무덤 … 판 모양의 돌을 이용하여 널을 안치하는 방을 만들고 널방벽의 한쪽에 외부로 통하는 출입구를 만든 뒤 봉토를 씌운 무덤으로 횡혈식 석실묘라고도 한다. 고대의 예술수준을 알 수 있는 고분벽화는 널방벽에 그려진 것이다.

02 다음 중 통일신라시대의 작품은?

① 미륵사지 석탑

② 황룡사 9층 목탑

③ 정림사지 5층 석탑

④ 감은사지 3층 석탑

> **TIPS!**
> ①③ 백제 ② 신라

03 불교의 교리를 알지 못하여도 '나무아미타불 관세음보살'만 외우면 서방의 극락에서 왕생할 수 있다고 주장한 승려는?

① 원측

② 원효

③ 의상

④ 혜초

> **TIPS!**
> ② 원효는 정토신앙을 널리 전파시켜 불교의 대중화에 기여하였다.

Answer 01.② 02.④ 03.②

04 우리 문화의 일본 전파와 관련된 내용으로 옳지 않은 것은?

① 백제가람은 백제가 일본에서 유행시킨 건축양식이다.
② 신라의 조선술 · 축제술의 전파로 일본에는 한인의 연못이 생겼다.
③ 고구려는 일본의 고대 문화 형성에 아무런 영향을 미치지 못하였다.
④ 삼국 문화의 일본 전파는 삼국의 독자적인 문화를 전해 준 것이다.

> **TIPS!**
> ③ 고구려는 주로 의학과 약학을 전해 주었으며 혜자는 쇼토쿠 태자의 스승이 되었다. 또한 담징은 호류사의 금당벽화를 그렸으며, 다카마쓰[古松]고분에서도 고구려의 흔적이 나타난다.

05 다음 중 백제 건국의 근거가 되는 것은?

① 단양적성비   ② 몽촌토성
③ 칠지도   ④ 울진봉평신라비

> **TIPS!**
> ② 몽촌토성은 백제 초기의 토성터로 목책구조와 토성방비용 해자로 되어있는 독특한 구조를 지닌다. 위치나 견고함 등으로 보았을 때 하남위례성의 주성(主成)으로 추정된다.

06 신라하대의 9산 선문 중 잘못 연결된 것은?

① 무염 – 성주산파   ② 홍척 – 실상산파
③ 도의 – 동리산파   ④ 이엄 – 수미산파

> **TIPS!**
> 선종 9산
> ㉠ 가지산 : 도의(장흥 보림사)
> ㉡ 실상산 : 홍척(남원 실상사)
> ㉢ 동리산 : 혜철(곡성 태안사)
> ㉣ 시굴산 : 범일(강릉 굴산사)
> ㉤ 성주산 : 무염(보령 성주사)
> ㉥ 봉림산 : 현욱(창원 봉림사)
> ㉦ 사자산 : 도윤(영월 흥령사)
> ㉧ 희양산 : 도헌(문경 봉암사)
> ㉨ 수미산 : 이엄(해주 광조사)

07 다음 중 고대무덤양식에 대한 설명으로 옳은 것은?

① 굴식 돌방무덤으로 장군총이 대표적이다.

② 돌무지 덧널무덤은 돌로 널방을 짜고 그 위에 흙으로 덮어 봉분을 만들었다.

③ 무령왕릉은 벽돌무덤으로 중국의 북조에 영향을 받았다.

④ 통일신라시대에는 화장법이 유행하고, 굴식 돌방무덤을 많이 만들었다.

TIPS!

① 장군총은 돌무지무덤이다.

② 돌로 널방을 짜고 그 위에 흙으로 덮어 봉분을 만드는 것은 굴식 돌방무덤이다.

③ 벽돌무덤은 중국 남조의 영향을 받았다.

08 다음의 무덤양식에 대한 설명 중 옳은 것은?

① 중국 남조의 영향을 받았고 벽돌로 만들어졌다.

② 생활상을 보여주는 벽화가 발견된다.

③ 만주의 지안(집안) 일대에서 대규모로 발굴되었다.

④ 도굴이 어려워 껴묻거리 등이 발견되었다.

TIPS!

제시된 무덤양식은 돌무지 덧널무덤의 그림으로 신라에서 주로 만든 무덤이다. 지상이나 지하에 시신과 껴묻거리를 넣은 나무 덧널을 설치하고 그 위에 댓돌을 쌓은 다음 흙으로 덮었다. 도굴이 어려워 많은 껴묻거리가 그대로 남아 있다.

Answer 07.④ 08.④

09 다음에서 제시된 통일신라시대 예술의 특징은?

상원사종, 석굴암 본존불상, 불국사 3층 석탑, 쌍사자 석등

① 균형미와 조화미   ② 선종의 영향
③ 남북조시대 미술의 직접적 영향을 받음   ④ 신라말기 풍수지리설과 관련

 **TIPS!**

통일신라 예술의 특징은 고구려, 백제의 영향과 자신들의 균형감각으로 균형미와 조화미를 특징으로 한다.

10 다음 중 통일신라의 사상과 문화에 대한 설명으로 옳지 않은 것은?

① 원효는 일심사상을 바탕으로 십문화쟁론을 지었다.
② 신라 말의 풍수지리설은 왕권전제화를 강화시켰다.
③ 균형미와 조화미의 건축물로 석굴암이 대표적이다.
④ 석탑의 특징은 높은 기단 위에 3층 4각탑의 형태로 만들어졌다.

TIPS!

② 신라 말의 풍수지리설은 그 때까지 경주를 중심으로 하여 운영해 오던 행정조직을 고쳐 국토를 지방 중심으로 재편성할 것을 주장(송악길지설)하는 것으로까지 발전하여, 경주 중심의 신라 정부의 권위를 약화시키는 구실을 하였다.

11 다음 중 신라시대 유학에 대한 설명으로 옳지 않은 것은?

① 설총은 '화왕계'를 통해 군주의 도덕성을 강조하였다.
② 논어, 맹자, 예기, 춘추를 중시하였다.
③ 원성왕은 독서출신과를 설치하였다.
④ 진성여왕 때 최치원은 유교정치에 입각한 개혁안을 제시하였다.

TIPS!

신문왕(682) 때 유학교육을 위하여 설립된 국학은 3과로 나누어 운영되었는데, 논어·효경을 필수과목으로 하였으며 1과는 예기·주역을, 2과는 좌전·모시를, 3과는 문선·상서를 전공과목으로 하였다. 또 원성왕(788) 때 실시된 독서출신과(독서삼품과)에서는 논어·효경·좌전·곡례·문선·예기 등의 응시과목이 있었다.

Answer   09.①   10.②   11.②

12 다음과 같은 사상에 대한 설명으로 알맞은 것은?

> (개) 일(一) 안에 일체(一切)요, 다(多) 안에 일(一)이며, 일(一)이 곧 일체(一切)요, 다(多)가 곧 일(一)이다. 한 찰나가 곧 영원이다. 양에 있어서 셀 수 없이 많은 것이 있지만 그것은 실은 하나이다.
>
> (나) 불교의 길은 일심(一心)으로 귀환케 하는 데 있는데, 그러기 위하여 긍정과 부정의 두 면이 있게 됨은 자연스러운 현상임을 깨달아야 한다. 모든 인간은 평등하며, 성불할 수 있다.

① (개) – 성리학이 수용될 수 있는 기틀을 마련하였다.
② (개) – 내외겸전(內外兼全)을 통해 종파의 통합을 추구하였다.
③ (나) – 전제왕권의 강화에 기여한 바가 크다.
④ (나) – 정토신앙을 통해 대중 불교로 나아갔다.

TIPS!

(개)는 의상의 화엄사상, (나)는 원효의 일심사상에 대한 설명이다. 원효는 극락에 가고자 하는 아미타신앙(정토신앙)을 자신이 직접 전도하여 불교대중화의 길을 열었다.
① 조계종은 좌선 등을 통한 심성의 도야를 강조함으로써 점차 성리학을 받아들일 수 있는 사상적 터전을 마련하였다.
② 의천이 내외겸전을 통해 종파의 통합을 추구하였다.
③ 화엄종에 대한 설명이다.

13 다음 중 도교와 관련된 설명으로 옳은 것은?

① 백제의 산경전은 도교의 영향을 받지 않았다.
② 조선에서는 마니산 초제를 통하여 민간의 도교를 중앙에서 관장하였다.
③ 신라말기에 귀족생활이 갈수록 향락 · 퇴폐화됨에 따라 도교도 타락하였다.
④ 고구려의 도교는 무용총에 잘 나타나 있다.

TIPS!

① 백제의 산경전, 사택지적비, 무령왕릉의 지석(매지권) 등은 도교의 영향을 받았음을 보여준다.
② 유교 교리에 의하면 조선은 제후국이므로 유교식으로는 하늘에 제사를 지낼 수 없어 도교식으로 제를 올렸다.
③ 신라말기에 귀족들의 향락과 퇴폐가 심해지자 이에 대한 반발로 은둔적인 도교와 노장사상이 널리 퍼졌다.
④ 고구려인의 도교사상을 엿볼 수 있는 고분은 강서고분이다. 강서고분 내부 석실에는 도교의 영향을 받은 사신도가 그려져 있다.

Answer 12.④ 13.②

14 다음 중 고대미술에 관한 설명으로 옳지 않은 것은?

① 고구려 – 초기에는 고유한 양식인 석총이 만들어졌으나, 후기에는 중국의 영향을 받아 점차 토총이 주류를 이루었다.

② 백제 – 남조의 영향을 받아 돌방무덤이 유행하였다.

③ 신라 – 초기에는 고구려의 영향을 받았으나, 뒤에는 백제의 영향을 많이 받았다.

④ 통일신라 – 3층 석탑이 유행하였다.

> **TIPS!**
> ② 백제 고분 중 중국 남조의 영향을 받아 만들어진 것은 벽돌무덤(전축분)이다. 대표적인 예로 무령왕릉과 송산리 6호분을 들 수 있다.

15 삼국시대의 불교에 대한 설명으로 가장 관계가 먼 것은?

① 서역과 중국의 문화를 우리나라에 전달하는 구실을 하였다.

② 백제는 일본에 불교를 전해주었으며 일본 불교의 기초를 닦아 주었다.

③ 재래의 전통문화보다 넓은 문화의 세계가 있음을 알게 되었다.

④ 고구려의 불교는 주로 율종이 크게 발전하였다.

> **TIPS!**
> ④ 고구려는 주로 삼론종이 발전하였고, 백제는 율종을 중심으로 발전하였다.

16 다음은 불교문화의 발전을 위해 노력한 승려들이다. 옳지 않은 것은?

① 원효 – 금강삼매경론과 같은 명저를 남겨 불교를 이해하는 기준을 확립하였다.

② 원광 – 새로운 사회윤리와 국가정신을 확립하였다.

③ 원측 – 유식불교를 연구하여 현장의 제자 규기와 논쟁을 하였다.

④ 혜초 – 왕오천축국전을 지어 신라 불교의 교단을 조직·정비하였다.

> **TIPS!**
> 신라 불교의 교단을 정비한 것은 진흥왕 때의 일로 진흥왕은 승려 혜량을 맞아 국통으로 삼고, 그 아래 주통·군통을 두어 교단을 조직·정비하였다.

Answer 14.② 15.④ 16.④

17 다음 중 삼국시대의 예술을 잘못 설명한 것은?

① 불상조각이나 사원건축예술이 발달하였다.　　② 삼국이 각기 다른 특색을 지니면서 발달하였다.
③ 설화나 노래 등에서 민간의 삶이 드러난다.　　④ 벽돌무덤이 삼국의 공통된 분묘양식이다.

 TIPS!

④ 벽돌무덤은 중국 남조의 영향을 받은 것으로 백제 웅진시대에 발달하였다.

18 삼국의 학문에 대한 설명으로 옳지 않은 것은?

① 교육 기관을 설치하고 한학을 가르쳤다.
② 유학의 보급으로 관리 선발제도가 보편화되었다.
③ 한자를 대신해서 이두와 향찰로 우리말을 기록하였다.
④ 삼국의 학문 연구는 지배층을 중심으로 이루어졌다.

 TIPS!

② 유학의 보급으로 인해 관리 선발제도인 과거제가 도입된 것은 고려의 광종 때이다.

19 다음 사실에 공통적으로 해당하는 역사적 의미는?

| • 고구려 – 태학, 경당 | • 백제 – 5경 박사 |
| • 신라 – 임신서기석 | • 발해 – 정혜 · 정효 공주묘지 |

① 토착문화와 외래문화의 융합　　② 인재 양성과 관리의 등용
③ 유학과 한학의 발달　　④ 도교 사상의 유행

 TIPS!

제시된 내용은 유학과 한학의 발달을 삼국과 발해의 예를 들어서 보여주는 것이다. 고구려의 태학과 경당은 교육기관으로 한학을 가르쳤으며 백제의 5경 박사는 유학 교육이 행해졌음을 보여준다. 또한 신라의 임신서기석에는 화랑도들이 유교경전을 공부한 사실이 기록되어 있으며, 발해의 정혜 · 정효 공주 묘지의 비문은 세련된 4 · 6 변려체로 쓰여 발해의 한문학 정도를 짐작할 수 있다.

Answer　17.④　18.②　19.③

20 다음 중 최치원과 가장 관련이 없는 것은?

① 유학자이면서도 불교와 도교에 조예가 깊었다.
② 쌍계사 진감선사비, 성주사 낭혜화상비, 숭복사비, 봉암사 지증대사비의 비문을 썼다.
③ 개혁안 시무 10조를 썼으나 받아들여지지 않았다.
④ 중국 모방단계에서 탈피하여 자기 문화를 인식하였다.

> **TIPS!**
> ④ 김대문에 관한 설명이다.

21 다음 중 신라의 유학자들과 그 활동으로 옳지 않은 것은?

① 최치원 – 관리 선발을 위한 독서삼품과의 실시를 주장하였다.
② 김대문 – 신라의 문화를 주체적으로 인식하고자 하였다.
③ 설총 – 화왕계를 저술하여 도덕적 합리주의의 중요성을 강조하였다.
④ 강수 – 외교 문서를 잘 지은 문장가로 유명하였다.

> **TIPS!**
> ① 최치원은 진성여왕 때 문란해진 정치를 바로 잡고자 개혁안 10여조를 건의하였으나 받아들여지지 않았다.

22 고대 사회의 문화에 대한 설명으로 옳지 않은 것은?

① 성덕대왕의 둘레돌은 추상적인 미를 나타내고 있다.
② 호우총은 신라와 고구려의 긴밀한 관계를 보여주고 있다.
③ 안학궁은 고구려의 남진정책을 엿볼 수 있다.
④ 황룡사는 진흥왕의 팽창의지를 반영하고 있다.

> **TIPS!**
> ① 성덕대왕의 둘레돌은 도교적인 성향을 띠면서 사실적인 미를 나타낸다.

23 신라말기에 유행한 풍수지리설에 대한 설명으로 옳지 않은 것은?

① 점차 예언적인 도참 신앙과 결부되어 갔다.
② 지방 호족의 사상적 기반이 되었다.
③ 경험에 의한 인문지리적 지식을 활용한 것이다.
④ 경주 중심의 신라 정부의 권위를 강화시켰다.

 **TIPS!**
④ 풍수지리설은 경주를 중심으로 운영해 오던 행정 조직을 개편하고 지방 중심으로 재편성할 것을 주장하여 신라 정부의 권위를 약화시켰다.

24 발해를 우리 민족이 세운 국가라고 주장할 때 근거로 들 수 있는 것이 아닌 것은?

① 정혜공주묘는 굴식 돌방무덤인데, 천장은 모줄임 구조를 이루고 있다.
② 발해의 남쪽으로 길게 주작대로가 뻗어있다.
③ 연화무늬의 기와는 소박하고 직선적이다.
④ 상경의 궁전터의 제4 궁전은 온돌구조를 갖추고 있었다.

TIPS!
② 주작대로는 당의 장안성을 모방한 것이다.

25 다음 중 발해의 예술에 대한 설명으로 옳은 것은?

① 상경의 궁성은 고구려 평양성을 본떠 건설하였다.
② 발해의 대표적인 탑으로는 진전사지 3층 석탑이 있다.
③ 발해의 자기는 독특한 발전으로 당에 수출되기도 하였다.
④ 정혜공주묘는 돌무지무덤으로 고구려 초기 무덤과 유사하다.

TIPS!
① 상경의 궁성은 당의 장안성을 모방하여 건설하였다.
② 진전사지 3층 석탑은 통일신라의 탑이다.
④ 정혜 공주 묘는 굴식돌방무덤의 형태를 지닌다.

Answer 23.④ 24.② 25.③

26 다음 중 고대의 과학기술에 대한 설명으로 옳지 않은 것은?

① 수학 – 조형물을 축조할 때 수학적 지식을 활용하였다.

② 인쇄물 – 세계 최고의 무구정광대다라니경을 만들었다.

③ 농업기술 – 소를 이용한 농사방법이 보급되어 농업 생산이 크게 증가하였다.

④ 금속기술 – 칠지도는 신라 제철기술의 우수함을 보여준다.

 **TIPS!**

④ 칠지도는 백제왕이 왜왕에게 친교의 증표로 하사한 것으로 현재 일본의 이소노카미신궁[石上神宮]에서 보관 중이다.

Answer 26.④

PART

04

고려의 형성과 발전

01 고려의 정치
02 고려의 경제
03 고려의 사회
04 고려의 문화

01 고려의 정치

기출PLUS

section 1 중세사회의 성립과 전개

(1) 고려의 성립과 민족의 재통일

① 고려의 건국
  ㉠ 왕건의 등장: 왕건은 송악의 호족으로서 예성강 유역의 해상세력과 연합하였다. 처음에는 궁예 휘하로 들어가서 한강 유역과 나주지방을 점령하여 후백제를 견제하였다. 이후에는 궁예의 실정을 계기로 정권을 장악하게 된다.
  ㉡ 고려의 건국: 고구려의 후계자임을 강조하여, 국호를 고려라 하고 송악에 도읍을 세웠다. 조세 경감, 노비 해방으로 민심을 수습하고 호족세력을 융합하였다.

② 민족의 재통일… 중국의 혼란기를 틈타 외세의 간섭 없이 통일이 성취되었다.
  ㉠ 고려의 정책: 지방 세력을 흡수·통합하였고, 중국 5대와 교류하였다.
  ㉡ 후삼국 통일: 신라에 우호정책을 펼쳐 신라를 병합하고(935) 후백제를 정벌하였으며(936), 후삼국뿐만 아니라 발해의 유민을 수용하여 민족의 재통일을 이루었다.

(2) 태조의 정책

① 취민유도(取民有度)정책… 흩어진 백성을 모으고 조세를 징수함에 법도가 있게 한다는 민생안정정책으로 유교적 민본이념을 나타낸다.
  ㉠ 조세 경감: 호족의 지나친 수취를 금지하였다.
  ㉡ 민심 수습: 노비를 해방하고, 빈민구제기관인 흑창을 설치하였다.

② 통치기반 강화
  ㉠ 관제 정비: 태봉의 관제를 중심으로 신라와 중국의 제도를 참고하여 정치제도를 만들고, 개국공신과 호족을 관리로 등용하였다.
  ㉡ 호족 통합: 호족과 정략결혼을 하였으며 그들의 향촌지배권을 인정하고, 공신들에게는 역분전을 지급하였다.
  ㉢ 호족 견제: 사심관제도(우대)와 기인제도(감시)를 실시하였다.

POINT 고려의 호족 견제책
  ㉠ 사심관제도: 고려는 중앙의 고관들을 출신지방의 사심관으로 임명하였으며, 이들에게 부호장 이하의 향리임명권을 주어 향리를 규찰하고 치안유지의 책임을 맡게 하였다. 이 제도는 조선시대 경재소와 유향소로 분화되어 계승되었다.
  ㉡ 기인제도: 지방호족을 견제하기 위해서 그들의 자제를 수도에 오게 하여 왕실 시위를 맡게 한 제도였는데, 초기에는 볼모적 성격이 강하였으나, 이 기회를 이용하여 교육을 받고 과거를 거쳐 중앙관리로 편입되기도 하였다.

ⓔ **통치 규범** : 정계, 계백료서를 지어 관리들이 지켜야 할 규범을 제시하였고, 후손들이 지켜야 할 교훈이 담긴 훈요 10조를 남겼다.

🏆**POINT** **훈요 10조**

ㄱ 국가의 대업(건국)은 제불(諸佛)의 호위와 지덕에 힘입음을 기억하라.

ㄴ 사사(寺社)의 쟁탈·남조를 금하라.

ㄷ 연등과 팔관의 주신(主神)을 함부로 가감치 말라.

ㄹ 왕위는 적자적손의 계승·원칙이되 불초하면 형제 중 인망있는 자를 선택하라.

ㅁ 거란과 같은 야만국의 풍속을 본받지 말라.

ㅂ 서경(西京)은 수덕이 순조로워 대업만대의 판이니 중시하라.

ㅅ 차현 이남, 공주강(금강) 외의 산형지세는 배역하여 인심도 같으므로 등용치 말라.

ㅇ 관리의 녹봉은 그 직무에 따라 제정하라.

ㅈ 백성을 부리되 때를 가려서 하고, 요역·부역을 가벼이 하라.

ㅊ 소인을 멀리하고 현인을 친하게 하며, 조세를 적게 하며, 상벌을 공평히 하라.

③ **북진정책** … 고구려를 계승하였음을 강조하여 국호를 고려라 하고 국가의 자주성을 강조하기 위해 천수(天授)라는 연호를 사용하였다.

ㄱ **서경(평양) 중시** : 청천강~영흥만으로의 영토를 회복하였다.

ㄴ **거란 배척** : 발해를 멸망시킨 무도한 국가로 인식하여 거란을 배척하였다.

(3) 광종의 개혁정치

① **고려 초의 혼란기**

ㄱ **왕위계승분쟁** : 호족과 공신세력의 연합정권이 형성되어 왕자들과 외척들 사이에 왕위계승다툼이 일어났다.

ㄴ **왕규의 난** : 정략결혼과 호족, 외척세력의 개입으로 나타난 부작용이었다.

② **광종의 개혁정치** … 왕권의 안정과 중앙집권체제를 확립하기 위한 것이었다.

ㄱ **노비안검법** : 불법적으로 노비가 된 자를 해방하는 것으로 호족의 경제적·군사적 기반을 약화시켜 왕권을 강화하고 조세와 부역의 담당자인 양인을 확보하여 국가재정을 강화하였다.

ㄴ **과거제도** : 문신 유학자를 등용하여, 신·구세력의 교체를 도모하였다.

ㄷ **공복제도** : 관료의 기강을 확립(자, 단, 비, 녹)하기 위하여 실시하였다.

ㄹ **불교 장려** : 귀법사와 홍화사를 짓고 혜거를 국사로, 탄문을 왕사로 임명하였다.

ㅁ **제위보의 설치** : 빈민구제기금을 만들어 빈민을 구제하였다.

ㅂ **외교관계** : 송과 문화적·경제적 목적에서 외교관계를 수립하였으나, 군사적으로는 중립적 자세를 취하였다.

ㅅ **전제왕권의 확립** : 공신과 호족세력을 숙청하고, 칭제건원하였으며, 광덕·준풍 등의 독자적인 연호를 사용하였다.

③ **경종의 전시과제도 실시** … 중앙관료의 경제적 기반을 보장하기 위한 것이었다.

기출 2021. 4. 3. 소방공무원

밑줄 친 '정책'에 해당하는 것은?

┌ 보기 ┐

태조가 죽은 후 기반이 약했던 혜종이 왕위에 오르자 외척 세력 사이에 왕위 다툼이 벌어졌다. 왕권의 안정은 광종이 즉위한 이후 이루어졌다. 광종은 26년 동안 왕위에 있으면서 왕권 강화를 위해 여러 <u>정책</u>을 추진하였다.

① 정방을 폐지하였다.

② 양현고를 설치하였다.

③ 과거제를 실시하였다.

④ 서경 천도를 추진하였다.

❮정답 ③

기출PLUS

기출 2021. 4. 17. 인사혁신처

다음 상소문을 올린 왕대에 있었던 사실은?

보기

석교(釋敎)를 행하는 것은 수신 (修身)의 근본이요, 유교를 행하는 것은 이국(理國)의 근원입니다. 수신은 내생의 자(資)요, 이국은 금일의 요무(要務)로서, 금일은 지극히 가깝고 내생은 지극히 먼 것인데도 가까움을 버리고 먼 것을 구함은 또한 잘못이 아니겠습니까.

① 양경과 12목에 상평창을 설치하였다.
② 균여를 귀법사 주지로 삼아 불교를 정비하였다.
③ 국자감에 7재를 두어 관학을 부흥하고자 하였다.
④ 전지(田地)와 시지(柴地)를 지급하는 경정 전시과를 실시하였다.

< 정답 ①

(4) 유교적 정치질서의 강화

① 최승로의 시무 28조
　㉠ 유교정치이념의 강조 : 유교를 진흥하고 불교행사를 축소시켰다.
　㉡ 지방관의 파견 : 중앙집권화와 호족세력에 대한 통제를 위한 것이었다.
　㉢ 통치체제의 정비 : 문벌귀족 중심의 정치를 이룩하였다.

② 성종의 중앙집권화
　㉠ 6두품 출신의 유학자를 등용하여 유교정치이념을 실현하고자 하였다.
　㉡ 12목에 지방관을 파견하여 지방 세력의 발호를 방지하였다.
　㉢ 향리제도를 실시하여 지방의 호족을 향리로 편제하였다.
　㉣ 국자감과 향교를 설치하고 지방에 경학박사와 의학박사를 파견하였으며, 과거제도를 실시하였다.
　㉤ 중앙통치기구는 당, 태봉, 신라, 송의 관제를 따랐다.

section **2** 통치체제의 정비

(1) 중앙의 통치조직

① 정치조직(2성 6부)
　㉠ 2성
　　• 중서문하성 : 중서성과 문하성의 통합기구로 문하시중이 국정을 총괄하였다.
　　– 재신 : 2품 이상의 고관으로 백관을 통솔하고 국가의 중요정책을 심의·결정하였다.
　　– 낭사 : 3품 이하의 관리로 정책을 건의하거나, 정책 집행의 잘못을 비판하는 일을 담당하였다.
　　• 상서성 : 실제 정무를 나누어 담당하는 6부를 두고 정책의 집행을 담당하였다.
　㉡ **중추원(추부)** : 군사기밀을 담당하는 2품 이상의 추밀과 왕명 출납을 담당하는 3품의 승선으로 구성되었다.
　㉢ **삼사** : 화폐와 곡식의 출납에 대한 회계업무만을 담당하였다.
　㉣ **어사대** : 풍속을 교정하고 관리들의 비리를 감찰하는 감찰기구이다.
　㉤ 6부(이·병·호·형·예·공부) : 상서성에 소속되어 실제 정무를 분담하던 관청으로 각 부의 장관은 상서, 차관은 시랑이었다.

② 귀족 중심의 정치
　㉠ **귀족합좌 회의기구**(중서문하성의 재신, 중추원의 추밀)
　　• 도병마사 : 재신과 추밀이 함께 모여 회의로 국가의 중요한 일을 결정하는 곳이다. 국방문제를 담당하는 임시기구였으나, 도평의사사(도당)로 개편되면서 구성원이 확대되고 국정 전반에 걸친 중요사항을 담당하는 최고정무기구로 발전하였다.

- 식목도감 : 임시기구로서 재신과 추밀이 함께 모여 국내 정치에 관한 법의 제정 및 각종 시행규정을 다루던 회의기구였다.
ⓒ 대간(대성)제도 : 어사대의 관원과 중서문하성의 낭관으로 구성되었다. 비록 직위는 낮았지만 왕이나 고위관리들의 활동을 지원하거나 제약하여 정치 운영의 견제와 균형을 이루었다.
  - 서경권 : 관리의 임명과 법령의 개정이나 폐지 등에 동의하는 권리
  - 간쟁 : 왕의 잘못을 말로 직언하는 것
  - 봉박 : 잘못된 왕명을 시행하지 않고 글로 써서 되돌려 보내는 것

(2) 지방행정조직의 정비

① 정비과정
  ㉠ 초기 : 호족세력의 자치로 이루어졌다.
  ㉡ 성종 : 12목을 설치하여 지방관을 파견하였다.
  ㉢ 현종 : 4도호부 8목으로 개편되어 지방행정의 중심이 되었고, 그 후 전국을 5도와 양계, 경기로 나눈 다음 그 안에 3경·4도호부·8목을 비롯하여 군·현·진을 설치하였다.

② 지방조직
  ㉠ 5도(일반 행정구역) : 상설 행정기관이 없는 일반 행정 단위로서 안찰사를 파견하여 도내의 지방을 순찰하게 하였다. 도에는 주와 군(지사)·현(현령)이 설치되고, 주현에는 지방관을 파견하였지만 속현에는 지방관을 파견하지 않았다.
  ㉡ 양계(군사행정구역) : 북방의 국경지대에는 동계와 북계의 양계를 설치하여 병마사를 파견하고, 국방상의 요충지에 군사특수지역인 진을 설치하였다.
  ㉢ 8목 4도호부 : 행정과 군사적 방비의 중심적인 역할을 맡은 곳이다.
  ㉣ 특수행정구역
    - 3경 : 풍수설과 관련하여 개경(개성), 서경(평양), 동경(경주, 숙종 이후 남경)에 설치하였다.
    - 향·부곡·소 : 천민의 집단 거주지역이었다.
  ㉤ 지방행정 : 실제적인 행정사무는 향리가 실질적으로 처리하여 지방관보다 영향력이 컸다(속현, 향, 부곡, 소 등).

    ▶POINT◀ 고려·조선시대의 향리

고려	조선
조세, 공물, 노동력 징발	수령 보좌(지위 격하)
신분상승 가능	신분상승 제한
문과응시 허용 → 사대부 성장	문과응시 불허
외역전 받음(세습)	무보수 → 폐단 발생

기출PLUS

기출 2019. 6. 15. 서울특별시

고려시대 군사제도에 대한 설명으로 가장 옳지 않은 것은?
① 북방의 양계지역에는 주현군을 따로 설치하였다.
② 2군(二軍)인 응양군과 용호군은 왕의 친위부대였다.
③ 6위(六衛) 중의 감문위는 궁성과 성문수비를 맡았다.
④ 직업군인인 경군에게 군인전을 지급하고 그 역을 자손에게 세습시켰다.

〈정답 ①

(3) 군역제도와 군사조직

① 중앙군

　ⓐ 2군 6위 : 국왕의 친위부대인 2군과 수도 경비와 국경 방어를 담당하는 6위로 구성되었다.

　ⓑ 직업군인 : 군적에 올라 군인전을 지급받고 군역을 세습하였으며, 군공을 세워 신분을 상승시킬 수 있는 중류층이었다. 이들은 상장군, 대장군 등의 무관이 지휘하였다.

② 지방군

　ⓐ 주진군(양계) : 상비군으로 좌군, 우군, 초군으로 구성되어 국경을 수비하는 의무를 지녔다.

　ⓑ 주현군(5도) : 지방관의 지휘를 받아 치안과 지방방위·노역에 동원되었고 농민으로 구성하였다.

POINT 특수군

　ⓐ 광군 : 정종 때 거란족의 침입에 대비하기 위하여 호족의 군대를 연합하여 편성한 것으로서 뒤에 주현군의 모체가 되었다.

　ⓑ 별무반 : 여진족 정벌을 위해 숙종 때 윤관의 주장에 의해 편성된 군대로 신기군(기병), 신보군(보병), 항마군(승병)으로 편성되었다.

　ⓒ 삼별초 : 최우 집권 시 편성된 좌·우별초, 신의군이 포함되어 조직되었으며, 공적인 임무를 띤 군대로 최씨 정권에 의해 사병화되었고 개경 환도 후 몽고에 항쟁하였다.

　ⓓ 연호군 : 양민과 천민으로 구성된 혼성부대이다.

(4) 관리임용제도

① 과거제도(법적으로 양인 이상이면 응시가 가능)

　ⓐ 제술과 : 문학적 재능과 정책을 시험하는 것이다.

　ⓑ 명경과 : 유교경전에 대한 이해능력을 시험하는 것이다.

　ⓒ 잡과 : 기술관을 선발하는 것으로 백정이나 농민이 응시하였다.

　ⓓ 한계와 의의 : 능력 중심의 인재 등용과 유교적 관료정치의 토대 마련의 계기가 되었으나 과거출신자보다 음서출신자가 더 높이 출세할 수밖에 없었고, 무과는 실시하지 않았다.

② 음서제도 … 공신과 종실의 자손 외에 5품 이상의 고관의 자손은 과거를 거치지 않고 관직에 진출할 수 있는 제도이다.

section 3 문벌귀족사회의 성립과 동요

(1) 문벌귀족사회의 성립

① 출신유형 ··· 지방호족 출신이 중앙관료화된 것으로, 신라 6두품 계통의 유학자들이 과거를 통해 관직에 진출하여 성립되었다.

② 문벌귀족의 형성 ··· 대대로 고위관리가 되어 중앙정치에 참여하게 되고, 과거와 음서를 통해 관직을 독점하였다.

③ 문벌귀족사회의 모순

　㉠ 문벌귀족의 특권
　　• 정치적 특권 : 과거와 음서제를 통해 고위 관직을 독점하였다.
　　• 경제적 특권 : 과전, 공음전, 사전 등의 토지 겸병이 이루어졌다.
　　• 사회적 특권 : 왕실 및 귀족들 간의 중첩된 혼인관계를 이루었다.

　㉡ 측근세력의 대두 : 과거를 통해 진출한 지방 출신의 관리들이 국왕을 보좌하면서 문벌귀족과 대립하였다.

　㉢ 이자겸의 난, 묘청의 서경천도운동 : 문벌귀족과 측근세력의 대립으로 발생한 사건들이다.

(2) 이자겸의 난과 서경천도운동

① 이자겸의 난(인종, 1126)

　㉠ 경원 이씨의 권력 독점은 문종 ~ 인종까지 80여 년간 이어져 왔다.
　㉡ 여진(금)의 사대관계 요구에 이자겸 정권은 굴복하여 사대관계를 유지하였다.
　㉢ 인종의 척준경 회유로 이자겸의 왕위찬탈반란은 실패로 돌아가게 되었다.
　㉣ 결과 : 귀족사회의 동요가 일어나고 묘청의 서경천도운동의 계기가 되었다.

② 묘청의 서경천도운동(1135)

　㉠ 배경 : 이자겸의 난 이후 왕권이 약화되고, 궁궐이 소실되었으며, 서경길지론이 대두되어 민심이 동요하였다.

　㉡ 내용
　　• 서경(평양) 천도, 칭제건원, 금국 정벌을 주장하였으나 문벌귀족의 반대에 부딪혔다.
　　• 묘청의 거사는 대위국 건국과 연호 제정(천개)으로 추진되었다.

　㉢ 결과 : 개경파 문벌귀족의 반대로 김부식이 이끄는 관군에 진압되고 말았다.

　㉣ 영향 : 분사제도와 삼경제가 폐지되고 숭문천무풍조가 생겨나 무신정변의 계기가 되었다.

기출 2021. 4. 3. 소방공무원

다음 사건에 대한 설명으로 옳은 것은?

> ┌ 보기 ┐
> 왕에게 건의하기를, "저희가 보니 서경 임원역의 땅은 음양가들이 말하는 대화세(大華勢)입니다. 만약 이곳에 궁궐을 세우고 수도를 옮기면 …… 금이 공물을 바치고 스스로 항복할 것이며, 36개 나라가 모두 신하가 될 것입니다."라고 하였다. …… 국호를 대위(大爲), 연호를 천개(天開), 그 군대를 천견충의군(天遣忠義軍)이라고 불렀다.
> 　　　　　　　　　 － 『고려사』

① 김부식이 이끄는 관군에게 진압당하였다.

② 이자겸이 척준경을 끌어들여 난을 일으켰다.

③ 정중부, 이의방 등 무신들이 정권을 장악하였다.

④ 최우는 교정도감 외에 정방과 삼별초를 설치하였다.

❰ 정답 ①

기출PLUS

기출 2019. 4. 6. 소방공무원

(가), (나) 시기 사이에 있었던 사실로 옳은 것은?

┌─ 보기 ─────────────┐
│ (가) 이자겸은 척준경과 함께 반란 │
│ 을 일으켜 궁궐을 불태우고 │
│ 왕의 측근 세력들을 제거하였 │
│ 으며, 인종을 감금하였다. │
│ (나) 최충헌은 최고 집권 기구로 │
│ 교정도감을 설치하였으며 신 │
│ 변 경호를 위하여 도방을 운 │
│ 영하였다. │
└──────────────────────┘

① 묘청이 서경 천도를 주장하였다.
② 거란 장수 소손녕이 대군을 이끌고 침입하였다.
③ 최영과 이성계 등 신흥 무인 세력이 성장하였다.
④ 삼별초가 배중손의 지휘로 몽골과의 항쟁을 계속하였다.

◀정답 ①

(3) 무신정권의 성립

① 무신정변(1170)
  ㉠ 원인 : 숭문천무정책으로 인한 무신을 천시하는 풍조와 의종의 실정이 원인이 되었다.
  ㉡ 과정 : 정중부, 이의방 등이 의종을 폐하고 명종을 추대하였다.
  ㉢ 무신정권의 전개 : 정중부(중방정치)에서 경대승(도방정치), 이의민(중방정치), 최충헌으로 정권이 넘어갔다.
  ㉣ 결과
    • 정치면 : 문신 중심의 귀족사회에서 관료체제로 전환되는 계기가 되었다.
    • 경제면 : 전시과체제가 붕괴되고 무신에 의해 토지의 독점이 이루어져 사전과 농장이 확대되었다.
    • 문화면 : 조계종이 발달하고 패관문학과 시조문학이 발생하였다.

② 사회의 동요
  ㉠ 무신정권에 대한 반발로 김보당의 난과 조위총의 난이 일어났다.
  ㉡ 농민(김사미 · 효심의 난) · 천민의 난(망이 · 망소이의 난)이 일어났으며 신분 해방을 추구하였다.

③ 최씨 정권
  ㉠ **최충헌의 독재정치** : 민란을 진압하고 반대파를 제거하며 시작되었다.
  ㉡ **최씨 정권의 기반**
    • 정치적 : 교정도감(최충헌)과 정방(최우), 서방(최우)을 중심으로 전개되었다.
    • 경제적 : 광대한 농장을 소유하였다.
    • 군사적 : 사병을 보유하고 도방을 설치하여 신변을 경호하였다.
  ㉢ 한계 : 정치적으로 안정되었지만 국가통치질서는 오히려 약화되었다. 최씨 정권은 권력의 유지와 이를 위한 체제의 정비에 집착했을 뿐, 국가의 발전이나 백성들의 안정을 위한 노력에는 소홀하였다.

▶POINT 무신정권의 주요 권력기구

기구	설치자	성격
중방		무신의 최고회의기관
도방	경대승, 최충헌	사병집단, 무인정권의 군사배경
정방	최우	최씨정권 최고인사기구(공민왕 때 폐지)
서방	최우	최씨정권 문인우대기구
교정도감	최충헌	관리비위규찰 · 인사행정 · 세정담당장인 교정별감이 국정을 장악

section 4 대외관계의 변화

(1) 거란의 침입과 격퇴

① 고려의 대외정책 … 친송배요정책으로 송과는 친선관계를 유지했으나 거란은 배척하였다.

② 거란(요)의 침입과 격퇴

　㉠ 1차 침입(성종, 993): 서희의 담판으로 강동 6주를 확보하였으며, 거란과 교류관계를 맺었다.

　㉡ 2차 침입(현종, 1010): 고려의 계속되는 친송정책과 강조의 정변을 구실로 침입하여 개경이 함락되었고, 현종의 입조(入朝)를 조건으로 퇴군하였다.

　㉢ 3차 침입(현종, 1018): 현종의 입조(入朝)를 거부하여 다시 침입하였으나 강감찬이 귀주대첩으로 큰 승리를 거두어 양국은 강화를 맺었다.

　㉣ 결과: 고려, 송, 거란 사이의 세력 균형을 유지하게 되었다.

　㉤ 영향: 나성과 천리장성(압록강 ~ 도련포)을 축조하여 수비를 강화하였다.

(2) 여진 정벌과 9성 개척

① 윤관의 여진 정벌

　㉠ 고려의 대 여진정책: 회유와 동화정책을 펴서 여진을 포섭해 나갔다.

　㉡ 동북 9성: 기병을 보강한 윤관의 별무반이 여진을 토벌하여 동북 9성을 축조하였다.

　㉢ 9성의 반환: 여진의 계속된 침입으로 고려는 고려를 침략하지 않고 조공을 바치겠다는 여진의 조건을 수락하면서 9성을 돌려주었다.

② 여진의 금(金) 건국(1115)

　㉠ 여진은 더욱 강해져 거란을 멸한 뒤 고려에 대해 군신관계를 요구하자 현실적인 어려움으로 당시의 집권자 이자겸은 금의 요구를 받아들였다.

　㉡ 이자겸의 사대외교는 자신의 정권 유지를 위한 것이었다.

(3) 몽고와의 전쟁

① 몽고와의 전쟁

　㉠ 원인: 몽고는 과중한 공물을 요구하였으며, 몽고의 사신 저고여가 피살되는 사건이 일어났다.

　㉡ 몽고의 침입

　　• 제1차 침입(1231): 몽고 사신의 피살을 구실로 몽고군이 침입하였고 박서가 항전하였으나, 강화가 체결되고 철수되었다.

기출 2021. 4. 3. 소방공무원

(가)와 (나) 사건 사이에 있었던 사실로 옳은 것은?

┌─ 보기 ─

(가) 강감찬이 산골짜기 안에 병사를 숨기고 큰 줄로 쇠가죽을 꿰어 성 동쪽의 큰 개천을 막아서 기다리다가, 적이 이르자 물줄기를 터뜨려 크게 이겼다.

(나) 윤관이 새로운 부대를 창설했는데, 말을 가진 자는 신기군으로 삼았고, 말이 없는 자는 신보군 등에 속하게 하였으며, 승려들을 뽑아 항마군으로 삼았다.

① 여진을 몰아내고 동북 9성을 설치하였다.

② 공을 세운 신하들에게 역분전을 지급하였다.

③ 압록강에서 도련포에 이르는 천리장성을 축조하였다.

④ 친원적 성향이 강한 권문세족이 지배세력으로 등장하였다.

< 정답 ③

기출PLUS

- 제2차 침입(1232) : 최우는 강화로 천도하였고, 용인의 김윤후가 몽고의 장군 살리타를 죽이고 몽고 군대는 쫓겨갔다.
- 제3차 ~ 제8차 침입 : 농민, 노비, 천민들의 활약으로 몽고를 끈질기게 막아냈다.

ⓒ 결과 : 전 국토가 황폐화되고 민생이 도탄에 빠졌으며 대장경(초판)과 황룡사의 9층탑이 소실되었다.

ⓔ 최씨 정권의 몰락 : 온건파의 활약으로 최씨 정권은 무너지고 왕실이 몽고와 강화 조약을 맺어 개경 환도가 이루어졌다(1270).

ⓜ 몽고와의 강화정책 의미 : 고려의 끈질긴 항쟁으로 몽고가 고려 정복계획을 포기하게 되고 고려의 주권과 고유한 풍속을 인정하게 되었다는 것이다.

② 삼별초의 항쟁(1270 ~ 1273)

ⓐ 배경 : 배중손은 무신정권의 붕괴와 몽고와의 굴욕적인 강화를 맺는 데 반발하였다.

ⓑ 경과 : 개경으로 환도하자 대몽 항쟁에 앞장섰던 삼별초는 배중손의 지휘 아래 장기 항전을 계획하고 진도로 옮겨 저항하였고, 여·몽연합군의 공격으로 진도가 함락되자 다시 제주도로 가서 김통정의 지휘 아래에 계속 항쟁하였으나 여·몽연합군에 의해 진압되었다.

ⓒ 장기항쟁 가능 이유 : 몽고군이 접근하기 어려운 지리적 이점과 일반 민중들의 적극적인 지원이 있었기 때문이다.

ⓔ 의의 : 고려인의 배몽사상과 자주정신을 나타내었다.

(4) 홍건적과 왜구의 침입

① 홍건적의 격퇴

ⓐ 제1차 침입(공민왕 8년, 1359) : 모거경 등 4만군이 서경을 침입하였으나, 이승경, 이방실 등이 격퇴하였다.

ⓑ 제2차 침입(공민왕 10년, 1361) : 사유 등 10만군이 개경을 함락하였으나, 정세운, 안우, 이방실 등이 격퇴하였다.

② 왜구의 침략

ⓐ 시기 : 왜구는 14세기 중반부터 침략해 왔다. 원의 간섭 하에서 국방력을 제대로 갖추기 어려웠던 고려는 초기에 효과적으로 왜구의 침입을 격퇴하지 못하였다.

ⓑ 외교 교섭 : 정몽주 등을 일본에 보내 교섭하였지만, 일본 정부가 이를 억제할 힘이 없었기 때문에 실효가 없었다.

ⓒ 무력 토벌의 전개 : 잦은 왜구의 침입에 따른 사회의 불안정은 시급히 해결해야 할 국가적 과제였다. 왜구를 격퇴하고 이 문제를 해결하는 과정에서 신흥무인세력이 성장하였다.

기출 2020. 6. 20. 소방공무원

(가) 부대에 대한 설명으로 옳은 것은?

┌ 보기 ┐

개경으로 환도하면서 날짜를 정하여 기일 내에 돌아가게 하였으나 __(가)__ 은/는 다른 마음이 있어 따르지 아니하였다. 그리하여 __(가)__ 은/는 난을 일으키고 나라를 지키려는 자는 모이라고 하였다.

① 근거지를 옮기며 몽골에 저항하였다.
② 처인성에서 적장 살리타를 사살하였다.
③ 신기군, 신보군, 항마군으로 구성되었다.
④ 포수, 사수, 살수 등 삼수병으로 조직되었다.

〈정답 ①

(1) 원(몽고)의 내정 간섭

① 정치적 간섭

 ㉠ 일본 원정 : 두 차례의 원정에 인적 · 물적 자원이 수탈되었으나 실패하였다.

 ㉡ 영토의 상실과 수복

 • 쌍성총관부 : 원은 화주(영흥)에 설치하여 철령 이북 땅을 직속령으로 편입하였는데, 공민왕(1356) 때 유인우가 무력으로 탈환하였다.

 • 동녕부 : 자비령 이북 땅에 차지하여 서경에 두었는데, 충렬왕(1290) 때 고려의 간청으로 반환되었다.

 • 탐라총관부 : 삼별초의 항쟁을 평정한 후 일본 정벌 준비를 위해 제주도에 설치하고 (1273) 목마장을 두었다. 충렬왕 27년(1301)에 고려에 반환하였다.

 ㉢ 관제의 개편 : 관제를 격하시키고(3성 → 첨의부, 6부 → 4사) 고려를 부마국 지위의 왕실호칭을 사용하게 하였다.

 ㉣ 원의 내정 간섭

 • 다루가치 : 1차 침입 때 설치했던 몽고의 군정지방관으로 공물의 징수 · 감독 등 내정간섭을 하였다.

 • 정동행성 : 일본 원정준비기구로 설치된 정동행중서성이 내정간섭기구로 남았다. 고려 · 원의 연락 기구였다.

 • 이문소 : 정동행성에 설립된 사법기구로 고려인을 취조 · 탄압하였다.

 • 응방 : 원에 매를 생포하여 조달하는 기구였으나 여러 특권을 행사해 폐해가 심하였다.

② 사회 · 경제적 수탈 … 금 · 은 · 베 · 인삼 · 약재 · 매 등의 막대한 공물의 부담을 가졌으며, 몽고어 · 몽고식 의복과 머리가 유행하고, 몽고식 성명을 사용하는 등 풍속이 변질되었다.

(2) 공민왕의 개혁정치

① 원 간섭기의 고려 정치

 ㉠ 권문세족의 횡포 : 권문세족은 고위관직을 독점하고 농장을 확대하였으며 막대한 노비를 소유하였다.

 ㉡ 충선왕과 충목왕이 개혁의지를 불태웠으나 원의 간섭으로 실패하였다.

② 공민왕의 개혁정치

 ㉠ 반원자주정책

 • 기철로 대표되던 친원세력을 숙청하였다.

 • 고려의 내정을 간섭하던 정동행성 이문소를 폐지하였다.

 • 몽고식 관제를 폐지하고 원 간섭 이전의 관제로 복구하였다.

 • 원의 연호, 몽고풍을 금지하였다.

기출PLUS

기출 2019. 4. 6. 소방공무원

밑줄 친 '왕'의 업적으로 옳은 것은?

┌ 보기 ┐

신돈은 <u>왕</u>에게 전민변정도감을 설치할 것을 청원하고, "… (중략) … 근래에 기강이 파괴되어 … (중략) … 공전과 사전을 권세가들이 강탈하였다. … (중략) … 스스로 토지를 반환하는 자는 과거를 묻지 않는다."라고 공포하였다. 권세가들이 강점했던 전민(田民)을 그 주인에게 반환하였으므로 온 나라가 모두 기뻐하였다.

① 규장각을 설치하였다.
② 대동법을 실시하였다.
③ 독서삼품과를 시행하였다.
④ 쌍성총관부를 공격하였다.

〈정답 ④

기출 2020. 6. 20. 소방공무원

밑줄 친 '이 왕'의 재위기간에 있었던 사실로 옳은 것은?

┌ 보기 ┐

<u>이 왕</u>이 원의 제국대장공주와 결혼하여 고려는 원의 부마국이 되었고, 도병마사는 도평의사사로 개편되었다.

① 만권당을 설치하였다.
② 정동행성을 설치하였다.
③ 정치도감을 설치하였다.
④ 입성책동 사건이 일어났다.

〈정답 ②

- 유인우로 하여금 무력으로 쌍성총관부를 공격하게 하여 철령 이북의 땅을 수복하였다.
- 요동지방을 공략하여 요양을 점령하였다.

ⓛ **왕권강화책**

- 정방의 폐지 : 왕권을 제약하고 신진사대부의 등장을 억제하고 있던 정방을 폐지하였다.
- 교육 · 과거제도의 정비 : 성균관을 통하여 유학교육을 강화하고 과거제도를 정비하여 많은 인재를 배출하였다.
- 전민변정도감의 설치 : 세력이 없는 집안 출신의 승려 신돈을 등용하여 권문세족들이 부당하게 빼앗은 토지와 노비를 본래의 소유주에게 돌려주거나 양민으로 해방시켰다. 이를 통하여 권문세족들의 경제기반을 약화시키고 국가재정수입의 기반을 확대하였다.

ⓒ **개혁의 실패원인** : 권문세족들의 강력한 반발로 신돈이 제거되고, 개혁추진의 핵심인 공민왕까지 시해되면서 중단되고 말았다. 결국 이 시기의 개혁은 개혁추진세력인 신진사대부 세력이 아직 결집되지 못한 상태에서 권문세족의 강력한 반발을 효과적으로 제어하지 못하였고, 원나라의 간섭 등으로 인해 실패하고 말았다.

(3) 신진사대부의 성장

① **출신배경** … 학문적 실력을 바탕으로 과거를 통하여 중앙에 진출한 지방의 중소지주층과 지방향리 출신이 많았다.

② **정치활동**

ⓛ 정치이념으로는 성리학을 수용하였으며, 불교의 폐단을 비판하였다.

ⓛ 개혁정치를 추구하여 권문세족의 비리와 불법을 견제하였다.

ⓒ 홍건적과 왜구의 침입을 격퇴하면서 성장한 신흥무인세력과 손을 잡으면서 사회의 불안과 국가적인 시련을 해결하고자 하였다.

③ **한계** … 권문세족의 인사권 독점으로 관직의 진출이 제한되었고, 과전과 녹봉도 제대로 받지 못하는 등 경제적 기반이 미약하다는 한계를 가졌다.

(4) 고려의 멸망

① **신흥무인세력의 등장** … 홍건적과 왜구의 침입을 격퇴하는 과정에서 성장한 세력이다.

② **위화도 회군(1388)**

ⓛ 요동 정벌 : 우왕 말에 명은 쌍성총관부가 있던 땅에 철령위를 설치하여 명의 땅으로 편입하겠다고 통보하였다. 이에 최영은 요동정벌론을 이성계는 4불가론을 주장하여 대립하였다.

ⓛ 경과 : 최영의 주장에 따라 요동정벌군이 파견되었으나 위화도 회군으로 이성계가 장악하였다.

ⓒ 결과 : 급진개혁파(혁명파)는 정치적 실권을 장악하고 새 왕조를 개창할 수 있는 기반을 마련하였으며, 명(明)과의 관계를 호전시켜 나갔다.

POINT **이성계의 4불가론**
- ㉠ 작은 나라가 큰 나라를 칠 수 없다.
- ㉡ 여름철 출병은 불리하다.
- ㉢ 왜구가 국방상 허점을 노린다.
- ㉣ 무기가 녹슬고 군사들이 질병에 걸리기 쉽다.

③ **과전법의 실시** … 전제개혁을 단행하여 과전법을 마련하였다. 과전법 실시로 고갈된 재정이 확충되고 신진관료들의 경제기반이 마련되었으며 피폐한 농민생활을 개선시켜 주고 국방에 필요한 재원을 확보할 수 있었다.

④ **조선의 건국** … 급진개혁파는 역성혁명을 반대하던 온건개혁파를 제거하고 도평의사사를 장악하였다. 뒤이어 공양왕의 왕위를 물려받아 조선을 건국하였다.

01 고려의 후삼국 통일은 중세 사회로의 전환을 의미한다. 이와 관련이 없는 것은?

① 분열되었던 후삼국이 재통일되면서 민족의식이 국가 사회를 이끌었다.

② 왕실과 귀족의 후원으로 불교가 성행하였다.

③ 유교 사상을 바탕으로 새로운 통치 질서가 마련되었다.

④ 사회의 지배 세력으로 호족을 비롯한 새로운 세력이 나타났다.

> **TIPS!**
> ② 왕실과 귀족의 불교 후원은 고대사회에도 있었다.

02 고려사에는 태조가 취민유도를 내세워 십일세법에 의하여 세금을 10분의 1로 낮추고 민간에게 3년 동안 조세를 면제해 주었다는 기록이 있다. 태조가 이러한 정책을 시행한 목적으로 옳은 것은?

① 북진정책 추진   ② 지방 세력의 흡수와 통

③ 국가재정 확충   ④ 자영농의 보호를 통한 민생안정

> **TIPS!**
> 취민유도정책
> ㉠ 유교적 민본이념으로 백성들에게 조세를 거둘 때는 일정한 법도가 있어야 함을 의미
> ㉡ 호족들의 백성에 대한 지나친 조세 수취 억제
> ㉢ 세율을 10분의 1로 낮춤
> ㉣ 자영농의 보호를 통한 민생안정 추구

03 신채호가 조선상고사에서 '일천년래 일대 사건'이라고 높이 평가한 사건은?

① 묘청의 서경천도운동   ② 신라의 삼국 통일

③ 태조 왕건의 고려 건국   ④ 고구려의 대제국 건설

> **TIPS!**
> 신채호는 조선사연구초에서 묘청의 서경천도운동을 "낭가와 불가 양가 대 유교의 싸움이며, 국풍파 대 한학파의 싸움이며, 독립당 대 사대당의 싸움이며, 진취사상 대 보수사상의 싸움이니, 묘청은 전자의 대표요, 김부식은 후자의 대표였다. 만약 김부식이 패하고 묘청이 이겼더라면 조선사가 독립적·진취적으로 진전하였을 것이다."라고 하여 자주성을 높이 평가하였다.

Answer   01.②   02.④   03.①

04 고려시대 중앙관제인 중서문하성의 낭사와 어사대로 이루어진 기구에 대한 설명으로 옳지 않은 것은?

① 백관을 규찰하고 탄핵한다.
② 관리 임명에 동의 서명하는 서경의 권한이 있다.
③ 전곡의 출납과 회계를 관장한다.
④ 새로운 법을 반포하고 시행하기 전에 가부를 심사한다.

> **TIPS!**
> 중서문하성의 낭사와 어사대 관원은 대간으로 불리면서 간쟁(왕의 잘못을 논함), 서경권(관리의 임명과 법령의 폐지·개정에 동의) 봉박(잘못된 왕명을 시행하지 않고 돌려보냄)을 수행하였다. 직위는 낮았으나 정치운영의 견제와 균형을 이루는 역할을 담당하였다.
> ③ 삼사에서 행하였던 업무이다.

05 다음과 관련 있는 인물은?

> • 서경 길지설, 금국 정벌론을 주장하였다.
> • 국호를 대위, 연호를 천개라 하고, 천견충의군이라 하는 군대를 조직하였다.

① 묘청   ② 최충
③ 이자겸   ④ 김부식

> **TIPS!**
> 묘청은 정지상과 함께 지방출신의 개혁적 관리들을 이끌었으며 서경 길지설, 금국 정벌론을 주장하였다. 후에 난을 일으켜 국호를 대위, 연호를 천개라 하고 그 군대를 천견충의군이라 하였으나 김부식이 이끈 관군에 진압되었다.

06 고려의 독자적인 중앙 관서인 식목도감에 대한 설명으로 옳은 것은?

① 화폐와 곡식의 출납   ② 서경과 간쟁 담당
③ 법제와 격식 문제 취급   ④ 풍기 단속과 감찰

> **TIPS!**
> 식목도감은 임시기구로 재신과 추밀이 국내정치에 관한 법의 제정, 각종 시행규정을 다루던 회의기구이다.

Answer 04.③ 05.① 06.③

07 다음 중 고려의 국호 변천 순서로 맞은 것은?

> ㉠ 마진
>
> ㉢ 후고구려
>
> ㉡ 고려
>
> ㉣ 태봉

① ㉠ - ㉡ - ㉢ - ㉣

③ ㉣ - ㉠ - ㉢ - ㉡

② ㉣ - ㉠ - ㉢ - ㉡

④ ㉢ - ㉠ - ㉣ - ㉡

> **TIPS!**
>
> 처음 송악에 도읍을 정하고 후고구려를 세웠다(901). 그 후 마진(904), 태봉(911)으로 국호를 바꾸었으며 궁예가 축출된 후 왕건은 고려(918)로 국호를 정했다.

08 고려시대 북진 정책에 대한 설명으로 옳지 않은 것은?

① 고려 태조는 거란을 배격하였다.

② 묘청의 난은 북진 정책과 밀접한 관련이 있다.

③ 고려 외교정책의 기본틀은 북진 정책과 친송 정책이다.

④ 이자겸 등은 북진 정책을 주장하다 실패하자 난을 일으켰다.

> **TIPS!**
>
> 왕의 외척 세력으로 막강한 권한을 행사하던 이자겸은 왕이 이자겸의 권력독점에 반대하여 세력을 결집하자 난을 일으켰다.

09 고려 최씨 무신정권에 대한 설명으로 옳지 않은 것은?

① 수도를 강화도로 옮기고 몽고에 항쟁하였다.

② 최우는 서방을 설치하였다.

③ 문신들을 억압하고 사원 세력을 진흥시켰다.

④ 향·부곡·소 등의 천민란을 진압하거나 해방하여 현으로 승격시키기도 했다.

> **TIPS!**
>
> ③ 최우는 정국이 안정되자 서방을 설치하여 문신들을 등용하여 고문역할을 담당하게 되었다.

Answer 07.④ 08.④ 09.③

10 다음은 여진족과의 관계를 설명한 것이다. 옳지 않은 것은?

① 윤관은 별무반을 이끌고 여진족을 소탕하여 동북 9성을 점령하였다.
② 김부식은 금에 사대하는 것을 반대하여 금국을 정벌하자고 주장하였다.
③ 김종서는 여진족을 정벌하여 4군 6진을 개척하였다.
④ 조선과 청의 두 대표가 백두산 일대를 답사하고 국경을 확정하여 백두산정계비를 세웠다.

> **TIPS!**
> ② 금국 정벌을 주장한 세력은 묘청 등의 개혁적 관리세력이었고, 김부식은 민생 안정을 내세우면서 금의 사대요구를 수용하였다.

11 다음 중 고려시대 광종의 업적이 아닌 것은?

① 공복 제정   ② 제위보 설치
③ 노비환천법 시행   ④ 과거제 실시

> **TIPS!**
> ③ 해방된 노비 중에서 원주인은 모독하거나 불손하게 대하는 자를 다시 노비로 만들어 사회 기강을 확립하는 노비환천법은 성종 때 실시되었으며, 광종 때는 불법으로 노비가 된 자를 조사하여 양인으로 해방시켜 주는 노비안검법이 시행되었다.

12 다음은 묘청의 서경천도운동에 대한 설명이다. 이에 대해 올바르게 설명한 것은?

> 묘청의 서경천도운동은 문벌귀족사회의 내부분열, ㉠개경 중심의 문벌귀족과 ㉡서경 중심의 신진관료세력 간의 대립, ㉢풍수지리설이 결부된 자주적 전통사상과 ㉣사대적 유교정치사상의 충돌, ㉤현상 유지의 보수적 외교정책과 ㉥북진정책 계승과의 대립 ㉦고구려 계승이념과 ㉧신라 전통의식 등에 대한 이견과 갈등이 얽혀 일어난 것으로 귀족사회 내부의 모순을 드러낸 것이다.

① 묘청세력은 ㉠㉣㉥㉧의 입장이다.
② 조선 효종의 외교정책은 ㉤의 관점과 일치한다.
③ ㉠세력의 집권 유지는 무신정변의 배경이 되었다고 볼 수 있다.
④ 신채호가 긍정적으로 보는 관점은 ㉡㉢㉤㉦이다.

> **TIPS!**
> ③ 문벌귀족사회의 모순에 의한 지배체제의 동요와 지배층 내부의 갈등심화로 무신정변이 일어나게 되었다.

13 다음은 어떤 사건에 대한 평가이다. 옳지 않은 것은?

> 그 실상은 낭가와 불가 양가 대 유교의 싸움이며, 국풍파 대 한학파의 싸움이며, 독립당 대 사대당의 싸움이며, 진취사상 대 보수사상의 싸움이다.

① 문벌귀족지배체제의 폐단과 모순이 표출된 사건이다.
② 칭제건원과 자주적 혁신정치를 주장하였다.
③ 고구려 계승이념에 대한 이견과 갈등으로 일어난 것이다.
④ 민생 안정을 위해 금과 사대관계를 추구하였다.

TIPS!

제시된 내용은 신채호의 조선사연구초에서 묘청의 난을 평가한 내용 중 일부이다. 묘청의 서경파는 당시 실권자였던 김부식을 비롯한 개경파와 대립하였는데, 김부식 등 개경파는 민생 안정을 구실로 서경 천도와 금국 정벌을 반대하여 금과 사대관계를 추구하였다.
① 서경천도운동은 모두 진압되었으나 근본적인 문제는 시정되지 않았고, 무신정변으로 연결되었다. 또한, 개경파 유학자들의 기반이 더욱 확실해졌으며, 난이 문신에 의해 평정됨으로써 숭문천무사상은 더욱 굳어졌으며 서경의 분사제도는 폐지되었다.
② 묘청도 칭제 건원과 금국정벌론을 내세웠으며 자주적인 혁신정치를 시행하려 하였다.
③ 묘청의 서경천도운동은 금국정벌론을 내세워 고구려 계승이념을 내세웠고, 이에 대한 이견 등으로 일어난 것이다.

14 다음 중 고려 태조의 업적이 아닌 것은?

① 신진관료의 양성을 위해 과거제를 실시하였다.
② 북진정책을 실시하여 지금의 평양인 서경을 제2의 도읍지로 선정하였다.
③ 조세 경감, 노비 해방을 통해 농민안정정책을 폈다.
④ 훈요 10조를 통해 사찰을 임의로 가감하지 않도록 하였다.

TIPS!

① 광종은 과거제를 실시하여 토호·훈신세력을 억압하고 신구세력을 교체하여 중앙집권을 강화하였다. 광종은 왕권 강화와 국가 기틀 마련을 위해 주현공부법, 노비안검법, 공복제 등을 시행하였다.

Answer 13.④ 14.①

15 다음 중 삼국사기가 쓰인 시대에 있었던 일은?

① 여진에 대한 외교정책을 두고 개경파와 서경파가 대립하였다.
② 몽고의 침입이 있었다.
③ 삼별초의 난이 일어났다.
④ 대요수국의 거란족이 침입하였다.

> **TIPS!**
>
> 삼국사기는 인종 때 김부식에 의해 저술된(1145) 고려중기 역사서로 유교적 합리주의 사관에 기초하여 기전체로 서술되었다. 삼국사기는 신라 계승의식이 더 많이 반영된 것으로 이 시기에 금(여진족)에 대한 외교정책을 두고 묘청 등 서경파와 김부식 등의 개경파가 대립을 하였다. 즉, 묘청 등 서경파는 고구려 계승의식을 갖고 북진주의 정책으로 금국을 정벌하고자 하였으며, 김부식 등 개경파는 신라 계승의식을 갖고 대외적으로 사대주의의 입장에서 정권의 안정만을 도모하였다.
> ② 몽고의 침입은 고려 말(1231 ~ 1270)
> ③ 삼별초의 난(1270 ~ 1273)
> ④ 거란족의 침입(1217)

16 태조 왕건이 고려를 건국할 수 있었던 원인을 두 가지 고르면?

㉠ 호족 통합	㉡ 신라와의 친선 유지
㉢ 미륵불 자처	㉣ 왕건이 농민 출신으로 농민의 지지를 받음

① ㉠㉡
② ㉠㉢
③ ㉠㉣
④ ㉡㉢

> **TIPS!**
>
> ㉢ 후고구려를 세운 궁예에 해당하는 내용이다.
> ㉣ 후백제를 세운 견훤에 해당하는 내용이다.

Answer 15.① 16.①

17 다음 중 고려시대의 외교관계가 아닌 것은?

① 송과의 교섭은 문화와 경제적 측면이 주된 목적이었다.
② 고려 태조는 거란을 배척했다.
③ 왜구는 광종 때부터 서남해안을 유린했다.
④ 천리장성은 11세기에 구축되었다.

> **TIPS!**
> ③ 공민왕 때부터 우왕 때에 걸쳐 왜구의 침입이 극도에 달하면서 전국의 해안이 황폐해졌다. 고려는 외교적 교섭으로 대처하려 하였으나 실패하고 군사력을 강화하여 적극적으로 왜구 토벌에 나섰다.

18 다음 고려의 군사조직과 그 기능의 연결이 옳지 않은 것은?

① 좌우위, 신호위, 흥위위 – 개경 수비　　② 천우위 – 의장업무
③ 감문위 – 국왕 호위　　④ 금오위 – 경찰업무

> **TIPS!**
> 고려의 중앙군
> ㉠ 2군(응양군, 용호군) : 국왕의 친위부대
> ㉡ 6위
> • 좌우위, 신호위, 흥위위 : 수도와 변방의 수비 담당
> • 금오위 : 경찰업무를 담당
> • 천우위 : 의장업무를 담당
> • 감문위 : 궁문수비업무를 담당

19 다음과 같은 제도를 실시한 목적으로 옳은 것은?

> • 지방호족에게 호장, 부호장 등의 향리 벼슬을 주어 지방자치의 책임을 맡게 하는 동시에 그 자제를 인질로 상경 숙위시켰다.
> • 나라에 공이 있어 중앙의 고관이 된 자를 출신지의 사심관에 임명하였다.

① 태조 – 지방호족 억제와 왕권 강화　　② 광종 – 왕권 강화와 집권체제 확립
③ 성종 – 유교통치이념을 확립　　④ 문종 – 각종 문물과 제도를 확립

Answer 17.③ 18.③ 19.①

TIPS!

제시된 내용은 고려 태조가 실시한 기인제도와 사심관제도로 그는 이 제도를 통해 지방호족세력을 견제하고 왕권 강화를 하였으며, 지방통치를 보완하고자 하였다.

20 다음은 고려의 정치기구에 대한 설명이다. 옳은 것은?

> ㉠ 정치의 잘잘못을 논하고 관리들의 비리를 감찰하는 임무를 지녔다.
> ㉡ 화폐의 출납과 회계를 관장하였다.
> ㉢ 국가의 중요의식과 법의 제정을 관장하였다.
> ㉣ 국방문제를 담당하는 회의기구였다.

① ㉠과 ㉡의 관리들을 대간이라 불렀다.
② 조선시대에는 ㉡의 역할을 삼사에서 담당하였다.
③ ㉢은 당의 제도를 모방하여 설치하였다.
④ ㉢㉣은 고려가 귀족정치를 했음을 보여준다.

TIPS!

㉠ 어사대 ㉡ 삼사 ㉢ 식목도감 ㉣ 도병마사
① 어사대의 관원은 중서문하성의 낭사와 함께 대간으로 불리었다.
② 고려시대의 삼사는 재정의 수입과 관련된 사무를 맡았으며, 조선시대의 삼사는 사헌부, 사간원, 홍문관으로서 정사를 비판하고 관리들의 비리를 감찰하고 언론기능을 담당하였다.
③ 식목도감은 고려의 독자성을 보여준다.

21 고려의 중앙관제에 대한 설명으로 맞는 것은?

① 식목도감 – 법 제정과 각종 시행규정
② 중추원 – 화폐 및 곡식의 출납에 대한 회계
③ 중서문하성 – 군사기밀과 왕명 출납
④ 대성 – 경연과 장서

TIPS!

② 중추원은 군사기밀과 왕명 출납을 담당하였다.
③ 중서문하성은 고려 최고의 정무기관이다.
④ 대성은 서경제도이다.

Answer 20.④ 21.①

22 다음 지문과 관련이 있는 것은?

> (개) "고려는 신라 땅에서 일어났는데도 우리가 소유하고 있는 고구려 땅을 침식하고 있으니 고려가 차지한 고구려의 옛 땅을 내놓아라. 또한 고려는 우리나라와 땅을 연접하고 있으면서도 바다를 건너 송을 섬기고 있으니 송과 단교한 뒤 요와 통교하라."
> (내) "우리나라는 고구려를 계승하여 고려라 하고 평양에 도읍하였으니, 만일 영토의 경계로 따진다면 그대 나라의 동경 이 모두 우리 경 내에 있거늘 어찌 침식했다고 할 수 있느냐? 또한, 압록강의 내외도 우리의 경 내인데, 지금 여진 족이 할거하여 그대 나라와 조빙을 통하지 못하고 있으니, 만약에 여진을 내쫓고 우리의 옛 땅을 되찾아 성보를 쌓 고 도로가 통하면 조빙을 닦겠다."

① 별무반 설치
② 강동 6주 획득
③ 팔만대장경 조판
④ 삼별초의 대몽항쟁

🔆 **TIPS!**
제시된 내용은 거란의 1차 침입 때 서희의 담판내용으로 송과의 단교를 조건으로 강동 6주를 회수하였다. 압록강까지 영토 확장의 의미가 있다.

23 신라말기와 고려말기 사회의 공통점으로 옳은 것은?

① 빈번한 외세의 침략으로 인하여 국가적 어려움을 겪었다.
② 소수의 특권계층이 권력을 장악하여, 국가의 기강이 문란하였다.
③ 새로운 유학이 수용되어 사회와 문화의 전반에 대한 비판의식이 생겨났다.
④ 화폐경제가 발달하여 빈부의 차이가 커지고, 농민층의 대다수가 몰락하였다.

🔆 **TIPS!**
①③ 고려말기 ④ 조선후기

Answer 22.② 23.②

24 다음 중 태조 왕건의 정책에 관한 설명으로 옳은 것은?

① 고구려의 옛 땅을 되찾기 위해서 북방 영토의 확장에 힘썼다.

② 공신과 호족세력을 숙청하고 집권체제를 강화하였다.

③ 군현제를 정비하고 호족세력을 지방관으로 임명하였다.

④ 거란과 연합하여 여진을 공격하고 청천강에서 영흥만까지 영토를 회복하였다.

> **TIPS!**
> ② 태조 왕건은 호족세력에 대한 회유와 포섭정책으로 정략결혼을 선택하였으며, 호족세력의 향촌지배권을 인정하였다.
> ③ 성종 때 전국에 12목을 설치하여 지방관을 파견하였다.
> ④ 거란을 배격하는 북진정책을 펴서 청천강에서 영흥만까지 영토를 회복하였다.

25 고려초기 최승로의 시무 28조에 나타난 개혁정치의 방향은?

① 성리학적 정치이념에 의해 불교를 철저하게 배격하고자 하였다.

② 의리와 도덕을 숭상하여 향촌사회의 이상을 제시하였다.

③ 왕권의 전제화를 규제하고 정치제도의 행정적 기능을 강화하였다.

④ 신진사대부 세력을 중심으로 새로운 정치질서를 수립하고자 하였다.

> **TIPS!**
> 최승로의 시무 28조는 유교정치사상에 입각하여 정치·사회질서를 바로잡기 위한 개혁안으로 왕권의 전제화가 규제되고, 행정 기능을 강화하여 중앙집권체제가 확립되었다.

Answer 24.① 25.③

26 고려 성종 때 최승로가 왕에게 올린 개혁안 가운데 일부이다. 이에 대한 설명으로 옳은 것은?

> 우리 태조께서 나라를 통일한 후에 외관(外官)을 두고자 하였으나, 대개 초창기이므로 일이 번거로워 겨를이 없었습니다. 이제 가만히 보건대, 향호가 언제나 공무를 빙자하여 백성을 침해하고 횡포를 부리어 백성이 견뎌내지 못하니, 청컨대 외관을 두도록 하십시오.

① 태조에서 성종 때까지는 정치제도를 정비하려는 노력이 없었다.
② 태조 이후 호족들이 지방자치의 책임을 맡아 권한을 행사하고 있었다.
③ 최승로는 모든 주·군·현에 지방관의 파견을 주장하였다.
④ 성종 때에는 지방호족들이 중앙정부에 반기를 들고 있었다.

 TIPS!

제시된 내용은 최승로의 시무 28조의 내용으로 중앙집권적 유교체제를 갖출 것을 건의하였으며 이를 성종이 받아들여 지방관 파견, 향리제도의 마련, 과거제도의 정비 등이 이루어졌다.

27 고려전기에 통치체제가 정비되는 과정에서 시행된 정책들이다. 순서대로 나열된 것은?

> ⊙ 학문성적에 따라 관리를 채용하였다.
> ⓒ 12목을 설치하고 지방관을 파견하였다.
> ⓒ 인품에 따라 전지와 시지를 지급하였다.
> ⓒ 관료의 본분을 밝힌 계백료서를 발표하였다.

① ⊙ - ⓒ - ⓒ - ⓒ   ② ⊙ - ⓒ - ⓒ - ⓒ
③ ⓒ - ⊙ - ⓒ - ⓒ   ④ ⓒ - ⊙ - ⓒ - ⓒ

 TIPS!

⊙ 신·구 세력의 교체를 목적으로 과거제도를 실시하였다(광종).
ⓒ 최승로의 시무 28조를 채택하여 전국에 12목을 설치하고 지방관을 파견하였다(성종).
ⓒ 전국적 규모로 모든 관리에게 등급에 따라 토지를 지급하는 전시과를 실시하였다(경종).
ⓒ 지방호족들을 견제하고 지방통치를 보완하기 위하여 사심관과 기인제도를 실시하였고 정계와 계백료서를 지었다(태조).

Answer 26.② 27.④

28 다음 중 고려의 정치조직에 대한 설명으로 옳지 않은 것은?

① 어사대 – 정치의 잘잘못을 논하고 관리들을 감찰하였다.
② 삼사 – 송의 제도를 본떠서 학술과 언론기능을 담당하였다.
③ 상서성 – 실무를 담당하는 6부를 두고 정책을 집행하였다.
④ 중추원 – 송의 관제를 받아들여 군사기밀과 왕명출납을 담당하였다.

> 🔹 **TIPS!**
>
> 고려는 당의 제도를 받아들여 제도를 정비하여 2성 6부제를 기반으로 하고 태봉과 신라의 제도를 참작하였다. 후에 송의 관제를 받아들여 중추원과 삼사를 설치하고, 고려의 실정에 맞게 재정비하였다.
> ② 송과는 달리 삼사는 단순히 화폐와 곡식의 출납만을 담당하였다.

29 다음의 내용을 통해 알 수 있는 고려의 대외관계로 옳은 것은?

> • 왕건은 고구려의 후계자라는 뜻에서 국호를 고려라 하고 도읍을 송악으로 정했다.
> • 발해의 유민들이 망명해오자 이들을 크게 우대하였다.
> • 고려는 친송정책을 추진하였다.

① 중국과의 교류가 빈번해져 몽고풍이 유행하고 풍속이 변질되기에 이르렀다.
② 거란족을 정벌하고 동북 9성을 축조하였다.
③ 고려는 북방영토 확장에 힘을 기울이게 되었고 그 결과 거란과 대립하였다.
④ 강동 6주의 획득으로 북쪽 국경선이 압록강과 두만강으로 확대되었다.

> 🔹 **TIPS!**
>
> 고려는 고구려 계승을 강조하여 북진정책의 전진기지로 서경(평양)을 중시하고, 발해를 멸망시킨 거란과는 북진정책 · 친송정책으로 대립하였다.

Answer 28.② 29.③

30 다음 중 고려시대의 군사제도에 대한 설명으로 옳지 않은 것은?

① 중앙군은 무과합격자들이 지휘하였다.
② 연호군은 양민과 천민으로 구성된 혼성부대였다.
③ 상장군, 대장군들이 회의기구로 중방을 두었다.
④ 양계에는 초군, 좌군, 우군으로 구성된 주진군을 배치하였다.

> **TIPS!** --
> ① 고려시대에는 무과가 시행되지 않았다.

31 다음 중 고려시대 지방 통치제도의 특징으로 옳은 것은?

① 양계는 일반 행정구역이었다.
② 중앙집권과 지방분권이 조화되었다.
③ 모든 행정구역에 진(鎭)이 설치되었다.
④ 향리들이 지방행정의 실무를 담당하였다.

> **TIPS!** --
> 고려시대에 실제 지방행정은 향리가 담당하였다.
> ① 양계는 군사 행정구역이다.
> ③ 진은 국방상의 요충지에 설치된 군사특수지역이다.

32 다음 중 고려시대의 군사제도에 대한 설명으로 옳지 않은 것은?

① 수도 경비와 국경 방어를 담당하는 6위는 중앙군이었다.
② 중앙군은 직업군인으로 군인전을 지급받았다.
③ 직업군인은 시험을 보아 무신계층으로 성장할 수 있었다.
④ 직업군인은 자손에게 군역을 세습하는 중류층이었다.

> **TIPS!** --
> ③ 고려시대에는 무신을 선발하는 무과가 실시되지 않았다.

Answer 30.① 31.④ 32.③

33 다음 중 최씨 무신정권에 대한 설명으로 옳지 않은 것은?

① 삼별초는 최씨정권의 사병집단이었다.
② 최우는 정방을 두어 인사권을 행사하였다.
③ 교정도감이 최고 집정부 역할을 하였다.
④ 광대한 공음전을 세습하여 경제적 기반으로 삼았다.

 TIPS!

④ 최씨 정권은 정치적 권력을 이용하여 사유지를 늘려 농장으로 삼아 부를 축적하였다.

34 다음 글과 관련 있는 민란은?

이미 우리 시골(소)의 격을 올려서 현으로 삼고, 또 수령을 두어 그로써 안무하였는데, 돌이켜 다시 군사를 내어 와서 토벌하여 내 어머니와 처를 잡아들여 얽어매니 그 뜻이 어디에 있는가……. 반드시 왕경에 이른 뒤에야 그칠 것이다.

① 김사미의 난
② 최광수의 난
③ 효심의 난
④ 망이 · 망소이의 난

TIPS!

향 · 부곡 · 소는 천민거주지로 망이 · 망소이의 난은 천민들의 신분해방운동이었다. 이 난으로 인해 공주명학소는 충순현으로 승격되었다.

35 다음 중 공민왕의 개혁정치와 관계없는 내용은?

① 도평의사사를 강화하여 왕권을 확립하였다.
② 정방을 폐지하고 신진사대부를 등용하였다.
③ 쌍성총관부를 공격하여 철령 이북의 땅을 수복하였다.
④ 정동행성을 폐지하고 관제를 복구하였다.

TIPS!

공민왕의 개혁정치 … 공민왕은 반원자주정책과 왕권 강화를 위하여 개혁정치를 펼쳤다. 친원 세력을 숙청하고 정동행성을 폐지하였으며 관제를 복구하였다. 몽고풍을 금지하고 쌍성총관부를 수복하고 요동을 공격하였다. 그리고 정방을 폐지하고 전민변정도감을 설치하였으며 성균관을 설치하여 유학을 발달시키고 신진사대부를 등용하였다.
① 도평의사사는 고려후기 내내 존재하다가 조선 초기 태종 때 의정부로 개편되었다.

Answer 33.④ 34.④ 35.①

36 무신정변이 일어난 원인으로 바르게 서술한 것은?

① 천민, 농민의 난이 자주 일어나 군사동원이 잦았다.
② 의종이 강력한 군사훈련을 시행하여 무신들의 불만이 극에 달했다.
③ 무신들의 지나친 충성경쟁이 무신정변을 불렀다.
④ 숭문천무정책으로 무신을 천시하는 풍조와 의종의 실정이 원인이 되었다.

 TIPS!

무신정변의 배경은 문벌귀족 지배체제의 모순의 심화와 숭문천무정책, 의종의 실정, 무신의 경제권 침해이다.

37 다음 중 고려의 귀족중심정치의 특성을 보여주는 것은?

① 중서문하성의 문하시중이 국정을 총괄하였다.
② 6부를 두고 정책의 집행을 담당하였다.
③ 삼사는 화폐와 곡식의 출납을 담당하였다.
④ 도병마사에서 재신과 추밀이 함께 모여 국가의 중요한 일을 회의로 결정하였다.

 TIPS!

귀족 중심의 정치
㉠ 귀족합좌 회의기구(중서문하성의 재신, 중추원의 추밀)
• 도병마사 : 재신과 추밀이 함께 모여 회의로 국가의 중요한 일을 결정하는 곳이다. 국방문제를 담당하는 임시기구였으나 도평의사사(도당)로 개편되면서 구성원이 확대되고 국정 전반에 걸친 중요사항을 담당하는 최고정무기구로 발전하였다.
• 식목도감 : 임시기구로서 재신과 추밀이 함께 모여 국내 정치에 관한 법의 제정 및 각종 시행규정을 다루던 회의기구였다.
㉡ 대간(대성)제도 : 어사대의 관원과 중서문하성의 낭관으로 구성되었다. 비록 직위는 낮았지만 왕이나 고위관리들의 활동을 지원하거나 제약하여 정치 운영의 견제와 균형을 이루었다.
• 서경권 : 관리의 임명과 법령의 개정이나 폐지 등에 동의하는 권리
• 간쟁 : 왕의 잘못을 말로 직언하는 것
• 봉박 : 잘못된 왕명을 시행하지 않고 글로 써서 되돌려 보내는 것

Answer 36.④ 37.④

38 다음 중 원의 내정 간섭에 대한 설명으로 옳지 않은 것은?

① 3성을 첨의부로, 6부를 4사로 관제를 격하시켰다.
② 고려를 부마국 지위의 왕실호칭을 사용하게 하였다.
③ 일본원정 준비기구로 설치된 정동행성이 내정간섭기구로 남았다.
④ 친원세력인 문벌귀족은 고위관직을 독점하였다.

> **TIPS!** --
> ④ 친원세력인 권문세족은 고위관직을 독점하고 농장을 확대하였으며 많은 노비를 소유하였다.

39 다음은 고려의 과거제도에 대한 설명이다. 이를 토대로 당시의 사회 모습을 바르게 추론한 것은?

> 관리 선발은 음서와 과거를 통해 이루어졌으며 점차 과거의 중요성이 높아졌다. 문학적 재능과 유학의 경서를 시험하는 제술과나 명경과에는 주로 귀족과 향리의 자제들이 응시하였으며, 백정이나 농민들은 기술학을 시험하는 잡과에 주로 응시하였다. 과거에 합격한 사람은 시험관인 좌주를 중심으로 결속되었으며, 그들의 도움으로 쉽게 관직에 진출하였다.

① 신라 때에 비해 능력 본위의 사회였다.
② 과거는 귀족 중심의 사회구조를 무너뜨렸다.
③ 모든 계층에게 관리가 될 수 있는 길이 열려 있었다.
④ 잡과에는 5품 이상의 고위자제들만 응시할 수 있었다.

> **TIPS!** --
> ① 신라는 골품제도라는 신분제도가 있어 신라인의 사회활동과 정치활동에 제한이 있었다. 그러나 고려는 과거제도를 통해 관리를 선발하고, 비교적 폭넓게 관직에 오를 기회를 제공하였다.

Answer 38.④ 39.①

40 다음에서 설명하고 있는 왕이 실시한 정책으로 옳은 것은?

> 충숙왕의 둘째 아들로서 원나라 노국대장공주를 아내로 맞이하고 원에서 살다가 원의 후원으로 왕위에 올랐으나 고려인의 정체성을 결코 잃지 않았다.

① 정동행성의 이문소를 폐지하였다.
② 수도를 한양으로 옮겼다.
③ 삼군도총제부를 설치하였다.
④ 연구기관인 만권당을 설립하였다.

TIPS!

② 수도를 한양으로 옮긴 것은 조선 태조 때인 1394년이다.
③ 삼군도총제부는 1391년(공양왕 3)에 설치되었다.
④ 고려 충선왕 때 원나라 수도 연경에 설치되었다.

Answer 40.①

02 고려의 경제

기출PLUS

section 1 경제정책

(1) 농업 중심의 산업 발전

① **중농정책** … 개간한 땅은 일정 기간 면제하여 줌으로써 개간을 장려하고, 농번기에 잡역의 동원을 금지하여 농사에 지장을 주지 않게 하였다.
　㉠ 광종 : 황무지 개간 규정을 만들어 토지 개간을 장려하였다.
　㉡ 성종 : 무기를 거둬들여 이를 농기구로 만들어 보급하였다.

② **농민안정책** … 재해 시에 세금을 감면해주고, 고리대의 이자를 제한하였으며, 의창제를 실시하였다.

③ **상업**
　㉠ 개경에 시전을 설치하였고 국영점포를 운영하였다.
　㉡ 쇠 · 구리 · 은 등을 금속화폐로 주조하여 유통하기도 하였다.

④ **수공업**
　㉠ 관청수공업 : 관청에 기술자를 소속시켜 왕실과 국가 수요품을 생산하였으며, 무기와 비단을 제작하였다.
　㉡ 소(所) : 먹, 종이, 금, 은 등 수공업 제품을 생산하여 공물로 바쳤다.

(2) 국가재정의 운영

① **국가재정의 정비**
　㉠ 문란한 수취체제를 정비하고 재정담당관청을 설치하였다.
　㉡ 양안과 호적을 작성하여 국가재정을 안정적으로 운영하였다.
　㉢ 왕실, 중앙 및 지방관리, 향리, 군인 등에게 수조권을 지급하였다.

② **국가재정의 관리** … 재정은 대부분 관리의 녹봉, 일반 비용, 왕실의 공적 경비, 각종 제사 및 연등회나 팔관회의 비용, 건물의 건축이나 수리비, 왕의 하사품, 군선이나 무기의 제조비에 지출하였다.
　㉠ 호부 : 호적과 양안의 작성 및 관리(인구와 토지 관리)를 담당하였다.
　㉡ 삼사 : 재정의 수입과 관련된 사무를 담당하였다.

기출PLUS

기출 2020. 5. 30. 경찰공무원(순경)

고려시대의 토지 제도에 대한 설명으로 가장 적절하지 않은 것은?

① 목종 때 개정전시과가 실시되어 인품이 배제되고 관품만을 기준으로 토지를 지급하였다.

② 성종 때 시정전시과가 실시되어 관품과 인품을 고려하여 전지와 시지를 지급하였다.

③ 태조 때 역분전이 설치되어 개국 공신들에게 충성도, 공훈, 인품 등을 반영하여 토지를 지급하였다.

④ 문종 때 경정전시과가 설치되어 현직 관리들에게만 과전을 지급하고 퇴직할 때 반납하도록 하였다.

〈정답 ②

기출 2017. 6. 24. 서울특별시

고려시대 토지제도에 대한 설명으로 옳은 것은?

① 6품 이상의 관리는 전시과 이외에도 공음전을 받아 자손에게 물려줄 수 있었다.

② 전시과에서는 문무관리, 군인, 향리 등을 9등급으로 나누어, 토지를 주었다.

③ 후삼국을 통일한 태조 왕건은 공신, 군인 등을 대상으로 그들의 공로에 따라 차등을 두어 역분전을 지급하였다.

④ 국가는 왕실 경비를 마련하기 위해서 공해전을 지급하였다.

〈정답 ③

(3) 수취제도

① 조세 … 토지에서 거두는 세금으로 조창에서 조운을 통해 개경으로 운반하였다.

   ㉠ 대상 : 논과 밭으로 나누고 비옥도에 따라 3등급으로 구분하였다.

   ㉡ 조세율
   - 민전 : 생산량의 10분의 1
   - 공전 : 수확량의 4분의 1
   - 사전 : 수확량의 2분의 1

② 공물 … 토산물의 징수를 말하며, 조세보다 큰 부담을 주었다.

   ㉠ 중앙관청에서 필요한 공물의 종류와 액수를 나누어 주현에 부과하면 주현은 속현과 향·부곡·소에 이를 할당하여 운영하였다.

   ㉡ 매년 징수하는 상공(常貢)과 필요에 따라 수시로 징수하는 별공(別貢)이 있었다.

③ 역

   ㉠ 대상 : 국가에서 백성의 노동력을 무상으로 동원하는 것으로 정남에게 의무가 있었다.

   ㉡ 종류 : 요역과 군역이 있는데 요역은 성곽, 관아, 도로 보수 등과 광물 채취, 그 밖에 노동력을 동원하는 것이다.

④ 기타 … 어염세(어민)와 상세(상인) 등이 있다.

(4) 전시과제도와 토지의 소유

① 토지제도의 근간 … 고려는 국가에 봉사하는 대가로 관료에게 전지와 시지를 차등 있게 나누어 주는 전시과와 개인 소유의 토지인 민전을 근간으로 운영하였다.

② 전시과제도의 특징

   ㉠ 원칙 : 토지소유권은 국유를 원칙으로 하나 사유지가 인정되었다. 수조권에 따라 공·사전을 구분하여 수조권이 국가에 있으면 공전, 개인·사원에 속해 있으면 사전이라 하였으며 경작권은 농민과 외거노비에게 있었다.

   ㉡ 수조권만 지급 : 문무 관리로부터 군인, 한인에 이르기까지 18등급으로 나누어 곡물을 수취할 수 있는 전지와 땔감을 얻을 수 있는 시지를 주었다.

   ㉢ 세습 불가 : 관직 복무와 직역에 대한 대가로 지급되었기 때문에 이 토지를 받은 자가 죽거나 관직에서 물러날 때에는 토지를 국가에 반납하도록 하였다.

③ 토지제도의 정비과정

   ㉠ 역분전(태조) : 후삼국 통일과정에서 공을 세운 사람들에게 충성도와 인품에 따라 경기지방에 한하여 지급하였다.

   ㉡ 시정전시과(경종) : 공복제도와 역분전제도를 토대로 전시과제도를 만들었다. 관직이 높고 낮음과 함께 인품을 반영하여 역분전의 성격을 벗어나지 못하였고 전국적 규모로 정비되었다.

ⓒ 개정전시과(목종) : 관직만을 고려하여 지급하는 기준안을 마련하고, 지급량도 재조정하였으며, 문관이 우대되었고 군인전도 전시과에 규정하였다.

ⓔ 경정전시과(문종) : 현직 관리에게만 지급하고, 무신에 대한 차별대우가 시정되었다.

ⓜ 녹과전(원종) : 무신정변으로 전시과체제가 완전히 붕괴되면서 관리에게 생계 보장을 위해 지급하였다.

ⓗ 과전법(공양왕) : 권문세족의 토지를 몰수하여 공전에 편입하고 경기도에 한해 과전을 지급하였다. 이로써 신진사대부의 경제적 토대가 마련되었다.

POINT 전시과와 과전법

구분	전시과	과전법
공통점	• 토지의 국유제 원칙 • 수조권의 지급 • 관직에 따른 차등 지급 • 예외는 있으나 원칙적으로 세습 불가	
차이점	• 전국 • 관리의 수조권 행사 가능 • 농민의 경작권 보장됨	• 경기도에 한정 • 관리의 수조권 행사 불가 • 농민의 경작권 보장 안됨

④ 토지의 종류

ⓐ **공음전** : 5품 이상의 고위관리에게 지급하였고 세습이 가능하였다.

ⓑ **한인전** : 관직에 오르지 못한 6품 이하 하급 관료의 자제에게 지급하였다.

ⓒ **군인전** : 군역의 대가로 지급하는 것으로 군역이 세습 가능하였다.

ⓓ **구분전** : 하급 관료, 군인의 유가족에게 지급하였다.

ⓔ **내장전** : 왕실의 경비 충당을 위해 지급하였다.

ⓕ **공해전** : 중앙과 지방의 관청 운영을 위해 지급하였다.

ⓖ **사원전** : 사원의 운영을 위해 지급하였다.

ⓗ **별사전** : 승려 개인에게 지급한 토지이다.

ⓘ **과전** : 관직 복무 대가로 지급한 수조권으로 사망·퇴직 시 반납하였다.

ⓙ **외역전** : 향리에게 분급되는 토지로, 향리직이 계승되면 세습되었다.

ⓚ **공신전** : 전시과규정에 따라 문무 관리에게 차등 있게 분급되는 토지로 세습되었다.

ⓛ **민전** : 조상으로부터 세습된 땅으로 매매, 상속, 기증, 임대가 가능한 농민의 사유지이다.

기출PLUS

기출 2020. 6. 20. 소방공무원

다음 자료에 나타난 토지제도에 대한 설명으로 옳은 것은?

┌ 보기 ┐
자삼(紫衫) 이상은 18품으로 나눈다. …… 문반 단삼(丹衫) 이상은 10품으로 나눈다. …… 비삼(緋衫) 이상은 8품으로 나눈다. …… 녹삼(綠衫) 이상은 10품으로 나눈다. …… 이하 잡직 관리들에게도 각각 인품에 따라서 차이를 두고 나누어 주었다.
－『고려사』

① 토지를 전지와 시지로 분급하였다.
② 관료들의 수조지는 경기도에 한정되었다.
③ 관(官)에서 수조지의 조세를 거두어 관리들에게 지급하였다.
④ 인품과 행동의 선악, 공로의 대소를 고려하여 토지를 차등 있게 주었다.

<정답 ①

기출PLUS

section 2 경제활동

(1) 귀족의 경제생활

① **경제 기반** … 대대로 상속받은 토지와 노비, 관료가 되어 받은 과전과 녹봉 등이 기반이 되었다.

ㄱ 조세의 징수(전시과)
- 과전 : 조세로 수확량의 10분의 1을 징수하였다.
- 소유지 : 공음전이나 공신전은 수확량의 2분의 1을 징수하였다.

ㄴ 녹봉 : 현직에 근무하는 관리들은 쌀이나 보리 등의 곡식이나 베, 비단 등을 지급받았다.

② **수입** … 노비에게 경작시키거나 소작을 주어 생산량의 2분의 1을 징수하고, 외거노비에게 신공으로 매년 베나 곡식을 징수하였다.

③ **농장 경영** … 권력이나 고리대를 이용하여 농민의 토지를 빼앗거나 헐값에 사들여 지대를 징수하였다.

④ **생활방식** … 과전과 소유지에서 나온 수입으로 화려하고 사치스러운 생활을 하였다.

(2) 농민의 경제생활

① **생계유지** … 민전을 경작하거나, 국유지나 공유지 또는 다른 사람의 토지를 경작하여, 품팔이를 하거나 가내 수공업에 종사하였다.

② **개간활동** … 황무지를 개간하면 일정 기간 소작료나 조세를 감면해 주었으며, 주인이 있을 경우 소작료를 감면해 주었고 주인이 없을 경우에는 토지 소유를 인정하였다.

③ **새로운 농업기술의 도입**

ㄱ 농기구 : 호미, 보습 등의 농기구가 개량되었다.

ㄴ 변화된 농법
- 소를 이용한 깊이갈이(심경법)가 일반화되었다.
- 가축의 배설물을 거름으로 사용하는 시비법이 발달하였다.
- 2년 3작의 윤작이 보급되었다.
- 직파법 대신 모내기(이앙법)가 남부지방에서 유행하였다.

④ **농민의 몰락** … 농업생산력이 증가하였으나 권문세족의 토지 약탈과 과도한 수취체제로 농민이 몰락하였다.

(3) 수공업자의 활동

① 관청수공업 … 공장안에 등록된 수공업자와 농민 부역으로 운영되었다. 주로 무기, 가구, 세공품, 견직물, 마구류 등을 제조하였다.

② 소(所)수공업 … 금, 은, 철, 구리, 실, 각종 옷감, 종이, 먹, 차, 생강 등을 생산하여 공물로 납부하였다.

③ 사원수공업 … 베, 모시, 기와, 술, 소금 등을 생산하였다.

④ 민간수공업 … 농촌의 가내수공업이 중심이 되었으며(삼베, 모시, 명주 생산), 후기 에는 관청수공업에서 제조하던 물품(놋그릇, 도자기 등)을 생산하였다.

(4) 상업 활동

① 도시의 상업 활동
  ㉠ 관영상점의 설치 : 개경, 서경(평양), 동경(경주) 등 대도시에 서적점, 약점, 주점, 다점 등의 관영상점을 설치하였다.
  ㉡ 비정기 시장 : 도시민의 일용품이 매매되었다.
  ㉢ 경시서 설치 : 매점매석과 같은 상행위를 감독하고 물가를 조절하는 기능을 하였다.

② 지방의 상업 활동
  ㉠ 지방시장 : 관아 근처에서 쌀이나 베를 교환할 수 있는 시장을 열었다.
  ㉡ 행상활동 : 행상들은 지방시장을 하였다.

③ 사원의 상업 활동 … 소유하고 있는 토지에서 생산한 곡물과 승려나 노비들이 만든 수공업품을 민간에 판매하였다.

④ 고려후기의 상업활동 … 도시와 지방의 상업이 전기보다 활발해졌다.
  ㉠ 도시 : 민간의 상품 수요가 증가하였고, 시전의 규모가 확대되었다. 업종별로 전 문화되었으며, 벽란도가 교통로와 산업의 중심지로 발달하였다.
  ㉡ 지방 : 조운로를 따라 교역활동이 활발하였으며, 여관인 원이 발달하여 상업 활 동의 중심지가 되었다.
  ㉢ 국가의 상업 개입 : 국가가 재정수입을 늘리기 위하여 소금의 전매제가 실시되었 고, 관청·관리 등은 농민에게 물품을 강매하거나, 조세를 대납하게 하였다. 이 과정에서 상인과 수공업자가 성장하여 부를 축적하거나, 일부는 관리로 성장하 였다.

(5) 화폐 주조와 고리대의 유행

① 화폐 주조

ㄱ 화폐의 발행
- 성종 때 최초의 화폐인 건원중보(철전)를 만들었으나 유통엔 실패하였다.
- 숙종은 의천의 건의에 따라 주전도감을 설치하고 삼한통보·해동통보·해동중보(동전), 활구(은병)를 만들었다.
- 공양왕 때는 저화(최초의 지폐)가 만들어졌다.

ㄴ 한계 : 자급자족적 경제구조로 유통이 부진하였고 곡식이나 삼베가 유통의 매개가 되었다.

POINT 고려의 화폐

종류	주조연대	재료	특징
건원중보	성종(996)	철	최초의 화폐
활구(은병)	숙종(1101)	은	1개당 포 100필
해동통보			쌀 15~50석
해동중보			별로 사용되지 않았음
삼한통보	숙종(1102)	철·동	
삼한중보			
동국통보			
동국중보			
쇄은(碎銀)	충렬왕(1278)	은	
저화(楮貨)	공양왕(1390)	종이	최초의 지폐

② 고리대의 성행

ㄱ 왕실, 귀족, 사원의 재산 증식의 수단이 되었다.

ㄴ 농민은 토지를 상실하거나 노비가 되기도 했다.

ㄷ 장생고라는 서민금융기관을 통해 사원과 귀족들은 폭리를 취하여 부를 확대하였다.

③ 보(寶) ⋯ 일정한 기금을 조성하여 그 이자를 공적인 사업의 경비로 충당하는 것을 말한다. 학보, 경보, 팔관보, 제위보 등이 있었으나 이자 취득에만 급급하여 농민생활에 폐해를 가져왔다.

ㄱ 학보(태조) : 학교 재단

ㄴ 광학보(정종) : 승려를 위한 장학재단

ㄷ 경보(정종) : 불경 간행

ㄹ 팔관보(문종) : 팔관회 경비

ㅁ 제위보(광종) : 빈민 구제

ㅂ 금종보 : 현화사 범종주조 기금

기출PLUS

기출 2018. 6. 23. 서울특별시

고려시대의 경제생활에 대한 설명으로 옳은 것을 〈보기〉에서 모두 고른 것은?

보기
ㄱ 성종은 건원중보를 만들어 전국적으로 사용하게 하려 했으나 성공하지 못하였다.
ㄴ 고려후기 관청수공업이 쇠퇴하면서 민간수공업이 발달하였다.
ㄷ 예성강 어귀의 벽란도는 고려의 국제무역항이었다.
ㄹ 원간섭기에는 원의 지폐인 보초가 들어와 유통되기도 하였다.

① ㄱ, ㄴ, ㄷ
② ㄱ, ㄷ, ㄹ
③ ㄴ, ㄷ, ㄹ
④ ㄱ, ㄴ, ㄷ, ㄹ

＜정답 ④

(6) 무역활동

① **무역 발달**…공무역을 중심으로 발전하였으며, 벽란도가 국제무역항으로 번성하게 되었다.

② **송**…광종 때 수교를 한 후 문물의 교류가 활발하였다(962).

    ㉠ 고려는 문화적·경제적 목적으로 송은 정치적·군사적 목적으로 친선관계를 유지하였다.

    ㉡ 왕실과 귀족의 수요품인 서적, 비단, 자기, 약재, 문방구, 악기 등이 수입되었고, 종이나 인삼 등의 수공업품과 토산물은 수출하였다.

③ **거란과 여진**…은과 농기구, 식량을 교역하였다.

④ **일본**…11세기 후반부터 김해에서 내왕하면서 수은·유황 등을 가지고 와서 식량·인삼·서적 등과 바꾸어 갔다.

⑤ **아라비아**(대식국)…송을 거쳐 고려에 들어와 수은·향료·산호 등을 판매하였다. 이 시기에 고려의 이름이 서방에 알려졌다.

⑥ **원 간섭기의 무역**…공무역이 행해지는 한편 사무역이 다시 활발해졌다. 상인들이 독자적으로 원과 교역하면서 금, 은, 소, 말 등이 지나치게 유출되어 사회적으로 물의가 일어날 정도였다.

01 다음 중 고려시대 토지제도의 기본이 되었던 것은?

① 과전법   ② 전시과

③ 녹읍   ④ 녹과전

> **TIPS!**
> ② 고려는 국가에 봉사하는 대가로 관료에게 전지와 시지를 차등 있게 지급한 전시과와 개인 소유지인 민전을 토지제도의 기본으로 하였다.

02 고려시대의 사회 · 경제상에 대한 설명으로 옳지 않은 것은?

① 교환 수단은 대체로 곡물과 포, 쇄은 등을 사용하였다.
② 공공시설에서 사업 경비 충당을 목적으로 하는 보가 발달하였다.
③ 사원에서는 제지, 직포 등의 물품을 제조하기도 하였다.
④ 이암이 화북 농법을 바탕으로 농상집요를 저술하였다.

> **TIPS!**
> ④ 이암은 원의 농상집요를 소개 · 보급하였다.

03 다음 중 고려시대의 토지제도에 나타나는 과전, 공음전, 한인전, 구분전이 공통적으로 반영하는 것은?

① 국가 재정확보 목적의 수조권 행사   ② 농민의 생활 안정을 위한 경작권 보호

③ 토지의 소유와 세습을 부정하는 왕토 사상   ④ 관직 사회의 안정적 유지를 목적으로 토지 분급

> **TIPS!**
> 제시된 토지들은 관직사회의 안정적 유지를 위하여 지급된 것이다.
> ㉠ 과전 : 관직 복무의 대가로 지급한 수조권으로 사망 · 퇴직 시 반납
> ㉡ 공음전 : 5품 이상의 고위관리에게 지급, 세습가능
> ㉢ 한인전 : 관직에 오르지 못한 6품 이하 하급 관료의 자제에게 지급
> ㉣ 구분전 : 하급관료, 군인의 유가족에게 지급

Answer   01.②   02.④   03.④

04 고려의 토지제도에 대한 설명으로 옳지 않은 것은?

① 태조 때 역분전을 지급하였다.

② 토지 국유제로 당의 균전제를 모방하였다.

③ 목종 때 경정전시과가 마련되었다.

④ 경종 때 시행된 시정전시과에서는 관품 이외의 인품도 고려되었다.

 **TIPS!**

③ 목종 때 개정전시과가 마련되었다.

05 고려시대의 토지제도에 대한 설명으로 옳은 것은?

① 역분전 – 거란을 격퇴한 공신에게 지급

② 시정전시과 – 관직의 고하와 인품 반영

③ 개정전시과 – 현직 관리에게 지급

④ 경정전시과 – 현직, 퇴직 관료 모두에게 지급

TIPS!

① 역분전은 개국공신의 충성도와 인품에 따라 경기지역에 제한하여 지급되었다.

② 시정전시과는 광종 때의 토지제도로 전·현직 관리에게 지급되었으며 관직의 고하와 함께 인품이 반영되어 역분전의 성격이 남아 있었다.

③ 개정전시과는 목종 때의 토지제도로 전·현직 관리에게 관직의 고하만을 고려하여 지급되었다. 개정전시과에서는 지급량이 조정되었으며 문신을 우대하였다.

④ 경정전시과는 문종 때의 토지제도로 관료에게 줄 토지가 점차 부족해지자 현직 관리에게만 토지를 지급하였으며 무신차별도 시정되었다.

Answer 04.③ 05.②

06 고려시대의 토지제도의 변천과정을 시대순으로 바르게 나열한 것은?

> ㉠ 관직의 고하와 인품에 따라 수조권을 지급하였다.
> ㉡ 관직에 따라 전·현직자에게 토지의 수조권을 지급하였다.
> ㉢ 후삼국을 통일하는 데 공을 세운 공적에 따라 역분전을 지급하였다.
> ㉣ 문무 현직자 관등에 따라 수조권을 지급하였다.

① ㉠ – ㉡ – ㉢ – ㉣
② ㉡ – ㉠ – ㉣ – ㉢
③ ㉡ – ㉢ – ㉣ – ㉠
④ ㉢ – ㉠ – ㉡ – ㉣

💡 **TIPS!**
㉠ 시정전시과
㉡ 개정전시과
㉢ 역분전
㉣ 경정전시과
※ 전시과제도의 정비과정

명칭	시기	지급대상과 기준	특징
역분전	태조	충성도, 성행, 공로에 따라 개국공신에게 지급	논공행상적 성격
시정전시과	경종	관직의 고하와 인품을 반영하여 문무직·산관에게 지급	역분제를 모체로 국가적 규모의 토지제도
개정전시과	목종	관리의 품계만을 고려하여 문무 직·산관에게 지급	18품 전시과
경정전시과	문종	관리의 품계를 고려하여 현직 관리에게만 지급	전시과 완비, 공음전 병행

07 다음 중 고려시대 수공업과 관계가 깊은 것은?

① 향
② 소
③ 부곡
④ 속현

💡 **TIPS!**
①②③ 특별행정구역으로 향·부곡에는 농사를, 소에서는 국가가 필요로 하는 금, 은, 구리, 철 등의 원료와 종이, 먹, 도자기 등의 공납품을 제조하였다.
④ 지방관이 파견된 현을 주현으로 하고 그 밑에는 수령이 파견되지 않은 몇 개의 속현을 예속시켜, 주현의 수령으로 하여금 속현을 관장하게 하였다.

Answer 06.④ 07.②

08 다음 중 고려시대 18품계에 의해 토지를 지급한 제도는?

① 개정전시과

② 시정전시과

③ 역분전

④ 과전

> **TIPS!**
> ① 목종 1년(998)에 성종 때 정비된 관제를 바탕으로 18품계로 세분하여 각 관리에게 차등 있게 토지를 지급하였다. 산관(퇴직 관리)은 직관(현직관리)에 비하여 차등을 두었으며, 특히 문관을 우대하였다.
> ② 경종 1년(976)에 광종 때 제정된 4색 공복을 기준으로 직관과 산관에게 관품의 고하와 인품의 우열을 참작하여 토지를 지급하였다.
> ③ 태조 23년(940) 후삼국 통일에 공을 세운 사람들에게 논공행상으로 역분전을 지급하였다.
> ④ 문무 관리에게 전답과 시지(연료 채취지)를 관등에 따라 나누어 지급하고 사망 후에는 국가에 반납한 토지이다.

09 고려시대 주변국가와의 무역을 바르게 설명한 것은?

① 무역에서의 결재는 면포로 하였다.

② 고려는 주로 비단, 약재, 서적과 같은 귀족 사치품을 수입하였다.

③ 일본은 은과 농기구, 식량을 교역하였다.

④ 무역로는 해로가 사용되었다.

> **TIPS!**
> ① 고려시대에는 쌀이나 삼베를 결재수단으로 하였다.
> ③ 일본은 수은·유황 등을 가지고 와서 식량·인삼·서적 등과 바꾸어 갔다.
> ④ 무역로는 육로와 해로가 모두 사용되었다.

10 다음 중 고려시대의 사원경제에 대한 설명으로 옳지 않은 것은?

① 사원은 세속적인 세계에도 큰 세력을 가지고 있었다.

② 사원전 외에도 장생고와 같은 영리행위를 하였다.

③ 사원과 승려는 세금을 면제받았고, 군역·부역 등의 면제도 있었다.

④ 국가재정의 기반이 되었다.

> **TIPS!**
> 사원은 거대한 농장세력으로 확대되어 갔다.

Answer 08.① 09.② 10.④

11 고려시대 농민에 대한 설명으로 옳지 않은 것은?

① 양민의 대다수를 차지하였다.
② 고리대를 운영하여 부를 축적하였다.
③ 주현군에 편제되어 군역을 담당하였다.
④ 민전을 경작하고 10분의 1의 조세를 납부하였다.

> **TIPS!**
> ② 고리대는 높은 이자로 돈이나 곡물을 빌려 주어 재산을 증식하는 것으로 고려시대에는 주로 귀족이나 사찰에서 행하였으며, 이로 인해 농민의 생활이 피폐해졌다.

12 고려시대의 화폐 사용에 대한 설명으로 옳지 않은 것은?

① 철전과 동전이 만들어졌다
② 국가에서 화폐 발행을 독점하였다.
③ 은으로 만든 활구라는 화폐가 있었다.
④ 귀족들의 화폐사용빈도가 높았다.

> **TIPS!**
> ④ 귀족들의 화폐 사용은 저조하였다.

13 고려시대의 재정 운영에 관한 설명으로 옳지 않은 것은?

① 토지와 호구를 조사하여 조세를 거두었다.
② 국가의 일에 종사하는 사람에게는 토지가 지급되었다.
③ 삼사에서 조세를 거두고 이를 집행하였다.
④ 관청에서 운영경비로 사용할 수 있는 토지를 지급하였다.

> **TIPS!**
> ③ 삼사가 조세를 거두고 예산을 집행한 것은 아니다.

14 귀족들의 경제생활에 대한 설명으로 옳지 않은 것은?

① 현직에 근무하는 관리들은 급여로 곡식을 받았다.
② 과전은 수확의 10분의 1을 조세로 거두었다.
③ 자신의 토지를 소작시켜 수확의 10분의 1을 거두었다.
④ 외거노비에게 베와 곡식을 거두었다.

Answer 11.② 12.④ 13.③ 14.③

TIPS!

귀족들의 경제 기반은 토지와 노비, 관료가 되어 받은 과전과 녹봉 등이 있었으며, 고리대를 통해 재산을 축적하였다.

③ 자신의 토지를 경작하게 할 경우 수확량 절반을 가지고 갔다.

15 고려시대의 수취체제에 관한 설명으로 옳은 것은?

① 역(役)은 성인 남녀의 노동력을 수취하는 제도였다.

② 공납은 농민에게 부담이 비교적 가벼웠다.

③ 국가 소유의 토지에 대해서는 수확의 2분의 1을 지대로 바쳤다.

④ 민전의 조세율은 수확의 10분의 1이 원칙이었다.

TIPS!

수취제도

㉠ 조세 : 토지에서 거두는 세금을 말한다.

• 대상 : 논과 밭으로 나누고 비옥도에 따라 3등급으로 구분하였다.

• 조세율 : 민전은 생산량의 10분의 1, 공전은 수확량의 4분의 1, 사전은 수확량의 2분의 1이었다.

• 거둔 조세는 조창에서 조운을 통해 개경으로 운반하였다.

㉡ 공물 : 토산물의 징수를 말하며, 조세보다 큰 부담을 주었다.

• 중앙관청에서 필요한 공물의 종류와 액수를 나누어 주현에 부과하면 주현은 속현과 향 · 부곡 · 소에 이를 할당하여 운영하였다.

• 매년 징수하는 상공(常貢)과 필요에 따라 수시로 징수하는 별공(別貢)이 있다.

㉢ 역

• 대상 : 국가에서 백성의 노동력을 무상으로 동원하는 것으로 정남(16~60세 남자)에게 의무가 있다.

• 종류 : 요역과 군역이 있는데 요역은 성곽, 관아, 도로보수 등과 광물채취, 그 밖에 노동력을 동원하는 것이다.

㉣ 기타 : 어염세(어민)와 상세(상인) 등이 있다.

16 고려시대의 농업에 대한 설명으로 옳은 것은?

① 우경에 의한 깊이갈이가 널리 행해졌다.

② 이모작이 보급되었다.

③ 고려전기에 문익점이 송나라에서 목화씨를 들여왔다.

④ 시비법의 발달로 휴경이 없어지게 되었다.

TIPS!

② 2년 3작의 윤작법이 보급되었다.

③ 문익점이 목화씨를 들여온 것은 고려말 공민왕 때 원나라에서였다.

④ 시비법이 발달하여 휴경지가 줄어들어 농업생산력도 더욱 증가하였다.

Answer 15.④ 16.①

17 고려의 경제정책에 대한 설명으로 옳은 것은?

⊙ 이자율을 제한하고 의창제를 실시하였다.
ⓛ 상업을 통제하고 민간 상인의 활동을 금지하였다.
ⓒ 개간을 장려하고 농번기에는 잡역 동원을 금지하였다.
ⓐ 관청 이외의 곳에서 행해지는 수공업을 억제하였다.

① ⊙ⓛ
② ⊙ⓒ
③ ⓛⓒ
④ ⓛⓐ

◉ TIPS!

고려는 국가 재정의 토대가 되는 농업을 중시하여 개간한 땅은 소작료를 일정 기간 면제해 개간을 장려하고, 농번기에는 농민 동원을 금지하였다. 그리고 재해를 당했을 때에는 세금을 감면하고 의창제를 실시하여 농민의 생활 안정을 추구하였다.

18 다음 중 고려시대의 권농정책과 농민생활의 안정책으로 옳은 것은?

⊙ 공전을 개간하면 3년간 조세를 면제하였다.
ⓛ 상평창을 설치하여 곡가를 조절·안정시켰다.
ⓒ 고리대를 통한 이식사업을 장려하였다.
ⓐ 농번기에는 부역동원을 못하게 하였다.
ⓜ 벽란도를 국제무역항으로 발전시켰다.

① ⊙ⓛⓐ
② ⊙ⓒⓜ
③ ⓛⓐⓜ
④ ⓒⓐⓜ

◉ TIPS!

이식사업의 장려는 농민생활의 어려움을 초래하였고, 벽란도가 국제무역항으로 발전한 것은 귀족들의 사치생활과 관계가 있다.

Answer 17.② 18.①

고려의 사회

기출PLUS

section 1 고려의 신분제도

(1) 귀족

① 귀족의 특징
- ㉠ 범위 : 왕족을 비롯하여 5품 이상의 고위 관료들이 주류를 형성하였다.
- ㉡ 사회적 지위 : 음서나 공음전의 혜택을 받으며 고위 관직을 차지하여 문벌귀족을 형성하였다.
- ㉢ 문벌귀족 : 가문을 통해 특권을 유지하고, 왕실 등과 중첩된 혼인관계를 맺었다.
- ㉣ 신진관료 : 지방향리 자제 중 과거를 통해 벼슬에 나아가 신진관료가 됨으로써 어렵게 귀족의 대열에 들 수가 있었다.

② 귀족층의 변화
- ㉠ 무신정변을 계기로 종래의 문벌귀족들이 도태되면서 무신들이 권력을 장악하게 되었다.
- ㉡ 권문세족 : 고려후기에 무신정권이 붕괴되면서 등장한 최고 권력층으로서 정계 요직을 장악하고 농장을 소유하였고 음서로 신분을 세습시켰다.

③ 신진사대부
- ㉠ 경제력을 토대로 과거를 통해 관계에 진출한 향리출신자들이다.
- ㉡ 사전의 폐단을 지적하고, 권문세족과 대립하였으며 구질서와 여러 가지 모순을 비판하고 전반적인 사회개혁과 문화혁신을 추구하였다.

(2) 중류

① 중류층의 특징
- ㉠ 구성 : 중앙관청의 서리, 궁중 실무관리인 남반, 지방행정의 실무를 담당하는 향리, 하급 장교 등이 해당된다.
- ㉡ 역할 : 통치체제의 하부구조를 맡아 중간 역할을 담당하였다.

② 지방호족 출신의 향리 … 지방의 실질적 지배층으로, 통혼관계와 과거응시자격에 있어서도 하위의 향리와 구별되었다.

③ 말단 행정직 … 남반, 군반(직업군인), 잡류(말단 서리), 하층 향리, 역리 등으로 직역을 세습하고 그에 상응하는 토지를 국가에서 분급받았다.

(3) 양민

① 양민…일반 농민인 백정, 상인, 수공업자를 말한다.

② 백정

  ㉠ 국가에서 토지를 지급받지 못하고 자기 소유의 민전을 경작하거나 다른 사람의 토지를 빌려 경작하였다.

  ㉡ 과거 응시에 제약이 없고 전지를 받는 군인으로의 선발이 가능했으며, 조세·공납·역의 의무를 가졌다.

③ 특수집단민

  ㉠ 향·부곡:농업에 종사하였다.

  ㉡ 소:수공업과 광업에 종사하였다.

  ㉢ 역과 진의 주민:육로교통과 수로교통에 종사하였다.

(4) 천민

① 공노비…공공기관에 속하는 노비이다.

② 사노비…개인이나 사원에 예속된 노비이다.

③ 노비의 처지…매매·증여·상속의 대상이 되었으며, 부모 중 한 쪽이 노비이면 자식도 노비가 될 수밖에 없었다.

section 2 백성들의 생활모습

(1) 농민의 공동조직

① 공동조직…일상의례와 공동노동 등을 통해 공동체의식을 함양하였다.

② 향도…불교의 신앙조직으로, 매향활동을 하는 무리들을 말한다.

(2) 사회시책과 사회제도

① 사회시책…농민생활의 안정을 통해 체제 유지를 도모하기 위함이다.

  ㉠ 농민 보호

  • 농번기에 잡역을 면제하여 농업에 전념할 수 있도록 배려하였고, 재해 시에 조세와 부역을 감면해 주었다.

  • 법정 이자율을 정하여 고리대 때문에 농민이 몰락하는 것을 방지하였다.

  ㉡ 권농정책:황무지나 진전을 개간할 경우 일정 기간 면세해 주었다.

② 사회제도
　　⊙ 의창 : 평시에 곡물을 비치하였다가 흉년에 빈민을 구제하는 고구려 진대법을 계승한 춘대추납제도였으나 고리대를 하기도 하였다.
　　⊙ 상평창 : 물가조절기관으로 개경과 서경 및 각 12목에 설치하였다.
　　⊙ 의료기관 : 동·서대비원(진료 및 빈민 구휼), 혜민국(의약)을 설치하였다.
　　⊙ 구제도감, 구급도감 : 재해 발생 시 백성을 구제하였다.
　　⊙ 제위보 : 기금을 조성하여 이자로 빈민을 구제하였다.

(3) 법률과 풍속 및 가정생활

① 법률과 풍속
　　⊙ 법률 : 중국의 당률을 참작한 71개조의 법률이 시행되었으나 대부분은 관습법을 따랐다. 중요사건 이외에는 지방관이 사법권을 행사할 수 있었다.
　　⊙ 장례와 제사 : 정부는 유교적 의례를 권장하였으나, 민간에서는 토착신앙과 융합된 불교의 전통의식과 도교의 풍습을 따랐다.
　　⊙ 명절 : 정월 초하루, 삼짇날, 단오, 유두, 추석 등이 있었다.

② 혼인과 여성의 지위
　　⊙ 혼인풍습 : 일부일처제가 원칙이었으며, 왕실에서는 근친혼이 성행하였다.
　　⊙ 상속 : 부모의 유산은 자녀에게 골고루 분배되었으며, 아들이 없을 경우 딸이 제사를 받들었다.
　　⊙ 가족제도 : 태어난 차례대로 호적에 기재하고, 사위가 처가의 호적에 입적하는 것이 가능했다. 또한 사위와 외손자까지 음서의 혜택을 받았으며 여성의 재가를 허용하였을 뿐 아니라 그 소생 자식의 사회적 진출에 차별이 없는 등 남녀에 대한 차별이 없었음을 알 수 있다.

section 3 고려후기의 사회 변화

(1) 무신집권기 하층민의 봉기

① 무신정변의 영향
　　⊙ 지배층의 변화 : 신분제도의 동요로 하층민에서 권력층이 형성된 자가 많았다.
　　⊙ 사회의 동요 : 무신들 간의 대립과 지배체제의 붕괴로 백성들에 대한 통제력이 약화되고 무신들의 농장이 확대되어 수탈이 강화되었다.

기출PLUS

기출 2020. 7. 11. 인사혁신처

(가)에 들어갈 기관으로 옳은 것은?

┌ 보기 ┐
5월에 조서를 내리기를 "개경 내의 사람들이 역질에 걸렸으니 마땅히 ┌(가)┐을/를 설치하여 이들을 치료하고, 또한 시신과 유골은 거두어 묻어서 비바람에 드러나지 않게 할 것이며, 신하를 보내어 동북도와 서남도의 굶주린 백성을 진휼하라."라고 하였다.
　　　－『고려사』－

① 의창　　　② 제위보
③ 혜민국　　④ 구제도감

❮정답 ④

기출 2021. 4. 3. 소방공무원

(가)에 들어갈 기관은?

┌ 보기 ┐
고려는 백성의 생활을 안정시키기 위한 여러 정책을 추진하였다. 가난한 백성을 진료하고, 의탁할 곳이 없는 백성들을 돌보기 위해 개경에 ┌(가)┐을 설치하였다.

① 의창
② 흑창
③ 상평창
④ 동·서 대비원

❮정답 ④

② **백성의 저항**

　㉠ **형태** : 수탈에 대한 소극적 저항에서 대규모 봉기로 발전하였다.

　㉡ **성격** : 왕조 질서를 부정하고 지방관 탐학을 국가에 호소하는 내용이었다.

　㉢ **천민의 신분해방운동** : 최씨 정권기에 만적의 난 등이 일어났다.

　㉣ **대표적인 농민항쟁** : 공주 명학소의 망이·망소이의 봉기, 운문·초전의 김사미와 효심의 봉기 등이 대표적이다.

(2) 몽고의 침입과 백성의 생활

① **몽고의 침입에 대항**

　㉠ **최씨무신정권** : 강도(강화도)로 서울을 옮기고 장기항전 태세를 갖추었다.

　㉡ **지방의 주현민** : 산성이나 섬으로 들어가 전쟁에 대비하였다.

② **몽고군의 격퇴** … 충주 다인철소, 처인 부곡의 승리가 대표적이다.

③ **백성의 피해** … 몽고군들의 살육으로 백성들은 막대한 희생을 당하였고, 식량 부족으로 굶어 죽었으며, 원과 강화 후 일본 원정에 동원되었다.

(3) 원 간섭기의 사회 변화

① **신흥귀족층의 등장** … 원 간섭기 이후 중류층(역관, 향리, 평민, 부곡민, 노비, 환관) 이하에서 전공을 세우거나 몽고귀족과의 혼인을 통해서 출세한 친원세력이 권문세족으로 성장하였다.

② **몽고풍의 유행** … 원과의 교류 이후 지배층과 궁중을 중심으로 변발, 몽고식 복장, 몽고어 등이 널리 퍼지게 되었다.

③ **고려인의 몽고 이주민 증가** … 전쟁포로 내지는 유이민으로 들어갔거나 몽고의 강요에 의해 어쩔 수 없이 끌려간 사람이 대부분이었으며, 이들에 의해 고려의 의복, 그릇, 음식 등의 풍습이 몽고에 전래되었다.

④ **원의 공녀 요구** … 결혼도감을 통해 공녀로 공출되었고 이는 고려와 원 사이의 심각한 사회문제로 대두되었다.

⑤ **왜구의 출몰**(14세기 중반)

　㉠ 원의 간섭 하에서 국방력을 제대로 갖추기 어려웠던 고려는 초기에 효과적으로 왜구의 침입을 격퇴하지 못하였다.

　㉡ 왜구의 침입에 따른 사회 불안은 국가적 문제로 인식되었고 이들을 소탕하는 과정에서 신흥무인세력이 성장하였다.

01 다음 중 고려시대 양민 계층은?

① 남반   ② 서리
③ 진척   ④ 백정

> **TIPS!**
> 고려시대의 신분은 귀족, 중인, 양민, 천민으로 구성되었다.
> ①② 중인 ③ 천민

02 고려시대와 조선시대의 향리를 비교한 설명으로 옳지 않은 것은?

① 조선시대보다 고려시대의 향리가 권한이 적었다.
② 둘 다 신분이 세습되었다.
③ 고려시대 향리는 보수로 외역전이 지급되었다.
④ 조선시대 향리는 문과응시가 불가능 하는 등 신분 상승에서 제약이 있었다.

> **TIPS!**
> ① 조선시대에는 향리가 행정실무를 보좌하는 세습적인 아전으로 격하되었다.

03 권문세족과 신진사대부의 비교로 옳지 않은 것은?

	권문세족	신진사대부
①	친원파	친명파
②	행정 실무 담당	도평의사사 장악
③	불교 옹호	배불론자
④	부재 대지주	재향 중소지주

> **TIPS!**
> ② 권문세족은 원의 세력을 배경으로 도평의사사를 장악하는 등 고위관직을 독점하였고 주로 과거를 통해 관리가 된 신진사대부는 행정실무에 능한 학자적 관료이다.

Answer 01.④ 02.① 03.②

04 다음 중 고려의 문벌귀족에 대한 설명으로 옳지 않은 것은?

① 고려의 귀족 사회는 신라의 골품제가 붕괴되고 형성되었다.
② 고려의 귀족들은 서로 중첩된 혼인 관계로 신분 사회를 유지하였다.
③ 고려 귀족의 경제 기반은 광대한 농장이었다.
④ 고려의 귀족 사회는 이자겸의 난과 무신정변을 계기로 붕괴되었다.

☀TIPS!
③ 광대한 농장을 소유한 최고 권력층은 권문세족이다.

05 다음 중 고려시대의 사회상이 아닌 것은?

① 재산을 균분상속을 하였다.
② 아들이 없으면 양자를 들여 제사를 지냈다.
③ 처가생활을 하는 남자가 많았다.
④ 태어난 차례대로 호적에 기재하였다.

☀TIPS!
② 유교적 가부장적 제례는 조선중기 이후에 정착되었다.

06 다음은 무엇에 대한 설명인가?

• 원래 불상, 석탑을 만들거나 절을 지을 때 주도적 역할을 했던 조직이었다.
• 고려말기에 이르러 마을노역, 혼례와 상장례 등을 함께 했던 농민조직으로 발달하였다.

① 계   ② 두레
③ 향도   ④ 향약

☀TIPS!
향도 … 불교신앙의 하나로 위기가 닥쳐올 때를 대비하여 향나무를 바닷가에 묻었다가, 이를 통하여 미륵을 만나 구원받고자 하는 염원에서 향나무를 땅에 묻는 활동을 매향이라고 한다. 이 매향 활동을 하는 무리를 향도라고 하였다.

Answer 04.③ 05.② 06.③

07 다음 중 고려의 신분제를 올바르게 설명한 것은?

① 양천제를 기본으로 운영되어 양인 내부의 격차는 없었다.
② 국가의 직역체제에 편입된 정호(丁戶)에게는 토지가 분급되었다.
③ 백정은 짐승을 잡는 천민을 이르는 말이었다.
④ 부곡민들은 군현민과 달리 국가에 대한 의무가 면제되었다.

> **TIPS!**
> ② 고려는 관직복무와 직역에 대한 대가로 토지를 지급하였다.

08 다음 중 고려시대 일반 백성들의 생활모습으로 옳은 것은?

① 농민들은 향약을 통해 공동체의식을 키워 나갔다.
② 민간에서의 상장제례는 유교의식을 따랐다.
③ 재산의 상속은 장자 우선의 원칙과 자녀차등분배가 지켜졌다.
④ 여성의 재가가 비교적 자유로웠다.

> **TIPS!**
> ① 고려시대 농민의 공동체조직은 향도였고 조선시대에 와서 민중적인 촌락공동체나 관습은 사림세력이 성장함에 따라 점차 유교적인 향약과 의식의 영향을 받았다. 그리하여 전통적인 향촌 규약과 조직체가 향약으로 대치되면서 농민들은 향약을 통해 공동체의식을 다져가게 되었다.
> ② 상장제례는 유교적 규범을 시행하려는 정부의 의도와는 달리, 민간에서는 대개 토착신앙과 융합된 불교의 전통의식과 도교신앙의 풍속을 따랐다.
> ③ 고려시대에 부모의 유산은 자녀에게 골고루 분배되었으며, 아들이 없을 경우 양자를 들이지 않고 딸이 제사를 받들었으며, 상복제도에서도 친가와 외가의 차이가 크지 않았다.

09 원 간섭기의 고려 사회에 대한 설명으로 옳지 않은 것은?

① 신분의 이동이 빈번하게 일어났다.
② 고려후기에는 왜구의 침략이 사라졌다.
③ 원과 고려 사이의 무역이 활발해졌다.
④ 공녀 문제를 계기로 조혼풍속이 생겼다.

> **TIPS!**
> ② 왜구는 14세기 중반부터 출몰하였으며 원 간섭기에는 군사력에 대한 원의 간섭으로 효과적으로 대처할 수 없었다.

Answer 07.② 08.④ 09.②

10 다음 중 권문세족에 관한 설명으로 옳은 것은?

① 대농장을 소유했다.

② 정치적 실무에 능한 학자였다.

③ 성리학을 받아들여 자신들의 경륜을 넓혀 갔다.

④ 대부분은 지방의 중소 지주 출신이었다.

> 💡 **TIPS!** --
>
> 무신정권이 붕괴되면서 등장한 권문세족은 고려후기에 정계의 요직을 장악하고 대규모의 농장을 소유한 최고 권력층이었으며,
> 가문의 힘을 이용하여 음서로 신분을 유지하였다.
> ②③④ 신진사대부에 대한 설명이다.

11 고려전기 민간의 상장제례의식에 대한 설명으로 옳은 것은?

① 라마교와 불교가 융합된 의식을 띠었다.

② 유교와 불교가 융합된 의식을 띠었다.

③ 도교와 불교가 융합된 의식을 띠었다.

④ 도교와 유교가 융합된 의식을 띠었다.

> 💡 **TIPS!** --
>
> 고려시대 상장제례는 국가에서는 유교적 규범에 따라 시행하려 하였으나, 민간에서는 대개 토착신앙과 융합된 불교의 전통의식
> 과 도교신앙의 풍속을 따랐다.

12 다음 특수집단민에 대한 설명으로 옳은 것은?

① 소와 부곡에는 주로 농민, 향에는 수공업 장인이 살았다.

② 무신집권기에는 부곡민의 수가 이전보다 늘어났다.

③ 향·부곡·소 중에는 일반 군현보다 인구가 많은 곳도 있었다.

④ 향과 부곡은 고려시대에 처음 발생하였다.

> 💡 **TIPS!** --
>
> ① 향과 부곡에는 주로 농민, 소에는 수공업 장인이 살았다.
> ② 무신집권기에 부곡제 지역이 소멸되기 시작하였다.
> ④ 향과 부곡은 삼국시대 이전에 발생하였다.

Answer 10.① 11.③ 12.③

13 다음 중 고려의 귀족이 신라의 귀족과 구별되는 가장 큰 특징은?

① 과거시험이 중시되어 혼인관계를 통한 귀족세력의 형성은 이루어지지 못했다.

② 고려귀족은 종래 귀족들이 누린 특권을 모두 상실하였다.

③ 고려시대의 귀족들은 전시대에 비하여 보다 능력 본위의 개방적 존재였다.

④ 신라시대의 녹읍과 같은 혜택을 받을 수 없었다.

TIPS!

고려 귀족에게도 음서, 공음전과 같은 혜택이 주어졌다. 가문을 통해 특권을 유지하였으며, 왕실 등과 중첩된 혼인관계를 맺었다. 그러나 지방향리의 자제도 과거를 통해 벼슬에 나아가 신진관료가 됨으로써 귀족의 대열에 들 수도 있었다.

14 다음 중 고려 귀족에 대한 설명으로 옳지 않은 것은?

① 신분을 유지하기 위하여 서로 중첩된 혼인관계를 형성하였다.

② 주로 개경에 거주하였고 죄를 지을 경우 형벌로 낙향하기도 하였다.

③ 향리의 자제들이 과거를 통하여 벼슬에 나아가 신진관료가 되었다.

④ 낙향하여도 중간신분 계층인 향리로까지 전락하지는 않았다.

TIPS!

④ 귀족들이 낙향하여 향리로 전락하였다.

15 다음 중 고려시대 일반 백성들의 생활모습으로 옳지 않은 것은?

① 일상의례와 공동노동 등을 통해 공동체의식을 함양하였다.

② 민간에서의 제례는 토착신앙과 융합된 불교의 전통의식과 도교의 풍습을 따랐다.

③ 재산의 상속은 자녀에게 골고루 분배되었으며, 아들이 없을 경우 딸이 제사를 받들었다.

④ 재가한 여자의 소생은 사회 진출에 제약을 받았다.

TIPS!

④ 고려 사회는 여성의 재가를 허용하였을 뿐 아니라 그 소생 자식의 사회적 진출에 차별이 없었다.

Answer 13.③ 14.④ 15.④

16 다음과 같은 주장에 호응한 고려의 사회계층에 대한 설명으로 옳은 것은?

> 정중부의 반란과 김보당의 반란이 있은 이래로 고관이 천민과 노비에서 많이 나왔다. 장수와 재상이 어찌 씨가 따로 있으랴. 때가 오면 누구나 할 수 있다. 우리가 왜 근육과 뼈를 괴롭게 하며 채찍 밑에 곤욕당해야 하겠는가?

① 매매, 증여, 상속의 대상이 되었다.
② 조세, 공납, 역 부과의 주된 대상이었다.
③ 대대로 호장, 부호장의 지위를 세습하였다.
④ 일반 군현민에 비해 더 많은 세금을 졌다.

 TIPS!
최충헌의 집안 노비였던 만적이 신분해방을 외치며 난을 준비할 때 주장한 것이다. 노비는 인간으로서의 인격을 인정받지 못하고 재산으로 간주되었기 때문에 매매, 증여, 상속의 대상이 되었다.

17 고려시대의 사회기구에 대한 다음 설명 중 옳지 않은 것은?

① 흑창 – 태조 때 평시에 곡물을 비축하였다가 흉년에 빈민을 구제하기 위한 기관이었다.
② 의창 – 성종 때 흑창을 개칭한 것으로 평시에 곡물로 비축하였다가 흉년에 구제하는 기관이다.
③ 상평창 – 광종 때 일정 기금을 만들어 그 이자로 빈민을 구제하는 제도이다.
④ 혜민국 – 백성들이 약을 구할 수 있도록 편의를 제공하였다.

TIPS!
③ 제위보에 대한 내용이다. 상평창은 본래 물가조절기구로서, 흉년이 들어 곡가가 오르면 시가보다 싼 값으로 내다 팔아 가격을 조절함으로써 백성들의 생활을 안정시켰다. 후에 의창과 같이 춘대추납의 빈민구휼을 하기도 하였다.

Answer 16.① 17.③

18 다음의 내용을 토대로 고려시대의 신분제도에 대한 설명으로 옳은 것은?

- 향리들이 과거를 거쳐 중앙의 관료로 진출하였다.
- 중앙군이 군공을 세우면 무반 관료로 승진하였다.
- 향, 부곡, 소가 점차 일반 군현으로 승격되었다.
- 부유한 외거노비 중에서 일부는 양인이 되었다.

① 지배층의 수를 늘리기 위한 조치가 있었다. ② 사회 신분 간의 계층이동이 일어났다.
③ 문벌귀족을 중심으로 정치가 이루어졌다. ④ 중간계층의 상향 신분이동은 불가능하였다.

 **TIPS!**
고려의 신분제도는 신라와 비교해 볼 때 능력을 중시하는 개방형이어서, 때로는 신분 간의 이동이 이루어지기도 하였다.

19 다음 설명과 관련 있는 세력을 구성하고 있는 가문들을 골라 묶은 것은?

- 방대한 농장과 많은 노비를 소유하였다.
- 도평의사사를 독점하여 정권을 장악하였다.
- 주로 음서제에 힘입어 관인으로서의 신분을 세습시켜 나갔다.

㉠ 홍건적과 왜구를 격퇴하는 과정에서 성장하였다.
㉡ 공민왕의 개혁정치 이후 중앙정계에 진출한 가문이었다.
㉢ 고려전기부터 그 세력을 이어 내려온 자도 있었다.
㉣ 무신정권 때 대두한 가문도 있었다.
㉤ 주로 원의 세력을 배경으로 하여 등장한 가문들이었다.

① ㉠㉡㉢ ② ㉡㉢㉣
③ ㉡㉢㉤ ④ ㉢㉣㉤

TIPS!
제시된 글은 고려후기의 집권 세력인 권문세족에 대한 설명이다. 권문세족은 주로 몽고의 간섭기에 친원적인 성향을 보이며 권력을 장악하고 부를 축적했던 가문들이었다. 그 중 일부는 고려전기부터 세력을 이어왔거나, 무신정권시대에 대두한 가문도 있었다.
㉠ 홍건적과 왜구를 격퇴하면서 등장한 세력은 신흥무인 세력이었다.
㉡ 공민왕의 개혁은 반원적 자주정책의 추진에 그 목적이 있었으므로 권문세족을 숙청하고 억압하려 하였다.

Answer 18.② 19.④

고려의 문화

기출PLUS

기출 2019. 6. 15. 서울특별시

〈보기〉에서 밑줄 친 '그가 활동하던 시대상황에 대한 설명으로 가장 옳지 않은 것은?

─ 보기 ─
그가 북산에서 나무하다가 공, 사노비를 불러 모아 모의하기를, "나라에서 경인, 계사년 이후로 높은 벼슬이 천한 노비에게서 많이 나왔으니, 장수와 재상이 어찌씨가 따로 있으랴. 때가 오면 누구나 할 수 있는데, 우리들이 어찌 고생만 하면서 채찍 밑에 곤욕을 당해야 하겠는가?"라고 하니, 여러 노비들이 모두 그렇게 여겼다.

─ 고려사 ─

① 최충의 9재 학당을 비롯한 사학 12도가 융성하였다.
② 경주 일대에서 고려 왕조를 부정하는 신라부흥운동이 일어났다.
③ 정혜쌍수와 돈오점수를 주장하는 수선결사운동이 전개되었다.
④ 소(所)의 거주민은 금, 은, 철 등 광업품이나 수공업 제품을 생산하여 바치기도 하였다.

〈정답 ①

---

section 1 유학의 발달과 역사서의 편찬

(1) 유학의 발달

① 고려초기의 유학 … 유교주의적 정치와 교육의 기틀이 마련되었다.
 ㉠ 태조 때 : 신라 6두품 계열의 유학자들이 활약하였다.
 ㉡ 광종 때 : 유학에 능숙한 관료를 등용하는 과거제도를 실시하였다.
 ㉢ 성종 때 : 최승로의 시무 28조를 통해 유교적 정치사상이 확립되고 유학교육기관이 정비되었다.

② 고려중기 … 문벌귀족사회의 발달과 함께 유교사상이 점차 보수적 성격을 띠게 된다.
 ㉠ 최충 : 9재학당(사학)을 세워 유학교육에 힘썼고, 고려의 훈고학적 유학에 철학적 경향을 가미하기도 하였다.
 ㉡ 김부식 : 보수적이고 현실적인 성격의 유학을 대표하였다.
 ㉢ 특징 : 시문을 중시하는 귀족 취향의 경향이 강하였고, 유교경전에 대한 전문적 이해가 깊어져 유교문화는 한층 성숙되었다.
 ㉣ 위축 : 무신정변이 일어나 문벌귀족세력이 몰락함에 따라 고려의 유학은 한동안 크게 위축되었다.

> **POINT** 고려시대의 학풍
> ㉠ 초기 : 자주적이고 주체적 학풍(최승로, 김심언)
> ㉡ 중기 : 보수적 학풍(최충, 김부식)
> ㉢ 후기 : 성리학의 전래(안향, 정몽주, 정도전, 권근, 이색)

(2) 교육기관

① 초기(성종)
 ㉠ 지방 : 지방 관리와 서민의 자제를 교육시키는 향교를 설치하였다.
 ㉡ 중앙 : 국립대학인 국자감(국학)이 설치되었다. 국자감은 국자학, 태학, 사문학을 연구하는 유학부와 율학, 서학, 산학을 연구하는 기술학부로 나뉘었다.

② 중기
 ㉠ 사학 12도 : 최충의 9재 학당 등의 사학 12도가 융성하여 관학이 위축되었다.
 ㉡ 관학진흥책
  • 도서 출판을 담당하는 서적포를 설치하였고, 전문 강좌인 7재를 개설하였다.
  • 장학재단인 양현고와 도서관 겸 학문연구소의 역할을 담당하는 청연각을 설치하였다.
  • 개경에 경사 6학과 향교를 중심으로 지방교육을 강화시켰다.

③ 후기 … 교육재단인 섬학전을 설치하고, 국자감을 성균관으로 개칭하였으며, 공민왕 때에는 성균관을 순수 유교교육기관으로 개편하였다.

(3) 역사서의 편찬

① 유학이 발달하고 유교적인 역사서술체계가 확립되어 많은 역사서가 편찬되었다.

② 초기 … 고려왕조실록이 편찬되었으나 거란의 침입으로 불타버렸고, 7대 실록이 편찬되었으나 오늘날 전하지 않는다.

③ 중기 … 김부식의 삼국사기는 현존하는 우리나라 최고의 역사서로서, 고려 초에 쓰인 구삼국사를 기본으로 유교적 합리주의 사관에 기초하여 기전체로 서술되었다.

④ 후기

　⊙ **무신정변 이후** : 민족적 자주의식을 바탕으로 전통문화를 올바르게 이해하려는 경향이 대두하였다. 이는 무신정변 이후의 사회적 혼란과 몽고 침략의 위기를 겪은 후에 나타난 변화이다.

　　• 해동고승전(각훈) : 삼국시대의 승려 30여명의 전기를 수록하였다.

　　• 동명왕편(이규보) : 고구려 건국의 영웅인 동명왕의 업적을 칭송한 영웅서사시로서, 고구려 계승의식을 반영하고 고구려의 전통을 노래하였다.

　　• 삼국유사(일연) : 단군의 건국 이야기를 수록하였고, 우리의 고유문화와 전통을 중시하였으며 불교사를 중심으로 서술되었다.

　　• 제왕운기(이승휴) : 우리나라 역사를 단군으로부터 서술하면서 우리 역사를 중국사와 대등하게 파악하는 자주성을 나타내었다.

　⊙ **성리학적 유교사관의 대두**

　　• 배경 : 신진사대부의 성장 및 성리학의 수용과 더불어 정통의식과 대의명분을 강조하는 성리학적 유교사관이 대두되기 시작하였다.

　　• 사략(이제현) : 개혁을 단행하여 왕권을 중심으로 국가질서를 회복하려는 의식이 반영되었다.

(4) 성리학의 전래

① 성리학 … 남송의 주희가 집대성한 성리학은 종래 자구의 해석에 힘쓰던 훈고학이나 사장 중심의 유학과는 달리 인간의 심성과 우주의 원리문제를 철학적으로 탐구하는 신유학이었다.

② 성리학의 전래과정 … 충렬왕 때 안향이 소개하고, 그 후 백이정이 원에서 성리학을 배워와 이제현 · 박충좌에게 전수하였으며, 이색으로 이어졌고, 그는 정몽주 · 권근 · 정도전에게 전래하였다.

③ 영향

　⊙ 현실 사회의 모순을 시정하기 위한 개혁사상으로 신진사대부들은 성리학을 수용하게 된다.

기출PLUS

ⓛ 유교적인 생활관습을 시행하는 소학과 주자가례를 중시하여 일상생활에 관계되는 실천적 기능을 강조하게 되었다.

ⓒ 권문세족과 불교의 폐단을 비판하였다(정도전의 불씨잡변).

ⓔ 국가사회의 지도이념이 불교에서 성리학으로 바뀌게 되었다.

section **2** 불교사상과 신앙

(1) 불교정책

① 태조

ⓐ 사원 건립 : 불교를 적극 지원하면서 개경에 여러 사원을 세웠다.

ⓛ 불교에 대한 국가의 지침 제시 : 훈요 10조에서 불교를 숭상하고, 연등회와 팔관회 등 불교행사를 개최할 것을 당부하였다.

② 광종

ⓐ 승과제도의 실시 : 합격한 자에게는 품계를 주고 승려의 지위를 보장하였다.

ⓛ 국사 · 왕사제도의 실시 : 왕실의 고문역할을 맡도록 하였다.

③ 사원 … 국가가 토지를 지급했으며, 승려에게 면역의 혜택을 부여하였다.

(2) 불교통합운동과 천태종

① 초기

ⓐ 화엄종의 성행 : 화엄사상을 정비하고 보살의 실천행을 폈던 균여의 화엄종이 성행하였고 선종에 대한 관심도 높았다. 또한 귀법사를 창건하여 분열된 종파를 수습하려 하였다.

ⓛ 의통과 제관 : 의통은 중국 천태종의 13대 교조가 되었고, 제관은 천태종의 기본 교리를 정리한 천태사교의라는 명저를 저술하였다.

② 중기

ⓐ 불교의 번창 : 개경에서는 흥왕사나 현화사와 같은 왕실과 귀족들의 지원을 받는 큰 사원이 세워져 불교가 번창하였다.

ⓛ 화엄종과 법상종의 융성 : 보수적이고 귀족적이다.

③ 의천의 교단통합운동

ⓐ 배경 : 11세기에 이미 종파적 분열상을 보인 고려 불교계에 문종의 왕자로서 승려가 된 의천은 교단통합운동을 펼쳤다.

ⓛ 교단통합운동

• 토대 : 원효의 화쟁사상을 토대로 하여 불교사상을 통합하려 하였다.

기출 2020. 6. 20. 소방공무원

다음 인물에 대한 설명으로 옳은 것은?

┌ 보기 ┐
• 승과 합격
• 승려 10여 명과 신앙 결사를 약속
• 결사문 완성
• 신앙 결사 운동 전개
• 돈오점수 · 정혜쌍수 강조
└────────────────┘

① 『천태사교의』를 저술하였다.

② 조계산에서 수선사를 개창하였다.

③ 속장경의 제작에 주도적으로 참여하였다.

④ 참회수행과 염불을 통한 백련결사를 주장하였다.

<정답 ②

- **천태종 창시** : 흥왕사를 근거지로 삼아 화엄종을 중심으로 교종을 통합하려 하였으며, 선종을 통합하기 위하여 국청사를 창건하여 천태종을 창시하였다.
- ⓒ **사상적 바탕** : 이론의 연마와 실천을 아울러 강조하는 교관겸수(敎觀兼修)를 제창하였다.
- ⓔ **성과** : 천태종에 많은 승려가 모이는 등 새로운 교단 분위기를 형성하는 일정한 성과를 거두었다.
- ⓜ **한계** : 사회·경제적으로 문제가 되고 있던 불교의 폐단을 적극적으로 시정하는 대책이 뒤따르지 않아 의천이 죽은 뒤 교단은 다시 분열되고 귀족 중심의 불교가 지속되었다.

(3) 결사운동과 조계종

① **결사운동** … 무신집권 이후의 사회변동기를 지나 불교계에서도 본연의 자세 확립을 주창하는 결사운동이 전개되었다.

② **지눌**
  - ⓐ **수선사결사운동의 제창** : 승려 본연의 자세로 돌아가 경과 선 수행, 노동에 고루 힘쓰자는 개혁운동이다.
  - ⓑ **조계종의 성립**(조계종 중심의 선·교통합운동)
    - 돈오점수(頓悟漸修)·정혜쌍수(定慧雙修)를 제창하여 참선(선종)과 지혜(교종)를 함께 수행하였다.
    - 독경, 선수행, 노동을 강조하여 불교개혁운동을 펼쳤다.
    - 선종을 중심으로 교종을 포용하여 선·교 일치사상을 완성시켰다.

③ **혜심** … 유불일치설과 심성의 도야를 강조하여 성리학 수용의 사상적 토대를 마련하였다.

④ **요세의 백련결사 제창** … 자신의 행동을 진정으로 참회하는 법화신앙에 중점을 두어 수선사와 양립하며 고려후기 불교계를 이끌었다.

⑤ **불교의 세속화** … 원 간섭기에 들어서자 혁신운동이 단절되고, 사원은 막대한 토지와 노비를 소유하며 상업에 관여하기에 이르렀다. 보우가 교단을 정비하려 노력했으나 실패로 돌아가고 새로운 세력인 신진사대부는 불교계의 사회·경제적인 폐단을 크게 비판하였다.

(4) 대장경 간행

① **초조대장경** … 현종 때 거란의 퇴치를 염원하며 간행하였으나 몽고의 침입으로 소실되었다.

② **속장경(의천)** … 교장도감을 설치하고 불서목록인 신편제종교장총록을 작성하여 속장경을 간행하였지만 몽고의 침입으로 소실되고 말았다.

기출PLUS

기출 2018. 10. 13. 소방공무원

다음 (개) 인물에 대한 설명으로 옳은 것은?

┌ 보기 ┐

(개) 은/는 승려 본연의 자세로 돌아가 독경, 선(禪) 수행, 노동에 고루 힘쓰자는 불교 개혁 운동을 전개하였다. 특히 당시 승려들의 타락상을 신랄히 비판하면서 "명리(名利)를 버리고 산림에 은거하여 정혜(定慧)에 힘쓰자."라고 주장하였다.

① 세속 5계를 만들었다.
② 돈오점수를 주장하였다.
③ 십문화쟁론을 저술하였다.
④ 해동 천태종을 창시하였다.

❮정답 ②

기출 2019. 4. 6. 소방공무원

밑줄 친 '이것'에 대한 설명으로 옳은 것은?

┌ 보기 ┐

이것은 고려 최초의 대장경으로 거란의 침입을 받았던 현종 때 부처의 힘을 빌려 이를 물리치려는 염원에서 만들기 시작하였다.

① 몽골의 침입 때 불타 버렸다.
② 현재 합천 해인사에 보관되어 있다.
③ 흥왕사에 교장도감을 설치하여 간행하였다.
④ 대장도감을 설치하여 16년에 걸쳐 판각하였다.

❮정답 ①

③ **팔만대장경(재조대장경)** ⋯ 최우가 대장도감을 설치하여 부처의 힘으로 몽고의 침입을 극복하고자 간행하였다. 합천 해인사에 보관되어 있다.

(5) 도교와 풍수지리설

① **도교의 발달**
   ㉠ **특징**: 불로장생과 현세구복을 추구하였다. 초제가 성행하고 도교사원을 건립하여 국가의 안녕과 왕실의 번영을 기원하였다.
   ㉡ **한계**: 불교적 요소와 도참사상이 수용되었지만 일관성이 결여되고 교단이 성립되지 못하여 민간신앙으로 전개되었다. 국가적으로 이름난 명산대천에 제사를 지내는 팔관회는 도교, 민간신앙, 불교가 어우러진 행사였다.

② **풍수지리설**
   ㉠ 도참사상이 가미되어 크게 유행하였다. 개경과 서경이 명당이라는 설이 유포되어 서경천도와 북진정책 추진의 이론적 근거가 되었다.
   ㉡ 개경세력과 서경세력의 정치적 투쟁에 이용되어 묘청의 서경천도운동을 뒷받침하기도 하였다.
   ㉢ 북진정책의 퇴조와 함께 한양명당설이 대두하여 이곳을 남경으로 승격하고 궁궐을 지어 왕이 머물기도 하였다.

section 3 과학기술의 발달

(1) 천문학과 의학

① **과학** ⋯ 국자감에서 잡학(율학, 서학, 산학 등)을 교육하였으며, 과거에서도 잡과를 실시하였다. 이는 천문학, 의학, 인쇄술, 상감기술, 화약무기제조술 등의 과학기술의 발전을 가져왔다.

② **천문학** ⋯ 천문 관측과 역법 계산을 중심으로 발달하였다. 사천대(서운관)를 설치하여 첨성대에서 관측업무를 수행하였고, 당의 선명력이나 원의 수시력 등 역법을 수용하였다.

③ **의학** ⋯ 태의감에서 의학을 교육하였고, 의과를 시행하였으며, 향약구급방과 같은 자주적 의서를 편찬하였다.

(2) 인쇄술의 발달

① **목판인쇄술** ⋯ 고려대장경의 판목은 고려의 목판인쇄술이 최고의 수준에 이르렀음을 입증해 주고 있다.

② **금속활자인쇄술** … 상정고금예문(1234)은 서양보다 200여 년이나 앞서 이루어진 것이나 오늘날 전해지지 않고 있으며, 직지심체요절(1377)은 현존하는 세계 최고(最古)의 금속 활자본이다.

③ **제지술의 발달** … 닥나무의 재배를 장려하고 종이 제조의 전담관서를 설치하여 우수한 종이를 제조하고 중국에 수출하기도 하였다.

(3) 농업기술의 발달

① **권농정책** … 농민생활의 안정과 국가재정의 확보를 위해 실시하였다. 광종은 토지개간을 장려하였고, 성종은 무기를 농기구로 만들어 보급하기도 하였다.

② **농업기술의 발달**

　　㉠ 토지의 개간과 간척 : 중기까지는 묵은땅, 황무지, 산지 등을 개간하였으며 후기에는 해안지방의 저습지를 간척하였다(강화도).

　　㉡ 수리시설의 개선 : 김제의 벽골제와 밀양의 수산제를 개축하고, 제언(저수지)을 확충시켰으며, 해안의 방조제 등이 만들어져 수리시설과 농업기술이 점차 발전하였다.

　　㉢ 농업기술의 발달 : 1년 1작이 기본이었으며 논농사의 경우는 직파법을 실시하였으나, 말기에 남부 일부 지방에 이앙법이 보급되어 실시되기도 하였다. 밭농사는 2년 3작의 윤작법과 우경에 의한 깊이갈이가 보급되어 휴경기간의 단축과 생산력의 증대를 가져왔다.

　　㉣ 시비법의 발달 : 가축이나 사람의 배설물을 거름으로 이용하였다.

　　㉤ 녹비법의 시행 : 콩과 작물을 심은 뒤에 갈아엎어 비료로 사용하는 녹비법이 시행되었다.

　　㉥ 농서의 도입 : 이암은 원의 농상집요를 소개·보급하였다.

　　㉦ 목화의 재배 : 문익점이 원에서 목화씨를 들여와 목화 재배를 통해 의생활의 혁신을 가져왔다.

(4) 화약무기의 제조와 조선기술

① 최무선은 화통도감을 설치하여 화약과 화포를 제작하였고 진포싸움에서 왜구를 격퇴하였다.

② 대형 범선이 제조되었고 대형 조운선이 등장하였다.

기출PLUS

기출 2018. 6. 23. 서울특별시

고려의 문화에 대한 설명 중 가장 옳은 것은?

① 고려의 귀족문화를 대표하는 백자는 상감기법을 이용한 것이다.

② 고려는 세계 최초로 금속활자를 발명하였다.

③ 팔만대장경판은 거란의 침입을 물리치기 위한 염원을 담아 만든 것이다.

④ 고려는 불교국가여서 유교문화가 발전하지 못하였다.

〈정답 ②

기출 2021. 4. 17. 인사혁신처

밑줄 친 '이 농법'에 대한 설명으로 옳은 것만을 모두 고르면?

┌ 보기 ┐

대개 이 농법을 귀중하게 여기는 이유는 다음과 같다. 두 땅의 힘으로 하나의 모를 서로 기르는 것이고, …(중략)… 옛 흙을 떠나 새 흙으로 가서 고갱이를 씻어 내어 더러운 것을 제거하는 것이다. 무릇 벼를 심는 논에는 물을 끌어들일 수 있는 하천이나 물을 댈 수 있는 저수지가 꼭 필요하다. 이러한 것이 없다면 벼논이 아니다.

－『임원경제지』－

┌ 보기 ┐

㉠ 세종 때 편찬된 『농사직설』에도 등장한다.

㉡ 고랑에 작물을 심도록 하였다.

㉢ 『경국대전』의 수령칠사 항목에서도 강조되었다.

㉣ 직파법보다 풀 뽑는 노동력을 절약할 수 있었다.

① ㉠, ㉡　　　② ㉠, ㉣
③ ㉡, ㉢　　　④ ㉢, ㉣

〈정답 ②

section **4** 귀족문화의 발달

(1) 문학의 성장

① 전기

　㉠ 한문학 : 광종 때부터 실시한 과거제로 한문학이 크게 발달하였고, 성종 이후 문치주의가 성행함에 따라 한문학은 관리들의 필수교양이 되었다. 이 시기의 한문학은 중국의 형식을 모방하는 것에서 벗어나 독자적 성격을 가지기 시작하였다.

　㉡ 향가 : 균여의 보현십원가가 대표적이며, 향가는 점차 한시에 밀려 사라지게 되었다.

② 중기 … 귀족화되면서 당의 시나 송의 산문을 숭상하는 풍조가 퍼져 당시 귀족문화의 사대성과 보수성을 강화하는 결과를 가져왔다.

③ 무신집권기

　㉠ 수필형식의 저술 : 낭만적이고 현실도피적인 경향을 보였다.

　㉡ 새로운 문학 경향의 대두 : 이규보와 최자 등의 문신들에 의하여 형식보다는 내용에 치중하여 현실을 표현하였다.

④ 후기 … 신진사대부와 민중이 주축이 되었다.

　㉠ 한시 · 한문학 : 수필문학, 패관문학, 한시가 발달하였다.

　㉡ 사대부문학

　　• 향가 형식을 계승한 경기체가를 창작하여 유교정신과 자연의 아름다움을 담았다(한림별곡, 관동별곡, 죽계별곡).

　　• 민간에 구전되는 이야기를 고쳐 한문으로 기록한 패관문학이 유행하였다(이규보의 백운소설, 이제현의 역옹패설).

　㉢ 민중문학 : 자유분방한 서민의 감정을 표현한 장가(속요)가 유행하였다(청산별곡, 가시리, 쌍화점).

(2) 건축과 조각

① 건축 … 궁궐과 사원이 중심이 되었으며, 축대를 높이 쌓고 계단식 배치를 한 웅장하고 장엄한 형식이다.

　㉠ 봉정사 극락전 : 주심포 양식으로 현존하는 최고의 목조건물이다.

　㉡ 부석사 무량수전, 수덕사 대웅전 : 주심포 양식으로 주변 자연과 어우러진 외관과 잘 다듬은 부재의 배치가 만들어 내는 경건한 내부공간으로 유명하다.

　㉢ 성불사 응진전 : 후기 건물로 조선시대 건축에 영향을 끼쳤으며 다포식 건물이다.

POINT 주심포 양식과 다포 양식

　㉠ 주심포 양식 : 지붕의 무게를 기둥에 전달하면서 건물을 치장하는 공포가 기둥 위에만 짜여 있는 방식이다. 하중이 공포를 통해 기둥에만 전달되기 때문에, 자연히 그 기둥은 굵고 배흘림이 많은 경향을 보이는 대신 간소하고 명쾌하다.

ⓒ 다포 양식 : 기둥 위와 기둥 사이에도 공포가 짜여 있는 방식이다. 하중이 기둥 과 평방(平枋)의 공포를 통해 벽체에 분산되므로, 지붕의 크기가 더욱 커져 중후 하고 장엄한 모습이다.

② 석탑 … 신라 양식을 일부 계승하였으나 독자적인 조형감각을 가미하여 다양한 형태 로 제작되었다. 다각 다층탑이 많았고 안정감은 부족하나 자연스러운 모습을 띠었 다(불일사 5층 석탑, 월정사 팔각 9층 석탑, 경천사 10층 석탑).

③ 승탑 … 선종의 유행과 관련이 있다(고달사지 승탑, 법천사 지광국사 현묘탑).

④ 불상 … 균형을 이루지 못하여 조형미가 다소 부족한 것이 많았다(광주 춘궁리 철불, 관촉사 석조 미륵보살 입상, 안동 이천동 석불, 부석사 소조아미타여래 좌상).

(3) 청자와 공예

① 자기공예
  ㉠ 신라와 발해의 전통과 기술을 토대로 송의 자기기술을 받아들여 독특한 미를 완 성시켰다.
  ㉡ 청자의 발달 : 초기에는 순수 청자였으나 12세기 중엽에는 상감청자가 발달하였 다. 원 간섭기 이후에는 퇴조되어 점차 소박한 분청사기가 등장하게 되었다(고려 의 청자는 자기를 만들 수 있는 흙이 생산되고 연료가 풍부한 지역에서 구워졌 는데, 전라도 강진과 부안이 유명하였다).

② 금속공예 … 은입사 기술이 발달하였다(청동 은입사 포류수금문 정병, 청동향로).

③ 나전칠기 … 경함, 화장품갑, 문방구 등이 현재까지 전해진다.

(4) 글씨 · 그림과 음악

① 서예
  ㉠ 전기 : 구양순체가 유행했는데 탄연의 글씨가 특히 뛰어났다.
  ㉡ 후기 : 송설체(조맹부)가 유행했는데, 이암이 뛰어났다.

② 회화 … 도화원에 소속된 전문 화원의 그림과 문인이나 승려의 문인화로 나뉘었다.
  ㉠ 전기 : 뛰어난 화가로는 예성강도를 그린 이령과 그의 아들 이광필이 있었다.
  ㉡ 후기 : 사군자 중심의 문인화가 유행하였고, 공민왕은 천산대렵도를 그렸는데, 이 것은 당시의 그림에 원대 북화가 영향을 끼쳤음을 알려 준다.

③ 음악
  ㉠ 아악 : 송에서 수입된 대성악이 궁중음악으로 발전된 것으로, 오늘날까지도 격조 높은 전통음악을 이루고 있다.
  ㉡ 향악(속악) : 우리의 고유 음악이 당악의 영향을 받아 발달한 것으로 당시 유행한 민중의 속요와 어울려 수많은 곡을 낳았다. 동동 · 대동강 · 한림별곡이 유명하다.

01 고려말의 진화는 "송은 이미 쇠퇴하고 북방 오랑캐는 아직 미개하니, 앉아서 기다려라. 문명의 아침은 동쪽의 하늘을 빛내고자 한다."는 내용의 시로 자신감과 자주의식을 나타내었다. 이러한 자주 의식과 관련이 없는 사람은?

① 일연   ② 이이

③ 김대문   ④ 이종휘

> **TIPS!**
> ② 이이는 존화주의적 역사의식을 가지고 기자조선을 정통으로 보는 기자실기를 작성하였다.

02 고려 말 성리학에 대한 설명으로 옳지 않은 것은?

① 충렬왕 때 안향이 처음으로 소개하였다.
② 정몽주는 '동방이학의 조'라는 칭호를 들을 정도로 뛰어난 성리학자였다.
③ 고려 말에 사림파가 새롭게 등장하였다.
④ 정도전은 불씨잡변을 저술하여 불교를 비판하였다.

> **TIPS!**
> ③ 사림파는 고려 말 은거하고 있던 길재가 양성한 세력으로 조선 성종을 전후로 정계에 등장하였다.

03 다음은 현존하는 고려시대의 목조건축물이다. 건축양식이 다른 하나는?

① 수덕사 대웅전   ② 봉정사 극락전
③ 부석사 조사당   ④ 석왕사 응진전

> **TIPS!**
> ①②③ 기둥 위에만 공포를 짜 올리는 주심포 양식으로 하중이 기둥에만 전달되어 기둥은 굵고 배흘림양식이다.
> ④ 기둥과 기둥 사이에 공포를 짜 올리는 다포 양식으로 하중이 고르게 분산되어 지붕이 더욱 커졌다. 이는 중후하고 장엄한 느낌을 주는 것으로 조선의 건축에 영향을 주었다.

Answer   01.②   02.③   03.④

04 다음 중 고려시대의 불교에 관한 설명으로 옳은 것은?

① 간경도감을 두어 불경의 언해를 간행하였다.
② 왕명을 불교식으로 지었다.
③ 혜심은 조계종을 일으켜 선종 중심으로 교종을 통합하려 했으나, 교단상의 통합에 그쳤다.
④ 의천은 천태종을 일으켜 교종과 선종의 대립을 극복하고자 하였다.

 TIPS!
④ 의천은 해동천태종을 일으켜 교종의 여러 종파를 통합한 후 선종까지 통합하고자 하였다.

05 다음 중 고려 불교에 대한 서술로 옳지 않은 것은?

① 지눌은 조계종을 중심으로 선종과 교종을 통합하였다.
② 무신집권기의 불교는 세속화되었다.
③ 무신정권은 선종을 사상적 기반으로 삼았다.
④ 의천은 교관겸수를 주장하여 화엄교단을 정비하였다.

TIPS!
② 무신집권기에는 불교계의 모순과 폐단을 자각하고 이를 개혁하기 위해 지눌은 수선사결사운동을 펼쳤으며, 요세는 백련결사를 일으켰다. 그러나 원 간섭기에 들어서면서 이런 노력이 줄어들어 점차 세속화되었다.

06 다음 중 불교사상과 각 시대 승려들의 활동으로 옳은 것은?

① 의상 - 인도를 다녀온 구법승으로 왕오천축국전을 남겼다.
② 원효 - 화엄종을 개창하여 왕권의 전제화에 기여하였다.
③ 지눌 - 독경과 선 수행을 강조하는 수선결사를 제창하였다.
④ 의통 - 중국 천태종의 13대 교조가 되었고, 천태사교의를 남겼다.

TIPS!
무신집권기 이후 지눌은 명리에 집착하던 불교계를 비판하고 승려 본연의 자세로 돌아가 독경과 선 수행, 노동에 힘쓸 것을 주장하는 수선결사를 송광사를 중심으로 제창하였다. 또한 정혜쌍수와 돈오점수를 주장하며 선종을 중심으로 한 교종 통합을 이루었다.
① 혜초
② 의상
④ 천태사교의는 제관이 저술하였다.

07 다음과 같은 주장을 한 승려와 관련이 있는 것은?

> 인간의 마음이 곧 부처의 마음이라는 것을 깨닫고, 그것을 깨달은 후에는 꾸준히 수행해야 해탈에 이를 수 있다.

① 당시의 타락한 불교계를 비판했다.
② 화엄일승법계도를 저술하고 화엄사상을 정립했다.
③ 귀족불교를 민중에게 전파시켰다.
④ 교관겸수를 수행방법으로 주장했다.

 **TIPS!**

제시된 내용은 지눌에 대한 설명으로 지눌은 명리에 집착하는 당시 불교계의 타락성을 비판하였다.
② 의상 ③ 원효 ④ 의천

08 다음 ㉠에 알맞은 사서는?

시대적 상황	사서 편찬
무신정변으로 인해 사회가 혼란하고 몽고가 침략하였다.	㉠

① 7대 실록
③ 동명왕편
② 삼국사기
④ 사략

 TIPS!

무신정변 이후의 사회적 혼란과 몽고침략의 위기를 겪은 후에 민족적 자주의식을 바탕으로 전통문화를 올바르게 이해하려는 경향이 대두하였다. 이러한 경향을 반영한 이규보의 동명왕편에는 고구려의 건국에 관한 자주적 내용이 실려 있다.

09 다음 중 의천에 대한 설명이 아닌 것은?

① 교관겸수
③ 정혜결사
② 국청사 창건
④ 속장경

Answer 07.① 08.③ 09.③

🔆 TIPS!
③ 정혜결사는 보조국사 지눌의 결사이다.

10 다음은 고려의 문화유산이다. 이에 대한 평가로 옳은 것은?

① 봉정사 극락전 – 목조건축물로 다포양식을 대표한다.
② 향약구급방 – 우리 실정에 맞는 자주적 의학서이다.
③ 직지심체요절 – 현존하는 세계 최고(最古)의 목판인쇄물이다.
④ 경천사 10층석탑 – 송탑의 양식과 통일신라 탑파양식을 계승하였다.

🔆 TIPS!
① 봉정사 극락전은 주심포양식이다.
③ 현존하는 세계 최고(最古)의 금속활자본이다.
④ 원의 석탑을 본뜬 것으로 조선시대로 이어졌다.

11 성리학이 고려 사회에 전래된 이후 나타난 현상으로 보기 어려운 것은?

① 성리학 진흥을 위해 양현고를 설치하였다.
② 훈고학적 유학이 철학적 유학으로 변화하였다.
③ 예속을 바로잡기 위해 소학과 주자가례의 인식이 새롭게 강조되었다.
④ 정통과 대의명분의 역사관을 강조한 사서가 편찬되었다.

🔆 TIPS!
① 사학의 발달로 인한 관학의 쇠퇴로 관학의 경제 기반을 강화하기 위한 장학재단인 양현고를 설치하여 관학을 진흥시키고자 하였다.

Answer 10.② 11.①

12 다음 중 고려시대 불교계 동향으로 잘못된 것은?

① 수선사가 무신정권의 경제적 지원을 거부했다.

② 의천은 숙종의 지원을 받아 해동천태종을 창시하였다.

③ 무인집권기 불교실천운동이 일어났는데, 대표적인 것이 수선사이다.

④ 불력으로 몽고 침략을 물리치려고 팔만대장경을 조판하였다.

 TIPS!

① 무신정권의 정책적 후원을 받았다.

13 다음 중 삼국사기가 쓰인 시대에 있었던 일은?

① 여진에 대한 외교정책을 두고 개경파와 서경파의 대립하였다.

② 몽고의 침입이 있었다.

③ 요동수복운동이 일어났다.

④ 대수요국의 거란족이 침입하였다.

TIPS!

삼국사기는 인종 때 김부식에 의해 저술된(1145) 고려중기 역사서로 유교적 합리주의 사관에 기초하여 기전체로 서술되었다. 삼국사기는 신라 계승의식이 더 많이 반영된 것으로 이 시기에 금(여진족)에 대한 외교정책을 두고 묘청 등 서경파와 김부식 등 개경파가 대립을 하였다. 즉, 묘청 등 서경파는 고구려 계승의식을 갖고 북진주의 정책으로 금국을 정벌하고자 하였으며, 김부식 등 개경파는 신라 계승의식을 갖고 대외적으로 사대주의의 입장에서 정권의 안정만을 도모하였다.

② 고려 말(1231 ~ 1270)

③ 공민왕 때(1370)

④ 거란족의 침입(1217)

Answer 12.① 13.①

14 다음 중 고려시대 예술에 대한 설명으로 옳은 것은?

① 고려전기의 서예는 왕희지체와 송설체가 유명하였다.
② 고려시대의 석탑은 신라시대에 비해 조형 면에서 더욱 안정감 있게 변화되었다.
③ 미술 분야에서 가장 발전을 보인 분야는 공예부분이었다.
④ 고려초기에는 청자가 주류를 이루었으나 점차 백자도 발달하였다.

> **TIPS!**
> ① 고려전기에는 왕희지체와 구양순체가 유행하였고, 후기에는 조맹부의 송설체(松雪體)가 유행하였다.
> ② 고려의 석탑은 대체로 안정감이 결여되어 있어 조형 감각면에서 신라의 석탑보다 뒤지나, 형식에 구애받지 않아 자연스러운 면을 보여주고 있다.
> ③ 고려시대의 공예는 귀족들의 생활도구와 불교의식에 사용되는 불구(佛具) 등을 중심으로 고려시대 미술 분야에서 가장 발달한 분야이다.
> ④ 처음에는 청자와 함께 백자가 만들어졌으나 점차 청자가 주류를 이루며 발전하였다.

15 고려시대 성리학에 대한 설명으로 옳지 않은 것은?

① 충렬왕 때 안향에 의해 소개되었다.
② 성리학은 인간의 심성이나 우주의 원리문제를 철학적으로 탐구하는 학문이다.
③ 신진사대부들은 개혁사상으로 성리학을 수용하였다.
④ 불교와 토착신앙을 수용하여 독자적 성리학이 발달하게 되었다.

> **TIPS!**
> ④ 성리학은 불교의 폐단을 비판하였다(정도전의 불씨잡변).

Answer 14.③ 15.④

16 고려 초기 유학의 특징으로 옳은 것은?

① 사회 개혁과 문화 창조의 경향 속에서 자주적이며 주체적인 성향이 나타났다.

② 지행합일사상을 바탕으로 실천적인 유학을 강조하였다.

③ 정통과 대의명분을 강조하는 도덕적 합리주의를 강조하였다.

④ 고려 사회의 모순을 해결하기 위하여 실천적 기능을 강조하였다.

 **TIPS!**

고려초기의 대표적인 유학자로는 최승로와 김심언 등이 있다. 이들은 유교사상을 치국의 근본으로 삼아 사회를 개혁하고 새 문화를 창조하고자 하였다. 결국 고려초기의 유학은 자주적이며 주체적인 성향을 지녔다.

17 고려시대의 국자감(국학)에 대하여 바르게 설명한 것은?

① 명경과에 합격하여야 입학할 수 있었다.

② 유학과 기술학을 가르치는 학부가 있었다.

③ 주로 지방 출신의 학생들을 가르쳤다.

④ 유학학부만 있었다.

TIPS!

국자감은 국자학, 태학, 사문학을 연구하는 유학부와 율학, 서학, 산학을 연구하는 기술학부로 나뉘었다.

18 고려시대의 교육기관에 대한 설명으로 옳지 않은 것은?

① 향교는 지방 관리와 서민 자제들의 교육을 담당하였다.

② 공민왕 때 성균관을 부흥시키고 유학교육기관으로 개편하였다.

③ 중앙의 국립대학인 국자감을 7품 이상의 귀족의 자제만 입학이 가능하였다.

④ 사학에서 교육받은 학생들이 과거에서 좋은 성적을 거두면서 관학이 위축되었다.

TIPS!

③ 국자감에서는 유학교육과 기술학 교육이 행해졌는데 유학부에는 문무관 7품 이상 관리의 자제가, 기술학부에는 8품 이하 관리나 서민의 자제가 입학할 수 있었다.

Answer 16.① 17.② 18.③

19 고려후기 역사학에 대한 설명 중 옳지 않은 것은?

① 자주의식이 강조되기도 하였다.

② 유교사관은 전혀 나타나지 않았다.

③ 불교적인 역사관도 등장하였다.

④ 조선시대 역사학 발전에 도움을 주었다.

 TIPS!

이제현의 사략에는 유교의 합리적 사관이 반영되고 또한 새로운 성리학적 유교사관도 반영되고 있다. 이제현의 역사관은 조선시대 역사학 발전에 큰 도움을 주었다.

20 고려시대의 역사서에 대한 설명으로 옳은 것은?

① 삼국유사는 유교적 합리주의 사관을 바탕으로 서술하였다.

② 동명왕편은 고구려 건국 영웅을 칭송한 일종의 서사시이다.

③ 삼국사기는 고대의 민간설화나 전래된 기록이 수록된 현전하는 최고(最古)의 사서이다.

④ 제왕운기는 우리나라의 역사를 단군에서부터 기전체로 서술하였다.

 TIPS!

① 삼국유사는 불교사를 중심으로 우리의 고유문화와 전통을 중시하였으며 단군의 건국신화를 수록하고 있다.

③ 삼국사기는 김부식이 구삼국사를 기본으로 하여 유교적 합리주의적 사관을 가지고 기전체로 서술한 것으로 현전하는 우리나라 최고(最古)의 역사서이다.

④ 제왕운기는 7언시와 5언시의 형태로 서술한 것으로 우리 역사를 단군신화부터 서술하였으며 중국사와 대등한 관점으로 바라보고 있다.

21 고려시대에 들어와 성행했던 도교에 대한 설명으로 옳지 않은 것은?

① 나라의 안녕과 왕실의 번영을 비는 국가적인 도교행사가 행해졌다.

② 불교적인 요소와 함께 도참사상도 융합되어 일관된 체계가 없었다.

③ 몽고 침입 이후 교단이 형성되어 민간에 널리 퍼졌다.

④ 예종 때 도교사원이 처음으로 건립되었다.

 TIPS!

③ 도교는 일관된 체계가 없었으며 교단도 성립되지 못하여 민간신앙으로 전개되었다.

Answer 19.② 20.② 21.③

22 여말선초의 과학기술 발달에 대한 설명으로 옳지 않은 것은?

① 고려 말에 최무선이 아리바아 상인으로부터 화약제조법을 배웠다.

② 세종 때 우리나라 풍토에 맞는 농업기술서인 농사직설이 편찬되었다.

③ 세종 때 천문관측기구인 대·소간의, 천구의인 혼천의, 물시계인 자격루 등이 제작되었다.

④ 고려 말에 서양보다 200여 년이나 앞서 금속활자를 만들어 인쇄를 하였다.

 TIPS!

① 최무선은 원나라 상인 이원에게 화약제조법을 배웠다.

23 다음 중 고려의 건축 문화와 관련된 설명으로 옳지 않은 것은?

① 궁전과 사찰을 중심으로 하는 건축문화가 발달하였다.

② 석탑은 전형적인 3층 석탑이 많이 만들어졌다.

③ 탑의 경우 신라에 비해 안정감과 조형감각이 뒤떨어진다.

④ 목조 건축물은 주심포 양식에서 다포 양식으로 발전하였다.

TIPS!

② 고려시대의 석탑은 형식에 구애받지 않는 자연스러운 면을 보여주고 있으며, 다각다층탑이 많았으며 3층탑은 삼국시대에 주로 만들어졌다.

24 고려시대 문학에 대한 설명으로 옳지 않은 것은?

① 광종 때부터 실시한 과거제로 한문학이 크게 발달하였다.

② 향가는 점차 서민계층에게 확산되었다.

③ 무신집권기의 수필형식의 저술은 낭만적이고 현실도피적인 경향을 보인다.

④ 이규보와 최자 등의 문신에 의하여 새로운 문학의 경향이 대두되었다.

TIPS!

② 향가는 균여의 보현십원가가 대표적이며, 점차 한시에 밀려 사라지게 되었다.

Answer 22.① 23.② 24.②

25 다음 정책의 공통적인 목적으로 옳은 것은?

> • 숙종 때 국자감에 서적포를 두었다.
> • 예종 때 국자감에 전문 강좌인 7재를 설치하였다.
> • 장학재단인 양현고를 두어 관학의 경제 기반을 강화하였다.

① 정부에서 관학의 진흥을 유도하였다.
② 성리학의 실천적 압장을 강조하였다.
③ 지방의 문화 발달을 위해 노력하였다.
④ 귀족뿐만이 아니라 서민들의 교육을 강화하였다.

TIPS!

제시된 내용은 고려중기의 교육정책으로 최충의 9재학당 등 사학 12도의 융성으로 관학이 위축되자 관학진흥책으로 실시된 것이다.

PART

05

조선의 형성과 발전

01 조선의 정치
02 정치상황의 변동
03 조선의 경제
04 경제상황의 변동
05 조선의 사회
06 사회의 변동
07 조선의 문화
08 문화의 새 기운

조선의 정치

기출PLUS

section 1 근세사회의 성립과 전개

(1) 조선의 건국

① 고려 말의 정세
- ㉠ 권문세족의 횡포 : 고위 관직을 독점하고 대농장을 소유하였다.
- ㉡ 신진사대부의 개혁 요구 : 사원경제의 폐단과 토지제도의 개혁을 주장하였다.
- ㉢ 신진사대부의 분열
  - 온건개혁파 : 이색, 정몽주 등이 고려 왕조 체제 내의 점진적 개혁을 주장하였다.
  - 급진개혁파 : 정도전 등이 고려 왕조를 부정하고 역성혁명을 주장하였다.

② 조선의 개창(1392) … 위화도 회군으로 정권을 장악하고 전제개혁을 단행하게 되었다 (과전법 실시로 권문세족의 경제기반 붕괴). 이성계와 급진개혁파는 온건개혁파를 제거하고 조선을 건국하였다.

(2) 국왕 중심의 통치체제정비와 유교정치의 실현

① 태조
- ㉠ 국호 개정 : 국호를 '조선'이라 하여 고조선의 후계자임을 자처하였다.
- ㉡ 한양 천도(풍수지리설의 영향) : 한양은 풍부한 농업생산력을 보유하였고 교통과 군사의 중심지 역할을 하였다.
- ㉢ 3대 정책 : 숭유억불정책, 중농억상정책, 사대교린정책
- ㉣ 정도전의 활약 : 민본적 통치규범을 마련하고(조선경국전), 재상 중심의 정치를 주장하였으며, 불교를 비판하며(불씨잡변) 성리학을 통치이념으로 확립하였다.

② 태종(국왕 중심의 통치체제)
- ㉠ 왕권 확립 : 두 차례의 왕자의 난을 통해 개국공신세력을 견제하고 숙청하게 되었다.
- ㉡ 관제 개혁 : 도평의사사를 폐지하고(의정부 설치) 6조직계제를 실시하였으며 사간원을 독립시켜 대신들을 견제하고, 신문고를 설치하였다.
- ㉢ 경제 기반 안정과 군사력 강화 : 양전사업을 실시하고, 호패법도 시행하였다. 사원전을 몰수하였으며, 노비도 해방시키고 사병도 폐지하였다.

③ 세종(유교정치의 실현)
- ㉠ 집현전을 설치하여 유학자를 우대하고, 한글을 창제하였다.
- ㉡ 6조직계제를 폐지하고 의정부서사제(재상합의제)로 정책을 심의하였다. 이는 왕권과 신권의 조화를 말해준다.

기출 2017. 4. 8. 인사혁신처

밑줄 친 '그'에 대한 설명으로 옳은 것은?

┌ 보기 ┐

그는 이성계를 추대하여 조선 왕조를 개창한 공으로 개국 1등 공신이 되었으며, 의정부를 중심으로 하는 재상 중심의 관료정치를 주창하였다. 그리고 「불씨잡변」을 저술하여 불교의 사회적 폐단을 비판하였다.

① 왜구의 소굴인 쓰시마 섬을 정벌하였다.
② 백성들의 윤리서인 「삼강행실도」를 편찬하였다.
③ 여진족을 두만강 밖으로 몰아내고 6진을 개척하였다.
④ 「조선경국전」을 편찬하여 왕조의 통치 규범을 마련하였다.

< 정답 ④

ⓒ 유교적 의례의 실천 : 국가행사를 오례에 따라 거행하였다. 사대부의 주자가례도 이를 말해준다.

(3) 문물제도의 정비

① 세조(왕권의 재확립과 집권체제의 강화)
  ㉠ 문종 이후 비대해진 조정권신과 지방세력을 억제하기 위해 문물을 정비하였다.
  ㉡ 6조직계제를 실시하고 집현전과 경연을 폐지하였다.
  ㉢ 경국대전의 편찬에 착수하였다.

② 성종(유교적 집권체제의 완성)
  ㉠ 홍문관(집현전 계승)을 설치하여 학문을 연구하고, 왕의 자문기구 역할을 하였다.
  ㉡ 경연을 활성화하여 홍문관 관원 및 정승 등 고위관리가 참석하여 주요 정책을 토론하게 하였다.
  ㉢ 경국대전을 완성, 반포하여 조선의 기본통치방향과 이념을 제시하였다(유교적 법치국가 확립).

section 2 통치체제의 정비

(1) 중앙정치체제

① 양반관료체제의 확립
  ㉠ 경국대전으로 법제화하고 문·무반이 정치와 행정을 담당하게 하였다.
  ㉡ 18품계로 나뉘며 당상관(관서의 책임자)과 당하관(실무 담당)으로 구분하였다. 관직은 경관직(중앙관)과 외관직(지방관)으로 편제하였다.

② 의정부와 6조 … 고관들이 중요정책회의에 참여하거나 경연에 참여함으로써 행정의 통일성과 전문성 및 효율성의 조화를 꾀하였다.
  ㉠ 의정부 : 최고 관부로서 재상의 합의로 국정을 총괄하였다.
  ㉡ 6조 : 직능에 따라 행정을 분담하였다.
    • 이조 : 문관의 인사(전랑이 담당), 공훈, 상벌을 담당하였다.
    • 호조 : 호구, 조세, 회계, 어염, 광산, 조운을 담당하였다.
    • 예조 : 외교, 교육, 문과과거, 제사, 의식 등을 담당하였다.
    • 병조 : 국방, 통신(봉수), 무과과거, 무관의 인사 등을 담당하였다.
    • 형조 : 형률, 노비에 대한 사항을 담당하였다.
    • 공조 : 토목, 건축, 수공업, 도량형, 파발에 대한 사항을 담당하였다.

③ 언론학술기구 … 삼사로 정사를 비판하고 관리들의 부정을 방지하였다.
  ㉠ 사간원(간쟁)·사헌부(감찰) : 서경권을 행사하였다(관리 임명에 동의권 행사).

기출PLUS

기출 2017. 6. 24. 서울특별시

밑줄 친 '왕'에 대한 설명으로 옳은 것은?

─ 보기 ─

왕은 왕권 강화를 위해 중앙집권체제를 강화하고, 변방중심에서 전국적인 지역 중심 방어체제로 바꾸는 등 국방을 강화하였다. 또 국가재정을 안정시키기 위해 과전을 현직 관료에게만 지급하기 시작하였다.

① 「경국대전」의 편찬을 마무리하여 반포하였다.
② 간경도감을 두어 「월인석보」를 언해하여 간행하였다.
③ 6조 직계제를 채택하고 사간원을 독립시켜 대신을 견제하였다.
④ 대마도주와 계해약조를 맺어 무역선을 1년에 50척으로 제한하였다.

< 정답 ②

기출PLUS

© 홍문관 : 학문적으로 정책 결정을 자문하는 기구이다.

④ **왕권강화기구** … 왕명을 출납하는 승정원과 큰 죄인을 다스리는 국왕 직속인 의금부, 서울의 행정과 치안을 담당하는 한성부가 있다.

⑤ **춘추관** … 역사서의 편찬과 보관을 담당하였다.

⑥ **성균관** … 최고 교육기관이었다.

⑦ **한성부** … 수도의 행정과 치안을 담당하였고 일반 범죄사건도 다루었다.

(2) 지방행정조직

① **중앙집권체제의 강화**

  ⊙ 모든 군현에 수령을 파견하였고 수시로 암행어사를 보냈다.

  ⊙ 향·부곡·소를 일반 군현으로 승격시킨 것은 백성에 대한 국가의 공적 지배력이 강화되었음을 의미한다.

② **지방조직** … 전국을 8도로 나누고, 하부에 부·목·군·현을 설치하였다. 지방관의 임명에는 상피제가 적용되었다.

  ⊙ 관찰사(감사) : 8도의 지방장관으로서 행정, 군사, 감찰, 사법권을 행사하였다. 수령에 대한 행정을 감찰하는 역할을 담당하였다.

  ⊙ 수령 : 부, 목, 군, 현에 임명되어 관내 주민을 다스리는 지방관으로서 행정, 사법, 군사권을 행사하였다.

  © 향리 : 6방에 배속되어 향역을 세습하면서 수령을 보좌하였다(아전).

③ **향촌사회**

  ⊙ 면·리·통 : 향민 중에서 책임자를 선임하여, 수령의 명령을 받아 인구 파악과 부역 징발을 주로 담당하게 하였다.

  ⊙ 양반 중심의 향촌사회질서 확립

  • 경재소 : 유향소와 정부간 연락을 통해 유향소를 통제하여 중앙집권을 효율적으로 강화하였다.

  • 유향소(향청) : 향촌양반의 자치조직으로 좌수와 별감을 선출하고, 향규를 제정하며, 향회를 통한 여론의 수렴과 백성에 대한 교화를 담당하였다.

POINT 조선의 수령7사

  1. 농사철에 알맞게 씨를 뿌릴 것(농상성 : 農桑盛)
  2. 유생을 모아 유교 경전을 가르치고, 글짓기를 시험해 유학 및 문학에 정진하도록 할 것(학교흥 : 學校興)
  3. 법을 잘 지켜 민에게 올바름을 보여줄 것(사송간 : 詞訟簡)
  4. 용모를 잘 관찰해 간사스럽고 교활한 사람을 찾아내어 없앨 것(간활식 : 奸猾息)
  5. 때맞춰 군사 훈련을 실시하고 군기를 엄히 밝힐 것(군정수 : 軍政修)
  6. 백성들을 편안하게 하고 사람들이 스스로 모여들게 할 것(호구증 : 戶口增)
  7. 부역을 공평하고 균등하게 부과할 것(부역균 : 賦役均)

기출 2018. 3. 24. 서울특별시

고려와 조선의 지방 행정 제도에 대한 설명으로 가장 옳지 않은 것은?

① 조선에서 지방관은 행정·사법권을, 별도로 파견된 진장·영장은 군사권을 보유하였다.

② 고려에서 상급 향리는 과거 응시에 제한을 두지 않아 고위 관리가 될 수 있었다.

③ 조선에서 지역 양반은 유향소를 구성하여 향리를 규찰하고 향촌질서를 바로잡았다.

④ 고려의 지방은 지방관이 파견된 주현과 파견되지 않은 속현으로 구성되었다.

< 정답 ①

(3) 군역제도와 군사조직

① 군역제도

    ㉠ 양인개병제 : 양인의 신분이면 누구나 병역의 의무를 지는 제도이다.

    ㉡ 운영 : 현직 관료와 학생을 제외한 16세 이상 60세 이하의 양인 남자의 의무이다.

    ㉢ 보법 : 정군(현역 군인)과 보인(정군의 비용 부담)으로 나눈다.

    ㉣ 노비 : 권리가 없으므로 군역이 면제되고, 특수군(잡색군)으로 편제되었다.

② 군사조직

    ㉠ 중앙군(5위) : 궁궐과 서울을 수비하며 정군을 중심으로 갑사(시험을 거친 직업군인)나 특수병으로 지휘 책임을 문관관료가 맡았다.

    ㉡ 지방군 : 병영(병마절도사)과 수영(수군절도사)으로 조직하였다.

     • 초기 : 영진군으로 국방상 요지인 영이나 진에 소속되어 복무하였다.

     • 세조 이후 : 진관체제를 실시하였다.

    ㉢ 잡색군 : 서리, 잡학인, 신량역천인(신분은 양인이나 천한 일에 종사), 노비 등으로 조직된 일종의 예비군으로 유사시에 향토방위를 담당한다(농민은 제외).

③ 교통 · 통신체계의 정비

    ㉠ 봉수제(통신) : 군사적 목적으로 설치하였으며, 불과 연기를 이용하여 급한 소식을 알렸다.

    ㉡ 역참 : 물자 수송과 통신을 위해 설치되어 국방과 중앙집권적 행정 운영이 한층 쉬워졌다.

(4) 관리등용제도

① 과거

    ㉠ 종류

     • 문과 : 문관을 선발하는 시험이며 예조에서 담당하였다.

     • 무과 : 무관선발시험은 병조에서 담당하고 28명을 선발하였다.

     • 잡과 : 해당 관청에서 역과, 율과, 의과, 음양과의 기술관을 선발하였다.

    ㉡ 응시자격 : 양인 이상이면 응시할 수 있으나 실제로는 양반이 주로 응시하였다. 문과의 경우 탐관오리의 아들, 재가한 여자의 아들과 손자, 서얼에게는 응시를 제한하고 무과와 잡과에는 제한이 없었다.

    ㉢ 시험의 실시시기 : 정기시험인 식년시(3년 단위), 부정기시험인 별시(증광시, 알성시) 등이 수시로 행하였다.

② 취재 … 재주가 부족하거나 나이가 많아 과거 응시가 어려운 사람이 특별채용시험을 거쳐 하급 실무직에 임명되는 제도이다.

③ 음서와 천거 … 과거를 거치지 않고 고관의 추천을 받아 간단한 시험을 치른 후 관직에 등용되거나 음서를 통하여 관리로 등용되는 제도이다. 그러나 천거는 기존의

기출PLUS

[기출] 2021. 4. 3. 소방공무원

(개)에 들어갈 말로 옳지 않은 것은?

— 보기 —

변징원에게 임금이 "그대는 이미 흡곡현령(歙谷縣令)을 지냈으니 백성을 다스리는 데 무엇을 먼저 하겠는가?"라고 물었다. 그는 "마땅히 칠사(七事)를 먼저 할 것입니다."라고 하였다. 임금이 말하기를 "이른바 칠사라는 것은 무엇인가?"라고 하니 변징원이 "칠사란 <u>(개)</u> 이 바로 그것입니다."라고 답하였다.

– 『성종실록』

① 호구를 늘게 하는 것

② 학교 교육을 장려하는 것

③ 수령의 비리를 감찰하는 것

④ 공정하게 세금을 징수하는 것

< 정답 ③

관리들을 대상으로 하였고, 음서도 고려시대에 비하여 크게 줄어들었고 문과에 합격하지 않으면 고관으로 승진하기 어려웠다.

④ 인사관리제도의 정비

　　㉠ 상피제 : 권력의 집중과 부정을 방지하였다.

　　㉡ 서경제 : 사헌부와 사간원에서 관리 임명 시에 심사하여 동의하는 절차로서 5품 이하 관리 임명시에 적용하는 것이다.

　　㉢ 근무성적평가 : 하급관리의 근무성적평가는 승진 및 좌천의 자료가 되었다.

section 3 사림의 대두와 붕당정치

(1) 훈구와 사림

① 훈구세력

　　㉠ 출신배경 : 세조의 즉위를 도운 공신세력들이다.

　　㉡ 세력 형성 : 고위관직을 독점 및 세습하고, 왕실과의 혼인으로 성장하였다.

　　㉢ 정치적 역할 : 조선 초기 문물제도의 정비에 기여하였다.

② 사림세력

　　㉠ 출신배경 : 여말 온건파 사대부의 후예로서 길재와 김종직에 의해 영남과 기호지방에서 성장한 세력을 말한다.

　　㉡ 경제기반 : 대부분이 향촌의 중소지주이다.

③ 훈구파와 사림파

훈구파	사림파
• 15세기 민족문화 창조	• 16세기 사상계 주도
• 중앙집권 추구	• 향촌자치 주장
• 부국강병, 민생 안정 추구	• 의리와 도덕 숭상
• 과학기술 중시	• 과학기술 천시
• 패도정치 인정, 왕도정치 추구	• 왕도정치 이상
• 사장 중시	• 경학 중시
• 자주성이 강함	• 중국 중심의 세계관

(2) 사림의 정치적 성장

① 사림의 정계 변동

　　㉠ 성종 때 김종직과 그 문인들이 중앙정계에 진출하여 이조전랑(인사권 담당)과 3사의 언관직을 담당하였으나 훈구세력이 이를 비판하게 되었다.

　　㉡ 성종은 사림을 등용하고 훈구세력을 견제하였다.

② 사화의 발생

　　㉠ 원인 : 사림과 훈구세력 간의 정치적 · 학문적 대립으로 발생하였다.

　　㉡ 무오사화(1498) · 갑자사화(1504) : 연산군의 폭정으로 발생하였으며 영남 사림은 몰락하게 되었다.

　　㉢ 조광조의 개혁정치(왕도정치의 추구)

　　　• 정치 · 경제 : 현량과(천거제의 일종)를 실시하여 사림을 등용하여 급진적 개혁을 추진하였다. 위훈삭제사건으로 훈구세력을 약화시켰으며, 공납의 폐단을 시정하였다.

　　　• 사회 : 불교와 도교행사를 폐지하고, 소학교육을 장려하고, 향약을 보급하였다.

　　　• 결과 : 훈구세력의 반발을 샀으며 기묘사화(1519)로 조광조는 실각되고 말았다.

　　㉣ 을사사화(명종, 1545) : 중종이 다시 사림을 등용하였으나 명종 때 외척 다툼으로 을사사화가 일어나고 사림은 축출되었다.

③ 결과 … 사림은 정치적으로 위축되었으나 중소지주를 기반으로 서원과 향약을 통해 향촌에서 세력을 회복하게 되었다.

(3) 붕당의 출현(사림의 정계 주도)

① 동인과 서인 … 척신정치(권력을 독점한 권세가들이 마음대로 하는 정치)의 잔재를 청산하기 위한 방법을 둘러싸고 대립행태가 나타났다.

　　㉠ 동인

　　　• 신진사림 출신으로서 정치 개혁에 적극적이다.

　　　• 수기(修己)를 강조하고 지배자의 도덕적 자기 절제를 강조하였다.

　　　• 이황, 조식, 서경덕의 학문을 계승하였다.

　　㉡ 서인

　　　• 기성사림 출신으로서 정치 개혁에 소극적이다.

　　　• 치인(治人)에 중점을 두고 제도 개혁을 통한 부국 안민에 힘을 썼다.

　　　• 이이, 성혼의 문인들을 중심으로 구성되었다.

② 붕당의 성격과 전개

　　㉠ 성격 : 학문과 이념에 따라 성립되었으며, 정파적 성격과 학파적 성격을 지녔다.

　　㉡ 전개 : 초기에는 강력한 왕권으로 형성이 불가능하였으나, 중기에 이르러 왕권이 약화되고 사림정치가 전개되면서 붕당이 형성되었다.

(4) 붕당정치의 전개

① 붕당의 분화

　　㉠ 동인의 분당은 정여립의 모반사건을 계기로 세자책봉문제(건저의문제)를 둘러싸고 시작되었다.

　　　• 남인은 온건파로 초기에 정국을 주도하였다.

　　　• 북인은 급진파로 임진왜란이 끝난 뒤부터 광해군 때까지 정권을 장악하였다.

기출PLUS

기출 2021. 4. 17. 인사혁신처

(가) 인물에 대한 설명으로 옳은 것은?

┌ 보기 ┐

　[(가)]이/가 올립니다. "지방의 경우에는 관찰사와 수령, 서울의 경우에는 홍문관과 육경(六卿), 그리고 대간(臺諫)들이 모두 능력 있는 사람을 천거하게 하십시오. 그 후 대궐에 모아 놓고 친히 여러 정책과 관련된 대책 시험을 치르게 한다면 인물을 많이 얻을 수 있을 것입니다. 이는 역대 선왕께서 하지 않으셨던 일이요, 한나라의 현량과와 방정과의 뜻을 이은 것입니다. 덕행은 여러 사람이 천거하는 바이므로 반드시 헛되거나 그릇되는 일이 없을 것입니다."

① 기묘사화로 탄압받았다.

② 조의제문을 사초에 실었다.

③ 문정왕후의 수렴청정을 지지하였다.

④ 연산군의 생모 윤씨를 폐비하는 데 동조하였다.

❮정답 ①

ⓒ 광해군의 개혁정치
- 명과 후금 사이의 중립외교를 펼쳤으며, 전후복구사업을 추진하였다.
- 북인은 정권을 독점하려 하였고, 무리한 전후복구사업으로 민심을 잃은 광해군과 북인세력은 서인이 주도한 인조반정으로 몰락하였다.

② 붕당정치의 전개
　ⓐ 서인과 남인의 공존관계 유지 : 서인이 집권하여 남인 일부와 연합하고, 상호비판 공존체제가 수립되었다.
　ⓑ 정치여론 수렴 : 서원을 중심으로 여론을 수렴하여 중앙정치에 반영되었다.
　ⓒ 예송논쟁(현종) : 효종의 왕위계승 정통성에 대하여 서인과 남인의 정치적 대립이 격화되었다.
　ⓓ 공존의 붕괴 : 서인과 남인의 정치 공존은 경신환국(서인이 남인을 역모죄로 몰아 숙청하고 정권을 독점)으로 붕괴되었다.

(5) 붕당정치의 성격

① 공론 중시
　ⓐ 비변사를 통한 여론 수렴이 이루어졌다.
　ⓑ 3사의 언관과 이조전랑의 정치적 비중이 증대되었다.
　ⓒ 재야의 여론이 수렴되어 재야의 공론주도자인 산림이 출현하였고, 서원과 향교를 통한 수렴이 이루어졌다.

② 의의 … 붕당정치는 정치참여의 확대와 정치의 활성화에 기여했다고 할 수 있다.

③ 한계
　ⓐ 국가의 이익보다는 당파의 이익을 앞세워 국가 발전에 지장을 주기도 하였다.
　ⓑ 현실 문제를 경시하고 의리와 명분에 치중하였다.
　ⓒ 지배층의 의견만을 정치에 반영하였다.

section 4 조선초기의 대외관계

(1) 명과의 관계

① 외교정책의 원칙
　ⓐ 사대외교 : 명과의 관계를 말하며 왕권의 안정과 국가의 안전 보장을 목적으로 한다.
　ⓑ 교린정책 : 중국 이외의 주변 민족에 대한 회유와 강압책을 병행했다.

기출PLUS

기출 2020. 6. 13. 제1회 지방직

(개)와 (내) 사이의 시기에 있었던 일로 옳은 것은?

┌ 보기 ┐
(개) 남인들이 대거 관직에서 쫓겨나고 허적과 윤휴 등이 처형되었다.
(내) 인현왕후가 복위되고 노론과 소론이 정계에 복귀하였다.
└─────┘

① 송시열과 김수항 등이 처형당하였다.
② 서인과 남인이 두 차례에 걸쳐 예송을 전개하였다.
③ 서인 정치에 한계를 느낀 정여립이 모반을 일으켰다.
④ 청의 요구에 따라 조총부대를 영고탑으로 파견하였다.

＜정답 ①

② 대명외교

　　㉠ 조공외교 : 명의 정치적 간섭은 배제하고 정기사절과 부정기사절을 파견하였다.

　　　• 정치적 목적에서 파견하였지만 문화의 수입과 물품교역이 이루어졌다.

　　　• 자주적 실리외교로 선진문물을 흡수하였고, 국가 간의 공무역이었다.

　　㉡ 태조 때 정도전 중심의 요동수복운동으로 대립하였으나 태종 이후 정상화되었다.

(2) 여진과의 관계

① 대여진정책(강온양면정책)

　　㉠ 회유책 : 귀순을 장려하였고, 북평관을 세워 국경무역과 조공무역을 허락하였다.

　　㉡ 강경책 : 본거지를 토벌하고 국경지방에 자치적 방어체제를 구축하여 진·보를 설치하였다.

② 북방개척

　　㉠ 4군 6진 : 최윤덕, 김종서 등은 압록강에서 두만강에 이르는 4군 6진을 설치하였다.

　　㉡ 사민정책 : 삼남지방의 주민을 강제로 이주시켜 북방 개척과 국토의 균형 있는 발전을 꾀하였다.

　　㉢ 토관제도 : 토착인을 하급관리로 등용하는 것이다.

(3) 일본 및 동남아시아와의 관계

① 대일관계

　　㉠ 왜구의 토벌 : 고려 말부터 이어진 왜구의 약탈에 조선은 수군을 강화하고, 화약무기를 개발하는 등 왜구 격퇴에 노력하였다. 이에 왜구가 무역을 요구해오자 조선은 제한된 무역을 허용하였다. 그러나 왜구의 약탈은 계속되었으므로 이종무가 쓰시마섬을 토벌하였다(세종).

　　㉡ 교린정책 : 3포(부산포, 제포, 염포)를 개항하여, 계해약조를 맺고 조공무역을 허용하였다.

② 동남아시아와의 교역 … 조공, 진상의 형식으로 물자 교류를 하고 특히 불경, 유교경전, 범종, 부채 등을 류큐(오키나와)에 전해주어 류큐의 문화 발전에 기여하였다.

기출PLUS

section 5 양 난의 극복과 대청관계

(1) 왜군의 침략

① 조선의 정세

    ㉠ **왜구 약탈**: 3포왜란(임신약조) → 사량진왜변(정미약조) → 을묘왜변(교역 중단)

    ㉡ **국방대책**: 3포왜란 이후 군사문제를 전담하는 비변사가 설치되었다.

    ㉢ **16세기 말**: 사회적 혼란이 가중되면서 국방력이 약화되어 방군수포현상이 나타났다(군적수포제 실시).

    ㉣ **국론의 분열**: 붕당에 따라 일본 정세에 대한 인식의 차이가 노출되어 적극적인 대책이 강구되지 못하였다.

② **임진왜란(1592)** … 왜군 20만이 기습하고 정발과 송상현이 분전한 부산진과 동래성의 함락과 신립의 패배로 국왕은 의주로 피난하였다. 왜군은 평양, 함경도까지 침입하였고 명에 파병을 요청하였다.

(2) 수군과 의병의 승리

① 수군의 승리

    ㉠ **이순신(전라좌수사)의 활약**: 판옥선과 거북선을 축조하고, 수군을 훈련시켰다.

    ㉡ **남해의 재해권 장악**: 옥포(거제도)에서 첫 승리를 거두고, 사천(삼천포, 거북선을 이용한 최초의 해전), 당포(충무), 당항포(고성), 한산도대첩(학익진 전법) 등지에서 승리를 거두어 남해의 제해권을 장악하였고 전라도지방을 보존하였다.

    ㉢ 왜군의 수륙병진작전이 좌절되자 전세전환의 계기가 마련되었다.

② 의병의 항쟁

    ㉠ **의병의 봉기**: 농민이 주축이 되어 전직관리, 사림, 승려가 주도한 자발적인 부대였다.

    ㉡ **전술**: 향토지리와 조건에 맞는 전술을 사용하였다. 매복, 기습작전으로 아군의 적은 희생으로 적에게 큰 타격을 주었다.

    ㉢ **의병장**: 곽재우(의령), 조헌(금산), 고경명(담양), 정문부(길주), 서산대사 휴정(평양, 개성, 한성 등), 사명당 유정(전후 일본에서 포로 송환) 등이 활약하였다.

    ㉣ **전세**: 관군이 편입되어 대일항전이 조직화되고 전력도 강화되었다.

기출 2019. 6. 15. 제1회 지방직

다음 자료에 나타난 상황과 관련 있는 사건은?

─ 보기 ─

경성에는 종묘, 사직, 궁궐과 나머지 관청들이 또한 하나도 남아 있는 것이 없으며, 사대부의 집과 민가들도 종루 이북은 모두 불탔고 이남만 다소 남은 것이 있으며, 백골이 수북이 쌓여서 비록 치우고자 해도 다 치울 수 없다. 경성의 수많은 백성들이 도륙을 당했고 남은 이들도 겨우 목숨만 붙어 있다. 굶어 죽은 시체가 길에 가득하고 진제장(賑濟場)에 나아가 얻어먹는 자가 수천 명이며 매일 죽는 자가 60 ~ 70명 이상이다.

─ 성혼, 『우계집』에서 ─

① 병자호란   ② 임진왜란

③ 삼포왜란   ④ 이괄의 난

〈정답 ②

(3) 전란의 극복과 영향

① 전란의 극복

ㄱ **조·명연합군의 활약** : 평양성을 탈환하고 행주산성(권율) 등지에서 큰 승리를 거두었다.

ㄴ **조선의 군사력 강화** : 훈련도감과 속오군을 조직하였고 화포 개량과 조총을 제작하였다.

ㄷ **휴전회담** : 왜군은 명에게 휴전을 제의하였으나, 왜군의 무리한 조건으로 3년 만에 결렬되었다.

ㄹ **정유재란** : 왜군은 조선을 재침하였으나 이순신에게 명량·노량해전에서 패배하였다.

② 왜란의 영향

ㄱ **국내적 영향**

• 인구와 농토가 격감되고 농촌이 황폐화되어 민란이 발생하였다.

• 국가재정 타개책으로 공명첩을 대량으로 발급하여 신분제가 동요되었고, 납속이 실시되었다.

• 토지대장과 호적이 소실되어 조세, 요역의 징발이 곤란하였다.

• 경복궁, 불국사, 서적, 실록 등의 문화재가 소실·약탈당하였다.

• 일본을 통하여 조총, 담배, 고추, 호박 등이 전래되었다.

ㄴ **국제적 영향**

• 일본은 문화재를 약탈하고, 성리학자와 도공을 납치하였다. 이는 일본 문화가 발전하는 계기가 되었다.

• 여진족은 급성장하였으나(후금 건국, 1616), 명은 쇠퇴하였다.

(4) 광해군의 중립외교

① 내정개혁

ㄱ **부국책** : 양안(토지대장)과 호적을 재작성하여 국가재정기반을 확보하고, 산업을 진흥하였다.

ㄴ **강병책** : 군사력을 강화하기 위해 성곽과 무기를 수리하였다.

ㄷ **문화시책** : 동의보감(허준)을 편찬하고 소실된 사고를 5대 사고로 재정비하였다.

② 대외정책

ㄱ **후금의 건국** : 임진왜란 동안 조선과 명이 약화된 틈을 타서 여진이 후금을 건국하였다(1616).

ㄴ **명의 원군 요청** : 후금은 명에 대하여 전쟁을 포고하고, 명은 조선에 원군을 요청하였다.

기출 2018. 10. 13. 소방공무원

다음 밑줄 친 '왕'의 정책으로 옳은 것은?

┌ 보기 ┐

왕이 배은망덕하여 천명을 두려워하지 않고 속으로 다른 뜻을 품어 오랑캐에게 성의를 베풀었다. 기미년(1619) 오랑캐를 정벌할 때는 은밀히 강홍립을 시켜 동태를 보아 행동하게 하였다. … (중략) … 우리를 오랑캐와 같은 금수가 되게 하였으니, 어찌 그 통분함을 다 말할 수 있겠는가.

① 친명 배금 정책을 추진하였다.

② 왜구의 근거지인 대마도를 토벌하였다.

③ 여진을 정벌하고 4군 6진을 설치하였다.

④ 명과 후금 사이에서 중립 외교로 대처하였다.

❮정답 ④

ⓒ 중립외교 : 조선은 명의 후금공격 요구를 거절할 수 없었고 후금과 적대관계를 맺을 수도 없었다. 이에 명을 지원하였으나 상황에 따라 대처하였고 명의 원군 요청을 적절히 거절하면서 후금과 친선정책을 꾀하는 중립적인 정책을 취하였다.

ⓓ 의의 : 국내에 전쟁의 화가 미치지 않아 왜란 후의 복구사업에 크게 기여하였다.

(5) 호란의 발발과 전개

① 정묘호란(1627)

ⓐ 원인 : 명의 모문룡 군대의 가도 주둔과 이괄의 난 이후 이괄의 잔당이 후금에 건너가 조선 정벌을 요구한 것으로 발생하였다.

ⓑ 경과 : 후금의 침입으로 정봉수, 이립 등이 의병으로 활약하였다. 후금의 제의로 쉽게 화의(정묘조약)가 이루어져 후금의 군대는 철수하였다.

② 병자호란(1636)

ⓐ 원인 : 후금이 군신관계를 요구하자 조선은 거부하였다(척화주전론).

ⓑ 경과 : 삼전도에서 항복하고(삼전도의 굴욕) 청과 군신관계를 맺게 되었다. 또한 소현세자와 봉림대군(효종)이 인질로 끌려갔다.

(6) 북벌운동의 전개

① 추진세력 … 서인세력(송시열, 송준길, 이완 등)은 군대를 양성하는 등의 계획을 세웠으나 실천하지 못하였다.

② 추진동기 … 서인의 정권 유지를 위한 것이었다.

③ 효종의 북벌계획 … 이완을 훈련대장으로 임명하고 군비를 확충하였지만 효종의 죽음으로 북벌계획은 중단되었다.

01 길재, 정몽주 등에서 김종직, 김굉필로 학통이 이어져 내려오는 사림과 관련 없는 것은?

① 부국강병과 민생안정을 추구하였다.
② 향촌에서 교육과 향촌 건설에 주력하였다.
③ 성종 때를 전후하여 중앙정계 진출이 활발해졌다.
④ 조선왕조의 개창을 유교적 윤리와 의리에 부합하지 않는다고 비난하였다.

TIPS!

① 훈구파가 부국강병에 관심을 두었다.

02 다음 중 조선을 근세사회로 규정하는 근거로 옳은 것은?

① 민족의식이 성장하여 국가사회를 이끌어 왔다.
② 문화의 폭이 보다 넓어지고 문화의 수준이 크게 높아졌다.
③ 수준있는 지방문화가 등장하였다.
④ 중앙 집권적으로 제도를 개편하여 관료체제의 기틀을 마련하였다.

TIPS!

조선의 중앙정치체제는 경국대전으로 법제화되었고 강력한 왕권을 위해 중앙집권적으로 제도가 정비되었다.

Answer 01.① 02.④

03 다음을 종합하여 조선의 중앙정치기구에 대해 내린 결론으로 가장 옳은 것은?

> • 사간원과 사헌부
>
> • 승정원과 의금부

① 신권 강화   ② 왕권 강화

③ 왕도정치 실현   ④ 왕권과 신권의 조화

> **TIPS!**
>
> 사간원과 사헌부, 홍문관은 삼사로 불렸는데 정사를 비판하고 관리들의 비리를 감찰하는 언론기능을 수행하여 권력의 독점과 부정을 방지하고자 하였다. 승정원은 국왕의 비서기관으로 왕명출납을, 의금부는 왕의 특명에 의해 큰 죄인을 다스렸는데 왕권 강화를 위한 핵심기관이었다. 이것으로 미루어 조선은 왕권과 신권의 조화를 추구했음을 알 수 있다.

04 다음을 종합하여 조선시대의 지방 행정조직의 특징으로 옳은 것은?

> • 서울에 경재소를 두어 유향소와 정부 사이의 연락 기능을 담당하게 하였다.
> • 속현을 없애고 모든 군현에 수령을 파견하여 조세와 공물을 징수하게 하였다.
> • 향촌의 인사들이 유향소를 구성하여 수령을 보좌하고 향리를 규찰하였다.

① 중앙정부에서 향촌 자치 기구를 운영하였다.

② 향촌의 인사들이 지방행정사무를 담당하였다.

③ 향촌 양반들이 백성을 임의적으로 지배하였다.

④ 중앙집권과 향촌자치가 조화를 이루었다.

> **TIPS!**
>
> 조선시대에는 속현을 폐지하고 모든 군현에 수령을 파견하였으며 향리를 격하시켰다. 수령보좌, 향리규찰, 풍속규정 등의 업무에 향촌의 덕망 있는 인사들로 유향소를 구성하여 참여시켰으며 경재소를 두어 유향소를 중앙에서 직접통제 하였다. 이는 향촌자치를 허용하면서 중앙집권의 효율화를 추구한 것이다.

Answer 03.④ 04.④

05 다음 정책과 관련 있는 조선전기의 인물은?

ⓐ 향약 시행   ⓒ 공납의 폐단시정

ⓑ 위훈 삭제   ⓓ 불교, 도교에 관한 종교 행사 폐지

---

① 조광조   ② 이이

③ 유성룡   ④ 이황

TIPS!

조광조의 개혁정치

ⓐ 현량과 실시

ⓑ 위훈 삭제로 훈구대신의 토지, 노비 몰수

ⓒ 불교와 도교의 종교행사 폐지

ⓓ 향약 실시

ⓔ 방납제도 폐단시정

ⓕ 경연, 언론활동의 강화

---

06 다음에서 언급한 기관 설치와 동일한 목적으로 추진된 것은?

조선시대에 중앙에서 설치한 기관으로 의금부와 승정원이 있었다.

---

① 상대등 강화   ② 광군 설치

③ 노비안검법 실시   ④ 대간제도 실시

TIPS!

조선시대의 승정원은 국왕의 비서기관으로 왕명의 출납을 담당하던 곳으로 왕의 특명에 의해 죄인들을 다스리던 의금부와 함께 왕권 강화에 크게 기여한 기관이었다.

③ 고려의 광종은 초기의 불안했던 왕권을 강화하기 위해 노비안검법, 과거제를 실시하였으며 공복을 제정하여 왕과 신하의 관계를 정립하고 상하를 구분하였다.

Answer   05.①   06.③

07 다음 글에서 설명하는 정치제도에 대해 옳게 설명한 것은?

> 6조는 각기 모든 직무를 먼저 의정부에 품의하고, 의정부는 가부를 헤아린 뒤에 왕에게 아뢰어 (왕의) 전지를 받아 6조에 내려 보내어 시행한다. 다만, 이조·병조의 제수, 병조의 군사업무, 형조의 사형수를 제외한 판결 등은 종래와 같이 각 조에서 직접 아뢰어 시행하고 곧바로 의정부에 보고한다. 만약, 타당하지 않으면 의정부가 맡아 심의 논박하고 다시 아뢰어 시행토록 한다.

① 태조 때 정치적·사회적 안정과 왕권의 안정을 목적으로 하였다.
② 태종 때 국왕 중심의 통치체제를 정비하고자 하였다.
③ 세종 때 왕권과 신권의 조화를 목적으로 실시하였다.
④ 세조 때 시행한 것으로 왕권 강화를 목적으로 하였다.

 TIPS!
의정부서사제…왕의 권한을 의정부에 많이 넘겨주고, 훌륭한 재상들을 등용하여 정치를 맡기고자 하였다. 그러면서도 인사와 군사에 관한 일은 왕이 직접 처리함으로써 왕권과 신권의 조화를 이루었다.

08 다음 내용으로 알 수 있는 정도전이 추구한 정치방향은?

> • 새로운 왕조 개창에 이바지하였다.
> • 요동수복운동을 추진하기 위해서 '진도'를 작성하였다.
> • 조선경국전, 경제문감을 저술하였다.
> • 불씨잡변을 저술하였다.

① 6조직계제로 왕권 확립을 주장하였다.
② 재상 중심의 관료제 확립을 주장하였다.
③ 지방세력 억제로 중앙집권화를 주장하였다.
④ 왕권과 신권의 조화를 강조하였다.

TIPS!
정도전은 민본적 통치규범을 마련하고(조선경국전), 재상 중심의 정치를 주장하였으며, 불교를 비판하며(불씨잡변), 성리학을 통치이념으로 확립하였다.

Answer 07.③ 08.②

09 다음과 관련된 정치세력에 대한 설명으로 옳은 것은?

> • 향촌자치 추구
> • 도덕과 의리 숭상
> • 왕도정치 추구
> • 관념적 이기론 중시

① 공민왕의 개혁정치에 적극 참여하였다.
② 역성혁명을 주도한 세력이다.
③ 15세기의 수준 높은 근세 문화 발달에 이바지하였다.
④ 현량과를 통한 관리 등용을 주장하였다.

> **TIPS!**
> 제시된 내용과 관련된 정치세력은 사림파이다. 15세기 말경 언관직을 맡아 의리와 정통을 숭상하고 도덕정치를 구현하려는 한편, 훈구파의 독주와 비리에 대해 비판적 입장을 지녔으며, 삼사를 중심으로 발언권을 크게 확대시켜 갔다. 16세기에는 조광조를 비롯한 당시의 사림은 유교적 도덕국가의 건설을 정치적 목표로 삼아 왕도정치의 이상을 실현하기 위하여 현량과를 실시하여 인물 중심으로 사림을 등용하였다. 또한 경연의 강화, 언론활동의 활성화, 위훈 삭제, 소격서의 폐지, 소학의 보급, 방납의 폐단시정 등을 주장하였다.

10 다음 중 조선시대에 대한 설명으로 옳지 않은 것은?

① 평화 추구의 친선정책을 외교정책의 기본으로 삼았다.
② 향·부곡·소 같은 특수행정구역이 존속하고 있다.
③ 양반 중심의 지배질서와 가족제도에 종법사상이 적용되었다.
④ 불교, 도교, 토속신앙을 포함하는 종교적 생활까지도 유교사상으로 흡수하고자 하였다.

> **TIPS!**
> ② 조선시대에는 향·부곡·소가 일반 군현으로 승격되었다.

Answer 09.④ 10.②

11 다음 시기의 외교정책은?

> 명·청교체기에 청의 위협에 대비하여 명은 조선에 출병을 요청하였다.

① 사대교린정책   ② 광해군의 중립외교

③ 친청정책   ④ 친명배금정책

> **TIPS!**
>
> 여진족이 후금을 세우고 명을 위협하자 명은 조선에 공동출병을 제의했다. 이에 광해군은 임진왜란 때 도움을 준 명의 요구를 거절하기가 어려웠다. 그러나 신흥하는 후금과 적대관계를 가지는 것도 현명하지 못하다고 판단하여 강홍립으로 하여금 출병하게 한 다음, 정세를 보아 향배를 결정하도록 조치하였다. 광해군의 이러한 중립외교로 인해 국내에는 전화가 미치지 않아 왜란 후의 복구사업에 크게 기여할 수 있었다.

12 조선 초기에 6조직계제를 실시하여 왕권강화정책을 촉진한 왕대끼리 연결한 것은?

> ㉠ 태조   ㉡ 태종
>
> ㉢ 세종   ㉣ 세조

① ㉠ - ㉡   ② ㉠ - ㉣

③ ㉡ - ㉢   ④ ㉡ - ㉣

> **TIPS!**
>
> 조선 태종은 건국 주도세력과 공신세력을 견제하기 위하여 6조에서 정무를 직접 왕에게 직계하여 결재받아 시행하는 6조직계제를 실시함으로써 왕권을 강화하였다. 이후 세종은 집현전 학자들의 요구로 6조직계제를 폐지하고 의정부서사제를 시행하였으나, 세조 때 약해진 왕권의 강화를 위해 의정부의 정책결정권을 약화시키고 6조직계제를 부활시켰다.

Answer   11.②   12.④

13 다음 중 고려와 조선의 공통점은?

① 왕권을 견제하는 경연제도가 존재하였다.

② 모든 지방에 지방관을 파견하였다.

③ 문과와 무과 등 과거제도를 통한 인재등용제도가 확립되었다.

④ 향·부곡·소가 소멸하였다.

> **TIPS!**
>
> ① 경연은 고려 때 시작하여 조선시대에 활성화된 제도로 국왕과 대신이 모여 학문과 정책을 토론하였다.
> ② 고려시대에는 지방관이 파견되지 않은 속현이 존재하였으며, 모든 지방에 지방관이 파견된 것은 조선시대이다.
> ③ 고려시대에는 무과가 거의 실시되지 않았으나, 조선시대에는 무과가 실시되어 문·무양반제도가 확립되었다.
> ④ 고려시대에 광범위하게 존재하였던 속현과 특수행정구역인 향·부곡·소는 조선시대에 이르러 점차 소멸되었다.

14 조선시대에 있었던 5군영에 대한 설명으로 옳은 것은?

① 모두 인조 때 설치되었다.

② 수어청은 궁궐을 수비하는 속오군으로 조직되었다.

③ 훈련도감에서 포수, 살수, 사수의 3수병으로 구성되었다.

④ 이괄의 난을 계기로 금위영이 설치되었다.

> **TIPS!**
>
> ① 훈련도감은 임진왜란을 계기로 선조 27년에, 금위영은 수도 방위를 위해 숙종 8년에 설치되었다.
> ② 수어청은 정묘호란 이후 인조 때 설치되어 남한산성의 수비와 수도 외곽(경기도 광주)의 방위를 맡았다.
> ④ 어영청은 인조반정 이후 이괄의 난을 계기로 설치되어 효종 때 북벌계획(북벌론)의 중심기구로 강화되었다.

15 조선의 군역제도와 군사조직에 대한 설명으로 옳지 않은 것은?

① 잡색군은 일종의 예비군으로 유사시 향토방위를 맡았다.

② 노비는 원칙적으로 군역의 의무가 없었으나, 필요에 따라 특수군으로 편제되었다.

③ 5위는 중앙군으로 궁궐의 수비와 수도의 방비를 담당하였다.

④ 정군은 고급관료의 자제로 구성되어 복무연한에 따라 품계와 녹봉을 받았다.

> **TIPS!**
>
> 정군은 현역군인을 말한다. 16세 이상의 정남에게 의무가 있으며, 양반·서리·향리는 군역이 면제되었다.

Answer 13.① 14.③ 15.④

16 다음 중 조광조의 개혁정치에 관한 설명으로 옳은 것은?

① 현량과를 폐지하여 반대 정치세력을 제거하려 하였다.
② 강력한 중앙집권체제를 추구하였다.
③ 기묘사화를 통해 정치권력을 획득하였다.
④ 공납제의 폐단을 시정하려 노력하였다.

 TIPS!

조광조의 개혁 … 현량과를 실시하여 사림을 등용하여 급진적 개혁 추진, 위훈삭제사건으로 훈구세력이 약화되었고, 공납의 폐단이 시정되었다.

17 조선시대의 지방제도에 대한 설명으로 옳은 것은?

① 아전이 세습되면서 권한이 강화되었다.
② 수령에게 지방의 군사지휘권은 없었다.
③ 지방관의 등급에 따라 고을 크기를 정하였다.
④ 향·부곡·소를 일반 군현으로 승격시켰다.

TIPS!

① 향리의 신분은 수령의 행정 사무를 보좌하는 세습적인 아전으로 격하되었다.
② 수령은 왕의 대리인으로 지방의 행정·사법·군사권을 행사하였다.
③ 전국을 8도로 나누고 고을의 크기를 살핀 후 지방관의 등급을 조정하였다.

18 다음 중 조선시대의 향리에 관한 설명으로 옳은 것은?

① 과거 응시에 제한이 없었다.
② 과전을 지급받아 생계를 유지하였다.
③ 향촌사무를 자치적으로 처리하였다.
④ 조세, 공납, 요역 징발의 업무를 보좌하였다.

TIPS!

① 자제들 중 1명에게만 과거응시자격이 주어졌다.
② 과전은 관리들에게 지급된 토지이며 향리에게는 토지가 지급되지 않았다.
③ 수령에게 예속되어 행정을 보좌하였다.

Answer 16.④ 17.④ 18.④

19 조선시대의 군사제도에 대한 설명으로 옳지 않은 것은?

① 중앙군은 정군을 중심으로 갑사나 특수군으로 편성되었다.
② 종친과 고급 관료의 자제들은 군역이 면제되었다.
③ 현직 관료와 학생은 군역이 면제되었다.
④ 16세 이상 모든 양인은 정군과 보인으로 편성되었다.

TIPS!

조선시대의 기본 군사제도는 16세 이상 60세 이하의 모든 양인 남자는 군역을 지는 양인개병제였다. 그러나 현직 관료와 학생은 군역을 면제받았으며, 종친과 외척, 공신이나 고급 관료의 자제들은 고급 특수군에 편입되었다.

20 다음 중 조선시대에 일어난 사화에 대한 설명으로 옳은 것은?

① 사림파가 중앙정계에 진출하는 과정에서 기존 세력과의 대립으로 인해 많은 피해를 입은 사건들이다.
② 사림파 내부의 권력투쟁이었다.
③ 사림파는 훈구파와의 권력투쟁에서 패배하여 소멸하였다.
④ 이후 훈구파와 사림파는 화해하고 권력을 공유하였다.

TIPS!

조선시대의 사화
㉠ 무오사화: 1498년(연산군 4)에 일어났는데, 김종직의 제자인 김일손이 사관으로 있으면서 김종직이 지은 조의제문을 사초에 올린 일을 빌미로 훈구세력이 사림파 학자들을 죽이거나 귀양보냈다.
㉡ 갑자사화: 1504년(연산군 10)에 일어났는데, 연산군이 그의 생모인 윤씨의 폐출사사사건을 들추어서 자신의 독주를 견제하려는 사림파의 잔존세력을 죽이거나 귀양보냈다.
㉢ 기묘사화: 1519년(중종 4)에 일어났는데, 조광조의 혁신정치에 불만을 품은 훈구세력이 위훈 삭제 사건을 계기로 계략을 써서 중종을 움직여 조광조 일파를 제거하였다. 이로 인하여 사림세력은 다시 한 번 크게 기세가 꺾였다.
㉣ 을사사화: 1545년(명종 즉위년)에 일어났는데, 중종의 배다른 두 아들의 왕위 계승을 에워싼 싸움의 결과로 일어났다. 인종과 명종의 왕위계승문제는 그들 외척의 대립으로 나타났고, 이에 당시의 양반관리들이 또한 부화뇌동하여 파를 이루었다. 인종이 먼저 즉위하였다가 곧 돌아간 뒤를 이어 명종이 즉위하면서 집권한 그의 외척세력이 반대파를 처치하였다. 이때에도 사림세력이 많은 피해를 입었다.

Answer 19.② 20.①

21 조선초기 대외관계에 관한 설명으로 옳은 것은?

① 왜구를 막기 위하여 일본과의 교역을 확대하였다.
② 여진과는 무역을 단절하고 본거지를 토벌하였다.
③ 명과의 친선관계가 수립되었으나, 요동수복운동을 계속 추진하였다.
④ 류쿠, 시암, 자바 등의 동남아시아 각국과 교류가 있었다.

🔎 TIPS!
① 왜구가 침략하면 그 보복조치로서 무역량을 줄이고 제한된 범위 내에서 교역을 허락하였다.
② 여진족에 대해서는 회유와 토벌이라는 양면정책을 폈다.
③ 이방원이 일으킨 왕자의 난으로 정도전이 제거되어 요동수복운동은 중단되었다.

22 다음 중 임진왜란의 영향이 아닌 것은?

① 국가재정 타개책으로 공명첩을 대량 발급하여 신분제가 동요되었다.
② 인구와 농토가 격감되고 농촌이 황폐화되었다.
③ 일본을 통하여 조총, 담배, 고추, 호박 등이 전래되었다.
④ 서인세력이 군대를 양성하는 등의 계획을 세우는 계기가 되었다.

🔎 TIPS!
④ 병자호란 이후의 북벌운동에 대한 설명이다.

23 다음에서 고려와 조선의 통치체제상에 나타나는 공통점으로 옳은 것은?

① 대간과 언관의 간쟁활동을 약화시켜 왕권 강화를 유도하였다.
② 과거로 발탁된 문무 양반 관리가 통치의 중심을 이루었다.
③ 중요한 정책을 협의로 결정하는 제도가 존재하였다.
④ 중앙과 지방의 행정은 성문 법전에 의하여 이루어졌다.

🔎 TIPS!
③ 고려시대에는 도병마사가, 조선시대에는 의정부와 비변사가 존재하였다.

Answer 21.④ 22.④ 23.③

24 조선시대에 ⊙과 ⓛ의 대외정책을 추진한 결과를 바르게 짝지은 것은?

> ⊙ 명이 쇠약해지고 북방 여진족이 강성해진 정세변화를 인식하고 신중한 중립적 외교정책으로 대처하였다.
> ⓛ 명과의 의리를 내세워 친명배금정책을 강력히 추진하였다.

① ⊙ 인조반정, ⓛ 정묘호란
② ⊙ 서인집권, ⓛ 북인집권
③ ⊙ 나선정벌, ⓛ 북학운동
④ ⊙ 중종반정, ⓛ 기묘사화

> **TIPS!**
> ⊙ 광해군과 북인정권이 추진한 실리 위주의 중립외교정책과 유교적 실덕을 구실로 명분론을 앞세운 서인들이 인조반정을 일으켰다.
> ⓛ 서인의 명분론에 치우친 친명배금정책의 결과 청의 침입이 있었다(정묘호란).

25 조선전기 왕들의 집권체제 정비를 위한 노력을 바르게 설명한 것은?

① 태조는 조선의 영역을 압록강에서 두만강까지로 확장하였다.
② 태종은 왕권 강화를 위해 사병제도를 폐지하였다.
③ 세종은 호패법을 실시하여 직역을 법제화시켰다.
④ 세조는 정도전을 등용하여 성리학의 통치이념을 확립하였다.

> **TIPS!**
> 태종은 경제 기반 안정과 군사력 강화를 위해 양전사업을 실시하고, 호패법도 시행하였다. 사원전을 몰수하였으며, 노비도 해방시키고 사병도 폐지하였다.

26 조선시대의 관제에 대한 설명 중 옳지 않은 것은?

① 조선의 통치기구는 크게 경직과 외직으로 분류된다.
② 언론학술기구로 사간원, 사헌부, 홍문관의 삼사를 두었다.
③ 조선의 모든 통치 권력이 의정부로 집중되었다.
④ 중앙정치구조는 의정부와 6조로 편성되었다.

> **TIPS!**
> 조선왕조 정치구조상의 가장 큰 특징은 최고정치기구인 의정부는 행정권만을 지니는 반면, 권력과 기능은 각 기관에 분산시켰다는 점이다. 이러한 권력과 기능의 분산은 왕권 강화를 위해서였다.

Answer 24.① 25.② 26.③

27 다음 중 유향소와 경재소에 대한 설명으로 옳지 않은 것은?

① 정부는 경재소를 통해서 유향소를 중앙에서 직접 통제할 수 있었다.

② 유향소는 수령을 보좌하고 향리를 규찰하면서 지방행정에 참여하였다.

③ 경재소는 유향소와 정부 사이의 연락기능을 맡았다.

④ 유향소와 경재소는 향촌자치와 지방분권을 위한 것이었다.

 TIPS!

유향소와 경재소의 설치

㉠ 유향소 : 좌수와 별감이 있어 수령의 보좌, 풍속의 교정, 향리의 규찰 등의 임무를 맡았다. 그러므로 지방에 있어서의 양반세력의 거점과도 같은 구실을 하며 지방행정에 미치는 영향이 컸다. 유향소는 때로는 수령의 횡포를 견제하기도 하였으나 수령과 결탁하여 민폐를 끼치는 경우도 없지 않았다.

㉡ 경재소 : 해당 지방의 유향소에 대한 통제권을 가지고 있었으며, 제반사를 주선하고 서울과 지방간의 연락을 담당하는 기능을 하였다. 현직 중앙관료들은 경재소를 통하여 유향소를 통제하면서 연고지에 대한 영향력을 행사하였다.

28 다음 내용과 관련이 깊은 것을 모두 고르면?

> 임금의 자질에는 어리석은 자질도 있고 현명한 자질도 있으며, 강력한 자질도 있고 유약한 자질도 있어서 한결같지 않으니, 임금의 아름다운 점은 순종하고 나쁜 점은 바로잡으며, 옳은 일은 받들고 옳지 않은 것은 막아서, 임금으로 하여금 가장 올바른 경지에 들게 하여야 한다.
>
> — 조선경국전 —

㉠ 세습군주제 타파 ㉡ 경연제도 시행
㉢ 사간원 설치 ㉣ 탕평책 실시

① ㉠㉡ ② ㉠㉢

③ ㉠㉣ ④ ㉡㉢

TIPS!

제시된 내용은 조선경국전에 실려 있는 정도전의 주장으로 정도전은 현명한 재상이 국왕을 도와서 정치를 하는 재상 중심의 정치를 제시하였다. 이를 위해 언론 삼사와 국왕이 공부하는 경연, 세자가 공부하는 서연제도 등을 두었다.

Answer 27.④ 28.④

29 다음 중 조선시대의 지방행정에 관한 설명으로 옳은 것은?

① 관찰사는 수령에 대한 감찰권이 있었다.

② 지방관은 출신지에 임명되었다.

③ 지방관은 사법권 · 군사권이 없었다.

④ 면 · 이 · 통의 책임자는 중앙에서 파견되었다.

TIPS!
② 수령은 상피제에 의해 출신 지방에는 파견되지 않았다.
③ 지방관은 행정 · 사법 · 군사지휘권을 모두 가졌다.
④ 면 · 이 · 통의 책임자는 향촌의 주민 중에서 선임되었다.

30 조선 성종 때부터 성장하기 시작한 사림세력에 대한 설명으로 옳은 것은?

① 경학을 중시하고 왕도정치를 강조하였다.

② 세조의 집권을 뒷받침한 공신들이었다.

③ 많은 토지를 소유하고 지방의 중소지주를 위협하였다.

④ 중앙집권체제의 강화를 위해 노력하였다.

TIPS!
훈구파와 사림파

훈구파	사림파
• 15세기 민족문화 창조	• 16세기 사상계 주도
• 중앙집권 추구	• 향촌자치 주장
• 부국강병, 민생 안정 추구	• 의리와 도덕 숭상
• 과학기술 중시	• 과학기술 천시
• 패도정치 인정, 왕도정치 추구	• 왕도정치 이상
• 사장 중시	• 경학 중시
• 자주성이 강함	• 중국 중심의 세계관

Answer 29.① 30.①

정치상황의 변동

기출PLUS

section 1 통치체제의 변화

(1) 정치구조의 변화

① 비변사의 기능 강화

    ㉠ 중종 초에 여진족과 왜구에 대비하기 위해 설치한 임시기구였으나, 임진왜란을 계기로 문무고관의 합의기구로 확대되어 군사뿐만 아니라 외교, 재정, 사회, 인사 등 거의 모든 정무를 총괄하였다.

    ㉡ 영향 : 왕권이 약화되고, 의정부와 6조의 기능이 약화되었다.

② 정치 운영의 변질

    ㉠ 3사의 언론기능 : 공론을 반영하기보다 각 붕당의 이해관계를 대변하였다.

    ㉡ 이조 · 병조의 전랑 : 상대 붕당을 견제하는 기능으로 변질되어 붕당 간의 대립을 격화시켰다.

(2) 군사제도의 변화

① 중앙군(5군영)

    ㉠ 설치배경 : 대외관계와 국내정세 변화에 따라 설치되었으며 서인정권의 군사적 기반이 되었다.

    ㉡ 5군영

      • 훈련도감 : 삼수병(포수 · 사수 · 살수)으로 구성되었으며, 직업적 상비군이었다.

      • 어영청 : 효종 때 북벌운동의 중추기관이 되었다. 기 · 보병으로 구성되며, 지방에서 교대로 번상하였다.

      • 총융청 : 북한산성 등 경기 일대의 방어를 위해 속오군으로 편성되었다.

      • 수어청 : 정묘호란 후 인조 때 설치되어 남한산성을 개축하고 이를 중심으로 남방을 방어하기 위해 설치되었다.

      • 금위영 : 숙종 때 수도방위를 위해 설치되었다. 기 · 보병 중심의 선발 군사들로 지방에서 교대로 번상케 하였다.

② 지방군(속오군)

    ㉠ 지방군제의 변천

      • 진관체제 : 세조 이후 실시된 체제로 외적의 침입에 효과가 없었다.

      • 제승방략체제(16세기) : 유사시에 필요한 방어처에 각 지역의 병력을 동원하여 중앙에서 파견되는 장수가 지휘하게 하는 방어체제이다.

      • 속오군체제 : 진관을 복구하고 속오법에 따라 군대를 정비하였다.

기출 2018. 6. 23. 서울특별시

〈보기〉의 조선시대의 국방정책을 시간 순으로 바르게 나열한 것은?

┌ 보기 ─────────────

㉠ 서울 주변의 네 유수부가 서울을 엄호하는 체제를 구축하였다.

㉡ 금위영을 발족시켜 5군영 제도가 성립되었다.

㉢ 하멜이 가져온 조총 기술을 도입하여 서양식 무기를 제조하였다.

㉣ 수도방어체제를 강화하고 『수성윤음』을 반포하였다.

└────────────────

① ㉠→㉡→㉢→㉣

② ㉡→㉣→㉠→㉢

③ ㉢→㉡→㉣→㉠

④ ㉣→㉢→㉠→㉡

❮정답 ③

ⓛ 속오군 : 양천혼성군(양반, 농민, 노비)으로서, 농한기에 훈련하고 유사시에 동원되었다.

(3) 수취제도의 개편

① 배경 … 경제구조의 변동과 신분제의 동요 등으로 다수의 농민은 생존조차 어려웠다. 이에 따른 농민들의 불만 해소와 사회 안정을 도모하기 위해서 수취제도를 개편하였다.

② 전세제도의 개편

　　㉠ 영정법 : 전세를 풍흉에 관계없이 1결당 미곡 4두로 고정시켰다.

　　㉡ 결과 : 전세율이 다소 낮아졌으나 농민의 대다수인 전호들에게는 도움이 되지 못하였고, 전세 외에 여러가지 세가 추가로 징수되어 조세의 부담은 증가하였다.

③ 공납제도의 개편

　　㉠ 방납의 폐단 : 방납이 이루어지는 과정에서 농민들의 부담이 컸다.

　　㉡ 대동법 : 토지의 결수에 따라 미, 포, 전을 납입하게 하는 제도이다.

　　㉢ 결과

　　　• 농민의 부담이 감소하였으나 지주에게 부과된 대동세가 소작농에게 전가되는 경우가 있었다.

　　　• 조세의 금납화가 촉진되었고 국가재정이 회복되었다.

　　　• 상공업의 발달과 상업도시의 발전을 가져왔다.

　　　• 진상·별공은 여전히 존속하였다.

　　　• 양반의 몰락이 촉진되었다.

④ 군역제도의 개편

　　㉠ 군포 징수의 폐단 : 징수기관이 통일적이지 않아 농민들이 이중, 삼중의 부담을 가졌다.

　　㉡ 균역법 : 12개월마다 내던 군포 2필을 1필로 반감하였다.

　　㉢ 결과 : 일시적으로 농민부담이 경감되었으나 폐단이 다시 발생하여 농민으로부터 반감을 사게 되고 전국적인 저항을 불러왔다.

⑤ 향촌지배방식의 변화

　　㉠ 조선전기 : 사족의 향촌자치를 인정하였으나 후기에는 수령과 향리 중심의 지배체제로 바뀌어 농민 수탈이 심해졌다.

　　㉡ 농민들의 향촌사회 이탈을 막고자 호패법과 오가작통제를 강화하였다.

section 2 정쟁의 격화와 탕평정치

(1) 붕당정치의 변질

① 원인 … 17세기 후반 사회·경제적 변화가 원인이 되었다.

  ⊙ 정치집단이 상업적 이익에 대한 관심이 높아져 독점하는 경향이 커졌다.

  ⓛ 정치적 쟁점이 예론(예송논쟁)에서 군영의 장악(군사력, 경제력 확보)으로 변질되었다.

  ⓒ 지주제와 신분제가 동요하자 양반의 향촌지배력이 약화되고, 붕당정치의 기반이 붕괴되었다.

② 변질양상

  ⊙ 숙종 : 붕당정치형태가 무너지고 정국을 주도하는 붕당과 견제하는 붕당이 서로 교체됨으로써 특정 붕당이 정권을 독점하는 일당전제화 추세가 대두되었다.

  ⓛ 경신환국 이후의 서인 : 노장세력과 신진세력 간에 갈등이 생기면서 노론(대의명분 존중, 민생 안정)과 소론(실리 중시, 적극적 북방개척 주장)으로 나뉘게 되었다.

③ 정치 운영의 변질

  ⊙ 국왕이 환국을 주도하여 왕과 직결된 집단의 정치적 비중이 증대되었다.

  ⓛ 환국이 거듭되는 동안 자기 당의 이익을 직접 대변하는 역할을 하여 삼사와 이조전랑의 정치적 비중이 감소되었다.

  ⓒ 고위 관원의 정치권력이 집중되면서 비변사의 기능이 강화되었다.

④ 결과

  ⊙ 왕위계승문제 : 사사(賜死)가 빈번하였고, 외척의 정치적 비중이 높아져 갔으며, 정쟁의 초점이 왕위계승문제에 두어지는 등 붕당정치가 정상적으로 운영되지 못하였다.

  ⓛ 벌열가문의 정권 독점 : 정권은 몇몇 벌열가문에 의해 독점되었고, 지배층 사이에 서는 종래 공론에 의한 붕당보다도 개인이나 가문의 이익을 우선하는 경향이 현저해졌다.

  ⓒ 양반층의 분화 : 양반층이 분화되면서 권력을 장악한 부류도 있었으나, 다수의 양반은 몰락하여 갔다. 중앙의 정쟁에서 패한 사림들은 정계에서 배제되어 지방 세력화하였으니, 그들은 연고지로 낙향하여 서원을 설립하여 세력의 근거지로 삼았다.

  ⓔ 서원의 남설(濫設) : 특정 가문의 선조를 받드는 사우(祠宇)와 뒤섞여 도처에 세워 졌다.

(2) 탕평론의 대두

① 붕당정치 변질의 문제점

- ㉠ **정쟁과 사회 분열** : 공론(公論)과 공리(公理)보다 집권욕에만 집착하여 균형관계가 깨져서 정쟁이 끊이지 않고 사회가 분열되었다.
- ㉡ **왕권의 약화** : 정치집단 간의 세력 균형이 무너지고 왕권 자체도 불안하게 되어 이에 강력한 왕권을 토대로 국왕이 정치의 중심에 서서 세력 균형을 유지하려는 탕평론이 제기되었다.

> **POINT** 붕당정치 변질과정의 사건들
> - ㉠ **경신환국(庚申換局)** : 경신대출척이라고도 한다. 숙종(1680) 때 서인이 남인인 허적의 서자 허견 등의 역모사건을 고발하여 남인이 축출되고 서인이 중용되었다. 경신환국 직후 서인 내에서 남인에 대한 처분을 놓고 강경론을 편 송시열 등이 노론으로, 온건한 처벌을 주장한 윤증 등 소장파가 소론으로 분열되었다.
> - ㉡ **기사환국(己巳換局)** : 숙종 15년(1689)에 희빈 장씨가 출산한 왕자(경종)를 세자로 책봉하는 과정에서 서인이 몰락하고 남인이 재집권하였는데, 이때 남인이 서인에 대하여 극단적인 보복을 가하였다.
> - ㉢ **갑술환국(甲戌換局)** : 숙종 20년(1694) 폐비 민씨가 복위하는 과정에서 이를 주도한 서인이 다시 집권하게 되었는데, 이 때 서인이 남인에게 보복을 가하였다.

② 숙종의 탕평론

- ㉠ **탕평론의 제시** : 공평한 인사 관리를 통해 정치집단 간의 세력 균형을 추구하였다.
- ㉡ **한계** : 명목상의 탕평책에 불과하여 편당적인 인사 관리로 빈번한 환국이 발생하였다.

(3) 영조의 탕평정치

① 탕평책의 추진

- ㉠ **한계** : 탕평의 교서를 발표하여 탕평책을 추진하였으나 편당적 조처로 정국이 불안정하였다.
- ㉡ **이인좌의 난** : 소론과 남인의 일부 강경파는 노론정권에 반대하고 영조의 정통을 부정하였다.

② 정국의 수습과 개혁정치 … 탕평파를 육성하고, 붕당의 근거지인 서원을 정리하였으며, 이조전랑의 권한을 약화시키기 위해 이조전랑의 후임자 천거제도를 폐지하였다. 그 결과 정치권력은 국왕과 탕평파 대신에게 집중되었다.

③ 영조의 치적

- ㉠ 군역 부담을 줄이기 위하여 균역법을 시행하였다.
- ㉡ 군영을 정비하여 세 군문(훈련도감, 금위영, 어영청)이 도성을 방어하였다.
- ㉢ 악형을 폐지하고 사형수에 대한 삼심제를 채택하였다.
- ㉣ 속대전을 편찬하여 제도와 권력구조의 개편을 반영하였다.

기출PLUS

기출 2016. 6. 18. 제1회 지방직

다음과 같이 주장한 붕당에 대한 설명으로 옳은 것은?

┌ 보기 ┐
기해년의 일은 생각할수록 망극합니다. 그때 저들이 효종 대왕을 서자처럼 여겨 대왕대비의 상복을 기년복(1년 상복)으로 낮추어 입도록 하자고 청했으니, 지금이라도 잘못된 일은 바로잡아야 하지 않겠습니까?
└──────────┘

① 인조반정으로 몰락하였다.
② 기사환국으로 다시 집권하였다.
③ 경신환국을 통해 정국을 주도하였다.
④ 정제두 등이 양명학을 본격적으로 수용하였다.

❮정답 ②

기출 2020. 6. 20. 소방공무원

㈎ 왕이 실시한 정책으로 옳은 것은?

┌ 보기 ┐
__㈎__ 은/는 붕당 사이의 대립이 심해지면서 왕권이 불안해지자 국왕을 중심으로 정치 세력 간의 균형을 유지하려 하였다. 또한 붕당의 근거지였던 서원을 정리하고, 민생 안정을 위해 신문고를 부활시키는 등의 정책을 실시하였다.
└──────────┘

① 비변사를 철폐하였다.
② 속대전을 편찬하였다.
③ 장용영을 설치하였다.
④ 삼정이정청을 설치하였다.

❮정답 ②

④ 한계 … 왕권으로 붕당 사이의 다툼을 일시적으로 억제하기는 하였으나 소론 강경파의 변란(이인좌의 난, 나주괘서사건)획책으로 노론이 권력을 독점하게 되었다.

(4) 정조의 탕평정치

① 정치세력의 재편 … 탕평책을 추진하여 벽파를 물리치고 시파를 고루 기용하여 왕권의 강화를 꾀하였다. 또한 영조 때의 척신과 환관 등을 제거하고, 노론과 소론 일부, 남인을 중용하였다.

② 왕권 강화
  ㉠ 규장각의 육성 : 붕당의 비대화를 막고 국왕의 권력과 정책을 뒷받침하는 기구이다.
  ㉡ 초계문신제의 시행 : 신진 인물과 중·하급 관리를 재교육한 후 등용하는 제도이다.
  ㉢ 장용영의 설치 : 국왕의 친위부대를 설치하고 병권을 장악하여, 군사적 기반이 되었다.
  ㉣ 수원 육성 : 화성을 세워 정치적·군사적 기능을 부여함과 동시에 상공인을 유치하여 자신의 정치적 이상을 실현하는 상징적 도시로 육성하고자 하였다.
  ㉤ 수령의 권한 강화 : 지방 사림의 영향력을 줄이고 국가의 백성에 대한 통치력을 강화하였다.
  ㉥ 서얼과 노비의 차별을 완화하였으며, 통공정책으로 금난전권을 폐지하였다.
  ㉦ 대전통편, 동문휘고, 탁지지 등을 편찬하였다.

section 3 정치질서의 변화

(1) 세도정치의 전개(19세기)

① 배경 … 정조의 탕평정치로 왕에게 권력이 집중되었던 것이 정조가 죽은 후 정치세력 간의 균형이 다시 깨지고 몇몇 유력가문 출신의 인물들에게 집중되었다.

② 세도정치의 전개
  ㉠ 순조 : 정순왕후가 수렴청정을 하면서 노론 벽파가 정권을 잡았으나, 정순왕후가 죽자 순조의 장인인 김조순을 중심으로 안동 김씨의 세도정치가 시작되었다.
  ㉡ 헌종, 철종 때까지 풍양조씨, 안동 김씨의 세도정치가 이어졌다.

(2) 세도정치기의 권력구조

① 정치집단의 폐쇄 … 소수의 집단이 권력을 장악하고 정치권력의 사회적 기반이 약화되자 왕실의 외척, 산림 또는 관료가문인 이들은 서로 연합하거나 대립하여 권력과 이권을 독점하였다.
② 권력구조의 변화

⊙ 정2품 이상만 정치권력을 발휘하고 중하급 관리는 행정실무만 담당하게 되었다.

ⓒ 의정부와 6조의 기능은 약화되고 비변사의 권한은 강화되었다.

(3) 세도정치의 폐단

① 체제 유지

ⓒ 사회 변화에 소극적으로 대응하여 상업 발달과 서울의 도시적 번영에 만족하였다.

ⓒ 남인, 소론, 지방 사족, 상인, 부농 등의 다양한 정치세력의 참여를 배제하였다.

② 정치기강의 문란

ⓒ 수령직의 매관매직으로 탐관오리의 수탈이 극심해지고 삼정(전정, 군정, 환곡)이 문란해졌다. 그 결과 농촌경제는 피폐해지고, 상품화폐경제는 둔화되었다.

ⓒ 피지배계층의 저항은 전국적인 민란으로 발생하였다.

③ 세도정치의 한계 … 고증학(경전의 사실 확인을 위해 실증을 앞세우는 학문)에 치중되어 개혁의지를 상실하였고 지방의 사정을 이해하지 못했다.

section 4 대외관계의 변화

(1) 청과의 관계

① 이중적 대청관계 … 병자호란 이후 명분상으로는 소중화론을 토대로 하여 청을 배척하였으나, 실제로는 사대관계를 인정하여 사신을 파견하기도 했다.

② 북벌정책

ⓒ 17세기 중엽, 효종 때 추진하였다.

ⓒ 청의 국력 신장으로 실현가능성이 부족하여 정권 유지의 수단이 되기도 하였다.

ⓒ 양난 이후의 민심 수습과 국방력 강화에 기여하였다.

③ 북학론의 대두

ⓒ 청의 국력 신장과 문물 융성에 자극을 받았다.

ⓒ 사신들은 천리경, 자명종, 화포, 만국지도, 천주실의 등의 신문물과 서적을 소개하였다.

ⓒ 18세기 말 북학파 실학자들은 청의 문물 도입을 주장하였다.

기출PLUS

기출 2018. 6. 23. 서울특별시

조선시대의 대외관계에 대한 설명으로 가장 옳은 것은?

① 태조는 북방의 여진족을 몰아내고 4군 6진을 개척하였다.

② 왜란이 끝난 후 조선은 일본에 통신사를 파견하여 국교 재개를 요청하였다.

③ 조선후기 북학운동의 한계를 느낀 지식인들은 북벌운동을 전개하였다.

④ 조선후기 중국과의 외교와 무역에 은이 대거 소비되면서 은광이 활발하게 개발되었다.

‹정답 ④

POINT 백두산정계비 건립

    ㉠ 청나라는 자신들의 고향인 간도지방을 중요하게 생각하였다. 그러나 조선인도 그 곳에 정착하여 사는 사람이 많았기 때문에 청과 국경분쟁이 일어났다.

    ㉡ 숙종 때 백두산정계비를 세워 국경이 압록강에서 토문강으로 확정되었다(1712).

    ㉢ 간도분쟁: 19세기에 토문강의 위치에 대한 해석 차이로 간도귀속문제가 발생하였다. 조선의 외교권이 상실된 을사조약 후 청과 일본 사이의 간도협약으로 청의 영토로 귀속되었다.

(2) 일본과의 관계

① 대일외교관계

    ㉠ **기유약조(1609)**: 임진왜란 이후 도쿠가와 막부의 요청으로 부산포에 왜관을 설치하고, 대일무역이 행해졌다.

    ㉡ **조선통신사 파견**: 17세기 초 이후부터 200여년 간 12회에 걸쳐 파견하였다. 외교사절의 역할뿐만 아니라 조선의 선진학문과 기술을 일본에 전파하였다.

② **울릉도와 독도** … 안용복이 일본으로 건너가(숙종) 일본 막부에게 울릉도와 독도가 조선 영토임을 확인받고 돌아왔다. 그 후 조선 정부는 울릉도의 주민 이주를 장려하였고, 울릉도에 군을 설치하고 관리를 파견하여 독도까지 관할하였다.

01 다음 중 비변사가 국정의 최고 기관으로 된 시기는?

① 을묘왜변 후   ② 삼포왜란 후

③ 임진왜란 후   ④ 대원군 집권 후

> **TIPS!**
>
> 임진왜란의 영향으로 비변사는 거의 모든 업무를 총괄하는 국정 최고 기관이 되었다.

02 다음 중 왜란과 호란 이후 조선의 지배층에 의해 추진된 개혁 정책으로 옳지 않은 것은?

① 영정법   ② 과전법

③ 균역법   ④ 대동법

> **TIPS!**
>
> ② 과전법은 고려말 이성계를 중심으로 모인 급진개혁파 사대부 세력이 우왕과 창왕을 잇따라 폐하고 공양왕을 세운 후 전제개혁을 단행하여 신진관료들의 경제기반을 위해 마련하였다.

03 다음 중 19세기에 발생한 민란은?

① 만적의 난   ② 이인좌의 난

③ 망이·망소이의 난   ④ 홍경래의 난

> **TIPS!**
>
> ① 고려 무신집권기에 최충헌의 사노인 만적이 일으킨 난이다.
> ② 18세기 이인좌 등 소론이 주도하여 일으킨 반란이다.
> ③ 향·부곡·소가 해방되는 계기가 되었다.

Answer 01.③ 02.② 03.④

04 경신환국의 결과에 대한 설명으로 옳지 않은 것은?

① 외척 세력의 성장
② 일당 전제화
③ 세자책봉문제에 비중
④ 비판 세력의 공존

 TIPS!

현종 때 경신환국으로 서인은 남인을 역모로 몰아 숙청하고 정권을 장악하였으며 비판 세력의 공존을 인정하지 않는 일당 전제화 추세가 나타났다.

05 다음 중 조선후기 군사조직에 대한 설명으로 옳은 것은?

① 5군영은 북인 정권의 군사적 기반이 되었다.
② 선조 때 신설된 훈련도감은 살수, 사수, 포수의 삼수병을 양성하였다.
③ 진관체제의 문제점으로 인하여 제승방략체제를 복구하고 속오법을 실시하였다.
④ 정조는 왕권을 강화하고자 군사적 기반을 갖추기 위해 5군영을 강화하였다.

TIPS!

① 5군영은 국내 정세 변화에 따라 임기응변식으로 설치되었으며, 서인 정권의 군사적 기반이 되었다.
③ 조선 초기에 실시된 진관체제가 외적의 침입에 효과적으로 대응하지 못하여 16세기 후반에는 제승방략체제로 변화되었다. 그러나 임진왜란 당시 효과를 거두지 못하자 진관을 복구하고 속오군체제로 정비하였다.
④ 정조는 친위부대인 장용영을 설치하고 병권을 장악하였으며 각 군영의 독립적 성격을 약화시킴으로서 왕권을 뒷받침하는 군사력을 갖추게 되었다.

06 다음과 같은 정치가 실시되던 시기의 사실로 옳은 것은?

2품 이상의 고위직만이 정치적 기능을 발휘하였고, 그 아래 관리들은 언론활동과 같은 정치적 기능을 거의 잃은 채 행정실무만 맡게 되었다. 실질적인 힘은 비변사로 집중되었고, 실질적 역할을 담당하는 자리는 대개 유력 가문 출신 인물들이 차지하였다.

① 경신환국
② 기묘사화
③ 홍경래의 난
④ 탕평책 실시

TIPS!

제시된 내용은 19세기 세도정치기의 권력구조를 설명한 글이다. 홍경래의 난은 19세기 초 몰락한 양반 홍경래의 지휘 하에 영세농민, 중소상인, 광산노동자 등이 합세하여 일으킨 봉기였다.

Answer 04.④ 05.② 06.③

07 다음의 정치상황이 나타나게 된 배경으로 옳은 것은?

> 붕당 간에 자율적 세력 균형을 유지한 때는 17세기 초 서인과 남인이 공존관계를 유지하던 시대이며, 왕에 대한 타율적 세력 균형 유지는 붕당정치가 변질되어감에 따라 17세기 후반에 제기되었다. 즉, 경신환국 이후 상대세력의 존재를 인정하지 않는 일당전제화가 나타난 것이다.

> ㉠ 강력한 왕권을 바탕으로 탕평책을 실시하였다.
> ㉡ 양반층의 분화로 다수의 양반이 몰락하였다.
> ㉢ 17세기 후반 이후 상품화폐경제가 발달하였다.
> ㉣ 지주제와 신분제가 동요되면서 사족의 향촌 지배가 어려워졌다.

① ㉠㉡
② ㉡㉢
③ ㉢㉣
④ ㉡㉢㉣

TIPS!
상품경제의 발달로 정치집단이 상업적 이익에 관심을 보이며 독점하려는 경향을 보였고, 지주제와 신분제가 동요되면서 양반층의 분화로 다수의 양반이 몰락하고, 사족의 향촌 지배가 어려워지면서 붕당정치의 기반이 붕괴되고 일당전제화가 나타나게 되었다.

08 조선시대에 있었던 5군영에 대한 설명으로 옳은 것은?

① 모두 인조 때 설치되었다.
② 수어청은 궁궐을 수비하는 속오군으로 조직되었다.
③ 총융청은 북벌계획의 중심적인 기구로서 활동하였다.
④ 훈련도감의 삼수병은 급료를 지급받는 직업적 상비군이었다.

TIPS!
① 훈련도감은 임진왜란을 계기로 선조 27년에, 금위영은 수도 방위를 위해 숙종 8년에 설치되었다.
② 수어청은 정묘호란 이후 인조 때 설치되어 남한산성의 수비와 수도 외곽(경기도 광주)의 방위를 맡았다.
③ 어영청은 인조반정 이후 이괄의 난을 계기로 설치되어 효종 때 북벌계획(북벌론)의 중심기구로 강화되었다.

Answer 07.④ 08.④

09 다음 중 정조의 개혁정치에 해당하지 않는 것은?

① 규장각 설치

② 통공정책 시행

③ 화성 건설

④ 대전회통 편찬

 **TIPS!**

④ 대전회통은 고종 때 편찬된 법전이고, 정조 때 편찬된 법전은 대전통편이다.

10 정조의 정책에 대한 설명으로 옳지 않은 것은?

① 수령의 권한을 약화시키고 지방 사림의 영향력을 강화시켰다.

② 수원에 화성을 세워 정치적·군사적 기능을 부여하고 상공인을 유치하고자 하였다.

③ 정치집단에서 소외되었던 남인 계열을 등용하였다.

④ 군주가 스승의 입장에서 신하를 양성하고 재교육하고자 하였다.

TIPS!

① 정조는 붕당의 근거지가 되는 지방에 대한 통제를 강화하기 위하여 수령이 군현 단위의 향약을 직접 주관하게 하였다.

11 다음 중 세도정치시기의 정치상황에 대한 설명으로 옳은 것은?

① 정2품 이상의 고위직만 정치적 기능을 발휘하였다.

② 서원을 통해 형성되는 공론이 정치에 반영되었다.

③ 의정부와 6조가 정치 운영의 중심이 되었다.

④ 재야의 언론이 수렴되어 서원과 향교를 통한 수렴이 이루어졌다.

TIPS!

세도정치기에는 정2품 이상의 고위직만이 정치적 기능을 발휘하였고 그 이하의 관리들은 언론활동과 같은 정치적 기능을 거의 잃은 채 행정실무만 맡게 되었다. 그리고 의정부, 6조의 기능은 약화되고 비변사의 권한은 강화되었다.

Answer 09.④ 10.① 11.①

12 다음 중 조선후기 정치에 대한 설명으로 옳지 않은 것은?

① 탕평정치로 왕에게 권력이 집중되었던 것이, 정조 사후 균형이 깨지고 세도정치의 배경이 되었다.
② 전제적 통치체제를 유지·강화하기 위한 것이었다.
③ 탕평론의 본질은 정치적 균형관계를 재정립함에 있었다.
④ 탕평책은 숙종, 영조, 정조에 걸쳐 추진되어 근본적인 모순은 해결되었다.

> **TIPS!**
> 탕평론 자체가 전제적 통치체제를 유지·강화하는 데 목적을 두었기 때문에 붕당 사이의 융화나 붕당 자체의 문제를 근본적으로 해결하지는 못하였다.

13 다음에 해당하는 시대에 대한 설명으로 옳지 않은 것은?

> • 종래의 일당 전제 마저 거부하고 특정 가문이 권력을 독점하였다.
> • 정권의 사회적 기반이 결여되었을 뿐 아니라 한 가문의 사익을 위해 정국이 운영되었기 때문에 정치질서의 파탄을 의미하였다.

① 사회 변화에 소극적으로 대응하여 상업 발달과 서울의 도시적 번영에 만족하였다.
② 성리학에 치중하여 개혁의지를 상실하였다.
③ 피지배계층의 저항은 전국적인 민란으로 발생하였다.
④ 다양한 정치세력의 참여를 배제하였다.

> **TIPS!**
> ② 세도정치기에는 고증학에 치중되어 개혁의지를 상실하였고 지방의 사정을 이해하지 못했다.

14 다음 중 17 ~ 18세기 청나라와의 대외관계에 관한 설명으로 옳지 않은 것은?

① 17세기 중엽, 효종 때 북벌정책이 추진되었다.
② 청에 대한 사대를 주장하는 북학론이 대두되었다.
③ 청과의 국경분쟁이 일어나 백두산정계비를 세웠다.
④ 호란 이후부터 표면상으로 사신이 왕래하며 정치적 관계가 지속되었다.

> **TIPS!**
> ② 북학론은 17~18세기 청의 국력이 신장되고 문물이 크게 일자 일부 학자들이 청을 배척하지만 말고 청에서 이로운 것을 받아들이자는 실리적 주장으로 사대주의로 볼 수는 없다.

Answer 12.④ 13.② 14.②

15 다음 정치기구에 대한 설명으로 옳은 것은?

> ㉠ 조선 건국 후 국정을 총괄하는 기구로 정도전은 이곳을 중심으로 정치를 하여 이상적인 나라를 건설하고자 하였다.
> ㉡ 중종 때 왜구와 여진족의 침입에 대비하여 설치된 임시기구로 임진왜란을 겪으면서 이것의 기능은 강화되어 국가 최고 정무기구로 기능하였다.

① ㉠의 설치로 행정의 전문성과 효율성이 높아졌다.
② ㉡의 설치로 문무양반제도가 자리 잡았다.
③ ㉡이 설치되어 ㉠의 기능은 점차 약화되었다.
④ ㉠과 ㉡은 국방에 대한 업무를 담당하였다.

TIPS!

㉠은 의정부이고, ㉡은 비변사에 대한 설명이다. 임진왜란 이전까지 의정부가 최고정무기구였으나 17세기에 비변사가 최고 정치기구로 인식되었다.
① 행정의 전문화와 효율성을 높일 수 있었던 것은 6조가 행정을 분담하였기 때문이다.
② 무과가 실시되어 문무양반제도가 자리 잡을 수 있게 되었다.
④ 의정부와 비변사 모두 국정 전반을 총괄하였다.

16 16세기 후반 이후 조선 사회에 나타난 다음 사실들은 무엇을 나타내는가?

> • 비변사가 상설기구로 변하였고, 그 기능도 강화되었다.
> • 중앙군의 체제가 5위제에서 5군영제로 변하였다.
> • 붕당 간의 균형이 무너지고 일당전제화의 추세가 나타났다.

① 신분제도의 동요　　　　　　　　　② 탕평책이 실시된 배경
③ 농민계층의 분화 촉진　　　　　　　④ 조선후기 왕권 약화의 배경

TIPS!

조선왕조의 통치 질서는 16세기 중엽 이래로 헤이해지더니, 왜란과 호란을 겪으면서 한층 더 와해되어 갔다. 조선후기 양반지배계층은 그 동안 양반사회가 안고 있던 모순이 양난으로 인해 드러나자, 체제를 유지하기 위해 비변사를 강화하고 5군영을 설치하는가 하면, 붕당을 조성하여 자신들의 지위를 보다 강화하려 하였다. 결국 이러한 일들로 왕권이 약해졌다.

Answer 15.③　16.④

17 영조와 정조의 공통적인 치적으로 옳지 않은 것은?

① 왕실의 군사권을 강화하였다.
② 탕평책을 실시하여 왕권을 강화하였다.
③ 천주교를 사교로 규정하여 금령을 내렸다.
④ 법전 편찬을 통해 통치체제를 재정비하였다.

TIPS!
③ 천주교를 사교로 규정한 것은 정조에만 해당된다.

18 세도정치의 전개과정에 대한 설명으로 옳지 않은 것은?

① 정조 때 노론 벽파 세력이 정국을 주도하기 시작하였다.
② 정조가 죽은 후 왕이 탕평정치기에 행하던 역할을 못하였다.
③ 신유박해가 일어나 정조가 규장각을 통해 양성한 인물들이 제거되었다.
④ 집권 세력은 장용영을 강화하여 자신들의 군사적 기반으로 삼았다.

TIPS!
④ 집권 세력은 정조 때 친위부대로 설치한 장용영을 혁파하였다.

19 조선후기의 지방군에 대한 설명으로 옳은 것은?

① 양인 농민만으로 구성되었다.   ② 포수, 사수, 살수로 편성되었다.
③ 군부대 단위로 주둔하였다.   ④ 노비들도 포함되었다.

TIPS!
④ 양천혼성군으로서, 양반의 군역기피로 사실상 상민과 노비로 편성되었다.
※ 속오군(지방군)
　㉠ 배경 : 조선초기의 진관체제가 16세기에 붕괴되면서 제승방략체제로 전환되었으나 왜란에서 실효를 거두지 못하자 왜란 중 군현 단위의 소규모 군사체제인 진관을 복구하고 속오군체제 채택
　㉡ 구성 : 양천혼성군(양반 ~ 노비)으로 모든 신분으로 편성 가능

Answer 17.③ 18.④ 19.④

03 조선의 경제

기출PLUS

section 1 경제정책

(1) 농본주의 경제정책

① **경제정책의 방향** … 조선은 고려 말의 파탄된 국가재정을 확충시키고, 왕도정치사상에 입각한 민생 안정을 도모하기 위해 농본주의 경제정책을 세웠다.

② **중농정책** … 신진사대부는 농경지의 확대 및 농업생산력 증대로 농민생활을 안정시키려 하였다.

   ㉠ 토지 개간을 장려하고 양전 사업을 실시하였으며, 새로운 농업기술과 농기구를 개발하여 보급하였다.

   ㉡ 농민생활의 안정을 위해 농민의 조세부담을 경감시켰다.

③ **상공업정책** … 상공업자는 허가를 받고 영업해야 했다.

   ㉠ 국가 통제 : 물화의 종류와 수량을 국가가 규제하였다.

   ㉡ 유교적 경제관 : 검약한 생활을 강조하고, 소비생활을 억제하였다.

   ㉢ 사 · 농 · 공 · 상 간의 차별로 상공업자들은 대우받지 못하였고, 자급자족적 경제로 상공업활동은 부진하였다.

④ **국가의 통제력 약화** … 16세기 이후 상공업의 발전으로, 국내 상공업과 자유로운 무역활동이 전개되었다.

(2) 과전법의 시행과 변화

① **과전법의 시행**

   ㉠ 배경 : 국가의 재정기반과 신진사대부세력의 경제기반을 확보하기 위해 시행되었다.

   ㉡ 과전 : 경기지방의 토지에 한정되었고 과전을 받은 사람이 죽거나 반역을 한 경우에는 국가에 반환하였고 토지의 일부는 수신전, 휼양전, 공신전 형태로 세습이 가능하였다.

POINT 과전법의 3대 원칙
   ㉠ 전직과 재야세력에 대한 회유책
   • 품계 있고 직역이 없는 관리인 전직과 산관에게 지급하였다.
   • 한량에게는 군전을 지급하였다.
   • 세종 이후 군인은 조선시대의 급전대상에서 제외된다.
   ㉡ 농민에게 유리한 조항
   • 민심 획득을 위한 방법이다.
   • 혁명 때 농민병사로 참여한 결과이다.

- 조 : 공·사전 모두 10분의 1이었고 국가가 경작권을 보장하였다.
- 세 : 사전만 15분의 1이었다.
ⓒ 사대부에 유리한 조항
- 관리가 농민에게 직접 조를 받는 직접수조권을 행사하였다.
- 관리가 죽으면 과전을 반납하는 것이 원칙이었으나, 수신전·휼양전의 명목으로 세습되었다.
- 불법적 농장 매매·겸병 등으로 후에 농장을 설립했다.

② **과전법의 변화** … 토지가 세습되자 신진관리에게 나누어 줄 토지가 부족하게 되었다.
  ㉠ **직전법(세조)** : 현직 관리에게만 수조권을 지급하였고 수신전과 휼양전을 폐지하였다.
  ㉡ **관수관급제(성종)** : 현직 관리에게만 수조권을 준 결과 실제 조세보다 더 많이 걷는 폐단이 생겼다. 이런 폐단을 시정하기 위하여 관청에서 수조권을 행사하고, 관리에게 지급하여 국가의 지배권이 강화되었다.
  ㉢ **직전법의 폐지(16세기 중엽)** : 수조권 지급제도가 없어졌다.

③ **지주제의 확산**
  ㉠ **배경** : 직전법이 소멸되면서 고위층 양반들이나 지방 토호들은 토지 소유를 늘리기 시작하였다.
  ㉡ **지주전호제** : 토지가 늘어나면서 대토지를 갖는 지주와 그 땅을 경작하는 전호가 생겨나게 되었다.
  ㉢ **병작반수제** : 지주전호제가 일반화되면서 농민은 생산량의 2분의 1을 지주에게 바쳤다.

(3) 수취체제의 확립

① **조세** … 토지 소유자가 부담하게 되어 있는데 지주들은 소작농에게 대신 납부하도록 강요하는 경우가 많았다.
  ㉠ **과전법** : 수확량의 10분의 1을 징수하고, 매년 풍흉에 따라 납부액을 조정하였다.
  ㉡ **전분6등법·연분9등법(세종)** : 1결당 최고 20두에서 최하 4두를 징수하였다.
  • 전분6등법
  - 토지의 비옥한 정도에 따라 6등급(상상, 상하, 중상, 중하, 하상, 하하)으로 나누고 그에 따라 1결의 면적을 달리하였다.
  - 모든 토지는 20년마다 측량하여 대장을 만들어 호조, 각도, 각 고을에 보관하였다.
  • 연분9등법
  - 한 해의 풍흉에 따라 9등급(상상, 상중, 상하, 중상, 중중, 중하, 하상, 하중, 하하)으로 구분하였다.
  - 작황의 풍흉에 따라 1결당 최고 20두에서 최하 4두까지 차등을 두었다.
  ㉢ **조세 운송** : 군현에서 거둔 조세는 조창(수운창·해운창)을 거쳐 경창(용산·서강)으로 운송하였으며, 평안도와 함경도의 조세는 군사비와 사신접대비로 사용하였다.

기출PLUS

[기출] 2015. 4. 18. 인사혁신처
과전법과 그 변화에 대한 설명으로 옳지 않은 것은?

① 수신전, 휼양전을 죽은 관료의 가족에게 지급하였다.
② 공음전을 5품 이상의 관료에게 주어 세습을 허용하였다.
③ 세조대에 직전법으로 바꾸어 현직 관리에게만 수조권을 지급하였다.
④ 성종대에는 관수관급제를 실시하여 전주의 직접 수조를 지양하였다.

《정답 ②

기출**PLUS**

- 전라도, 충청도, 황해도 : 바닷길
- 강원도 : 한강
- 경상도 : 남한강, 낙동강

② **공납**

    ⊙ **징수** : 중앙관청에서 각 지역의 토산물을 조사하여 군현에 물품과 액수를 할당하여 징수한다.

    ⊙ **종류** : 지방토산물, 수공업제품, 광물, 수산물, 모피, 약재 등으로 다양하다.

    ⊙ **문제점** : 납부기준에 맞는 품질과 수량을 맞추기 어려우면 다른 곳에서 구입하여 납부해야 하므로 부담이 컸다.

③ **역** … 16세 이상의 정남에게 의무가 있다.

    ⊙ **군역** : 정군은 일정 기간 군사복무를 위하여 교대로 근무했으며, 보인은 정군이 복무하는 데에 드는 비용을 보조하였다. 양반, 서리, 향리는 군역이 면제되었다.

    ⊙ **요역** : 가호를 기준으로 정남의 수를 고려하여 뽑았으며, 각종 공사에 동원되었다. 토지 8결당 1인이 동원되었고, 1년에 6일 이내로 동원할 수 있는 날을 제한하였으나 임의로 징발하는 경우도 많았다.

④ **국가재정**

    ⊙ **세입** : 조세, 공물, 역 이외에 염전, 광산, 산림, 어장, 상인, 수공업자의 세금으로 마련하였다.

    ⊙ **세출** : 군량미나 구휼미로 비축하고 왕실경비, 공공행사비, 관리의 녹봉, 군량미, 빈민구제비, 의료비 등으로 지출하였다.

section 2 양반과 평민의 경제활동

(1) 양반 지주의 생활

① **경제기반** … 과전, 녹봉, 자기 소유의 토지와 노비 등이다.

② **경작** … 농장은 노비의 경작과 주변 농민들의 병작반수의 소작으로 행해졌다.

③ **경영** … 양반이 직접 하기도 하였지만 대개 친족이 거주하며 관리하였고 때로는 노비만 파견하여 농장을 관리하기도 하였다.

④ **노비** … 재산의 한 형태로 구매, 소유 노비의 출산 및 혼인으로 확보되었으며, 외거 노비는 주인의 땅을 경작 및 관리하고 신공을 징수하였다.

(2) 농민생활의 변화

① 농업생활

㉠ **농업보호책** : 조선 정부는 세력가의 농민에 대한 토지 약탈을 규제하고, 농업을 권장하였다.

㉡ **농업의 향상** : 정부는 개간을 장려하고, 수리시설을 확충하였다. 농사직설·금양 잡록 등의 농서를 간행·보급하였다.

② 농업의 발달

㉠ **농업기술의 발달**

- 밭농사 : 조·보리·콩의 2년 3작이 널리 행해졌다.
- 논농사 : 남부지방에 모내기 보급과 벼와 보리의 이모작으로 생산량이 증가되었다.
- 시비법 : 밑거름과 덧거름을 주어 휴경제도가 거의 사라졌다.
- 농기구 : 쟁기, 낫, 호미 등의 농기구도 개량되었다.
- 수리시설의 확충

㉡ **상품 재배** : 목화 재배가 확대되어 의생활이 개선되었고, 약초와 과수 재배가 확대되었다.

③ 농민의 생활안정대책

㉠ **농민의 생활** : 지주제의 확대와 자연재해, 고리대, 세금부담 등으로 소작농이 증가하였으며, 수확의 반 이상을 지주에게 납부해야 했다.

㉡ **정부의 대책**

- 잡곡, 도토리, 나무껍질 등을 가공하여 먹을 수 있는 구황방법을 제시하였다.
- 호패법과 오가작통법으로 농민 통제를 강화하였다.
- 지방 양반들도 향약을 시행하여 농촌사회를 안정시키려 하였다.

(3) 수공업 생산 활동

① 관영수공업

㉠ **운영**

- 관청에 속한 장인인 관장은 국역으로 의류, 활자, 화약, 무기, 문방구, 그릇 등을 제작하여 공급하였다.
- 관장은 국역기간이 끝나면 자유로이 필수품을 제작하여 판매할 수 있었다. 단, 세금을 내야 했다.

㉡ **쇠퇴** : 16세기 이후 부역제가 해이해지고 상업이 발전하면서 쇠퇴되었다.

② 민영수공업 … 농기구 등 물품을 제작하거나, 양반의 사치품을 생산하는 일을 맡았다.

③ 가내수공업 … 자급자족 형태로 생활필수품을 생산하였다.

기출PLUS

기출 2019. 6. 15. 서울특별시

조선 태종대의 주요 정책에 대한 설명으로 가장 옳은 것은?

① 사섬서를 두어 지폐인 저화를 발행하였다.
② 상평통보를 발행하여 화폐경제를 촉진하였다.
③ 지계를 발급하여 토지소유권을 공고히 하였다.
④ 연분 9등법과 전분 6등법을 시행하여 조세제도를 개편하였다.

〈정답 ①

(4) 상업 활동

① **시전 상인** … 정부에서 종로거리에 상점가를 설치하였고, 시전으로부터 점포세와 상세를 징수하였다.
   ㉠ 왕실이나 관청에 물품을 공급하는 특정 상품의 독점판매권(금난전권)을 획득하였으며, 육의전(시전 중 명주, 종이, 어물, 모시, 삼베, 무명을 파는 점포)이 번성하였다.
   ㉡ 경시서를 설치하여 불법적인 상행위를 통제하였고 도량형을 검사하고 물가를 조절하였다.
   ㉢ 난전 : 시전 상인의 경계로 발달하지 못하였다.

② **장시** … 서울 근교와 지방에서 농업생산력 발달에 힘입어 정기 시장으로 정착되었다. 보부상이 판매와 유통을 주도하였다.

③ **화폐** … 저화(태종, 조선 최초의 지폐)와 조선통보(세종)를 발행하였으나 유통이 부진하였다. 농민에겐 쌀과 무명이 화폐역할을 하였다.

④ **대외무역** … 주변 국가와의 무역을 통제하였다.
   ㉠ 대명 무역 : 공무역과 사무역을 허용하였다.
   ㉡ 대여진 무역 : 국경지역에서 무역소를 통해 교역하였다.
   ㉢ 대일본 무역 : 동래에 설치한 왜관을 통해 무역하였다.

(5) 수취제도의 문란

① **공납의 폐단 발생**
   ㉠ 방납 : 중앙관청의 서리들이 공물을 대신 납부하고 수수료를 징수하는 방납이라는 폐단이 생겨났다. 방납이 증가할수록 농민의 부담은 증가되었고 농민이 도망가면 이웃이나 친척에게 부과하였다. 이에 유망농민이 급증하였다.
   ㉡ 개선안 : 현물 대신 쌀로 걷는 수령이 등장하기도 하였다. 이이·유성룡은 공물을 쌀로 걷는 수미법을 주장하였다.

② **군역의 변질**
   ㉠ 군역의 요역화 : 농민생활이 어려워지고 요역 동원으로 농사에 지장을 초래하게 되자 농민들이 요역 동원을 기피하게 되었다. 이에 농민 대신에 군인을 각종 토목공사에 동원시키고 군역을 기피하게 하였다.
   ㉡ 대립제 : 15세기 말 이후 보법의 실시로 군인의 이중부담이 문제가 되어, 보인들에게서 받은 조역가로 사람을 사서 군역을 대신시키는 현상이다.

POINT 보법
   ㉠ 조선시대 양인이 부담하던 군역의 일종이다.
   ㉡ 세조는 보법의 실시로 군역의 평준화와 국방 강화를 이루었다.
   ㉢ 결과적으로 군역은 확대되었지만 요역부담자가 감소되면서 군역부담자가 요역까지 겸하게 되었다.
   ㉣ 대립제를 초래하였고 군적수포제로 대립제를 제도화하였다.

ⓒ **군적수포제**(대역수포제)
- 대립제의 악화로 대립제를 양성화시켜 장정에게 군포를 받아 그 수입으로 군대를 양성하는 직업군인제이다.
- 군대의 질이 떨어졌고 모병제화되었으며 농민의 부담이 가중되는 결과를 낳았다.

ⓔ **폐단**: 군포 부담의 과중과 군역기피현상으로 도망하는 자가 늘어나면서 군적도 부실해지고 각 군현에서는 정해진 액수를 맞추기 위해서 남아 있는 사람에게 그 부족한 군포를 부담시키자 남아 있는 농민의 생활이 더욱 어려워졌다.

③ **환곡** … 농민생활의 안정을 위해 농민에게 곡물을 빌려 주고 10분의 1 정도의 이자를 거두는 제도로서 지방 수령과 향리들이 정한 이자보다 많이 징수하는 폐단을 낳았다.

④ **농촌의 파탄** … 유민과 도적이 증가하였으며 임꺽정과 같은 의적이 등장하기도 하였다.

01 다음 토지제도에 대한 설명으로 옳지 않은 것은?

> 고려 말 공양왕은 권문세족의 토지를 몰수하여 공전에 편입하고 이를 지급함으로써 신진사대부의 경제적 기반을 마련
> 하였다.

① 경기도 지역의 수조권 지급　　　　　　② 퇴직시 토지 반납

③ 전지와 시지 지급　　　　　　　　　　④ 수신전과 휼양전은 세습 가능

 TIPS!

제시된 글은 과전법에 관한 것으로 과전법은 전지만 지급하였다.

02 다음 중 조선전기에 관찰할 수 있는 생활상은?

① 농부들이 밭에서 마늘을 심고 있었다.
② 아버지가 감자를 드시고 계셨다.
③ 어머니가 고추를 이용하여 김치를 담그고 계신다.
④ 할아버지가 나무 그늘 아래에서 담배를 피우고 계셨다.

TIPS!

담배, 고추는 17세기 초에, 감자는 19세기에 전래되었다.

03 다음 중 방납으로 인해 국가 수입이 줄고 농민의 부담이 가중됨에 따라 실시하게 된 제도는?

① 대동법　　　　　　　　　　　　　　② 균역법

③ 호포법　　　　　　　　　　　　　　④ 군적 수포제

TIPS!

대동법은 농민 집집마다 부과하였던 공물 납부 방식을 토지의 면적에 따라 쌀, 삼베, 무명, 동전 등으로 납부하게 하는 제도이다.

Answer 01.③ 02.① 03.①

04 연분9등제와 병작 반수제에 대한 계산법으로 옳은 것은?

① 5결의 토지를 소유한 자영농은 상상년에 90두를 조세로 바쳐야 한다.
② 5결의 토지를 소유한 자영농은 하하년에 30두를 조세로 바쳐야 한다.
③ 3결의 토지를 소유한 자영농은 상상년에 60두를 조세로 바쳐야 한다.
④ 3결의 토지를 소유한 자영농은 하하년에 10두를 조세로 바쳐야 한다.

TIPS!

연분9등법(1결당)

구분	상	중	하
상년	20두	14두	8두
중년	18두	12두	6두
하년	16두	10두	4두

① 5 × 20 = 100(두)
② 5 × 4 = 20(두)
④ 3 × 4 = 12(두)

05 조선전기 수취체제에 대한 설명으로 가장 옳은 것은?

① 과전법 시행으로 1결당 30두를 조세로 냈다.
② 잉류지역은 평안도와 함경도만 해당된다.
③ 공물은 장정 수를 기준으로 각 가호별로 부과되었다.
④ 16세 이상 정남에게는 군역과 요역의 의무가 있었다.

TIPS!

① 과전법 시행으로 병작 반수제가 금지되고 수확량의 10분의 1을 내는데, 1결의 최대생산량을 30두로 정하고, 매년 풍흉을 조사하여 그 수확량에 따라 납부액을 조정하였다.
② 잉류지역은 평안도, 함경도, 제주도이다.
③ 공물은 민호의 토지 소유 정도에 의해 부과되었다.

Answer 04.③ 05.④

06 다음과 같이 토지제도가 변화된 이유는?

> 과전법 → 직전법

① 면세전이 늘어나 국가재정이 부족해서
② 새로운 관료에게 줄 토지가 부족해서
③ 국가의 토지지배력 강화를 위해서
④ 현직관료의 토지지배력 강화를 위해서

TIPS!

과전은 경기지방의 토지로 지급하였는데, 받은 사람이 죽거나 반역을 하면 국가에 반환하도록 정해져 있었다. 그러나 죽은 관료의 가족들이 생계를 유지할 수 있도록 하기 위하여 받았던 토지 중 일부를 수신전, 휼양전의 명목으로 다시 지급하여 세습이 가능하였고, 공신전도 세습할 수 있었다. 그러나 이렇게 토지가 세습되자 새로 관직에 나간 관리에게 줄 토지가 부족하게 되었다. 이러한 문제를 해결하려고 15세기 후반에는 직전법으로 바꾸어 현직 관리에게만 수조권을 지급하였다.

07 조선시대 토지제도의 변천에 대한 설명이다. (   )에 알맞은 내용은?

> 과전법 → (   ) → 관수관급제 → 직전법 폐지

① 국가의 토지지배력 강화
② 현직 관리에게만 수조권 지급
③ 하급관리의 자제로 관직에 오르지 못한 자에게 한인전 지급
④ 관료의 유가족에게 수신전, 휼양전 지급

TIPS!

관리들에게 지급할 토지의 부족현상을 해결하기 위해서 세조 12년 현직 관리에게만 과전을 지급하는 직전법을 실시하였다.

Answer 06.② 07.②

08 우리나라의 토지제도의 변천순서로 맞는 것은?

① 녹과전 → 녹읍제 → 관료전 → 전시과 → 과전법 → 관수관급제
② 녹읍제 → 관료전 → 전시과 → 녹과전 → 과전법 → 관수관급제
③ 관료전 → 전시과 → 녹과전 → 과전법 → 관수관급제 → 녹읍제
④ 녹읍제 → 관료전 → 녹과전 → 과전법 → 전시과 → 관수관급제

> **TIPS!**
>
> 토지제도의 변천
> ㉠ 통일신라시대 : 전제왕권이 강화되면서 녹읍이 폐지되고 신문왕 관료전이 지급되었다.
> ㉡ 고려시대 : 역분전 → 시정전시과 → 개정전시과 → 경정전시과 → 녹과전 → 과전법의 순으로 토지제도가 변천되었다.
> ㉢ 조선시대 : 과전법 → 직전법 → 관수관급제 → 직전법의 폐지와 지주제의 확산 등으로 이루어졌다.

09 다음 중 조선시대 20년마다 작성한 토지대장은?

① 양안　　　　　　　　　　　　② 입안
③ 공안　　　　　　　　　　　　④ 횡간

> **TIPS!**
>
> ② 재산권이나 상속권을 주장하는 데 절대적인 근거로 과거에 어떤 사실을 증명하기 위해 관청에서 발급한 문서이다.
> ③ 중앙정부에서 지방에 부과한 공부의 품목과 수량을 기록한 장부이다.
> ④ 1년간 국가에서 지급하는 현물의 명세서를 일목요연하게 기재한 것이다.

10 다음 중 조선시대 군역제에 대한 설명으로 옳지 않은 것은?

① 초기에는 양인개병과 농병일치제가 행해졌다.
② 정군은 서울에서 근무하거나 국경 요충지에 재치되었다.
③ 방군수포제의 실시로 농민의 군역 부담은 전보다 가벼워졌다.
④ 노비에게 군역의 의무는 없으나, 잡색군에 편입되기도 하였다.

> **TIPS!**
>
> ③ 방군수포제의 실시로 농민의 부담이 가중되었다.

Answer 08.② 09.① 10.③

11 다음의 사실과 관련이 깊은 수취제도는?

> • 양안
> • 연분9등법
> • 조창

① 토지 수확의 10분의 1을 냈다.
② 가호를 기준으로 일정한 액수를 분담하였다.
③ 성인 남성이면 모두 부담하였다.
④ 각 지역의 토산물을 현물로 중앙 관청에 납부하였다.

TIPS!

제시된 내용은 조세와 관련이 있는 것으로 양안은 토지조사의 결과를 기록한 대장이며, 연분 9등법은 그 해 농사의 풍흉을 고려하여 조세의 액수를 달리한 제도이고, 조창은 조세를 거두어 수로를 통해 운반하기 위해 집결해 놓은 곳이다.
②④ 공납 ③ 역(요역과 군역)

12 다음과 같은 현상이 일어나게 된 배경을 가장 바르게 설명한 것은?

> • 지방의 양반들이 향약을 실시하였다.
> • 정부는 호패법, 오가작통법 등을 강화하였다.

① 지주제가 확대되면서 토지를 잃은 농민들이 고향을 떠나 유민화되었다.
② 농업기술이 개량되어 농업생산력이 향상되었다.
③ 토지의 세습으로 인하여 관리들에게 지급할 토지가 줄어들었다.
④ 관리들이 수조권을 가지고 농민을 지배하지 못하도록 하였다.

TIPS!

제시된 내용은 농민을 통제하려는 것으로, 호패법과 오가작통법은 각종 부담을 이기지 못한 농민이 농토에서 분리되어 유민이 되는 것을 막기 위한 조치였다. 향약조직은 농민들에 대한 통제를 통해 경제활동의 조건을 유지시키려는 목표를 가지고 있었다.

Answer 11.① 12.①

13 조선전기 상공업에 대한 설명으로 옳지 않은 것은?

① 장인 – 관청에 예속되어 물품을 제조하였다.
② 육의전 – 대외무역을 독점하는 특권을 보유하였다.
③ 보부상 – 지방의 5일장을 중심으로 활동하였다.
④ 경시서 – 시전 상인의 불법적인 상행위를 통제하였다.

> **💡 TIPS!**
> ② 육의전은 시전 중에서 명주, 종이, 모시, 어물, 삼베, 무명 등을 취급하는 상점으로 금난전권을 가지고 있었다.

14 다음 중 조선의 경제정책에 대한 설명으로 옳은 것은?

① 농경지를 확대하고 조세 부담을 줄였다.
② 농업과 상공업의 균형 발전을 유도하였다.
③ 누구든 자유로운 상업활동이 가능하였다.
④ 기술 개발을 장려하여 기술자를 우대하였다.

> **💡 TIPS!**
> 고려 말의 파탄된 국가 재정과 민생문제를 해결하기 위하여 농본주의 경제정책이 실시되었다. 이에 중농정책이 경제정책의 중심이 되었으며, 상공업은 국가의 통제 아래 이루어졌다.

15 조선시대 과전법이 시행된 이후의 변화를 나타낸 것이다. 이러한 변화의 결과에 대한 내용으로 옳은 것은?

> 과전법 – 직전법 – 관수관급제 – 녹봉제

① 병작 반수의 지주제 경영방식이 점차 확대되었다.
② 농민들의 경작권이 점차 보장되었다.
③ 관리들의 수조권 행사가 점차 강화되었다.
④ 신진관리에게 나누어 줄 토지가 부족하게 되었다.

> **💡 TIPS!**
> 성종대에 시행된 관수관급제 이후, 국가의 토지지배권은 강화되었다. 그 결과 관료들은 직접 토지를 소유하려 했기 때문에 토지의 사유화가 진전되고 지주전호제가 확산되었다.
> ① 병작 반수제는 지주전호제가 일반화되면서 농민들이 생산량의 2분의 1을 지주에게 바치는 지주제 경영방식이다.

Answer 13.② 14.① 15.①

16 과전법에 의해 지급된 다음 토지에 대한 설명으로 옳지 않은 것은?

① 과전 – 공전에 속하는 대표적인 토지이다.

② 공신전 – 공신에게 지급 세습이 허용되었다.

③ 공해전 – 관청의 운영경비 조달을 위한 토지이다.

④ 휼양전 – 관료의 유자녀가 20세가 될 때까지 아버지의 수조권을 행사하는 토지이다.

> 🔆 **TIPS!**
> ① 과전은 관리 개인의 생계를 위해 수조권을 국가가 관리에게 넘겨 준 사전이다.

17 다음 중 조선전기의 경제활동에 대한 내용으로 옳지 않은 것은?

① 교역의 매개는 화폐보다 쌀과 면포가 주로 이용되었다.

② 시전상인들은 특정 상품에 대한 독점판매권을 부여받았다.

③ 자급자족적 경제로 상공업활동이 활성화되었다.

④ 면포 생산은 농가에서 만드는 가내수공업에서 큰 비중을 차지하였다.

> 🔆 **TIPS!**
> ③ 자급자족적 경제로 상공업활동은 부진하였다.

18 다음 중 조선중기 농촌의 모습을 바르게 서술한 것은?

① 족징, 인징 등의 폐단을 해결하기 위하여 방군수포가 행해졌다.

② 지주전호제가 일반화되면서 농민의 부담은 점차 가벼워졌다.

③ 방납의 폐단으로 농민의 부담이 가중되자 공납을 쌀로 내게 하자는 수미법이 주장되었다.

④ 구휼제도인 환곡제가 사창에서 실시되면서 고리대로 변질되었다.

> **TIPS!**
> ① 방군수포는 군포를 받고 군역을 면제해주는 것이다.
> ② 지주전호제와 군적수포제로 인해 농민의 부담이 더욱 가중되었다.
> ④ 환곡은 상평창에서 실시되었다.

19 조선시대의 조세제도와 재정의 운영에 대한 설명으로 옳은 것은?

① 공납은 농가의 토지소유면적에 따라 부과되었다.

② 양인 정남은 매년 한 명식 요역에 징발되었다.

③ 국가는 농민 소유지인 경작권을 보장해 주고 조세를 징수하였다.

④ 국가 재정 수입은 당해 연도에 모두 사용하는 것을 원칙으로 하였다.

> **TIPS!**
> ① 공납은 각 가호별로 부과되었다.
> ② 요역은 토지 8결당 1명이 차출되었다.
> ④ 예산의 일부는 비축하는 것이 원칙이다.

Answer 18.③ 19.③

04 경제상황의 변동

기출PLUS

section 1 수취체제의 개편

(1) 전세의 정액화

① 조세정책의 변화
- ㉠ 배경 : 양 난 이후 농경지가 황폐화되고, 토지제도가 문란해졌다.
- ㉡ 대책
  - 농지 개간을 권장하고 개간자에게 개간지의 소유권과 3년간의 면세의 혜택을 주었다.
  - 전세를 확보하기 위해 토지조사사업을 실시하였다.

② 영정법의 실시(1635)
- ㉠ 배경
  - 농민의 전호화현상 : 지주전호제가 강화되어 가는 속에서 다수의 농민들이 토지를 잃고 전호로 전락하였다.
  - 농민의 불만 : 농민들은 자신의 고통을 줄여 주는 정책을 기대하였다.
  - 조세의 비효율성 : 15세기의 전분 6등급과 연분 9등급은 매우 번잡하여 제대로 운영되지 않았고, 16세기에는 아예 무시된 채 최저율의 세액이 적용되고 있었다.
- ㉡ 내용 : 풍흉에 관계 없이 전세로 토지 1결당 미곡 4두를 징수하였다.
- ㉢ 결과 : 전세율은 이전보다 감소하였으나 여러 명목의 비용을 함께 징수하여 전세를 납부할 때 수수료, 운송비, 자연 소모에 따른 보조비용 등이 함께 부과되기 때문에 농민의 부담은 증가하였고 또한 지주전호제하의 전호들에겐 적용되지 않았다.

(2) 공납의 전세화

① 배경 … 방납의 폐단을 시정하고 농민의 토지 이탈을 방지하기 위해서 실시되었다.

② 대동법의 실시
- ㉠ 목적 : 농민의 부담을 경감시키고, 국가재정을 보완하기 위함이다.
- ㉡ 과정 : 경기지방에서 실시된 후 전국으로 확대되었다.

POINT 대동법의 실시과정
- ㉠ 광해군(1608) : 이원익, 한백겸의 주장으로 선혜청을 설치하고 경기도에서 처음으로 실시되었다.
- ㉡ 인조(1624) : 조익의 주장으로 강원도에서 실시되었다.
- ㉢ 효종(1651) : 김육의 주장에 따라 충청도, 전라도에서 실시되었다.
- ㉣ 숙종(1708) : 허적의 주장에 따라 함경도, 평안도를 제외한 전국에서 실시되었다.
- ㉤ 시행이 지연된 이유 : 대동법이 전국적으로 실시되는 데에 100년 소요된 것은 양반 지주들의 반대가 심하여 이들의 이해를 배려하면서 확대·시행하였기 때문이다.

ⓒ **내용**: 토지의 결 수에 따라 쌀·삼베·무명·동전 등으로 납부하는 제도로 대체로 1결당 미곡 12두만을 납부하면 되었다.

ⓔ **결과**: 과세기준이 종전의 가호에서 토지의 결 수로 바뀌어 농민의 부담이 감소하였다.

③ 영향

  ⊙ **공인의 등장**: 관청에서 공가를 미리 받아 물품을 사서 납부하는 어용상인인 공인이 등장하였다.

  ⓛ **농민부담의 경감**: 농민들은 토지 1결당 미곡 12두만을 납부하면 되었기 때문에 토지가 없거나 적은 농민에게 과중하게 부과되었던 공물 부담은 없어지거나 어느 정도 경감되었다.

  ⓒ **장시와 상공업의 발달**: 공인의 활동이 활발해지면서 각 지방에 장시가 발달하였고, 생산활동이 활발해지면서 경제질서가 자급자족의 경제에서 유통경제로 바뀌었고 도고상업이 발달하였다.

  ⓔ **상업도시의 성장**: 쌀의 집산지인 삼랑진, 강경, 원산 등이 성장하였다.

  ⓜ **상품·화폐경제의 성장**: 공인들이 시장에서 많은 물품을 구매하였으므로 상품 수요가 증가하였고, 농민들도 대동세를 내기 위하여 토산물을 시장에 내다 팔아 쌀, 베, 돈을 마련하였다.

  ⓝ **봉건적 양반사회의 붕괴**: 상품화폐경제의 성장으로 농민층의 분해를 촉진시켰고, 나아가 종래의 신분질서와 경제를 와해시키는 등 양반사회를 무너뜨리는 작용을 하였다.

  ⓞ **현물 징수의 존속**: 농민들은 진상이나 별공을 여전히 부담하였고, 지방 관아에서는 필요에 따라 수시로 토산물을 징수하였다.

④ 의의

  ⊙ **조세의 금납화**: 종래의 현물 징수가 미곡, 포목, 전화 등으로 대체됨으로써 조세의 금납화가 이루어졌다.

  ⓛ **공납의 전세화**: 토지 소유의 정도에 따라 차등을 두어 과세하였으므로 보다 합리적인 세제라 할 수 있다.

(3) 균역법의 시행

① 군역의 폐단

  ⊙ **수포군의 증가**: 모병제의 제도화로 1년에 2필의 군포를 내는 것으로 군역을 대신하는 수포군이 증가하여 군영의 경비가 충당되었다.

  ⓛ **농민부담의 가중**: 군영, 지방 감영, 병영에서 독자적으로 군포를 징수하였다.

  ⓒ **군역의 재원 감소**: 납속이나 공명첩으로 양반 수가 증가되고, 농민의 도망으로 군포의 부과량이 증가하였다.

기출PLUS

기출 2018. 10. 13. 소방공무원

다음 밑줄 친 '이 법'에 대한 설명으로 옳은 것은?

┌ 보기 ┐

<u>이 법</u>은 광해군 즉위년 이원익의 주장에 따라 먼저 경기도에서 시험 삼아 실시되었다. 그 뒤 찬반 양론이 매우 심하게 충돌하는 가운데 인조 원년에는 강원도에, 17세기 중엽에는 충청·전라·경상도 순으로 확대되었다. 숙종 34년에는 황해도까지 실시하여 드디어 전국에 걸쳐 시행되었다. <u>이 법</u>이 전국적으로 실시되는 데 100년이란 기간이 걸린 것은 양반 지주들이 심하게 반대하여 이들의 이해를 배려하면서 시행하였기 때문이다.

① 양반에게도 군포를 징수하였다.
② 공인이 등장하는 계기가 되었다.
③ 풍흉을 고려하여 토지세를 거두었다.
④ 토지 소유자에게 결작을 부과하였다.

< 정답 ②

② 균역법의 실시

 ㉠ 내용: 농민 1인당 1년에 군포 1필을 부담하게 하였다.

 ㉡ 재정의 보충: 지주에게 결작이라고 하여 1결당 미곡 2두를 징수하고, 일부 선무 군관이란 칭호로 상류층에게 군포 1필을 징수하였으며 어장세, 선박세 등 잡세 수입으로 보충하였다.

③ 결과…농민의 부담은 일시적으로 경감하였지만 농민에게 결작의 부담이 강요되었고 군적의 문란으로 농민의 부담이 다시 가중되었다.

section 2 서민경제의 발전

(1) 양반 지주의 경영 변화

① 양반의 토지 경영

 ㉠ 농토의 확대: 토지 개간에 주력하고, 농민의 토지를 매입하였다.

 ㉡ 지주전호제 경영: 소작 농민에게 토지를 빌려 주고 소작료를 받는 형식이다.

② 지주전호제의 변화…상품화폐경제가 발달되면서 변화해 갔다.

 ㉠ 소작인의 소작권을 인정하고, 소작료 인하 및 소작료를 일정액으로 정하는 추세가 등장하게 되었다.

 ㉡ 지주와 전호 간의 관계가 신분적 관계에서 경제적 관계로 변화하였다.

③ 양반의 경제활동

 ㉠ 소작료와 미곡 판매로 이득을 남겨 토지 매입에 주력하였다.

 ㉡ 물주로서 상인에게 자금을 대거나 고리대로 부를 축적하기도 하였다.

 ㉢ 경제 변동에 적응하지 못하고 몰락하는 양반이 등장하게 되었다.

(2) 농민경제의 변화

① 농촌의 실정…수취체제의 조정으로 18세기(영·정조시대)에는 농촌사회의 동요가 진정되는 듯 하였으나, 궁극적으로는 양반 중심의 지배체제를 유지하는 데 목적이 있었기 때문에 농촌사회 안정에 한계가 있었다.

② 농민들의 대응책…황폐한 농토를 개간하고, 수리시설을 복구하였다. 농기구와 시비법을 개량하고, 새로운 영농방법을 시도하였다.

③ 모내기법(이앙법)의 확대

 ㉠ 벼와 보리의 이모작 가능: 보리는 수취의 대상에서 제외되어 소작농에게 선호되었다.

 ㉡ 경영의 변화: 잡초를 제거하는 일손의 감소로 경작지의 규모가 확대되었다.

기출PLUS

기출 2019. 4. 6. 소방공무원

다음 자료에 나타난 시기의 경제 상황으로 옳은 것은?

┌─ 보기 ─

밭에 심는 것은 9곡(九穀)뿐이 아니다. 모시, 오이, 배추, 도라지 등의 농사를 잘 지으면 조그만 밭이라도 얻는 이익이 헤아릴 수 없이 크다. 한성 내외의 읍과 도회지의 파밭, 마늘밭, 배추밭, 오이밭에서는 10무(畝)의 땅으로 많은 돈을 번다. 서쪽 지방의 담배밭, 북쪽 지방의 삼밭[麻田], 한산 지방의 모시밭, 전주의 생강밭, 강진의 고구마밭, 황주의 지황밭은 모두 다 논 상상등(上上等)보다 그 이익이 10배에 달한다.

     －『경세유표』

① 모내기법이 전국적으로 보급되었다.

② 토지 소유자에게 지계가 발급되었다.

③ 고액 화폐인 은병(활구)이 주조되었다.

④ 관료전이 지급되고 녹읍이 혁파되었다.

❮정답 ①

© 결과 : 광작 농업으로 농가의 소득이 증대되자, 농민의 일부는 부농으로 성장하여 농민의 계층을 분화시켰다.

④ **상품작물의 재배** … 장시가 증가하여 상품의 유통이 활발해졌다.

    ㉠ **내용** : 쌀, 면화, 채소, 담배, 약초 등을 재배하였다.

    ㉡ **결과** : 쌀의 상품화로 밭을 논으로 바꾸는 현상이 일어났다.

⑤ **소작권의 변화**

    ㉠ **소작쟁의** : 유리한 경작조건을 확보하고 소작권을 인정받았다.

    ㉡ **소작료** : 타조법에서 도조법으로 변화하였고 곡물이나 화폐로 지불하였다.

> **POINT** 타조법과 도조법
>   ㉠ 타조법 : 일정 비율로 소작료를 내는 방식으로 대개 수확량의 2분의 1을 납부한다. 전세와 종자, 농기구가 소작인의 부담으로 불리한 조건이다.
>   ㉡ 도조법 : 일정 액수를 내는 방식으로 대개 수확량의 3분의 1정도를 납부한다. 소작인에게 타조법보다 유리하였다.

    © 결과 : 농민들은 소득이 향상되어 토지 개간이나 매입을 통해 지주로 성장하였다.

⑥ **몰락 농민의 증가**

    ㉠ **원인** : 부세의 부담, 고리채의 이용, 관혼상제의 비용 부담 등으로 토지를 판매하기도 하였다.

    ㉡ **지주의 소작지 회수** : 광작으로 인하여 소작지를 확보하는 것이 어려워졌다. 소작지를 잃은 농민은 농촌을 떠나거나 농촌에 머물러 생계를 유지하였다.

    © **농민의 농촌 이탈** : 도시에서 상공업에 종사하거나, 광산이나 포구의 임노동자로 전환되었다.

(3) 민영수공업의 발달

① **발달배경**

    ㉠ **상품화폐경제의 발달** : 시장 판매를 위한 수공업제품의 생산이 활발하였다.

    ㉡ **도시인구의 증가** : 제품의 수요가 증가되었으며, 대동법의 실시로 관수품의 수요가 증가하였다.

② **민영수공업** … 관영수공업이 쇠퇴하고 민영수공업이 증가하였다.

    ㉠ 장인세의 납부로 자유로운 생산활동이 이루어졌다.

    ㉡ 민영수공업자의 작업장은 점(店)이라고 불렸으며 철점과 사기점이 도시를 중심으로 발달하였다.

③ **농촌수공업** … 전문적으로 수공업제품을 생산하는 농가가 등장하여, 옷감과 그릇을 생산하였다.

④ 수공업 형태의 변화

    ㉠ 선대제수공업 : 상인이나 공인으로부터 자금이나 원료를 미리 받고 제품을 생산하는 것이다(종이, 화폐, 철물 등).

    ㉡ 독립수공업 : 독자적으로 제품을 생산하고 판매하였다(18세기 후반).

(4) 민영 광산의 증가

① 광산 개발의 변화

    ㉠ 조선전기 : 정부가 독점하여 광물을 채굴하였다.

    ㉡ 17세기 : 허가받은 민간인에게 정부의 감독 아래 광물채굴을 허용하였다.

    ㉢ 18세기 후반 : 국가의 감독을 받지 않고 민간인이 광물을 자유롭게 채굴하였다.

② 광산 개발의 증가

    ㉠ 민영수공업의 발달로 광물의 수요가 증가되었다.

    ㉡ 대청 무역으로 은의 수요가 증가하였다.

    ㉢ 상업자본의 채굴과 금광 투자가 증가하고, 잠채가 성행하였다.

③ 조선후기의 광업

    ㉠ 경영방식 : 덕대가 상인 물주로부터 자본을 조달받아 채굴업자와 채굴노동자, 제련노동자 등을 고용하여 운영하였다.

    ㉡ 덕대 : 광산의 주인과 계약을 맺고 광물을 채굴하여 전문적으로 광산을 경영하였다.

    ㉢ 특징 : 분업에 토대를 둔 협업으로 진행되었다.

section 3 상품화폐경제의 발달

(1) 사상의 대두

① 상품화폐경제의 발달

    ㉠ 배경

      • 농업생산력이 증대되었다.

      • 수공업생산이 활발해졌다.

      • 부세 및 소작료의 금납화 현상으로 상품유통이 활성화되었다.

    ㉡ 상업인구의 증가 : 농민의 계층 분화로 도시유입인구가 증가되었고 상업활동은 더욱 활발해졌다.

    ㉢ 주도 : 상업활동은 공인과 사상이 주도하였다.

ⓔ 공인의 활동

- 공인의 등장 : 대동법의 실시로 등장한 어용상인이다.
- 공인의 역할 : 관청의 공가를 받아 수공업자에게 위탁생산한 물품을 납품하여 수공업 성장을 뒷받침하였다.
- 도고의 성장 : 서울의 시전과 지방장시를 중심으로 활동하였고, 특정 상품을 집중적·대량으로 취급하여 독점적 도매상인인 도고로 성장하였다.
- 조선후기의 상업활동 주도 : 사상들이 성장하기 이전에는 공인들의 활동이 활발하였다.

② 사상의 성장

ⓐ 초기의 사상(17세기 초) : 농촌에서 도시로 유입된 인구의 일부가 상업으로 생계를 유지하여 시전에서 물건을 떼어다 파는 중도아(中都兒)가 되었다.

ⓑ 사상의 성장(17세기 후반) : 시전상인과 공인이 상업활동에서 활기를 띠자 난전이라 불리는 사상들도 성장하였고 시전과 대립하였다.

ⓒ 시전의 특권 철폐(18세기 말) : 시전상인들은 금난전권을 얻어내어 사상들을 억압하려 하였으나 사상의 성장을 막을 수 없었던 정부는 육의전을 제외한 나머지 시전의 금난전권을 폐지하였다.

③ 사상의 활동(18세기 이후)

ⓐ 사상 : 칠패, 송파 등 도성 주변과 개성, 평양, 의주, 동래 등 지방도시에서 활동하였다. 각 지방의 장시와 연결되어 각지에 지점을 설치하여 상권을 확대하였고 청·일본과의 대외무역에도 참여하였다.

ⓑ 종류 : 개성의 송상, 평양의 유상, 의주의 만상, 동래의 내상 등이 유명하였다.

(2) 장시의 발달

① 장시의 증가 … 15세기 말 개설되기 시작한 장시는 18세기 중엽 전국에 1000여개 소가 개설되었다.

② 장시의 기능

ⓐ 지방민들의 교역장소 : 인근의 농민·수공업자·상인들이 일정한 날짜에 일정한 장소에 모여 물건을 교환하였는데, 보통 5일마다 열렸다.

ⓑ 지역적 시장권을 형성 : 일부 장시는 상설 시장이 되기도 하였지만, 인근의 장시와 연계하여 하나의 지역적 시장권을 형성하는 것이 보통이었다.

ⓒ 싸게 물건 구입 : 농민들은 행상에게 물건을 파는 것보다 장시를 이용하면 좀 더 싸게 물건을 구입하고 비싸게 팔 수 있어 이를 이용하는 경향이 점차 증가하였다.

③ 전국적 유통망 형성 … 18세기 말 광주의 송파장, 은진의 강경장, 덕원의 원산장, 창원의 마산포장 등은 전국적 유통망을 연결하는 상업의 중심지로 발돋움하였다.

④ 보부상의 활동

ⓐ 농촌의 장시를 하나의 유통망으로 연결시켰고 생산자와 소비자를 이어주는 데 큰 역할을 하였다.

ⓑ 자신들의 이익을 지키고 단결을 굳게 하기 위하여 보부상단 조합을 결성하였다.

(3) 포구에서의 상업활동

① 포구의 성장

ⓐ 수로 운송 : 도로와 수레가 발달하지 못하여 육로보다 수로를 이용하였다.

ⓑ 포구의 역할 변화 : 세곡과 소작료 운송기지에서 상업의 중심지로 성장하였다.

ⓒ 포구상권의 형성 : 연해안이나 큰 강 유역에 형성되어 있는 포구들 중 인근 포구 및 장시와 연결되었다.

ⓓ 선상, 객주, 여각 : 포구를 거점으로 상행위를 하는 상인이 등장했다.

POINT 객주와 여각 · 거간

ⓐ 객주 : 상인을 유숙시키기도 하고, 그들의 물화를 보관 · 운송하기도 하며 위탁판매와 대금 결제를 맡아 처리하였다.

ⓑ 여각 : 각지에 산재하던 여인숙이며, 사람을 유숙시키기도 하고 물품교역의 중개역할도 담당했다.

ⓒ 거간 : 매매를 소개 · 성립시키는 중개인으로, 계약이 성립되면 일정한 보수를 받았다. 상품매매 · 어음 거간 등을 주로 하였다.

② 유통권의 형성 … 활발한 선상활동으로 하나의 유통권을 형성하여 갔고 포구가 칠성포, 강경포, 원산포에서는 장시가 열리기도 했다.

③ 상업활동

ⓐ 선상 : 선박을 이용하여 포구에서 물품을 유통하였다.

ⓑ 경강상인 : 대표적인 선상으로 운송업에 종사하였으며, 한강을 근거지로 소금, 어물과 같은 물품의 운송과 판매를 장악하여 부를 축적하였고 선박의 건조 등 생산분야에까지 진출하였다.

ⓒ 객주, 여각 : 선상의 상품매매를 중개하거나, 운송 · 보관 · 숙박 · 금융 등의 영업을 하였다.

(4) 중계무역의 발달

① 대청 무역 … 7세기 중엽부터 활기를 띄었다.

ⓐ 형태 : 개시(공적 무역), 후시(사적 무역)가 이루어졌다.

• 공무역 : 중강개시, 회령개시, 경원개시

• 사무역 : 중강후시, 책문후시, 회동관후시, 단련사후시

ⓑ 교역품

• 수입품 : 비단, 약재, 문방구 등

• 수출품 : 은, 종이, 무명, 인삼 등

② 대일 무역 … 17세기 이후 국교가 정상화되었다.

ⓐ 형태 : 왜관개시를 통한 공무역이 활발하게 이루어졌고 조공무역이 이루어졌다.

ⓑ 교역품 : 조선은 인삼, 쌀, 무명 등을 팔고 청에서 수입한 물품들을 넘겨 주는 중계무역을 하고 일본으로부터 은, 구리, 황, 후추 등을 수입하였다.

기출 2021. 4. 17. 인사혁신처

시기별 대외 교류에 관한 설명으로 옳지 않은 것은?

① 백제 : 노리사치계가 일본에 불경과 불상을 전하였다.

② 통일신라 : 장보고가 청해진을 설치하여 해상권을 장악하였다.

③ 고려 : 예성강 하구의 벽란도가 국제항으로 번성하였다.

④ 조선 : 명과의 교류에서 중강개시와 책문후시가 전개되었다.

〈정답 ④

③ **상인들의 무역활동** … 활발한 활동을 보인 상인은 의주의 만상, 동래의 내상 등이 있으며 개성의 송상은 청과 일본을 중계하여 큰 이득을 남겼다.

④ **영향** … 수입품 중에는 사치품이 많았고 수출품 중에는 은과 인삼의 비중이 커서 국가재정과 민생에 여러가지 문제를 남겼다.

(5) 화폐 유통

① 화폐의 보급
  ㉠ 배경 : 상공업의 발달에 따라 동전(금속화폐)이 전국적으로 유통되었다.
  ㉡ 과정 : 인조 때 동전이 주조되어, 개성을 중심으로 유통되다가 효종 때 널리 유통되었다. 18세기 후반에는 세금과 소작료도 동전으로 대납이 가능해졌다.

② 동전 발행의 증가
  ㉠ 동광의 개발로 구리의 공급이 증가되고, 동전의 발행이 권장되었다.
  ㉡ 불법으로 사적인 주조도 이루어졌다.

③ 동전 부족(전황) … 지주, 대상인이 화폐를 고리대나 재산 축적에 이용하였다.
  ㉠ 원인 : 상인이나 지주 중에는 화폐를 재산으로 여겨, 늘어난 재산을 화폐로 바꾸어 간직하고 유통시키지 않았다. 이와 같이 화폐가 많이 주조되어도 유통되는 화폐는 계속 부족해지는 현상을 전황이라고 한다.
  ㉡ 실학자 이익은 전황의 폐단을 지적하며 폐전론을 주장하기도 하였다.

④ **신용화폐의 등장** … 상품화폐경제의 진전과 상업자본의 성장으로 대규모 상거래에 환·어음 등의 신용화폐를 이용하였다.

01 영조 때 실시된 균역법에 대한 설명으로 옳지 않은 것은?

① 군포를 1년에 2필에서 1필로 경감시켰다.

② 균역법의 실시로 모든 양반에게도 군포를 징수하였다.

③ 균역법의 시행으로 감소된 재정은 어장세·염전세·선박세로 보충하였다.

④ 결작이라 하여 토지 1결당 미곡 2두를 부과하였다.

> **TIPS!**
> ② 균역법의 시행으로 감소된 재정은 결작(토지 1결당 미곡 2두)을 부과하고 일부 상류층에게 선무군관이라는 칭호를 주어 군포 1필을 납부하게 하였으며 선박세와 어장세, 염전세 등으로 보충하였다.

02 다음 사실에서 공통적인 내용으로 옳은 것은?

> • 대동법이 실시되었고 광작이 유행하였다.
> • 상품작물 재배가 활발해졌다.
> • 독립 수공업이 등장하였다.

① 민중의 경제적 성장으로 사회가 안정되었다.

② 양반 수의 증대로 신분제가 동요되었다.

③ 지주의 부담은 계속해서 줄고 농민의 부담은 크게 늘었다.

④ 평민층의 성장으로 정치 체제의 개편이 있었다.

⑤ 대동법이 실시되면서 별공과 진상은 폐지되었다.

> **TIPS!**
> ② 양반계층의 자기 도태현상 속에서 부농층의 신분상승으로 양반의 수는 늘어나고 상민과 노비의 숫자는 줄어들어 신분제가 동요되었다.

Answer 01.② 02.②

03 다음 중 조선후기 농업의 변화된 모습으로 옳지 않은 것은?

① 정부는 봄가뭄 때문에 이앙법을 금지시켰으나 계속 확대되어 갔다.

② 광작이 가능해지면서 농민 계층의 분화가 촉진되었다.

③ 도조법이 확대·시행되어 많은 농민의 토지 이탈을 가져왔다.

④ 시장에 내다 팔아 이익을 얻을 수 있는 상품작물이 재배되었다.

 **TIPS!**

③ 도조법은 농사의 풍·흉에 관계없이 해마다 정해진 일정 지대액을 납부하는 것으로 타조법보다 소작인에게 유리하였다.

04 다음에서 호포제와 균역법의 공통점을 고르면?

① 농민의 부담은 점차 늘어났다.

② 농민의 부담은 줄고 수취 대상은 늘어났다.

③ 농민의 부담은 증가하고 수취 대상은 늘어났다.

④ 농민의 부담은 줄어들고 수취 대상은 변하지 않았다.

TIPS!

균역법은 1년에 2필씩 납부하던 군포를 1필로 줄인 것이며, 호포제의 실시로 양반들도 군포를 납부하게 되었다.

05 조선후기의 상업활동에 대한 설명으로 옳지 않은 것은?

① 조선후기에는 공인을 중심으로 상업활동이 전개되었다.

② 장시는 15세기 말부터 개설되어 18세기 중엽에는 크게 발달하였다.

③ 정조 15년(1791) 신해통공을 통하여 모든 시전의 특권이 폐지되었다.

④ 경강상인들은 한강을 근거지로 운송업에 종사하였다.

TIPS!

③ 신해통공으로 육의전을 제외한 나머지 시전의 금난전권이 철폐되었다.

Answer   03.③   04.②   05.③

06 다음은 조선후기의 수취체제 개편에 관한 내용이다. 옳은 것은?

> ⊙ 1결당 4두로 고정하여 수취함으로써 양척동일법으로 조세를 고정화하였다.
> ⓛ 호(戶)를 기준으로 특산물을 받던 것을 토지 결 수 단위로 바꿈으로서 공납제가 변화하였다.
> ⓒ 16개월에 2필을 받던 것을 12개월에 1필로 감하게 되었으며, 부족분은 선무군관포 · 결작 · 해세 등으로 보완하였다.

① ⊙의 실시로 지주의 부담이 크게 늘어났다.
② ⓛ의 실시 결과 소작농의 부담이 줄어들었다.
③ 전체적으로 재산세보다 인두세의 비중이 높아지게 되었다.
④ ⓒ의 실시 결과 양반들도 군포를 부담하게 되었다.

💡 **TIPS!** --o

① ⊙의 실시로 지주의 부담은 감소하였다.
③ 전체적으로 인두세보다 재산세의 비중이 높아지게 되었다.
④ ⓒ의 실시 결과 양반들은 여전히 군포를 부담하지 않았다.

07 다음 그림의 영농방법에 대한 설명 중 옳은 것은?

> ⊙ 주로 밭농사에 이용되었다.
> ⓛ 벼와 보리의 이모작이 가능해졌다.
> ⓒ 정부의 적극적 권장으로 널리 보급되었다.
> ⓔ 노동력 절감으로 1인당 경작 면적이 늘어났다.

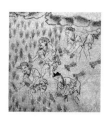

① ⊙ⓛ

② ⊙ⓒ

③ ⓛⓒ

④ ⓛⓔ

💡 **TIPS!** --o

⊙ 이앙법은 주로 논농사에 이용되었다.
ⓒ 정부에서는 가뭄에 대한 피해를 고려하여 이앙법을 금지시키고 직파법을 권장하였다.

Answer 06.② 07.④

08 다음 중 조선후기 광작으로 인한 영향은?

① 선대제수공업
② 어용상인의 등장
③ 임노동자 출현
④ 사채 허용

> 💡 **TIPS!**
> 이앙법의 보급으로 농민들의 경작지 규모의 확대로 광작이 대두하자, 부농층을 발생시킨 반면, 농민의 토지 이탈을 가져와 농민층의 분화를 촉진하였고 임노동자의 출현을 초래하였다.

09 조선후기 농민의 생활모습으로 보기 어려운 것은?

① 장날에 장시에 나가 채소를 팔고 있다.
② 소득을 올리기 위해 밭에서 담배농사를 짓고 있다.
③ 수조권을 가진 관리에게 조를 납부하고 있다.
④ 볕이 좋은 날, 집 마당에서 고추를 말리고 있다.

> 💡 **TIPS!**
> ③ 직전법의 폐지로 관료들의 수조권적 지배는 사실상 사라졌다.

10 다음은 조선후기 농업에 관한 내용이다. 이와 관련한 설명으로 옳지 않은 것은?

> • 모내기방법이 일반화되어 갔다.
> • 개간사업을 장려하여 지주층의 토지 겸병이 늘어났다.
> • 담배, 인삼, 고추, 면화 등 상품작물의 재배가 활발하였다.

① 농민들은 벼와 보리의 그루갈이에 심혈을 기울였을 것이다.
② 저수지, 보 등 수자원 관리에 관한 대비가 강화되었을 것이다.
③ 농민층이 경영형 부농과 임노동자로 분화되고 이농현상이 일어났을 것이다.
④ 관료사회를 안정적으로 운영하기 위하여 토지의 분급에 주안점을 두었을 것이다.

> 💡 **TIPS!**
> ④ 관료사회를 안정적으로 운영하기 위해 토지의 분급에 주안점을 둔 시기는 고려시대였다.

Answer 08.③ 09.③ 10.④

11 다음의 결과로 나타난 사실로 보기 어려운 것은?

- 이앙법
- 시비법의 발달
- 광작
- 견종법
- 머슴
---

① 도시와 농촌에서 상공업활동이 활발히 나타났다.
② 수등이척법의 실시로 조세제도가 변화하였다.
③ 농촌에서의 이농현상이 활발히 나타났다.
④ 토지의 매매가 활발해져 토지의 상품화가 나타났다.

> **TIPS!**
>
> 조선후기 이앙법·견종법·시비법의 발달은 단순히 생산력의 증대뿐만 아니라 사회 전반에 많은 변화를 가져왔다. 농가의 경작면적이 넓어지는 광작농업이 발달함에 따라 일부 농민들은 부농층으로 성장하였으나, 대다수의 농민들은 토지를 잃고 이농하여 상공업에 종사하거나 임노동자가 되었고, 심지어 머슴·노비가 되는 등 농민층의 분화현상이 나타났다.
> ② 수등이척법은 토지의 비옥도에 따라 측량을 달리하여 조세의 공평성을 도모한 제도로 고려말 전시과체제가 붕괴된 후 나타난 제도이다.

12 다음에 해당하는 조선 상인은?

- 운송업 종사
- 한강 근거
- 선박 건조·생산
---

① 만상   ② 내상
③ 송상   ④ 경강상인

> **TIPS!**
>
> 조선후기 선상(船商)은 선박을 이용해서 각 지방의 물품을 구입해와 포구에서 처분하였는데, 운송업에 종사하다가 거상으로 자라난 경강상인이 대표적 선상이었다. 이들은 한강을 근거지로 하여 주로 서남 연해안을 오가며 미곡, 소금, 어물이나 그 밖의 물품의 운송과 판매를 장악하여 부를 축적하였고, 선박의 건조 등 생산분야까지 진출하여 활동분야를 확대하였다.

Answer 11.② 12.④

13 다음 중 조선후기 농업에 관한 설명으로 옳지 않은 것은?

① 이앙법의 보급   ② 농사직설의 간행

③ 광작의 유행   ④ 견종법의 보급

> **TIPS!**
>
> ② 농사직설은 세종 때 정초가 우리나라 풍토에 맞는 농사기술과 품종 등의 개발을 위하여 씨앗의 저장법, 토질의 개량법, 모내기법 등 농부들의 실제 경험을 토대로 하여 간행한 농서이다.

14 다음 중 조선후기에 대한 설명으로 옳지 않은 것은?

① 군역의 합리적인 시행을 위해 균역법을 실시하였다.

② 이앙법이 널리 보급되었다.

③ 17세기 후반에 상평통보가 발행되었다.

④ 시전상인의 금난전권이 강화되었다.

> **TIPS!**
>
> ④ 조선후기 사상의 성장에 따라 정부는 육의전을 제외한 나머지 시전의 금난전권을 철폐하였다(신해통공, 1791). 이로써 사상들의 자유로운 상업활동이 어느 정도 보장되었으며, 그들 중의 일부는 도고로 성장해 갔다.

15 유수원의 다음 설명에 해당하는 것은?

> • 상인의 경영규모 확대와 상인이 수공업자를 직접 지배하면서 물건을 생산한다(상인과 상인의 합작, 상인이 장인을 고용한 뒤 주문받아서 생산하는 방식).
> • 상공업을 진흥시키기 위한 구체적 방안으로서 상인 간의 합자를 통한 경영규모의 확대와 상인의 생산자를 고용하여 판매를 주관할 것을 제안하였다.

① 가내수공업   ② 선대제수공업

③ 공장제수공업   ④ 독립수공업과 공장제수공업의 결합

> **TIPS!**
>
> 제시된 내용은 중상적 실학자 유수원이 그의 저서 우서에서 밝힌 수공업 형태인 선대제수공업을 설명한 것이다. 선대제수공업이란 수공업자들이 상인에게 주문과 함께 원료와 자금을 선대받아 제품을 생산하는 것을 말한다.

Answer   13.②   14.④   15.②

16 조선후기의 서민 경제에 대한 설명으로 옳지 않은 것은?

① 수취체제의 개편에 적극적으로 참여하였다.
② 농민들 중 일부는 농업 경영을 변화시켜 지주가 되기도 하였다.
③ 수공업자들은 부역에 동원되지 않고 독자적으로 작업장을 운영하였다.
④ 상인들은 선대제를 통해 농민의 노동력으로 상품 생산을 하였다.

 **TIPS!**

① 수취체제의 개편은 농민 생활 안정과 국가 재정 기반의 확충을 도모하고자 하는 양반 관료들에 의해 주도되었다.

17 다음 중 균역법에 대한 설명으로 옳은 것은?

① 훈련도감의 설치로 시행되었다.
② 농민들의 군포부담액을 감소시켰다.
③ 양반 지주들의 부담은 시행 전과 비슷하였다.
④ 국가의 재정수입은 시행 전에 비해 줄어들었다.

TIPS!

균역법은 장정 1인당 군포의 액수를 연간 2필에서 1필로 감소시키고, 부족분을 결작, 선무군관 등으로 보충한 것이다.

18 조선후기 양반 지주들의 경영 변화에 대한 설명으로 옳은 것은?

① 소작인들에게 토지를 빌려 주고 수확의 절반을 받았다.
② 수조권을 집적하여 대토지를 소유하였다.
③ 노비나 양인 전호를 신분적으로 지배하였다.
④ 소작료 수입을 바탕으로 토지 매입을 늘려나갔다.

TIPS!

① 조선전기 ② 고려 때의 권문세족 ③ 조선전기

Answer 16.① 17.② 18.④

19 조선후기 민영수공업의 발달에 대한 설명으로 옳지 않은 것은?

① 장인의 대다수는 관청의 부역 노동에 동원되었다.

② 장인들은 상인 자본에 예속되어 있었다.

③ 시장의 상품 수요를 중심으로 제조하였다.

④ 장인세를 납부하는 수공업자가 증가하였다.

> **TIPS!**
> ① 장인들은 장인세를 납부하여 관청의 부역 노동에서 벗어나기 시작하였다.

20 조선후기의 국제 무역에 대한 설명으로 옳은 것은?

① 청과의 무역이 대외무역의 중심이었다.

② 개시무역 이외의 무역활동은 불가능했다.

③ 일본과의 무역을 통해 비단, 서적, 약재 등을 수입하였다.

④ 청과의 무역은 개성상인들에 의해 이루어졌다.

> **TIPS!**
> ② 개시무역보다는 비공식적으로 이루어지는 후시무역의 규모가 더 컸다.
> ③ 대일 수입품은 구리, 후추, 황이었다.
> ④ 개성상인이 아니라 만상(의주상인)이 중심이었다.

21 조선후기의 세제개혁에 대한 설명으로 옳지 않은 것은?

① 관수관습제 이후 전세로 통일되었다.

② 조세는 호조에서 관장하였다.

③ 대동법 실시 후 공인이 등장하였다.

④ 삼수미세의 징수로 인하여 농민들의 군역이 면제되었다.

> **TIPS!**
> ④ 삼수미세는 임진왜란 이후에 발생한 훈련도감의 군인의 경비를 충당하기 위한 것이다.

Answer 19.① 20.① 21.④

22 조선후기 농업과 관련된 설명으로 옳지 않은 것은?

① 개간사업으로 인하여 지주제가 더욱 확대되었다.

② 제언계, 농구계 등이 조직되었다.

③ 밭을 논으로 전환하는 경우가 많았다.

④ 쌀은 주곡식으로 상품화가 되지 못하였다.

 TIPS!

④ 쌀의 상품화가 활발하게 진행되어 밭을 논으로 바꾸는 현상도 나타났다.

23 다음 중 조선후기에 대한 설명으로 옳지 않은 것은?

① 선상·객주 등 포구를 거점으로 하는 상인이 등장하였다.

② 17세기 후반 상평통보가 발행되었다.

③ 시전상인의 금난전권이 강화되었다.

④ 지방민들의 교역장소인 장시가 발달하였다.

TIPS!

조선후기 사상의 성장에 따라 정부는 육의전을 제외한 나머지 시전의 금난전권을 철폐하였다(신해통공, 1791). 이로써 사상들의 자유로운 상업활동이 어느 정도 보장되었으며, 그들 중의 일부는 도고로 성장해갔다.

24 다음 중 조선후기 상업에 대한 설명으로 옳은 것은?

① 장인의 대부분은 독자적으로 물품을 제조하고 판매하였다.

② 전국적인 유통망을 형성한 상인이 나타났다.

③ 지방의 중소상인들이 장시의 상권을 장악하였다.

④ 육의전과 시전의 금난전권이 철폐되었다.

TIPS!

② 송상은 전국에 송방이라는 지점을 두어 전국적인 유통망을 형성하였다.

Answer 22.④ 23.③ 24.②

25 다음 중 공인의 활동에 대한 설명으로 옳지 않은 것은?

① 대동법의 실시로 등장한 어용상인이다.

② 서울의 시전과 지방장시를 중심으로 활동하였다.

③ 개성의 송상, 평양의 유상, 의주의 만상, 동래의 내상 등이 유명하였다.

④ 특정 상품을 집중적 · 대량으로 취급하여 독점적 도매상인인 도고로 성장하였다.

> **TIPS!**
>
> ③ 사상에 대한 설명이다. 사상은 18세기 이후 활동하기 시작하였으며, 칠패 · 송파 등 도성 주변과 개성 · 평양 · 의주 · 동래 등 지방도시에서 활동하였다.
>
> ※ 공인의 활동
>   ㉠ 공인의 등장 : 대동법 실시로 등장한 어용상인이다.
>   ㉡ 공인의 역할 : 관청의 공가를 받아 수공업자에게 위탁생산한 물품을 납품하여 수공업 성장을 뒷받침하였다.
>   ㉢ 도고의 성장 : 서울의 시전과 지방장시를 중심으로 활동하였고, 특정 상품을 집중적 · 대량으로 취급하여 독점적 도매상인인 도고로 성장하였다.
>   ㉣ 조선후기의 상업활동 주도 : 사상들이 성장하기 이전에는 공인들의 활동이 활발하였다.

26 다음과 같은 상황과 직접적으로 연계되어 활동한 상인은?

> 조선시대에는 도로와 수레가 발달하지 못하여 물화의 대부분이 육로보다 수로를 통하여 운송되었다.

㉠ 선상	㉡ 보부상
㉢ 여각	㉣ 시전상인
㉤ 객주	

① ㉠㉡㉢

② ㉠㉢㉤

③ ㉡㉢㉤

④ ㉢㉣㉤

> **TIPS!**
>
> 조선시대에는 대부분의 물화가 수로를 통해 운송되었다. 18세기에 이르러 상거래가 활발해지자 포구가 상업의 중심지로 성장하였다. 인근의 포구 및 장시와 연결하여 상거래가 이루어졌는데 선상의 활동이 활발해지면서 포구가 하나의 유통권을 형성하였고, 장시가 열리기도 하였다. 이 포구를 중심으로 상행위를 한 상인은 선상, 객주, 여각 등이었다.

Answer 25.③ 26.②

27 대동법 시행의 결과로 나타난 현상으로 옳지 않은 것은?

① 상품화폐경제가 발달하였다.
② 농민층의 분화가 둔화되었다.
③ 공납의 전세화가 진행되었다.
④ 상공업 발달을 촉진시켰다.

TIPS!

대동법의 실시로 공인이 등장하고 상품화폐경제가 발달하였다. 농민들도 자연스럽게 이러한 경제 구조에 편입되어 농민의 계층 분화현상이 가속화되었다.

28 조선후기 사회에 나타난 다음과 같은 현상을 종합하여 내린 결론으로 옳지 않은 것은?

- 농가 당 경작면적의 확대로 가족 노동력만으로 농사를 짓기가 어렵게 되었다.
- 이앙법과 견종법의 보급으로 노동력이 절감되어 광작 경영이 성행하게 되었다.
- 수공업과 대외무역의 발달로 광물의 수요가 늘어나자, 광산의 사채가 활발하였다.
- 관청에서 주관하는 축성이나 도로공사에 농민의 부역동원이 어려워져서 인부를 고용하였다.

① 임노동자의 수요가 늘어나게 되었다.
② 농민의 계층분화현상이 일어나고 있었다.
③ 농민의 토지이탈이 심하게 일어나고 있었다.
④ 농민들은 임노동수입의 증가로 생활의 향상이 이루어졌다.

TIPS!

농업기술의 발달 등으로 광작이 가능하게 되자 농민계층의 분화가 촉진되었다. 몰락한 농민은 도시로 옮겨가 상공업에 종사하거나 임노동자가 되었으며, 광산·포구 등에서도 종사하게 되었다. 하지만 생활은 대체로 어려운 편이었다.

Answer 27.② 28.④

05 조선의 사회

section **1** 양반관료 중심의 사회

(1) 양천제도와 반상제도

① 양천제도 ⋯ 양인과 천민으로 구분되는 법제적 신분제도이다.

　㉠ 양인 : 과거에 응시하고 벼슬길에 오를 수 있는 자유민으로서 조세와 국역의 의무를 지녔다.

　㉡ 천민 : 비자유민으로 개인이나 국가에 소속되어 천역을 담당하였다.

② 반상제도의 정착 ⋯ 양반과 중인이 신분층으로 정착되고, 양반과 상민 간의 차별을 두었다.

③ 신분 간의 이동

　㉠ 양인이면 누구나 과거를 통해 관직에 진출할 수 있었고, 양반도 죄를 지으면 노비 · 중인 · 상민으로 전락할 수 있었다.

　㉡ 조선은 고려에 비해 개방된 사회였지만 여전히 신분사회의 틀을 벗어나지는 못했다.

(2) 신분구조

① 양반 ⋯ 문반과 무반을 아우르는 명칭으로, 문 · 무반의 관료와 그 가족 및 가문을 말한다.

　㉠ 양반 사대부의 신분화

　　• 문무양반만 사족으로 인정하였다.

　　• 중인층 배제 : 현직 향리층, 중앙관청의 서리, 기술관, 군교, 역리 등은 하급 지배 신분인 중인으로 격하시켰다.

　　• 서얼 배제 : 양반의 첩에서 난 소생은 관직 진출에 제한을 받았다.

　㉡ 양반의 지위

　　• 정치적으로 관료층으로서 국가정책을 결정하며 과거, 음서, 천거 등을 통해 고위 관직을 독점하였다.

　　• 경제적으로 지주층으로서 토지와 노비를 많이 소유하였다.

　　• 현직 또는 예비 관료로 활동하였으며, 유학자로서의 소양과 자질을 함양시키는 데 힘썼다.

　　• 각종 국역이 면제되었으며, 법률과 제도로써 신분적 특권이 보장되었다.

② **중인** … 좁은 의미로는 기술관, 넓은 의미로는 양반과 상민의 중간계층을 의미한다.

　㉠ **구성**

　　• 중인 : 중앙과 지방관청의 서리와 향리 및 기술관은 직역을 세습하고, 같은 신분 안에서 혼인하였으며 관청 주변에 거주하였다.

　　• 서얼(중서) : 중인과 같은 신분적 처우를 받았고, 이들은 문과에 응시하는 것이 금지되었으며 무반직에 등용되었다.

　㉡ **역할** : 전문기술이나 행정실무를 담당하였다.

　　• 역관은 사신을 수행하며 무역에 관여하였다.

　　• 향리는 토착세력으로서 수령을 보좌하는 일을 하였다.

③ **상민** … 평민, 양인으로도 불리며 백성의 대부분을 차지하는 농민, 수공업자, 상인을 말한다.

　㉠ **성격** : 과거응시자격은 있으나 과거 준비에는 많은 시간과 비용이 들었으므로 상민이 과거에 응시하는 것은 사실상 어려웠다. 군공을 세워야 신분 상승이 가능했다.

　㉡ **구분**

　　• 농민 : 과중한 조세·공납·부역의 의무를 가졌다.

　　• 수공업자(공장) : 관영이나 민영수공업에 종사하였으며, 공장세를 납부하였다.

　　• 상인 : 시전상인과 보부상들로 국가의 통제 아래에서 상거래에 종사하였고, 상인세를 납부하였다.

　　• 신량역천 : 양인 중에서 천역을 담당하는 계층을 말한다.

④ **천민**

　㉠ **노비의 처지**

　　• 천민의 대부분을 차지하였고, 비자유민으로 교육을 받거나 벼슬에 나아가는 것이 금지되었다.

　　• 노비는 재산으로 취급되어 매매·상속·증여의 대상이 되었다.

　　• 부모 중 한 쪽이 노비면 그 자녀도 노비가 되었다.

　㉡ **노비의 구분**

　　• 공노비 : 국가에 신공을 바치거나 관청에 노동력을 제공하였다.

　　• 사노비 : 주인과 함께 사는 솔거노비와 독립된 가옥에서 거주하며 주인에게 신공을 바치는 외거노비가 있다.

　㉢ **기타** : 백정, 무당, 창기, 광대 등도 천민으로 천대받았다.

section 2 사회정책과 사회시설

(1) 사회정책

① **목적** ⋯ 성리학적 명분론에 입각한 사회신분질서의 유지와 농민의 생활을 안정시켜 농본정책을 실시하는 데 그 목적이 있다.

② **배경** ⋯ 가혹한 수취체제와 관리 및 양반의 수탈로 농민이 몰락하면서 국가의 안정과 재정의 근간에 위험이 닥치게 되었다.

(2) 사회제도

① **사회시책** ⋯ 지주의 토지 겸병을 억제하고, 농번기에 잡역의 동원을 금지시켰으며, 재해시에는 조세를 감경해 주기도 했다.

② **환곡제 실시** ⋯ 춘궁기에 양식과 종자를 빌려 준 뒤에 추수기에 회수하는 제도로 의창과 상평창을 실시하여 농민을 구휼하였다.

③ **사창제** ⋯ 향촌의 농민생활을 안정시켜 양반 중심의 향촌질서가 유지되었다.

④ **의료시설** ⋯ 혜민국(약재 판매), 동·서대비원(수도권 안에 거주하는 서민환자 구제), 제생원(지방민의 구호 및 진료), 동·서활인서(유랑자의 수용·구휼) 등이 있었다.

(3) 법률제도

① **형법** ⋯ 대명률에 의거하여 당률의 5형 형벌에 글자로 문신을 새기는 자자와 능지처사와 같은 극형을 추가하였다.

  ㉠ **중죄** : 반역죄와 강상죄를 말하며, 연좌제가 적용되었다. 심한 경우에는 범죄가 발생한 고을은 호칭이 강등되고 수령은 파면되기도 하였다.

  ㉡ **형벌** : 태·장·도·유·사의 5종이 기본으로 시행되었다.

② **민법** ⋯ 지방관이 관습법에 따라 처리하였다.

③ **상속** ⋯ 종법에 따라 처리하였으며, 제사와 노비의 상속을 중요시하였다.

④ **사법기관**

  ㉠ **중앙**

    • 사헌부·의금부·형조 : 관리의 잘못이나 중대사건을 재판하였다.

    • 한성부 : 수도의 치안을 담당하였다.

    • 장례원 : 노비에 관련된 문제를 처리하였다.

  ㉡ **지방** : 관찰사와 수령이 사법권을 행사하였다.

⑤ **재심 청구** ⋯ 상부 관청에 소송을 제기하거나, 신문고·징으로 임금에게 직접 호소할 수도 있었으나 일반적으로 시행되지는 않았다.

section 3 향촌사회의 조직과 운영

(1) 향촌사회의 모습

① 향촌의 편제
   ㉠ 향: 행정구역상 군현의 단위로서, 중앙에서 지방관을 파견하였다.
   ㉡ 촌: 촌락이나 마을을 의미하며 면·리가 설치되었으나, 지방관은 파견되지 않았다.

② 향촌자치
   ㉠ 유향소: 수령을 보좌하고 향리를 감찰하며, 향촌사회의 풍속을 교정하기 위한 기구이다.
   ㉡ 경재소: 중앙정부가 현직 관료로 하여금 연고지의 유향소를 통제하게 하는 제도로서, 중앙과 지방의 연락업무를 맡거나 수령을 견제하는 역할을 하였다.
   ㉢ 유향소의 변화: 경재소가 혁파되면서(1603) 유향소는 향소 또는 향청으로 명칭이 변경되고, 향소의 구성원은 향안을 작성하고 향규를 제정하였다.

③ 향약의 보급 … 지방 사족은 그들 중심의 향촌사회 운영질서를 강구하고 향약의 보급을 통해 면리제와 병행된 향약조직을 형성해 나갔다. 향약은 중종 때 조광조에 의하여 처음 시행된 이후 전국적으로 확산되었으며, 군현 내에서 지방 사족의 지배력 유지수단이 되었다.

POINT 향약의 4개 덕목
   ㉠ 덕업상권: 좋은 일을 서로 권한다.
   ㉡ 과실상규: 잘못한 일을 서로 규제한다.
   ㉢ 예속상교: 올바른 예속으로 서로 교류한다.
   ㉣ 환난상휼: 재난과 어려움을 서로 돕는다.

(2) 촌락의 구성과 운영

① 촌락 … 농민생활 및 향촌구성의 기본 단위로서 동과 리(里)로 편제되었다.
   ㉠ 면리제: 자연촌 단위의 몇 개 리(里)를 면으로 묶었다.
   ㉡ 오가작통제: 다섯 집을 하나의 통으로 묶고 통수가 관장하였다.

② 촌락의 신분 분화
   ㉠ 반촌: 주로 양반들이 거주하였으며, 친족·처족·외족의 동족으로 구성되어 다양한 성씨가 거주하다가 18세기 이후에 동성 촌락으로 발전하였다.
   ㉡ 민촌: 평민과 천민으로 구성되었고 지주의 소작농으로 생활하였다. 18세기 이후 구성원의 다수가 신분 상승을 이루었다.

기출 2016. 4. 9. 인사혁신처
다음 자료와 같은 현상이 나타난 시기의 사회 모습에 대한 설명으로 옳지 않은 것은?

┌─ 보기 ─────────
근래 세상의 도리가 점점 썩어가서 돈 있고 힘 있는 백성들이 갖은 방법으로 군역을 회피하고 있다. 간사한 아전과 한통속이 되어 뇌물을 쓰고 호적을 위조하여 유학(幼學)이라 칭하면서 면역하거나 다른 고을로 옮겨 가서 스스로 양반 행세를 하기도 한다. 호적이 밝지 못하고 명분의 문란함이 지금보다 심한 적이 없다.
　　　　　　　　　　　－「일성록」－
└──────────────

① 사족들이 형성한 동족 마을이 증가하였다.
② 향회가 수령의 부세자문기구로 변질되었다.
③ 유향소를 통제하기 위하여 경재소가 설치되었다.
④ 부농층이 관권과 결탁하여 향임직에 진출하였다.

❮정답 ③

③ 촌락공동체

　　㉠ 사족 : 동계·동약을 조직하여 촌락민을 신분적, 사회·경제적으로 지배하였다.

　　㉡ 일반 백성 : 두레·향도 등 농민조직을 형성하였다.

　　　• 두레 : 공동노동의 작업공동체였다.

　　　• 향도 : 불교와 민간신앙 등의 신앙적 기반과 동계조직과 같은 공동체조직의 성격을 모두 띠는 것이었다. 주로 상을 당하였을 때나 어려운 일이 생겼을 때 서로 돕는 활동을 하였다.

④ 촌락의 풍습

　　㉠ 석전(돌팔매놀이) : 상무정신을 함양하는 것으로, 사상자가 속출하여 국법으로는 금지하였으나 민간에서 계속 전승되었다.

　　㉡ 향도계·동린계 : 남녀노소를 불문하고 며칠 동안 술과 노래를 즐기는 일종의 마을 축제였는데, 점차 장례를 도와주는 기능으로 전환되었다.

section 4 성리학적 사회질서의 강화

(1) 예학과 족보의 보급

① 예학 … 성리학적 도덕윤리를 강조하고, 신분질서의 안정을 추구하였다.

　　㉠ 배경 : 성리학의 발달과 함께 왕실 위주의 국가질서론과 주자가례에 대한 학문적 연구로 인하여 예학이 발달하였다.

　　㉡ 내용 : 도덕윤리를 기준으로 하는 형식논리와 명분 중심의 가치를 강조하였다.

　　㉢ 기능 : 삼강오륜을 기본 덕목으로 강조하고, 가부장적 종법질서로 구현하여 성리학 중심의 사회질서 유지에 기여하였다.

　　㉣ 역할 : 사림은 예학을 통해 향촌사회에 대한 지배력을 강화하고, 정쟁의 구실로 이용하였다. 또한 양반 사대부의 신분적 우월성을 강조하였으며, 가족과 친족공동체의 유대를 통해서 문벌을 형성하였다.

　　㉤ 영향 : 상장제례의 의식과 유교주의적 가족제도 확립에 기여하였으나 지나친 형식주의와 사림 간의 정쟁의 구실을 제공하는 등의 폐단을 낳았다.

② 보학 … 가족의 내력을 기록하고 암기하는 것을 말한다. 현존하는 가장 오래된 족보는 성종 7년(1476)에 간행된 「안동권씨성화보」이다.

　　㉠ 기능 : 종족의 종적인 내력과 횡적인 종족관계를 확인시켜 준다.

　　㉡ 역할

　　　• 족보를 통해 종족 내부의 결속을 다짐하고 다른 종족이나 하급신분에 대한 우월의식을 고취시킬 수 있었다.

　　　• 족보는 결혼 상대를 구하거나 붕당을 구별하는 데 있어 중요한 자료가 되며 양반문벌제도의 강화에 기여하였다.

기출PLUS

기출 2017. 6. 17. 제1회 지방직

우리나라 족보에 대한 설명으로 옳지 않은 것은?

① 조선후기에 부유한 농민들은 족보를 사거나 위조하기도 하였다.

② 조선초기의 족보는 친손과 외손을 구별하지 않고 모두 수록하였다.

③ 현존하는 가장 오래된 족보는 성종 7년에 간행된 「문화류씨가정보」이다.

④ 조선시대에는 족보가 배우자를 구하거나 붕당을 구별하는 데 중요한 자료로 활용되기도 하였다.

❮정답 ③

기출PLUS

기출 2020. 6. 20. 소방공무원

다음 건축물과 관련 있는 학자에 대한 설명으로 옳은 것은?

┌─ 보기 ─┐

〈오죽헌〉

〈자운서원〉

① 『주자서절요』를 저술하였다.
② 양명학을 수용하여 강화학파를 형성하였다.
③ 주자의 학설을 비판하여 사문난적으로 몰렸다.
④ 이(理)는 두루 통하고 기(氣)는 국한된다고 하였다.

〈정답 ④

---

(2) 서원과 향약

① 서원

　㉠ 기원

　　• 단순한 교육뿐만 아닌 사묘를 겸한 서원은 중종 때 주세붕이 세운 백운동서원이 기원이다.

　　• 이황의 건의로 소수서원으로 사액이 되어 국가의 지원을 받았다.

　㉡ 목적 : 성리학을 연구하고 선현의 제사를 지내며, 교육을 하는 데 그 목적이 있다.

　㉢ 기능

　　• 유교를 보급하고 향촌 사림을 결집시켰다.

　　• 지방유학자들의 위상을 높이고 선현을 봉사하는 사묘의 기능이 있었다.

　㉣ 영향

　　• 서원의 확산은 성리학의 발전과 교육과 학문의 지방 확대를 가져왔다.

　　• 향교가 침체되었다.

　　• 붕당의 근거지로 변질되어 학벌 · 지연 · 당파 간의 분열이 일어났다.

　㉤ 대표적인 서원 : 도산서원(이황), 자운서원(이이), 예림서원(김종직), 화양동서원(송시열)

　㉥ 서원 철폐 : 영조 때 300여개, 흥선대원군 때 47개를 제외한 600여개를 철폐하였다.

② 향약

　㉠ 보급

　　• 중종 때 조광조가 송의 여씨향약을 도입하려 하였으나 기묘사화로 좌절되었다.

　　• 사림이 중앙정권을 잡은 16세기 후반부터 전국적으로 보급되었다.

　　• 예안향약(이황), 서원향약(이이), 해주향약(이이) 등이 있다.

　㉡ 내용 : 전통적 공동조직과 미풍양속을 계승하고, 삼강오륜을 중심으로 한 유교윤리를 가미하여 향촌교화 및 질서유지에 더욱 알맞게 구성하였다.

　㉢ 역할

　　• 조선 사회의 풍속을 교화시키고, 향촌사회의 질서를 유지하며, 치안을 담당하였다.

　　• 농민에 대한 유교적 교화 및 주자가례의 대중화에 기여하였다.

　㉣ 성격 : 사림의 지방자치 구현과 농민통제력 강화에 힘을 더하였다.

　㉤ 문제점 : 향약은 토호와 향반 등 지방 유력자들의 주민 수탈로 위협의 수단이 되었고, 향약 간부들의 갈등을 가져와 풍속과 질서를 해치기도 하였다.

01 다음의 내용이 설명하는 향약의 덕목은?

> 옛날에는 각 고을에서 장례가 있을 때마다 각 세대에서 일정량의 쌀을 거두어 도와주는 풍속이 있었다.

① 환난상휼(患難相恤)　　　　　　　　② 예속상교(禮俗相交)

③ 과실상규(過失相規)　　　　　　　　④ 덕업상권(德業相勸)

TIPS!

향약의 4대 덕목

㉠ 덕업상권(德業相勸) : 좋은 일은 서로 권한다.

㉡ 과실상규(過失相規) : 잘못은 서로 규제한다.

㉢ 예속상교(禮俗相交) : 좋은 풍속은 서로 권한다.

㉣ 환난상휼(患難相恤) : 어려운 일을 당하면 서로 돕는다.

02 다음 중 조선시대 사회상 중 가부장적 가족 윤리가 보급된 이후의 상황으로 옳지 않은 것은?

① 종족 내부의 의례 규정인 예학과 종족의 정적·횡적 관계를 확인할 수 있는 보학이 발달하였다.

② 효와 여성의 정절을 강조하였다.

③ 관혼상제의 의식을 중시하였다.

④ 서민층에서도 가묘를 세워 집안의 조상을 모셔야 했다.

TIPS!

④ 양반층에서 가묘를 세워 조상을 모셨다.

※ 사당 … 신주를 모시는 곳으로 사우, 가묘라고도 한다. 고려시대 정몽주 등이 시행을 주장하였으나, 불교가 사상계의 중심이어서 실천되지 못하다가 조선시대에 와서 실천되었다.

Answer　01.①　02.④

03 조선전기 어느 양반의 일생이다. 이와 관련된 설명으로 옳지 않은 것은?

> ㉠ 24세 – 진사시 급제   ㉡ 26세 – 문과(대과) 급제, 집현전 박사
>
> ㉢ 38세 – 이조판서   ㉣ 54세 – 좌의정

① ㉠ – 성균관에 입학할 자격을 얻었다.
② ㉡ – 과전과 녹봉을 처음으로 지급받았다.
③ ㉢ – 정부재정에 관련된 정책을 주관하였다.
④ ㉣ – 다른 재상과 합의하여 국정을 총괄하였다.

TIPS!

③ 정부재정에 관련된 정책을 주관하는 조는 호조이다. 이조판서는 문관의 인사 및 행정을 주관하는 직책이다.

04 다음 중 서원에 대한 설명으로 옳지 않은 것은?

① 관립학교로 되어 있었다.
② 주세붕이 세운 백운동서원이 시초이다.
③ 사액서원의 경우 국가로부터 토지, 서적, 노비 등을 받았다.
④ 선현에 대한 봉사를 하는 사묘의 기능을 하였다.

TIPS!

① 선현을 받들고 교육과 연구를 하던 서원은 향교와 달리 관립이 아니라 사립이었으나, 사액서원의 경우 국가로부터 서적과 토지 · 노비 등을 지원받고, 면세 · 면역의 특권까지 받아 후에 많은 부작용을 초래하였다.

Answer   03.③   04.①

05 조선 중종 때 활약했던 의녀를 주인공으로 사극을 제작하려고 한다. 역사적 상황에 부합하는 것은?

> ㉠ 조광조의 귀향을 지켜보았다.
> ㉡ 궁녀가 수라간에서 감자전을 부쳤다.
> ㉢ 의관이 혜민국에서 환자를 돌보았다.
> ㉣ 의녀들이 동의보감을 읽었다.

① ㉠㉡
② ㉠㉢
③ ㉡㉢
④ ㉡㉣

💡 **TIPS!** --
㉠ 중종 때 조광조는 개혁정치를 추구하였으나, 공신들의 모함으로 기묘사화 때 희생되었다.
㉡ 감자는 19세기에 이르러 보급되었다.
㉢ 혜민국은 고려와 조선대에 걸쳐 설치된 빈민을 구제하던 시설이다.
㉣ 동의보감은 17세기 초 광해군 때 허준이 집대성하였다.

06 다음 중 조선시대의 사회정책에 대한 설명으로 옳은 것은?

① 사창의 진휼책은 국가기관에서, 의창과 상평창의 환곡제도는 주민자치적으로 운영된 것이다.
② 정부는 농민을 효율적으로 도와주려고 오가작통법과 호패법을 적극적으로 실시했다.
③ 사법기관인 사헌부와 의금부는 정치적 사건을, 한성부는 수도의 일반행정과 토지가옥에 대한 소송을, 장예원은 노비소송을 관장하였다.
④ 향촌사회는 고려의 향·부곡·소도 자연촌과 함께 유지했고 면·리제도 등을 편성하였다.

💡 **TIPS!** --
① 사창은 지방의 양반 지주에 의해 주민자치적으로 운영되었고, 환곡제도는 의창·상평창의 국가기관이 운영하였다.
② 오가작통법과 호패법은 군역이나 노동력 부과 및 통제책으로 시행되었다.
④ 자연촌의 성장과 함께 향·부곡·소는 소멸하고 향촌조직은 면·리제로 바뀌었다.

Answer 05.② 06.③

07 조선시대 유향소의 설치목적 및 기능에 대한 설명으로 가장 거리가 먼 것은?

① 지방자치의 기능을 수행하였다.
② 향리를 감찰하고 수령을 보좌하였다.
③ 향촌사회의 풍속 교정을 담당하였다.
④ 서울의 행정 및 치안 유지를 위해 설치하였다.

TIPS!

유향소(향청) … 지방자치를 위하여 설치한 기구로 수령을 보좌하고 향리를 감찰하며 향촌사회의 풍속을 바로 잡았으며 수시로 향회를 소집하여 여론을 수렴하면서 백성을 교화하였다.
④ 수도의 행정 및 치안 담당을 위해서 한성부가 설치되었다.

08 조선전기의 사회신분제도에 대한 설명으로 옳은 것은?

① 양인은 직업과 관계없이 군역을 부담하였으나, 노비는 면제되었다.
② 양인은 조세, 군역을 부담하는 의무와 과거 응시의 권리를 가지고 있었다.
③ 양인은 거주지를 자유롭게 이전할 수 있었다.
④ 사회신분이 법제적으로 양인과 천민으로 구분되었다.

TIPS!

① 양인 중에서도 상공업자는 군역에서 면제되었다.
② 양인 중에서도 수공업자와 상인은 과거응시자격이 없었다.
③ 농민의 거주지 이전을 제한하여 효과적으로 조세를 거두고자 하였다.

09 조선시대 양천제도에 대한 설명으로 잘못된 것은?

① 조선 사회는 지배층인 양반과 중인, 피지배층인 상민과 천민으로 존재하는 점에서 신분제사회였다.
② 국가적 수취의 대상인 천민은 비자유민으로서 국가나 개인에 속해 천역을 담당하였다.
③ 관직을 가진 사람을 의미하는 양반은 세월이 지나면서 하나의 신분으로 굳어졌다.
④ 양인은 과거에 응시하고 벼슬길에 오를 수 있는 자유민이었다.

TIPS!

국가의 수취대상의 중심이 된 계층은 양인이다. 천민의 대부분을 차지했던 노비는 재산으로 취급되어 매매 · 상속 · 증여의 대상이 되었다.

Answer 07.④ 08.④ 09.②

10 다음 중 양반에 대한 설명으로 옳은 것은?

① 음서제의 폐지로 과거를 통해서만 관료가 될 수 있었다.

② 과거에 응시하고 벼슬에 오를 수 있으며 조세와 국역의 의무를 지녔다.

③ 유학자로서의 소양과 자질을 함양시키는데 힘썼다.

④ 전문기술이나 행정실무를 담당하였다.

> **TIPS!**
> ① 조선시대에도 음서제도는 시행되었다.
> ② 조세와 국역의 의무는 평민이 지녔다.
> ④ 전문기술이나 행정실무를 담당한 것은 중인이었다.

11 다음 중 조선시대 사법제도에 대한 내용으로 옳지 않은 것은?

① 지방의 수령이 재판을 담당하였으며, 재판 결과에 불복할 때는 항소할 수 있었다.

② 경국대전이 기본 법전이었다.

③ 사법기관과 행정기관이 원칙적으로 나뉘어 있었다.

④ 형법은 대명률에 의거하여 제정되었다.

> **TIPS!**
> ③ 사법기관과 행정기관이 나뉘어 있지 않았으며 관청에서 행정권과 사법권을 함께 행사하였다.

12 조선시대 향촌사회에 대한 설명으로 옳은 것은?

① 향촌 구성의 기본단위로서 동과 리로 편제되었다.

② 주민의 신분과 직역에 관계없이 한 촌락으로 구성되어 있었다.

③ 사림 양반은 촌락의 전통적인 민간산업과 풍습을 장려하였다.

④ 일반 백성은 동계·동약 등 농민조직을 형성하였다.

> **TIPS!**
> 촌락공동체 조직은 사림세력의 성장에 따라 향약으로 대치되었으며, 반촌과 민촌의 구분은 있었으나 함께 섞여 살았다. 일반 백성이 만든 농민조직은 두레·향도 등이며 주민의 신분과 직역에 따라 특수한 마을이 형성되었다.

Answer 10.③ 11.③ 12.①

13 다음 중 서원에 대한 설명으로 옳은 것은?

① 서원이 확대되면서 사족과 평민의 지위가 대등해졌다.
② 상민을 위한 교육기관으로 설립되었다.
③ 서원의 설립으로 공교육이 무너졌다.
④ 성리학 연구, 선현제사, 후진 양성 등의 기능을 하였다.

TIPS!

④ 서원은 교육과 제사의 기능을 담당하였으며 향촌 사림들의 특권 유지와 관련되어 적극적인 지지를 받아 급속도로 확산되었다.

14 조선시대에 농민생활의 안정을 위해서 실시한 다양한 사회제도의 근본배경은?

① 농민은 과거를 볼 자격이 있었다.
② 농민이 조세, 공납, 역을 부담하였다.
③ 사회신분질서의 유지를 위해서이다.
④ 많은 양반들이 지주층으로서 토지를 소유하고 있었기 때문이다.

TIPS!

농민이 국가재정의 대부분을 부담하였기 때문에 이들의 생활 안정이 무엇보다 중요시되었다.

15 조선초기의 농민에 대한 설명으로 옳은 것은?

① 향토 방위를 담당하는 잡색군에 편입되었다.
② 과전법에 의거하여 민전을 지급받고 국가에 조세를 납부하였다.
③ 향교의 입학과 과거 응시가 법제적으로 가능하였으나 실제로는 관직 진출이 어려웠다.
④ 유향소에 참여하여 향촌의 일을 자치적으로 처리할 수 있는 기회를 가졌다.

TIPS!

③ 조선의 농민은 교육과 과거를 통해 정치적으로 출세할 수 있는 자격이 있었으나, 실제 그렇게 되기는 힘들었다.

Answer 13.④ 14.② 15.③

16 조선시대의 천민에 대한 설명으로 옳은 것은?

① 신분상으로 양인이 아닌 경우 모두 노비였다.

② 조선시대에는 노비가 국가의 생산 활동의 중심을 담당하였다.

③ 양인과 노비가 결혼할 경우 자식은 어머니의 신분을 따른다.

④ 외거노비는 독립된 경제생활을 하면서 주인에게 신공을 바쳤다.

> **☀TIPS!**
>
> ① 조선의 신분제도는 양천제를 기본으로 하여 양민과 천민으로 구분하였으며, 천민의 대다수는 노비였으나 무당·창기·광대도 포함되었다.
>
> ② 조선 사회는 양인 신분의 자영농이 사회의 근간을 이루었으며, 이들이 생산의 중심이었다.
>
> ③ 일천즉천(一賤則賤)을 적용하여 부모 중 한 쪽이 노비면 그 자식도 노비가 되었다.

17 다음 중 조선시대의 법률제도에 대한 설명으로 옳지 않은 것은?

① 형벌은 태·장·도·유·사의 5종이 기본으로 시행되었다.

② 민법은 지방관이 경국대전에 따라 처리하였다.

③ 형법은 대명률에 의거하며, 자자와 능지처사를 추가하였다.

④ 반역죄와 강상죄는 연좌제가 적용되었다.

> **☀TIPS!**
>
> ② 민법은 지방관이 관습법에 따라 처리하였다.
>
> ※ 법률제도
>
> ㉠ 형법 : 대명률에 의거하여 당률의 5형 형벌에 글자로 문자를 새기는 자자와 능지처사와 같은 극형을 추가하였다.
>
> ㉡ 민법 : 지방관이 관습법에 따라 처리하였다.
>
> ㉢ 상속 : 종법에 따라 처리하였으며, 제사와 노비의 상속을 중요시하였다. 물건 및 토지소유권의 관념이 고려시대에 비하여 발달하였다.

Answer 16.④ 17.②

18 다음 중 조선시대의 호패법에 대한 설명으로 옳지 않은 것은?

① 양반과 노비도 착용하게 하였다.
② 신분에 따라 호패의 재료를 달리하였다.
③ 인력의 징발을 목적으로 하였다.
④ 16세 이상의 남자와 여자에게 발급되었다.

 **TIPS!**
④ 16세 이상의 모든 남자에게 호패를 지급하였다.

19 다음 중 향약에 대한 설명으로 옳은 것은?

① 향리가 집행의 실무를 담당하였다.
② 양반 상호 간의 향촌 규정이었다.
③ 향민에 대한 처벌규약이 존재하였다.
④ 국가의 농민지배력이 더욱 강화되었다.

TIPS!
③ 향약 운영 규칙으로 향규가 있어 이를 어길 경우 처벌할 수 있었다.

Answer 18.④ 19.③

06 사회의 변동

section 1 사회구조의 변동

(1) 신분제의 동요

① 조선의 신분제 … 법제적으로 양천제를 채택하였지만, 실제로는 양반, 중인, 상민, 노비의 네 계층으로 분화되어 있었다. 성리학은 이러한 신분제를 정당화하는 이론을 제공하였다.

② 양반층의 분화
  ㉠ 붕당정치가 변질되면서 양반 상호 간의 정치적 갈등은 양반층의 분화를 가져왔다.
  ㉡ 일당전제화가 전개되면서 권력을 장악한 일부의 양반을 제외한 다수의 양반이 몰락하였다.
  ㉢ 몰락 양반은 향촌사회에서나 겨우 위세를 유지하는 향반이 되거나 잔반이 되기도 하였다.

③ 신분별 구성비의 변화 … 부를 축적한 농민들이 양반신분을 사거나 족보를 위조하여 양반으로 행세하는 경우가 많았기 때문에 양반의 수는 증가하였고 상민과 노비의 수는 감소되었다.

(2) 중간계층의 신분 상승운동

① 서얼
  ㉠ 임진왜란 이후 차별이 완화되어 납속책이나 공명첩을 통해 관직에 진출하였다.
  ㉡ 신분상승운동이 활발하여 집단상소를 통해 동반이나 홍문관 같은 청요직에의 진출을 허용해 줄 것을 요구하였고, 정조 때 규장각 검서관으로 진출하기도 하였다.

② 중인
  ㉠ 축적한 재산과 실무경력을 바탕으로 신분 상승을 추구하는 소청운동을 전개하였다. 비록 실패했지만 전문직으로서의 중요한 역할을 부각시켰다.
  ㉡ 중인 중에서도 역관들은 청과의 외교업무에 종사하면서 서학 등 외래 문물의 수용을 주도하고 성리학적 가치 체계에 도전하는 새로운 사회의 수립을 추구하였다.

기출 2020. 7. 11. 인사혁신처

(가), (나) 신분층에 대한 설명으로 옳지 않은 것은?

┌ 보기 ┐
오래도록 막혀 있으면 반드시 터놓아야 하고, 원한은 쌓이면 반드시 풀어야 하는 것이 하늘의 이치다. ☐(가)☐ 와/과 ☐(나)☐ 에게 벼슬길이 막히게 된 것은 우리나라의 편벽된 일로 이제 몇 백 년이 되었다. ☐(가)☐ 은/는 다행히 조정의 큰 성덕을 입어 문관은 승문원, 무관은 선전관에 임명되고 있다. 그런데도 우리들 ☐(나)☐ 은/는 홀로 이 은혜를 함께 입지 못하니 어찌 탄식조차 없겠는가?

① (가)의 신분 상승 운동은 (나)에게 자극을 주었다.
② (가)는 수차례에 걸친 집단 상소를 통해 관직 진출의 제한을 없애 줄 것을 요구하였다.
③ (나)에 해당하는 인물로는 정조 때 규장각 검서관으로 등용된 유득공, 박제가, 이덕무 등이 있다.
④ (나)는 주로 기술직에 종사하며 축적한 재산과 탄탄한 실무 경력을 바탕으로 신분 상승을 추구하였다.

‹정답 ③

기출PLUS

기출 2018. 6. 23. 서울특별시

조선시대 신분제에 대한 설명으로 가장 옳지 않은 것은?

① 중앙관직에 진출할 수 있던 고려시대의 향리와 달리 조선의 향리는 수령을 보좌하는 아전으로 격하되었다.

② 유교의 적서구분에 의해 서얼에 대한 차별이 심했기 때문에 서얼은 관직에 진출하지 못하였다.

③ 뱃사공, 백정 등은 법적으로는 양인으로 취급되기도 했으나 노비처럼 천대받으며 특수직업에 종사하였다.

④ 순조는 공노비 중 일부를 양인으로 해방시켜 주었다.

〈정답 ②

(3) 노비의 해방

① **노비 신분의 변화**
   ㉠ 군공과 납속 등을 통해 자신의 신분을 상승시키려는 움직임이 활발하였다.
   ㉡ 국가에서는 공노비 유지에 비용이 많이 들어 효율성이 떨어지자 공노비를 입역 노비에서 신공을 바치는 납공노비로 전환시켰다.
   ㉢ 아버지가 노비, 어머니가 양민이면 자식은 양민으로 삼았다(종모법).

② **도망 노비의 증가**
   ㉠ 신분의 속박으로부터 탈피하여 임노동자, 머슴, 행상 등으로 생계를 유지하였다.
   ㉡ 도망 노비의 신공은 남아 있는 노비에게 부과되어 노비의 부담은 오히려 증가하였다.
   ㉢ 노비의 도망이 빈번해지자 정부는 신공의 부담을 경감하기도 하고, 도망 노비를 색출하려 하였지만 성과를 거두지 못하였다.

③ **공노비 해방** … 노비의 도망과 합법적인 신분 상승으로 공노비의 노비안이 유명무실한 것이 되자, 순조 때 중앙관서의 노비를 해방시켰다.

④ **노비제의 혁파** … 사노비에 대한 가혹한 수탈과 사회적 냉대로 도망이 일상적으로 일어났으며, 결국 갑오개혁(1894) 때 노비제는 폐지되었다.

(4) 가족제도의 변화와 혼인

① **가족제도의 변화**
   ㉠ 조선중기
   • 혼인 후에 남자가 여자 집에서 생활하는 경우가 있었다.
   • 아들과 딸이 부모의 재산을 똑같이 상속받는 경우가 많았다.
   • 제사는 형제가 돌아가면서 지내거나 책임을 분담하였다.
   ㉡ 17세기 이후
   • 성리학적 의식과 예절이 발달하여 부계 중심의 가족제도가 확립되면서 혼인 후 곧바로 남자 집에서 생활하는 제도가 정착되었다.
   • 제사는 반드시 장자가 지내야 한다는 의식이 확산되었고, 재산 상속에서도 큰 아들이 우대를 받았다.
   ㉢ 조선후기
   • 부계 중심의 가족제도가 더욱 강화되었다. 양자 입양이 일반화되었다.
   • 부계 위주로 족보가 편찬되었고, 동성 마을이 형성되기도 하였다. 따라서 이때에는 종중의식이 확산되었다.

② **가족윤리** … 효와 정절을 강조하였고, 과부의 재가는 금지되었으며, 효자와 열녀를 표창하였다.

③ **혼인풍습** … 일부일처를 기본으로 하였으나 남자의 축첩은 허용되었다. 서얼의 차별이 있었으며 혼사는 가장이 결정하였는데, 법적 혼인연령은 남자 15세, 여자 14세였다.

section 2 향촌질서의 변화

(1) 양반의 향촌지배 약화

① 향촌사회의 변화
  ㉠ 농촌사회가 분화되고 신분제가 붕괴되면서 양반계층의 구성이 복잡하게 바뀌었고, 사족 중심의 향촌질서도 변화되었다.
  ㉡ 평민과 천민 중에는 일부가 부농층으로 성장하거나, 양반 중에는 토지를 잃고 전호나 임노동자로 전락하는 경우가 발생하였다.

② 양반층의 동향
  ㉠ 족보를 제작하고 양반의 명단인 청금록과 향안을 작성하여 향약 및 향촌자치기구의 주도권을 장악하였다.
  ㉡ 거주지 중심으로 촌락 단위의 동약을 실시하거나 족적 결합을 강화함으로써 자기들의 지위를 지켜 나가고자 하였다.

③ 향촌지배력의 변화
  ㉠ 부농층의 도전 : 부농층은 관권과 결탁하여 성장의 기반을 굳건히 하면서 향안에 참여하고 향회를 장악하고자 하였다.
  ㉡ 관권을 실질적으로 장악하고 있던 향리세력이 강화되었다.
  ㉢ 종래 양반의 이익을 대변해 왔던 향회가 수령의 조세징수자문기구로 전락하였다.

(2) 부농계층의 대두

① 부농층의 등장 … 경제적 능력으로 납속이나 향직의 매매를 통해 신분 상승을 이루고 향임을 담당하여 양반의 역할을 대체하였다.

② 부농층의 동향
  ㉠ 정부의 부세제도 운영에 적극적으로 참여하여 향임을 담당하였다.
  ㉡ 향임직에 진출하지 못한 곳에서도 수령이나 기존의 향촌세력과 타협하여 상당한 지위를 확보하였다.

section 3 농민층의 변화

(1) 농민층의 분화

① 조선후기의 농민구성
  ㉠ 상층(중소지주층)은 자기가 소유한 토지를 다른 사람에게 빌려 주어 소작제를 경영하여 몰락한 양반이나 중인층보다 윤택한 생활을 하는 계층이다.

기출 2020. 7. 11. 인사혁신처

다음 사실이 있었던 시기의 향촌사회에 대한 설명으로 옳지 않은 것은?

┌ 보기 ┐
황해도 봉산 사람 이극천이 향전(鄕戰) 때문에 투서하여 그와 알력이 있는 사람들을 무고하였는데, 내용이 감히 말할 수 없는 문제에 저촉되었다.
└───┘

① 향전의 전개 속에서 수령의 권한이 강화되었다.
② 신향층은 수령과 그를 보좌하는 향리층과 결탁하였다.
③ 수령은 경재소와 유향소를 연결하여 지방통치를 강화하였다.
④ 재지사족은 동계와 동약을 통해 향촌사회에 대한 영향력을 유지하려 하였다.

〈정답 ③

기출PLUS

기출 2015. 3. 14. 사회복지직

다음 상황이 벌어지던 시기의 사회 모습으로 옳지 않은 것은?

보기
- 근래 사족들이 향교에 모여 의논하여 수령을 쫓아내는 것이 고질적인 폐단입니다.
- 영덕의 구향(舊鄕)은 사족이며, 소위 신향(新鄕)은 모두 향리와 서리의 자식입니다. 근래 신향들이 향교를 주관하면서 구향들과 서로 마찰을 빚고 있습니다.

① 부농층이 성장하여 향임직에 진출하였다.
② 농촌 공동체 생활을 주도하는 향도가 등장하였다.
③ 수령이 세금을 부과할 때 향회가 자문 역할을 하였다.
④ 촌락 단위의 동약이 실시되고 동족 마을이 만들어졌다.

◀정답 ②

ⓒ 대다수의 농민은 작은 규모의 자영농이거나 다른 사람의 땅을 빌려 경작하고 소작료를 내던 소작농이었다.

② **농민의 사회적 현실**

ⓒ 여러 가지 의무를 부과하였고, 호패법으로 이동을 억제시켰다. 토지에 묶인 농민들은 대대로 한 곳에 정착하여 자급자족적인 생활을 하였다.

ⓒ 양 난 이후 국가의 재정 파탄과 기강 해이로 인한 수취의 증가는 농민의 생활을 어렵게 하였고, 사회 혼란을 타개하기 위한 대동법과 균역법이 효과를 거두지 못하자 농민의 불만은 커져 갔다.

③ **농민층의 분화** … 농업 경영을 통하여 부농으로 성장하거나, 상공업으로 생활을 영위하기도 하고, 도시나 광산의 임노동자가 되기도 했다.

(2) 지주와 임노동자

① **지주**(대부분이 양반으로 구성)

ⓒ **대지주의 등장**: 상품화폐경제가 발달하고, 이윤 추구의 경제적 욕구가 상승하자 광작을 하는 대지주가 등장하게 되었다.

ⓒ **부농층의 등장**
- 스스로 농업에 종사하여 농지를 확대하고, 영농방법을 개선하여 부를 축적하였다.
- 재력을 바탕으로 공명첩을 사거나 족보를 위조하여 양반의 신분을 획득하였다. 양반이 되면 자신은 물론 후손까지 군역을 면제받았으며 지주층의 수탈을 피하였고 부를 축적하기 위한 경제활동에서 각종 편의를 제공받을 수 있었다. 경제적으로 양반신분을 사들인 농민들은 향촌사회에서의 자신들의 영향력을 강화하였다.
- 결과: 양반신분의 사회적 권위가 하락하고 양반 중심의 신분체제가 크게 흔들렸다.

② **임노동자**(토지에서 밀려난 다수의 농민)

ⓒ **부역제의 해이**: 16세기 중엽 이래로 부역제가 해이해져서 17 ~ 18세기에는 국가에서 필요로 하는 노동력마저 동원이 어려워지면서 임노동자를 고용했다.

ⓒ **품팔이 노동력**: 부농층이 1년 단위로 임노동자를 고용하였다.

section **4** 사회 변혁의 움직임

(1) 사회불안의 심화

① **사회의 동요**

ⓒ 지배층과 농민층의 갈등이 심화되고 지배층의 수탈이 심해지면서 농민경제의 파탄을 가져왔다.

ⓒ 농민의식이 향상되어 곳곳에서 적극적인 항거운동이 발생하였다.

② **농민생활의 궁핍** … 정치기강이 문란해지고, 재난과 질병이 거듭되어 굶주려 떠도는 백성이 속출하였다.

③ **민심의 불안**

　㉠ 비기와 도참설이 유행하고, 서양의 이양선이 출몰하자 민심은 극도로 흉흉해져 갔다.

　㉡ 화적들은 지방의 토호나 부상들을 공격하고, 수적들은 배를 타고 강이나 바다를 무대로 조운선과 상선을 약탈하는 등 도적이 창궐하였다.

(2) 예언사상의 대두

① 비기 · 도참을 이용하여 말세의 도래, 왕조의 교체 및 변란을 예고 등 근거 없이 낭설이 횡행하였다.

② **무격신앙과 미륵신앙의 확장** … 현세의 어려움을 미륵신앙에서 해결하려는 움직임이 있었으며, 미륵불을 자처하며 서민을 현혹하는 무리가 등장하였다.

(3) 천주교의 전파

① 17세기에 중국을 방문한 우리나라 사신들에 의해 서학으로 소개되었다.

② **초기 활동** … 18세기 후반 남인계열의 실학자들이 천주교 서적을 읽고 신앙생활을 하게 되었으며, 이승훈이 베이징에서 영세를 받고 돌아온 이후 신앙 활동이 더욱 활발해졌다.

③ **천주교 신앙의 전개와 박해**

　㉠ 초기 : 천주교가 유포된 이후 조상에 대한 제사 거부, 양반 중심의 신분질서 부정, 국왕에 대한 권위 도전을 이유로 사교로 규정하였다.

　㉡ 정조 때 : 시파의 집권으로 천주교에 관대하여 큰 탄압이 없었다.

　㉢ 순조 때 : 노론 강경파인 벽파의 집권으로 대탄압을 받았다. 이 사건으로 실학자와 양반계층이 교회를 떠나게 되었다.

　㉣ 세도정치기 : 탄압이 완화되어 백성들에게 전파되고, 조선 교구가 설정되고 서양 신부의 포교활동으로 교세가 점차 확장되었다.

　　POINT 천주교 신앙운동의 특징
　　　㉠ 학문적 연구와 자율적인 구도활동으로 신앙운동이 시작되었다.
　　　㉡ 초기에는 천주(天主)를 유교경전의 하늘(天)의 개념으로 이해하다가 점차 절대 유일신 신앙으로 발전하였다.
　　　㉢ 한역 서학서를 이해할 수 있는 양반 · 지식인 사이에서 전파되다가 19세기 이후 중인, 상민, 부녀자층으로 확대되었다.

④ **교세 확장의 배경** … 세도정치로 인한 사회 불안과 어려운 현실에 대한 불만, 신 앞에 모든 인간은 평등하다는 논리, 내세신앙 등의 교리에 일부 백성들이 공감을 가졌던 것이다.

기출PLUS

기출 2017. 12. 16. 지방직 추가

조선 후기의 사상 동향에 대한 설명으로 옳은 것만을 모두 고른 것은?

┌ 보기 ┐
　㉠ 서울 부근의 일부 남인 학자는 천주교를 수용하였다.
　㉡ 정조는 기존의 문체에 얽매이지 않는 신문체를 장려하였다.
　㉢ 복상 기간에 대한 견해차로 인해 예송(禮訟)이 전개되었다.
　㉣ 노론과 남인 간에 인성(人性) · 물성(物性) 논쟁이 전개되었다.

① ㉠, ㉡　　　② ㉠, ㉢
③ ㉡, ㉣　　　④ ㉢, ㉣

‹정답 ②

기출PLUS

기출 2020. 7. 11. 인사혁신처

다음 자료에 나타난 사상에 대한 설명으로 옳은 것은?

- 보기 -

사람이 곧 하늘이라. 그러므로 사람은 평등하며 차별이 없나니, 사람이 마음대로 귀천을 나눔은 하늘을 거스르는 것이다. 우리 도인은 차별을 없애고 선사의 뜻을 받들어 생활하기를 바라노라.

① 이 사상에 대해 순조 즉위 이후 대탄압이 가해졌다.
② 이 사상을 바탕으로 『동경대전』과 『용담유사』가 편찬되었다.
③ 이 사상을 근거로 몰락한 양반의 지휘 아래 평안도에서 난이 일어났다.
④ 이 사상을 근거로 단성에서 시작된 농민봉기는 진주로 이어졌다.

〈정답 ②

기출 2021. 4. 3. 소방공무원

밑줄 친 '반란'에 대한 정부의 대책으로 옳은 것은?

- 보기 -

이번에 진주의 난민들이 큰 소동을 일으킨 것은 오로지 백낙신이 탐욕을 부려 백성들을 수탈하였기 때문입니다. 병영에서 이미 써 버린 환곡과 전세 6만 냥 모두를 집집마다 배정하여 억지로 받아내려 하였습니다. 이로 인해 진주 지역의 인심이 들끓게 되었고 많은 사람들의 분노가 폭발하여 결국 큰 반란이 발생하게 되었던 것입니다.
– 『철종실록』

① 호패법을 도입하였다.
② 집강소를 설치하였다.
③ 연분9등법을 마련하였다.
④ 삼정이정청을 설치하였다..

〈정답 ④

(4) 동학의 발생

① 창시 … 1860년 경주의 몰락양반 최제우가 창시하였다.

② 교리와 사상
   ㉠ 유불선을 바탕으로 주문과 부적 등 민간신앙의 요소들이 결합되었다.
   ㉡ 사회모순을 극복하고 일본과 서양국가의 침략을 막아내자고 주장하였다.
   ㉢ 시천주(侍天主)와 인내천사상 : 신분 차별과 노비제도의 타파, 여성과 어린이의 인격 존중을 추구하였다.

③ 정부의 탄압 … 혹세무민(세상을 어지럽히고 백성을 현혹한다)을 이유로 최제우를 처형하였다.

(5) 농민의 항거

① 배경 … 사회 불안이 고조되자 유교적 왕도정치가 점점 퇴색되었고 탐관오리의 부정, 삼정의 문란, 극도에 달한 수령의 부정은 중앙권력과 연결되어 갈수록 심해져 갔다.

② 홍경래의 난(1811)
   ㉠ 내용 : 몰락한 양반 홍경래의 지휘 아래 영세농민과 중소상인, 광산노동자들이 합세하여 일으킨 봉기였으나 5개월 만에 평정되었다.
   ㉡ 결과 : 홍경래의 난 이후에도 사회 불안으로 농민봉기가 계속되었고, 관리들의 부정과 탐학은 시정되지 않았다.

③ 임술농민봉기(1862)
   ㉠ 경과 : 진주에서 시작되어 탐관오리와 토호의 탐학에 저항하였으며 한때 진주성을 점령하기도 하였다.
   ㉡ 결과
   • 임술농민봉기를 계기로 함흥에서 제주까지 전국적으로 농민항거가 발생하였다.
   • 정부에서는 삼정의 문란을 시정하기 위해 삼정이정청을 설치(1862)하였다.
   ㉢ 의의 : 농민의 사회의식이 성장하고, 양반 중심의 통치체제가 붕괴되었다.

01 다음으로 인하여 나타난 변화로 옳은 것은?

- 조선후기 이앙법이 전국적으로 시행되면서 광작이 가능해졌으며, 경영형 부농이 등장하였다.
- 대동법의 시행으로 도고가 성장하였으며, 상업자본이 축적되었다.

① 정부의 산업 주도　　　　　　　② 양반의 지위 하락
③ 신분구조의 동요　　　　　　　　④ 국가 재정의 확보

 TIPS!
조선후기에 이르러 경제상황의 변동으로 부를 축적한 상민들이 신분을 매매하여 양반이 되는 등 신분제의 동요가 발생하였다.

02 조선후기에 사족의 지배에서 수령과 향리의 지배로 바뀌면서 나타난 현상은?

① 부농층이 향안에 참여하여 관권세력이 쇠퇴하였다.
② 공동납제가 폐지되면서 농민의 부담이 줄었다.
③ 아전, 서리 등 향리에 의한 농민수탈이 증가되었다.
④ 부농층과 관권세력이 극심하게 대립하여 농촌의 혼란이 가중되었다.

TIPS!
③ 조선후기에는 사족들의 향촌지배력이 약화되고 관권이 강화되었다. 관권의 성장과 함께 향리의 세력도 강화되면서 이들에 의한 농민 수탈이 심화되었다.

Answer 01.③ 02.③

03 조선후기의 사회변동 중 근대지향적인 성격을 지니지 못한 것은?

① 양반 수의 증가

② 도고와 부농의 증가

③ 실학과 천주교의 전래

④ 절대군주의 등장

 TIPS!

① 양반의 수가 증가하였다는 것은 신분의 상하이동이 가능해졌다는 것으로 신분제의 기능이 약화되었음을 보여준다.

② 도고와 부농의 등장은 경제적인 변화를 보여주는 것으로 자본주의적 요소가 나타나고 있다.

③ 조선 사회의 지배질서이던 성리학이 사회개혁의 의지를 잃어가면서 이에 대처하기 위해 대안적인 사상이 등장하였다.

04 다음 자료를 토대로 조선후기 향촌사회에 대한 올바른 설명을 고른 것은?

• 영덕의 구향은 사족이며 소위 신향은 모두 향리와 서리의 자식입니다. 근래 신향들이 향교를 주관하면서 구향들과 서로 마찰을 빚고 있습니다.

– 승정원일기 영조 23년 –

• 요사이 수령들이 한 고을을 제멋대로 다스려 다른 사람이 그 잘못을 고칠 수가 없습니다. 수령이 옳다고 하면 좌수 이하 모두 그렇다고 합니다.

– 비변사등록 영조 36년 –

㉠ 향촌사회는 관권이 강화되고 아울러 향리세력이 강화되었다.

㉡ 전통적으로 향촌사회를 지배하였던 사족들이 부농층의 도전을 받게 되었다.

㉢ 양반들은 향약을 바탕으로 군·현 단위의 농민 지배를 계속 유지하였다.

㉣ 향회는 주로 수령이 세금을 부과할 때 의견을 묻는 자문기구로 변하였다.

① ㉠㉡

② ㉢㉣

③ ㉠㉡㉣

④ ㉠㉡㉢㉣

 TIPS!

제시된 내용은 조선후기에 새로운 세력으로 성장한 부농층(신향) 등이 관권과 결탁한 것과 수령의 권한이 강화된 것을 보여주고 있다. 부농층이 관권과 결탁하면서 향촌사회에서 중앙관권이 강화되고 향리의 역할도 커졌다. 결국 사족들의 이익을 대변하던 향회는 수령이 세금을 부과할 때 의견을 묻는 자문기구로 변하였다. 이러한 부농층과 중앙관권은 점차 사족들이 차지하고 있던 영역을 축소시켰다.

Answer 03.④ 04.④

05 조선시대 다음 신분에 대한 설명 중 알맞은 것은?

- 조선시대 기술직이나 행정사무직에 종사하였다.
- 역관, 의관, 향리, 서리가 그 예이다.
- 지배층의 자기 도태과정에서 하나의 신분층으로 고정되었다.

① 조선후기 신분상승을 위한 소청운동을 전개하였다.
② 개항 반대를 하여 위정척사운동을 벌였다.
③ 직업적 전문성보다 인문적 교양을 중시하였다.
④ 지주전호제의 모순을 시정하려고 민란을 일으켰다.

> **TIPS!**
> 제시된 내용은 중인층에 대한 내용으로 조선후기 서얼들은 수차례에 걸쳐 집단적으로 상소하여 동반이나 홍문관 같은 청요직으로의 진출을 허용해 줄 것을 요구하는 신분상승운동을 전개하였다. 또한 기술직 중인들은 철종 때 신분상승을 위한 대규모의 소청운동을 일으켰다.

06 다음 중 조선후기 신분분화에 관한 설명으로 옳은 것은?

① 양반의 수가 증가하면서 계층이 분화되었다.
② 중인층이 몰락하면서 상인화 되었다.
③ 사노비가 해방되었다.
④ 상민과 노비의 사회적 지위가 크게 향상되었다.

> **TIPS!**
> ② 기술직을 담당하거나 행정실무를 맡고 있던 중인층은 사회적으로 그 역할이 커졌으며 신분 상승을 추구하였다.
> ③ 공노비가 해방되었다.
> ④ 사회적 지위가 향상된 것이 아니다.

07 다음 중 임진왜란 이후 신분이동에 관한 설명으로 옳은 것은?

① 양반은 늘어났고, 상민과 노비는 줄어들었다.
② 사회변동에도 불구하고 신분적 폐쇄성은 유지되었다.
③ 양반이 늘어남에 따라 중인의 위상은 하락하였다.
④ 임진왜란 중 도입된 속오군체제는 반상을 구별하는 신분질서가 엄격히 반영되어 있다.

TIPS!

①② 임진왜란 중 노비문서의 소실과 재정난 해결을 위해 정부는 납속책·공명첩의 시행, 공로자 보상 등을 통한 신분상승의 기회를 합법화하였다. 이로 인해 양반의 수는 증가하고, 상민과 노비의 수는 줄어드는 등 신분변동이 활발히 일어났다.
③ 조선후기 중인신분은 임진왜란을 계기로 납속책을 통해 관직에 진출하는 등 적극적인 신분상승을 시도하였다.
④ 임진왜란 중 지방군체제가 문제점을 드러내자 속오법을 도입하여 지방군의 편제를 개편하였는데, 이는 조선후기 신분제 동요의 원인이 되었다.

08 조선후기의 변화 가운데 근대 지향적 움직임과 가장 관련이 적은 것은?

① 붕당정치의 변질과 세도정치
② 농업생산력의 발전
③ 사회개혁론의 제기와 상공업 중심의 발전방향 제시
④ 봉건적 신분구조의 변화

TIPS!

① 붕당정치의 변질과 세도정치는 근대사회를 위한 움직임에 후퇴하는 태도이다.

09 18세기의 신분변동에 대한 설명으로 옳은 것은?

① 생산 활동이 중시되어 상민층이 늘어났다.
② 대다수의 사노비가 해방되었다.
③ 재산을 모은 사람은 신분상승이 가능하였다.
④ 중인층은 소청운동을 통해 청요직으로 진출하였다.

TIPS!

① 상민층은 줄어들었다.
② 순조 때 중앙관서의 공노비를 해방시켰다.
③ 납속이나 향직의 매매를 통해 돈을 주고 신분을 살 수 있게 되었다.
④ 중인층의 소청운동은 실패하였고 청요직으로 진출한 것은 서얼이다.

Answer 07.① 08.① 09.③

10 다음 중 조선후기 향촌 사회의 변화로 옳은 것은?

① 지방사족이 향촌 자치의 주도세력이었다.
② 면리제와 함께 향약조직을 형성하였다.
③ 부농층이 향촌사회를 주도하던 사족에 도전하였다.
④ 매향활동을 하는 사람들이 향도를 형성하였다.

TIPS!

조선후기에는 양반층이 분화되었으며 새로운 부농층이 신분 상승을 도모하면서 향촌질서가 새롭게 편성되었다.
①② 조선 초기 ④ 고려

11 세도정치기의 사회상으로 옳지 않은 것은?

① 벽파와 시파 간의 정쟁이 치열하였다.
② 이양선이 해안에 출몰하여 통상을 요구하였다.
③ 농민들의 소청운동과 벽서운동이 빈번하였다.
④ 조선왕조를 부정하는 동학이 발생하였다.

TIPS!

① 세도정치는 특정 가문의 인물들이 권력을 독점하는 정치형태이며, 붕당정치는 붕괴되었다.

12 양반층의 급증 현상의 배경이나 원인에 해당하는 것을 다음에서 바르게 골라 묶은 것은?

㉠ 공노비 해방	㉡ 붕당정치 전개
㉢ 향약의 실시	㉣ 족보의 매매와 위조
㉤ 공명첩의 발행	

① ㉠㉡

② ㉠㉣

③ ㉡㉢

④ ㉣㉤

TIPS!

부농층이 등장하여 공명첩을 사거나 족보를 위조하여 양반의 신분을 획득하였다.

Answer 10.③ 11.① 12.④

13 조선후기 서얼과 중인의 동향에 대한 설명으로 옳지 않은 것은?

① 서얼은 납속책을 통해 관직에 나갈 수 있었다.
② 서얼 중에 규장각 검서관으로 기용되는 사람이 있었다.
③ 중인은 소청운동을 통하여 자신들의 지위를 개선하고자 하였다.
④ 서얼과 중인은 성리학적 명분론을 지키고자 하여 양반층과 입장을 같이하였다.

 TIPS!

④ 중인과 서얼들은 서학을 비롯한 외래 문화 수용에 있어서 적극적인 역할을 수행하여 성리학적 가치 체계에 도전하는 새로운 사회의 수립을 추구하였다.

14 다음은 어느 신분층에 대한 설명이다. 조선후기에 있었던 이들의 움직임으로 잘못된 것은?

- 고려시대에 처음 등장한 신분으로 양반층 아래에서 실무를 집행하는 하부 지배층이었다.
- 주로 무과와 잡과에 응시하였으며, 기술관·향리·서리·토관·군교·서얼 등이 이에 속하였다.

① 시사(詩社)를 조직하여 문예활동을 하였다.
② 강화학파를 형성하여 성리학의 한계를 극복하려 하였다.
③ 개화운동의 선구적 역할을 담당하기도 하였다.
④ 재력을 축적하고, 전문인으로서의 역할이 커졌다.

TIPS!

제시된 내용은 조선시대 중인층에 대한 설명이다.
① 시사는 시인 동우회를 말하는데, 동인지를 간행하기도 하였다.
② 양명학자에 해당하는데, 양명학은 주로 경기지방을 중심으로 재야의 소론계열 학자와 불우한 종친 출신의 학자들 사이에서 많이 연구되었다.
③ 역관 오경석, 의관 유홍기 등이 있다.
④ 조선후기의 경제변동에 따라 가능하였다.

Answer 13.④ 14.②

15 1860년대에 창시된 동학사상에 대한 설명으로 옳지 않은 것은?

① 전통적인 민족 신앙을 바탕으로 유·불·도교사상 등을 종합하였다.

② 인내천사상과 운수사상을 바탕으로 봉건사회에 반대하였다.

③ 서학을 배격하고 서양과 일본의 침투를 경계하여 정부의 지지를 받았다.

④ 철학적으로는 주기론, 종교적으로는 샤머니즘과 도교에 바탕을 두고 있다.

TIPS!

동학은 인내천사상을 바탕으로 인간평등사상을 제창하고, 운수사상을 내세워 조선왕조를 부정하였으며 정부는 교주인 최제우를 혹세무민이라는 죄목으로 처형하였다.

16 다음 중 19세기 농민항거의 배경에 대한 내용으로 옳지 않은 것은?

① 대동법과 균역법이 대대적으로 실시되었다.

② 삼정의 문란으로 농민들의 생활이 더욱 어려워졌다.

③ 극도에 달한 수령의 부정으로 피폐한 농촌살림이 계속되었다.

④ 세도정치로 인하여 국가기강이 해이해졌다.

TIPS!

① 대동법과 균역법은 농민의 부담을 경감시키고, 국가재정을 보완하기 위해 실시되었던 정책이다. 그러나 실제로 효과를 거두지 못해 농민의 불만이 더욱 커져갔다.

③④ 세도정치로 국가기강이 해이해진 틈을 타서 지방의 탐관오리가 중앙권력과 결탁하여 부정과 탐학을 저질렀고 이에 농민생활은 더욱 피폐해졌다.

17 홍경래의 난에 대한 설명으로 옳지 않은 것은?

① 정주성을 거점으로 5개월간 항거한 조선후기의 최대 민란이었다.

② 삼정의 문란과 서북민에 대한 차별대우에 항거하여 일어났다.

③ 잔반과 중소상인, 유랑농민, 임노동자들이 합세하였다.

④ 천주교와 동학이 유포되어 농민들을 자극하였다.

TIPS!

④ 홍경래의 난은 종교적인 문제가 아니라 세도정치의 폐단에 대한 저항이 발달이 되었다.

Answer 15.③ 16.① 17.④

18 조선후기 가족제도에 관한 설명으로 옳은 것은?

① 일반적으로 남귀여가혼이 행해졌다.

② 제사는 형제가 돌아가면서 지내거나 책임이 분담되었다.

③ 아들이 없는 집안에서는 양자를 들이는 것이 일반적 현상이었다.

④ 아들과 딸에게 부모의 재산이 균분 상속되었다.

③ 조선후기에는 부계 중심의 가족제가 강화되어 아들이 없는 집안에서는 양자를 들이는 것이 일반화되었다.

Answer 18.③

조선의 문화

section 1 민족문화의 융성

(1) 한글의 창제

① **배경** … 조선 한자음의 혼란을 방지하고 피지배층을 도덕적으로 교화시켜 양반 중심의 사회를 운영하는 데 목적이 있었다.

② **창제와 반포(1446)** … 집현전 학자들과 더불어 정음청을 설치하고 한글을 창제한 후 세종대왕은 훈민정음을 반포하였다.

③ **보급**
  ㉠ 용비어천가(왕실 조상의 덕을 찬양)·월인천강지곡(부처님의 덕을 기림) 등을 지어 한글로 간행하였다.
  ㉡ 불경, 농서, 윤리서 병서 등을 한글로 번역하거나 편찬하였다.
  ㉢ 서리 채용에 훈민정음을 시험으로 치르게 하였다.

④ **의의** … 백성들도 문자생활이 가능하게 되었으며, 문화민족으로서의 긍지와 자부심을 갖게 되었고 민족문화의 기반을 확대하는 데 큰 의의가 있었다.

(2) 역사서의 편찬

① **건국 초기** … 왕조의 정통성에 대한 명분을 밝히고 성리학적 통치규범을 정착시키기 위하여 국가적 차원에서 역사서의 편찬에 힘썼다. 정도전의 고려국사와 권근의 동국사략이 대표적이다.

② **15세기 중엽** … 사회의 안정과 국력 성장의 바탕 위에서 성리학적 대의명분보다는 민족적 자각을 일깨우고, 왕실과 국가위신을 높이며, 문화를 향상시키는 방향에서 시도되어 고려사, 고려사절요, 동국통감이 간행되었다.

③ **16세기** … 사림의 존화주의적, 왕도주의적 정치·문화의식을 반영하는 동국사략, 기자실기 등이 편찬되었다.

④ **조선왕조실록의 편찬** … 국왕 사후에 춘추관에 실록청을 설치하여 사초나 시정기를 참고자료로 삼아 편년체로 기록하였다(태조 ~ 철종).

기출PLUS

기출 2020. 6. 20. 소방공무원

다음의 지도가 편찬된 당시에 재위한 왕의 업적으로 옳은 것은?

┌ 보기 ┐

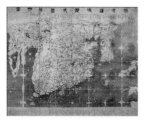

이 지도는 아라비아 지도학의 영향을 받아 만들어진 원나라의 세계 지도를 참고하고 여기에 한반도와 일본 지도를 첨가한 것이다. 현재 원본은 전하지 않으며 후대에 그린 모사본이 일본에 전한다.

① 집현전을 설치하였다.
② 호패법을 실시하였다.
③ 『경국대전』을 반포하였다.
④ 진관 체제를 도입하였다.

〈정답 ②

(3) 지리서의 편찬

① **목적** … 중앙 집권과 국방 강화를 위하여 지리지와 지도의 편찬에 힘썼다.

② **지도** … 혼일강리역대국도지도(세계지도), 팔도도(전국지도), 동국지도(양성지 등이 완성, 과학기구 이용, 압록강 이북 포함, 북방에 대한 관심 표현), 조선방역지도(16세기 대표적 지도) 등이 있다.

③ **지리지** … 신찬팔도지리지(세종), 동국여지승람(성종, 군현의 연혁·지세·인물·풍속·산물·교통 등 수록), 신증동국여지승람(중종), 해동제국기(일본 견문기) 등이 있다.

(4) 윤리·의례서와 법전의 편찬

① **윤리·의례서**

 ㉠ 목적 : 유교적인 사회질서 확립을 위해 편찬하였다.
 ㉡ 윤리서 : 삼강행실도, 이륜행실도, 동몽수지 등이 있다.
 ㉢ 의례서 : 국가의 행사의례를 정비한 국조오례의가 있다.

② **법전의 편찬**

 ㉠ 목적 : 유교적 통치규범을 성문화하기 위해 편찬하였다.
 ㉡ 법전의 편찬
  • 초기 법전 : 정도전의 조선경국전, 경제문감, 조준의 경제육전이 편찬되었다.
  • 경국대전
   − 6전체제로 구성 : 이·호·예·병·형·공전으로 구성된 기본법전이다.
   − 유교적 통치 질서와 문물제도가 완성되었음을 의미한다.

---

section 2 성리학의 발달

(1) 조선 초의 성리학

① **15세기의 시대적 과제** … 대내외적인 모순을 극복하고 새로운 문물제도를 정비하며 부국강병을 추진하는 것이었다.

② **관학파(훈구파)** … 정도전, 권근 등의 관학파는 성리학에만 국한하지 않고, 한·당유학, 불교, 도교, 풍수지리사상, 민간신앙 등을 포용하여 시대적 과제를 해결하려고 하였으며, 특히 주례를 국가의 통치이념으로 중요하게 여겼다.

③ **사학파(사림파)** … 길재와 그의 제자들은 형벌보다는 교화에 의한 통치를 강조하였으며, 공신과 외척의 비리와 횡포를 성리학적 명분론에 입각하여 비판하고, 당시의 사회모순을 성리학적 이념과 제도의 실천으로 극복해 보려고 하였다.

(2) 성리학의 융성

① 이기론의 발달

ㄱ **주리론** : 기(氣)보다는 이(理)를 중심으로 이론을 전개하였다.
  • 도덕적 원리에 대한 인식과 그 실천을 중요시하여 신분질서를 유지하는 도덕규범 확립에 크게 기여하였다.
  • 임진왜란 이후 일본 성리학의 발전과 위정척사사상 등에 영향을 주었다.

ㄴ **주기론** : 이(理)보다는 기(氣)를 중심으로 세계를 이해하고, 불교와 노장사상에 대해서 개방적 태도를 지녔다.
  • 인간의 경험적 현실세계를 중요시하였다.
  • 북학파 실학과 개화사상에 영향을 주었다.

② 성리학의 정착

ㄱ **이황**
  • 도덕적 행위의 근거로서의 인간의 심성을 중시하였고, 근본적이며 이상주의적 성격이 강하였다.
  • 우리나라뿐만 아니라 일본의 성리학에도 영향을 끼쳤다.
  • 주자서절요, 성학십도 등을 저술하여 이기이원론을 더욱 발전시켜 주리철학을 확립하였다.

ㄴ **이이**
  • 기를 강조하여 일원론적 이기이원론을 주장하였으며 현실적이고 개혁적인 성격이 강하였다.
  • 통치체제의 정비와 수취제도의 개혁을 제시하였다.
  • 동호문답, 성학집요, 기자실기 등을 저술하였다.

(3) 학파의 형성과 대립

① **배경** … 16세기 중반부터 성리학에 대한 이해가 심화되면서 학설과 지역에 따라 서원을 중심으로 학파가 형성되기 시작하였다.

② **정파의 형성** … 서경덕, 이황, 조식, 이이, 성혼학파가 형성되었고, 사림이 중앙 정계의 주도 세력으로 등장하는 선조 때 정파가 형성되었다.

ㄱ **동인과 서인의 형성**
  • 동인 : 서경덕, 이황, 조식학파가 동인을 형성하였으며, 정여립 모반사건으로 남인(이황학파)과 북인(서경덕학파, 조식학파)으로 분파되었다.
  • 서인 : 이이, 성혼학파가 서인을 형성하였다.

ㄴ **북인** : 광해군 때 집권한 북인은 임진왜란으로 인한 피해를 극복하기 위하여 대동법의 시행과 은광 개발 등 사회경제정책을 추진하였으며, 중립외교를 추진하는 등 성리학적 의리명분론에 크게 구애받지 않았으나 이는 서인과 남인의 반발을 가져왔다.

기출PLUS

기출 2021. 4. 3. 소방공무원

(가) 인물에 대한 설명으로 옳은 것은?

┌ 보기 ┐

　(가)　은/는 『성학십도』와 『주자서절요』 등을 저술하여 주자의 학설을 당시 사회 현실에 맞게 체계화하였다. 특히 『성학십도』는 태극도 등 10개의 그림과 설명이 들어가 있는 책으로, 당시 임금이었던 선조가 성군(聖君)이 되기를 바라는 마음에서 지어 올린 것이라고 한다.

① 여전론을 주장하였다.
② 강화 학파를 형성하였다.
③ 일본의 성리학 발달에 영향을 주었다.
④ '이'와 '기'를 통일적으로 이해하면서 '기'를 중시하였다.

❮정답 ③

ⓒ 서인과 남인

- 인조반정으로 서인이 정국을 주도하자 서경덕·조식의 사상, 양명학, 노장사상은 배척을 당하고 주자 중심의 성리학만이 조선 사상계에서 확고한 우위를 차지하게 되는 계기를 마련하였다.
- 서인과 남인은 명에 대한 의리명분론을 강화하고, 반청정책을 추진하여 병자호란을 초래하기도 하였다.

(4) 예학의 발달

① 16세기 중반 ⋯ 주자가례 중심의 생활규범서가 출현하고, 주자가례에 대한 학문적 연구도 활발해져감에 따라 성리학자들의 예에 대한 관심이 증대하였다.

② 17세기 ⋯ 양 난으로 인하여 흐트러진 유교적 질서의 회복이 강조되면서 예가 더욱 중시되었다.

③ 주자가례를 모범으로 하여 김장생, 정구 등이 발전시켰다.

④ 예에 관한 각 학파 간의 입장의 차이가 예송논쟁을 통해 표출되기도 하였다.

section 3 불교와 민간신앙

(1) 불교의 정비

① 정비과정

ⓐ 태조 : 도첩제를 실시하여 승려로의 출가를 제한하였다.

ⓑ 태종 : 사원을 정리하고 사원의 토지와 노비를 몰수하여 전국에 242개의 사원만을 인정하였다.

ⓒ 세종 : 교단을 정리하면서 선종과 교종 모두 36개의 절만 인정하였다.

ⓓ 성종 : 도첩제를 폐지하고 출가를 금지하였다. 사림들의 적극적인 불교 비판으로 불교는 점차 왕실에서 멀어져 산 속으로 들어가게 되었다.

ⓔ 중종 : 승과를 폐지하였다.

② **명백 유지** ⋯ 불교를 보호하기 위하여 왕실의 안녕과 왕족의 명복을 비는 행사를 시행하게 되었다. 세조 때에는 한글로 불경을 간행하고 보급하기 위한 간경도감을 설치하고, 명종 때에는 불교회복정책으로 승과를 부활시켰다.

③ **한계** ⋯ 전반적으로 사원의 경제적 기반 축소와 우수한 인재들의 출가 기피는 불교의 사회적 위상을 크게 약화시키는 결과를 가져왔다.

(2) 도교와 민간신앙

① 도교

    ㉠ 소격서를 설치하고 참성단에서 일월성신에 대해 제사를 지내는 초제가 시행되었다.

    ㉡ 사림의 진출 이후에는 도교행사가 사라지게 되었다.

② 풍수지리설과 도참사상 … 한양 천도에 반영되었고, 산송문제를 야기하기도 하였다.

③ 기타 민간신앙

    ㉠ 무격신앙, 산신신앙, 삼신숭배, 촌락제가 성행하게 되었다.

    ㉡ 세시풍속: 유교이념과 융합되어 조상숭배의식과 촌락의 안정을 기원하였다.

section 4 과학기술의 발달

(1) 천문·역법과 의학

① 발달배경 … 부국강병과 민생안정을 위하여 국가적으로 과학기술을 지원하고, 우리나라의 전통적 문화를 계승하면서 서역 및 중국의 과학기술을 수용하였다.

② 각종 기구의 발명 제작

    ㉠ 천체관측기구: 혼의, 간의

    ㉡ 시간측정기구: 해시계(앙부일구), 물시계(자격루)

    ㉢ 강우량측정기구: 측우기(세계 최초)

    ㉣ 토지측량기구: 인지의, 규형(토지 측량과 지도 제작에 활용)

③ 천문도의 제작

    ㉠ 천상열차분야지도: 고구려의 천문도를 바탕으로 돌에 새겼다.

    ㉡ 세종 때 새로운 천문도를 제작하였다.

④ 역법

    ㉠ 칠정산(세종): 중국의 수시력과 아라비아의 회회력을 참고로 하여 만든 역법서이다.

    ㉡ 서울을 기준으로 천체운동을 정확히 계산한 것이다.

⑤ 의학분야 … 향약집성방(국산약재와 치료방법을 개발·정리)과 의방유취(의학백과사전)가 편찬되어 민족의학이 발전하게 되었다.

기출PLUS

기출 2018. 10. 13. 소방공무원

다음 밑줄 친 '왕'의 업적으로 옳은 것은?

─ 보기 ─

우리나라는 삼국 시대 이래 중국에서 역서(曆書)를 수입해서 사용하였다. 그러나 우리나라와 중국의 위치가 달라 중국의 역서를 그대로 사용하기 어려웠고, 역법(曆法) 자체도 완벽하지 못하여 오차가 많았다. 이에 왕은 정인지, 정초, 정흠지 등에게 명하여 우리 고유의 역법서(曆法書)를 만들도록 명하였다.

① 경국대전의 편찬을 시작하였다.
② 금속활자인 갑인자를 주조하였다.
③ 사병을 혁파하여 군사권을 장악하였다.
④ 집현전을 계승하여 홍문관을 설치하였다.

〈 정답 ②

기출PLUS

(2) 활자 인쇄술과 제지술

① 발달배경 ··· 각종 서적을 국가적으로 편찬하는 사업을 추진하게 되었다.

② 활자 인쇄술의 발전
  ㉠ 태종 : 주자소를 설치하고 구리로 계미자를 주조하였다.
  ㉡ 세종 : 구리로 갑인자를 주조하고 식자판을 조립하는 방법을 창안하여 인쇄능률을 향상시켰다.

③ 제지술의 발달 ··· 조지서를 설치하여 다양한 종이를 대량으로 생산할 수 있게 되었고, 출판문화의 수준이 향상되었다.

(3) 농서의 편찬과 농업기술의 발달

① 농서의 편찬
  ㉠ 농사직설(세종) : 우리나라에서 편찬된 최초의 농서로서 씨앗의 저장법, 토질의 개량법, 모내기법 등 우리의 실정에 맞는 독자적인 농법을 정리하였다.
  ㉡ 금양잡록(성종) : 금양(시흥)지방을 중심으로 한 경기지방의 농사법을 정리하였다.

② 농업기술의 발달
  ㉠ 밭농사의 경우 조·보리·콩의 2년 3작이 보편화되었고, 논농사로는 남부지방 일부에서 모내기와 이모작이 실시되었다.
  ㉡ 봄철에 비가 적은 기후조건 때문에 마른 땅에 종자를 뿌려 일정한 정도 자란 다음에 물을 대주는 건사리(건경법)와 무논에 종자를 직접 뿌리는 물사리(수경법)가 시행되었다.
  ㉢ 밑거름과 뒷거름을 주는 시비법이 발달하여 농경지가 상경화 되었으며 휴경제도는 소멸되었다.
  ㉣ 농작물 수확 후에 빈 농지를 갈아엎어 다음해 농사를 준비하는 가을갈이 농사법이 보급되었다.

③ 목화 재배가 확대되어 백성들은 주로 무명옷을 입게 되었고, 무명은 화폐처럼 사용되었다.

④ 삼·모시의 재배도 성행하였으며 누에고치도 전국적으로 확산되고 양잠에 관한 농서도 편찬되었다.

(4) 병서 편찬과 무기 제조

① 병서의 편찬
  ㉠ 총통등록 : 화약무기의 제작과 그 사용법을 정리하였다.
  ㉡ 병장도설 : 군사훈련지침서로 사용되었다.
  ㉢ 동국병감 : 고조선에서 고려 말까지의 전쟁사를 정리한 것이다.

기출 2019. 4. 6. 소방공무원

㉮ 왕에 대한 설명으로 옳은 것은?

• 보기 •

농사는 천하의 대본이다. 예로부터 성왕(聖王)이 이를 힘쓰지 아니한 사람이 없었다. ··· (중략) ··· ㉮ 계서는 정사에 힘을 써 더욱 백성 일에 마음을 두셨다. 지방마다 풍토가 같지 아니하여 곡식을 심고 가꾸는 법이 각기 맞는 게 있어, 옛글과 다 같을 수 없다 하여, 여러 도의 감사에게 명하여 고을의 늙은 농부들에게 물어 이미 그 효과가 입증된 것을 아뢰게 하시고 ··· (하략) ···
– 『농사직설』

① 경국대전을 반포하였다.
② 6조 직계제를 실시하였다.
③ 삼강행실도를 간행하였다.
④ 집현전을 계승한 홍문관을 설치하였다.

‹정답 ④

② 무기 제조 … 최해산은 화약무기의 제조를 담당하였고, 신기전이라는 바퀴가 달린 화차는 화살 100개를 잇따라 발사할 수 있었다.

③ 병선 제조 … 태종 때에는 거북선과 비거도선을 제조하여 수군의 전투력을 향상시켰다.

④ 16세기 이후 기술 경시의 풍조로 과학기술은 침체되기 시작하였다.

section 5 문학과 예술

(1) 다양한 문학

① 특징
  ㉠ 15세기 : 격식을 존중하고 질서와 조화를 내세우는 경향의 문학이 유행하였다.
  ㉡ 16세기 : 개인적인 감정과 심성을 표현하는 한시와 가사, 시조 등이 발달하였다.

② 악장과 한문학 … 조선 왕조 건설에 참여했던 관료 문인들은 조선의 탄생과 자신들의 업적을 찬양하고, 용비어천가 · 월인천강지곡 · 동문선 등을 통해 우리 민족의 자주의식을 표출하였다.

③ 시조문학 … 15세기에는 김종서 · 남이 · 길재 · 원천석의 작품이, 16세기에는 황진이 · 윤선도의 작품이 손꼽힌다.

④ 설화문학 … 관리들의 기이한 행적이나 서민들의 풍속, 감정, 역사의식을 담았다. 대표적인 작품으로는 필원잡기(서거정), 용재총화(성현), 금오신화(김시습), 패관잡기(어숙권)가 있으며, 이러한 설화문학은 불의를 폭로하고 풍자하는 내용이 많아서 당시 서민사회를 이해하려는 관리들의 자세와 노력을 엿볼 수 있다.

⑤ 가사문학 … 송순, 정철, 박인로에 의해 발달하였다. 정철은 관동별곡, 사미인곡, 속미인곡 같은 작품에서 관동지방의 아름다운 경치와 왕에 대한 충성심을 읊은 것으로 유명하다.

(2) 왕실과 양반의 건축

① 15세기 … 궁궐 · 관아 · 성곽 · 성문 · 학교건축이 중심이 되었고, 건물은 건물주의 신분에 따라 일정한 제한을 두었다.

② 16세기 … 사림의 진출과 함께 서원의 건축이 활발해졌다. 서원건축은 가람배치양식과 주택양식이 실용적으로 결합된 독특한 아름다움을 지녔으며, 옥산서원(경주) · 도산서원(안동)이 대표적이다.

기출**PLUS**

(3) 분청사기 · 백자와 공예

① 성격 … 소박하고 실용적인 성격(의식주의 필수품, 사대부의 문방구)을 지녔다.

② 종류

    ㉠ 도자기 : 15세기에는 회청색의 분청사기, 16세기에는 백자가 대표적이다.

    ㉡ 목공예 : 장롱, 문갑 등은 재료의 자연미를 살린 실용성과 예술성이 조화된 작품
       이었다.

    ㉢ 기타 : 쇠뿔을 쪼개어 무늬를 새긴 화각공예, 자개공예(나전칠기), 자수와 매듭공
       예 등이 유명하였다.

(4) 그림과 글씨

① 그림

    ㉠ 15세기

      • 특징 : 그림은 도화서에 소속된 화원들의 그림과 문인이었던 선비들의 그림으로 나
        눌 수 있다. 이들은 중국 화풍을 선택적으로 수용하여 독자적 화풍을 형성하였고,
        이는 일본 무로마치시대의 미술에 큰 영향을 주었다.

      • 화가 : 안견(몽유도원도), 강희안(고사관수도), 강희맹 등이 있다.

    ㉡ 16세기

      • 특징 : 산수화와 사군자가 유행하였다.

      • 화가 : 이암, 이정, 황집중, 어몽룡, 신사임당이 유명하였다.

② 글씨 … 안평대군(송설체), 양사언(초서), 한호(석봉체)가 유명하였다.

POINT 조선초기 예술의 특징

    ㉠ 건축 : 건축의 규모 제한, 검소하고 안정감이 있으며 자연미를 최대로 표현, 궁궐과
       성문 등이 주가 되었고, 16세기에는 서원의 건축이 대표적이다.

    ㉡ 회화 : 산수화 · 인물화 중심으로 양반과 도화서 화원의 그림으로 크게 구분되었다.

    ㉢ 서예 : 문인 · 귀족의 교양으로 중시되었고, 그림과 함께 겸하는 경우가 많았다.

    ㉣ 공예 : 소박하고 은근하며 서민적 · 실용적이다. 주로 사대부의 생필품 · 문방사우와
       관련해 발달하였다.

    ㉤ 음악 : 관습도감(아악 정리), 악학궤범 편찬, 민간에서는 탈춤인 사대놀이와 인형극
       인 꼭두각시놀음이 유행하였다.

    ㉥ 문학 : 초기에는 한문학으로서 시조문학이 발달, 16세기경에는 불우한 일부 지식
       인 · 중인 · 부녀층이 많았고 산천의 아름다움이나 은둔생활상을 주제로 한 것이 대
       부분이다.

01 다음의 사상에 관한 설명으로 옳은 것은?

> (가) 인간과 사물의 본성은 동일하다.
> (나) 인간과 사물의 본성은 동일하지 않다.

① (가)는 구한말 위정척사 사상으로 계승되었다.
② (나)는 실학파의 이론적 토대가 되었다.
③ (나)는 사문난적으로 학계에서 배척당했다.
④ (가)와 (나)는 노론 인사들을 중심으로 이루어졌다.

TIPS!
제시된 글은 노론 내부에서 펼쳐진 호락논쟁으로 (가)는 서울지역의 인물성동론으로 북학파에, (나)는 충청지역의 인물성이론으로 위정척사에 영향을 주었다.

02 각 시기별 학문의 발전으로 옳은 것은?

① 15세기 – 경학 중시
② 15세기 – 과학기술의 침체
③ 16세기 – 보학의 발달
④ 17세기 – 예학의 발달

TIPS!
①② 15세기의 지배세력이었던 훈구파는 과학기술을 중시하고 사장학을 중시하였으며, 부국강병과 민생안정을 꾀하였다.

Answer 01.④ 02.④

03 다음 중 성리학의 조선화에 관한 설명으로 옳지 않은 것은?

① 주리파의 선구자는 이언적이며 주기파의 선구자는 서경덕이었다.

② 이이는 주자향약을 병용하여 조선에 적당한 향약을 만들었다

③ 조광조는 성리학의 경서인 사서삼경을 언해하였다.

④ 김장생은 주자가례를 연구하여 가례집람을 저술하였다.

TIPS!

③ 사서삼경의 언해는 세종 때부터 꾸준히 이루어졌다.

04 다음 중 유네스코 지정 문화재로 옳지 않은 것은?

① 남대문   ② 종묘제례악

③ 수원화성   ④ 승정원일기

TIPS!

한국의 세계유산

㉠ 세계유산 : 경주역사유적지구, 고창·화순·강화의 고인돌 유적, 남한산성, 백제역사유적지구, 산사, 석굴암과 불국사, 제주 화산섬과 용암동굴, 조선왕릉, 종묘, 창덕궁, 한국의 서원, 하회와 양동 역사마을, 해인사 장경판전, 수원화성

㉡ 무형문화유산 : 가곡, 강강술래, 강릉단오제, 김장문화, 남사당놀이, 농악, 대목장, 매사냥, 아리랑, 연등회, 영산재, 제주 칠머리당 영등굿, 제주 해녀문화, 종묘제례 및 종묘제례악, 줄다리기, 줄타기, 처용무, 택견, 판소리, 씨름, 한산모시짜기

㉢ 세계기록유산 : 5·18광주 민주화운동 기록물, KBS특별생방송 '이산가족을 찾습니다' 기록물, 난중일기. 동의보감, 불조직지심체요절, 승정원일기, 일성록, 조선왕조실록, 훈민정음(해례본), 고려대장경판 및 제경판, 국채보상운동 기록물, 새마을운동 기록물, 조선왕실 어보와 어책, 조선왕조의궤, 조선통신사에 관한 기록, 유교책판

05 다음 중 15세기 조선의 과학기술이 발달하게 된 원인은?

① 국가가 부국강병과 민생안정을 위해서 과학기술을 지원하였다.

② 한민족의 독창적 정신이 발전할 수 있도록 하는 사회 분위기가 조성되었다.

③ 양전 사업에 의한 수취체제의 정비와 인지의 등이 필요했다.

④ 국가가 격물치지의 학풍을 중시하였다.

TIPS!

① 조선초기에는 부국강병과 민생안정을 위하여 과학기술을 장려하였으며, 철학사조도 격물치지를 존중하는 경험적 학풍이 지배적이었다.

Answer 03.③ 04.① 05.①

06 다음은 조선시대에 보이는 사상이다. 이를 비교할 때 옳지 않은 것은?

> ㉠ 이언적을 선구자로 하면서 원리적 문제를 중요시하였다.
> ㉡ 서경덕을 선구자로 하면서 경험적 세계를 중요시하였다.

① ㉠은 이황이 확립하였고, 김성일, 유성룡 등에 의해 영남학파를 형성하였다.
② ㉠은 개항을 전후하여 위정척사론자에게 영향을 끼쳤다.
③ ㉠은 신분질서를 강조하여 왕권 강화에 도움이 되었다.
④ ㉡을 완성한 이이는 현실문제의 개혁을 과감히 주장한 경세가이기도 하였다.

⊙ TIPS! ⌇⌇

㉠은 주리론, ㉡은 주기론에 대한 내용이다. 주리론은 신분질서를 유지하는 도덕규범 형성에 영향을 주었으나 현실문제에는 관심이 적어 부국강병책을 제시하지 않았다.

※ 주리론과 주기론

구분	주리론	주기론
당파	동인 계열	서인 계열
학파	영남학파 형성	기호학파 형성
선구자	이언적	서경덕
대표학자	이황	이이
특징	• 도덕적 원리 중시 • 위정척사사상, 항일의병운동에 영향	• 경험적 현실세계 중시 • 실학사상, 개화사상에 영향

07 각 저서와 설명이 바르게 연결되지 않은 것은?

① 경국대전 – 법의 성문화
② 팔도지리지 – 국방력 강화, 중앙집권화
③ 농사직설 – 중국 농법을 정리
④ 향약집성방 – 우리나라 실정에 맞는 의학서적

⊙ TIPS! ⌇⌇

① 경국대전은 세조~성종 때 최항, 노사신 등이 편찬한 조선의 기본법전으로 유교정치이념을 기반으로 하여 통치규범을 성문화하기 위해 추진된 것이다.
② 팔도지리지는 세종 때 윤회, 신색에 의해 저술된 최초의 인문지리서로 이러한 지리서의 편찬은 중앙 집권과 국방력을 강화하기 위해 편찬된 것이다.
③ 농사직설은 세종 때 정초가 우리나라의 기후·풍토에 맞는 농사기술과 품종 등의 개발을 위하여 올벼·늦벼·밭벼 등의 재배법, 씨앗저장법, 토질의 개량법 등 구체적인 내용을 담고 있으며, 모내기법을 다른 지방에 소개하는 등 여러 지방의 경험 많은 농부들의 지식과 비결을 망라하여 편찬되었다.
④ 향약집성방은 세종 때 유효통 등이 저술한 의서로 우리 풍토에 알맞은 약재와 치료방법을 개발·정리하여 편찬된 것이다.

Answer 06.③ 07.③

08 다음 역사책 중에서 유교적 가치평가를 가장 강하게 반영한 책은?

① 고려사
② 동사강목
③ 동국사략
④ 삼국사절요

 TIPS!

③ 태종의 명에 따라 권근·하륜 등이 단군에서 고려 말까지의 역사를 편년체로 엮은 동국사략은 왕조개창을 정당화하고 성리학적 통치규범을 정착시키기 위하여 성리학적 대의명분을 합리화하는 방향으로 편찬된 사서이다. 16세기에 편찬된 박상의 동국사략은 사림의 존화주의적·왕도주의적 정치의식과 문화의식을 반영한 사서이다.

09 조선의 공예에 대한 설명으로 옳은 것은?

① 15세기에는 백자가, 16세기에는 분청사기가 대표적이다.
② 목공예는 화려한 아름다움을 살린 작품이 주를 이뤘다.
③ 자개공예, 자수와 매듭공예 등이 유명하였다.
④ 사대부의 사치품이 주로 제작되었다.

TIPS!

① 15세기에는 분청사기, 16세기에는 백자가 대표적이다.
② 목공예는 재료의 자연미를 살린 실용성과 예술성이 조화된 작품을 주로 만들었다.
④ 조선의 공예는 소박하고 실용적인 성격을 지녀서 의식주의 필수품이나 사대부의 문방구가 주로 제작되었다.

10 15세기와 16세기 조선의 미술에 대한 설명으로 옳지 않은 것은?

① 그림은 도화서의 화원들과 문인 선비들의 것으로 나눌 수 있다.
② 이들은 진경산수라는 독자적 화풍을 만들어냈다.
③ 글씨로는 안평대군, 양사언, 한호가 유명하였다.
④ 16세기에는 산수화와 사군자가 유행하였다.

TIPS!

진경산수화는 조선후기의 일이다. 15세기의 화가들은 중국 화풍을 선택적으로 수용하였고, 이는 일본 무로마치시대의 미술에 큰 영향을 주었다.

Answer 08.③ 09.③ 10.②

11 한글 창제에 대한 설명으로 옳지 않은 것은?

① 조선 한자음의 혼란을 방지하기 위해 만들어졌다.

② 피지배층을 도덕적으로 교화시켜 양반중심사회를 운영하는 데 목적이 있었다.

③ 집현전 학자들과 더불어 정음청을 설치하고 한글을 창제하였다.

④ 관리채용에 훈민정음을 시험으로 치르게 하였다.

> **TIPS!**
> ④ 훈민정음은 서리채용에 시험으로 치러졌다.

12 조선시대 예학의 발달과 관련된 설명으로 옳은 것은?

① 예학에 관한 연구가 심화되어 이황과 이이 등 많은 예학자들이 배출되었다.

② 15세기 초부터 성리학을 공부하는 학자들은 예에 깊은 관심을 가졌다.

③ 학파 간의 예학 차이는 정치적 논쟁으로 발전하여 정여립 모반사건이 발생하였다.

④ 17세기경 예는 양 난으로 흐트러진 유교질서의 회복이 강조되면서 중시되었다.

> **TIPS!**
> ① 대표적인 예학자로는 김장생과 정구가 있으며 이황과 이이는 성리학자이다.
> ② 16세기 후반의 일이다.
> ③ 예학의 차이가 정치적 논쟁으로 발전한 사건은 예송 논쟁이다.

13 조선전기에 각종 지도와 지리서가 제작, 편찬된 목적으로 가장 옳은 것은?

① 유교적인 사회질서 확립을 위해

② 중앙집권과 국방강화를 위해

③ 성리학적 통치규범을 성문화하기 위해

④ 호패법과 오가작통법의 강화를 위해

> **TIPS!**
> 지리서의 편찬목적은 중앙집권과 국방강화를 위한 것이다. 이 시기 편찬된 지도는 혼일강리역대국도지도, 팔도도, 동국지도, 조선방역지도 등이 있으며, 지리지로는 신찬팔도지리지, 동국여지승람, 신증동국여지승람, 해동제국기 등이 있다.

Answer 11.④ 12.④ 13.②

14 다음에서 설명하는 학자와 관련된 내용으로 옳은 것은?

> • 주자서절요, 성학십도를 저술하였다.
> • 임진왜란 이후 일본 성리학 발전에 영향을 주었다.

① 이보다는 기의 역할을 강조하는 주리론적 사상이다.
② 현실적이며 개혁적인 사상을 가지고 있었다.
③ 조선 성리학의 이기론에서 선구적인 위치에 있다.
④ 주자의 이론을 조선의 현실을 반영시켜 그 체계를 세우려 하였다.

TIPS!
제시된 내용은 이황에 관한 설명이다.
① 기보다는 이를 강조하는 주리론적 성향을 보였다.
② 이이에 관한 설명이다.
③ 서경덕과 이언적에 관한 설명이다.

15 조선시대에 편찬된 역사서의 특징으로 옳지 않은 것은?

① 국가적인 차원에서 실록편찬을 추진하였다.
② 15세기에 고려의 역사를 기전체와 편년체로 편찬하였다.
③ 16세기에는 사림파의 특징인 중국 중심의 존화주의 사관이 반영되었다.
④ 전체의 역사를 편찬하려고 노력하지 않아 통사는 편찬되지 않았다.

TIPS!
④ 동국통감은 통사체 사서로 단군조선부터 고려의 역사를 저술하고 있다.

16 조선전기 과학기술의 발달에 대한 설명으로 옳지 않은 것은?

① 금속활자인쇄술이 크게 발달하였다.
② 서울을 기준으로 천체운동을 정확히 계산한 칠정산의 달력이 편찬되었다.
③ 농사직설, 금양잡록 등의 농서가 편찬되었다.
④ 과학기술에 대한 높은 관심으로 16세기 이후 과학기술은 더욱 꽃을 피우게 되었다.

TIPS!
16세기 이후 기술경시의 풍조로 과학기술은 침체되기 시작하였다.

Answer 14.④ 15.④ 16.④

17 조선시대 왕조실록에 대한 설명으로 옳은 것은?

① 사초, 시정기 등을 토대로 하여 편찬하였다. ② 왕 사후에 승정원에서 간행하였다.

③ 기전체로 편찬되었다. ④ 실록을 관청에 배포하여 정치에 참고하였다.

> **TIPS!**
> 조선왕조실록
> ㉠ 왕이 죽은 후 춘추관에 실록청을 설치하여 간행하였다.
> ㉡ 시정기와 사초, 승정원일기 등이 기본 자료로 활용되었으며, 후기에는 비변사등록, 일성록도 사용되었다.
> ㉢ 완성된 실록은 사고에 보관되었으며, 특별한 경우를 제외하고는 열람이 불가능 하였다.

18 조선의 문화에 대한 설명으로 옳은 것은?

① 15세기에는 민족적이면서 실용적인 성격의 문화가 발달하였다.

② 15세기의 관학파는 성리학을 중심으로 한 학문과 사상을 수용하였다.

③ 초기의 집권층은 부국강병보다는 성리학에 관심을 가졌다.

④ 초기에는 성리학적 이념에 토대를 둔 관념적인 문화가 발달하였다.

> **TIPS!**
> ② 관학파는 성리학 이외의 학문에 비교적 관대하였다.
> ③ 초기집권층은 관학파로 부국강병에 관심이 많았다.
> ④ 16세기에 관한 설명이다.

19 16세기에는 주리론 철학과 주기론 철학이 발달하였다. 그 영향으로 바른 것은?

① 배타적 명분론의 영향으로 정치 참여의 범위가 축소되었다.

② 지나친 도덕주의로 현실적인 부국강병책을 소홀히 하게 되었다.

③ 민본주의의 강조로 민생이 안정되었다.

④ 상공업의 발전을 중시하여 경제가 크게 발전하였다.

> **TIPS!**
> ② 지나친 철학에의 치중으로 현실을 소홀하게 되었다.

Answer 17.① 18.① 19.②

20 조선시대의 그림에 대한 설명으로 옳지 않은 것은?

① 도화서에 소속된 화원들의 그림과 문인들이었던 선비들의 그림으로 나눌 수 있다.
② 일본 무로마치시대의 미술에 큰 영향을 주었다.
③ 16세기에는 산수화와 사군자가 유행하였다.
④ 중국 화풍을 전격적으로 수용하였다.

④ 조선의 화가들은 중국 화풍을 선택적으로 수용하여 독자적 화풍을 형성하였다.

21 다음의 미술품들이 제작되었던 시대의 역사관을 골라 바르게 짝지은 것은?

(개) 안견의 몽유도원도	(내) 신사임당의 수박도
(대) 김홍도의 씨름도	(래) 공민왕의 천산대렵도

㉠ 고증사학의 토대 확립
㉡ 존화주의적 · 왕도주의적 역사 서술
㉢ 정통과 명분을 중시하는 성리학적 사관의 대두
㉣ 근대 계몽사학의 성립
㉤ 단군을 시조로 하는 통사의 편찬

① (개) – ㉤, (내) – ㉣
② (개) – ㉠, (대) – ㉡
③ (개) – ㉤, (래) – ㉢
④ (대) – ㉢, (래) – ㉡

(개) 15세기 – ㉤, (내) 16세기 – ㉡, (대) 18세기 – ㉠, (래) 14세기 – ㉢

Answer 20.④ 21.③

22 다음의 내용으로 파악할 수 있는 16세기 문화의 성격은?

> • 이정, 황집중, 어몽룡은 각각 대, 포도, 매화를 잘 그려 삼절로 일컬어졌다.
> • 윤선도의 시조는 자연을 벗 삼아 살아가는 은둔적인 생활의 즐거움을 표현하여 널리 애송되었다.
> • 가사문학이 발달하여 정철은 풍부한 우리말의 어휘를 마음껏 구사하여 관동별곡 같은 걸작을 남겼다.

① 진취적이며 낭만적인 시대 분위기를 반영하였다.
② 우리의 전통문화와 연결된 생활감정을 묘사하였다.
③ 일반 서민들이 창작하고 향유하는 예술이 대두하였다.
④ 자연 속에서 서정적인 아름다움을 찾는 경향이 유행하였다.

 TIPS!

사림이 주도한 16세기 문화는 경학에 치중하고 사장을 경시하였으며, 문학작품의 주제도 우리나라 산천의 아름다움과 자연을 벗 삼아 살아가는 은둔적인 생활의 즐거움, 사림 도학자의 위선을 풍자한 것 등으로 다양하게 나타났다.

23 세종 7년 2월 2일, 왕이 예조를 통해 각 도에 공문을 보내 다음의 내용을 조사하여 춘추관으로 보내도록 지시하였다. 이러한 지시사항들을 토대로 편찬되었으리라고 추정되는 것은?

> • 여러 섬의 수륙교통의 원근과 인물 및 농토의 유무
> • 영(營), 진(鎭)을 설치한 곳과 군정(軍丁), 전함(戰艦)의 수
> • 온천, 얼음굴, 동굴, 염전(소금밭), 철광, 목장, 양마의 유무
> • 각 도·읍의 역대 명칭과 연혁, 주·부·군·현·향·부곡·소의 설치와 이합에 관한 사실

① 택리지   ② 동국여지승람
③ 조선방역지도   ④ 동국지리지

TIPS!

② 동국여지승람은 세종 때 편찬된 최초의 인문지리서인 팔도지리지에 인문에 관한 내용을 자세히 추가한 현존하는 최초의 인문지리서이다.

Answer 22.④ 23.②

08 문화의 새 기운

기출PLUS

section 1 성리학의 변화

(1) 성리학의 교조화 경향

① 성리학의 절대화

　㉠ 서인 : 인조반정 이후 정국의 주도권을 잡은 서인은 의리명분론을 강화하여 주자 중심의 성리학을 절대화함으로써 자신들의 학문적 기반을 공고히 하려 하였다.

　㉡ 송시열 : 주자의 본뜻에 충실함으로써 당시 조선 사회의 모순을 해결하려 하였다.

② 성리학의 상대화

　㉠ 경향 : 주자 중심의 성리학을 상대화하고 6경과 제자백가 등에서 모순 해결의 사상적 기반을 찾으려는 경향이 본격화되었다(17세기 후반).

　㉡ 학자

　　• 윤휴는 유교경전에 대해 독자적인 해석을 펼쳤다.

　　• 박세당은 양명학과 노장사상의 영향을 받아 사변록을 통해 주자의 학설을 비판하였다.

　㉢ 결과 : 주자의 학문체계와는 다른 모습을 보였기 때문에 당시 권력을 장악하고 있던 서인(노론)의 공격을 받아 사문난적(斯文亂賊)으로 몰려 죽었다.

　㉣ 기타 : 정약용은 주자의 해석에 구애되지 않고 고주(古註)를 참작하여 공자·맹자의 본뜻을 찾으려고 노력하여 성리학과 다른 독자적인 철학체계를 수립하였다.

③ 성리학의 발달

　㉠ 이기론 중심 : 이황학파의 영남 남인과 이이학파인 노론 사이에 성리학의 이기론을 둘러싼 논쟁이 치열하게 전개되었다.

　㉡ 심성론 중심 : 인간과 사물의 본성이 같은가 다른가 등의 문제를 둘러싸고 충청도 지역의 호론과 서울 지역의 낙론이 대립하였다.

　㉢ 주자 중심의 성리학을 절대시한 노론과는 달리, 소론은 성혼의 사상을 계승하고 양명학과 노장사상을 수용하는 등 성리학의 이해에 탄력성을 가지게 되었다.

POINT 사림문화의 한계

　㉠ 정치 : 도덕과 명분을 강조하고 붕당정치에 몰두하여 민생안정과 부국강병에 소홀하였다.

　㉡ 사회·경제 : 양반 중심의 신분제와 지주전호제를 고수하여 사회·경제적인 변화를 수용하지 못하였다.

　㉢ 외교 : 화이론적 세계관을 고수하여 청과 일본의 침략에 대한 배척으로 일관함으로써 대외정책에 탄력성을 상실하였다.

　㉣ 사상·학술

　　• 성리학만 정학으로 간주하고 주자의 학설만 고수하여 사상적 경직성을 노출하였다.

　　• 기술문화를 경시하고 정신문화만 중시하여 관념적 이기론을 앞세웠기 때문에 다양한 학문 발달을 저해하였다.

(2) 양명학의 수용

① **수용** … 성리학의 교조화와 형식화를 비판하였고, 지행합일(知行合一)의 실천성을 강조한 양명학은 중종 때 전래하였다.

② **확산** … 명과의 교류가 활발해지면서 주로 서경덕 학파와 종친들 사이에 확산되었다. 그러나 이황이 전습록변에서 양명학을 이단으로 비판한 것을 계기로 몇몇 학자들만이 관심을 기울였으나 17세기 후반 소론 학자(최명길, 장유)들에 의하여 본격적으로 수용되었다.

③ **강화학파의 형성** … 18세기 초 정제두가 강화도로 옮겨 살면서 양명학 연구와 제자 양성에 힘써 강화학파라 불리는 하나의 학파를 이루었다. 그러나 제자들이 정권에서 소외된 소론이었기 때문에 그의 학문은 집안의 후손들과 인척을 중심으로 가학(家學)의 형태로 계승되었다.

④ **영향** … 역사학·국어학·서화·문학 등에서 새로운 경지를 개척하게 되어 실학자들과 서로 영향을 주고 받았다. 또한 박은식, 정인보 등 한말 일제시기의 민족운동에 영향을 주게 되었다.

section 2 실학의 발달

(1) 실학의 발생

① **실학의 개념** … 17 ~ 18세기의 사회·경제적 변동에 따른 사회 모순에 직면하여 그 해결책을 구상하는 과정에서 대두한 학문과 사회개혁론이다.

② **등장배경**
　㉠ **통치 질서의 와해** : 조선 사회는 양 난을 겪으면서 크게 모순을 드러냈으나, 위정자들은 근본적 대책을 모색하지 못하였다. 이에 진보적 지식인들은 국가체제를 개편하고 민생을 안정시킬 수 있는 개혁방안을 제시하게 되었던 것이다.
　㉡ **성리학의 사회적 기능 상실** : 조선후기에는 양반사회의 모순이 심각해졌음에도 불구하고 당시의 지배 이념이었던 성리학은 현실 문제를 해결할 수 있는 기능을 수행하지 못하였다.
　㉢ **현실 문제를 탐구하려는 움직임** : 성리학의 한계성을 자각하고 이를 비판하면서 현실생활과 직결되는 문제를 탐구하려는 움직임이 나타나게 되었다.
　㉣ **경제적 변화와 발전** : 전쟁피해의 복구과정에서 피지배층은 끊임 없는 노력으로 경제적 발전을 추구하였는데, 이를 촉진하고 대변하는 사상으로 나타났다.
　㉤ **신분 변동** : 조선후기 사회는 신분질서가 급속히 붕괴되어 정권에서 소외된 양반층의 생계대책과 서민층의 생존문제에 주목하게 되었다.

기출PLUS

기출 2018. 10. 13. 소방공무원

다음 (가), (나) 인물에 대한 옳은 설명만을 <보기>에서 고른 것은?

(가) 한문으로 번역된 서양 학문들을 접하면서 더욱 영역이 확대되고 깊이가 심화되었고, 많은 제자를 길러 학파를 형성하였다. 『성호사설』은 그의 대표적인 저서이다.

(나) 서얼 출신으로 이덕무, 유득공 등과 친분을 쌓고, 채제공의 수행원으로 청에 다녀왔으며 수레, 배의 이용과 신분 차별의 타파를 주장하였다. 『북학의』를 저술하였다.

보기
⊙ (가) – 매매할 수 없는 토지를 통한 자영농 육성을 주장하였다.
⊙ (가) – 토지를 공동 경작하여 노동량에 따라 분배하는 여전론을 주장하였다.
© (나) – 소비의 중요성을 강조하며 상공업 진흥을 주장하였다.
② (나) – 「양반전」과 「호질」등의 한문 소설을 통해 양반을 비판하였다.

① ⊙, ©   ② ⊙, ©
③ ©, ②   ④ ©, ②

❮정답 ①

(ㅂ) **서학의 영향**: 17세기 이래 중국에서 간행된 각종 서학서적들이 조선에 전래되어 당시 지식인들에게 과학적이고 합리적인 사상을 전하였다.

(ㅅ) **청의 고증학의 영향**: 고증학에는 실사구시(實事求是)를 내세워 학문 연구에서 실증적 방법을 강조하였다.

③ **실학의 태동** … 17세기에 성리학의 사회적 기능이 상실되자 현실문제와 직결된 문제를 탐구하면서 등장하게 되었다. 이수광의 지봉유설, 한백겸의 동국지리지 등에 의하여 제기되었다.

④ **실학의 연구** … 실학은 농업 중심의 개혁론, 상공업 중심의 개혁론, 국학 연구 등을 중심으로 확산되었으며, 청에서 전해진 고증학과 서양과학의 영향을 받기도 하였다.

(2) 농업 중심의 개혁론(경세치용학파)

① **특징** … 농촌사회의 안정을 위하여 농민의 입장에서 토지제도의 개혁을 강조하여 자영농 육성을 주장하였다.

② **주요 학자와 사상**

㉠ **유형원**(농업 중심 개혁론의 선구자)
  • 균전론 주장 : 반계수록에서 관리, 선비, 농민 등에 따라 차등 있게 토지를 재분배하고 조세와 병역도 조정하자고 주장하였다.
  • 군사 · 교육제도 개편 : 자영농을 바탕으로 농병 일치의 군사조직과 사농 일치의 교육제도를 확립해야 한다고 하였다.
  • 신분제 비판 : 양반문벌제도, 과거제도, 노비제도의 모순을 비판하였다.
  • 유학적 한계성 : 사 · 농 · 공 · 상의 직업적 우열과 농민의 차별을 전제로 하면서 개인의 능력을 존중하는 사회를 지향하여 유교적 생각에서 크게 벗어나지 못했다.

㉡ **이익**(실학의 학파 형성)
  • 이익학파의 형성 : 성호사설, 곽우록 등을 저술하고 유형원의 실학사상을 계승 · 발전시켰으며, 안정복, 이중환, 이가환, 정약용 등의 제자를 길러 학파를 형성하였다.
  • 한전론 주장 : 한 가정의 생활을 유지하는 데 필요한 일정한 토지를 영업전으로 정하고, 영업전은 법으로 매매를 금지하고 나머지 토지만 매매를 허용해야 한다고 주장하였다.
  • 6좀의 폐단 지적 : 양반문벌제도, 노비제도, 과거제도, 사치와 미신, 승려, 게으름을 지적하였다.
  • 폐전론과 사창제도 주장 : 당시 농민을 괴롭히고 있던 고리대와 화폐의 폐단에 대하여 비판적인 입장을 취하고 환곡제도 대신 사창제도의 실시를 주장하였다.

㉢ **정약용**(실학의 집대성)
  • 여전론 주장 : 한 마을을 단위로 하여 토지를 공동 소유 · 경작하고 그 수확량을 노동량을 기준으로 분배하는 일종의 공동농장제도를 주장하였다.
  • 정전론 주장 : 국가가 장기적으로 토지를 사들여 가난한 농민에게 나누어 줌으로써 자영농민을 육성하고 아직 국가가 사들이지 못한 지주의 토지는 병작농민에게 골고루 소작하게 하는 방안을 주장하였다.

- 민본적 왕도정치 주장 : 백성의 이익과 의사를 반영해야 한다는 주장이다.
- 군사제도 : 농민의 생활 안정을 토대로 향촌단위방어체제를 강화하고자 하였다.
- 저술 : 18세기 말 정조 때 벼슬하였으나 신유박해 때에 연루되어 전라도 강진에 유배되어 18년 동안 귀양살이를 하였는데, 여유당전서에 500여권의 저술을 남겼다.
  - 목민심서 : 목민관의 치민(治民)에 관한 도리를 논한 책이다.
  - 경세유표 : 중앙정치제도의 폐해를 지적하고, 그 개혁의 의견을 기술한 책이다.
  - 흠흠신서 : 형옥(刑獄)에 관한 법률 지침서로, 특히 형옥의 임무를 맡은 관리들이 유의할 사항 을 예를 들어 설명하였다.
  - 탕론 : 은의 탕왕이 하의 걸왕을 무찌른 고사를 들어 민(民)이 정치의 근본임을 밝힌 논설로서 역성혁명(易姓革命)을 내포하고 있으며, 존 로크(J. Locke)의 사회계약론에서 보여 주는 시민혁명사상이 깃들어 있다.
  - 원목 : 통치자는 백성을 위해 존재한다는 이론으로서 통치자의 이상적인 상(像)을 제시하였다.
  - 전론 : 독특한 부락 단위의 여전제를 주장, 농업협동방법과 집단방위체제를 제시하였다.
  - 기예론 : 인간이 금수와 다른 것은 기술을 창안하고, 이를 실생활에 이용할 줄 아는 데 있다고 보고 기술의 혁신, 기술교육 등을 촉구하였다.

(3) 상공업 중심의 개혁론(이용후생학파, 북학파)

① 특징 … 청나라 문물을 적극적으로 수용하여 부국강병과 이용후생에 힘쓰자고 주장하였다.

② 주요 학자와 사상
  - ㉠ 유수원(상공업 중심 개혁론의 선구자)
    - 부국책 : 우서에서 중국과 우리나라의 문물을 비교하면서 여러 개혁안을 제시하였다. 상공업 진흥과 기술 혁신을 강조하고, 사농공상의 직업적 평등과 전문화를 주장하였다.
    - 농업론 : 농업의 상업적 경영과 기술 혁신을 통해 생산성을 높이고자 하였다.
    - 상공업진흥책 : 상인 간의 합자를 통한 경영규모의 확대와 상인이 생산자를 고용하여 생산과 판매를 주관할 것을 제안하였다.
  - ㉡ 홍대용(성리학적 세계관 부정)
    - 임하경륜, 의산문답 등을 저술하였다.
    - 균전제를 주장하였다.
    - 기술의 혁신과 문벌제도의 철폐를 주장하였다.
    - 성리학 극복을 주장하고, 중국 중심의 세계관을 비판하였다(지전설 제기).
  - ㉢ 박지원(북학사상의 발전)
    - 농업생산력 증대 : 과농소초, 한민명전의 등을 통해 영농방법의 혁신, 상업적 농업의 장려, 수리시설의 확충 등을 통하여 농업생산력을 높이는 데 관심을 기울였다.

기출PLUS

기출 2017. 4. 8. 인사혁신처

다음과 같이 주장한 조선후기의 실학자에 대한 설명으로 옳은 것은?

┌ 보기 ┐

천체가 운행하는 것이나 지구가 자전하는 것은 그 세가 동일하니, 분리해서 설명할 필요가 없다. 생각건대 9만 리의 둘레를 한 바퀴 도는 데 이처럼 빠르며, 저 별들과 지구와의 거리는 겨우 반경(半徑)밖에 되지 않는데도 오히려 몇 천만 억의 별들이 있는지 알 수 없다. 하물며 은하계 밖에도 또 다른 별들이 있지 않겠는가!

① 「북학의」에서 소비를 권장하여 생산을 촉진하자고 주장하였다.
② 「임하경륜」에서 성인 남자에게 2결의 토지를 나누어 주자고 주장하였다.
③ 「반계수록」에서 신분에 따라 토지를 차등 있게 재분배하자고 주장하였다.
④ 「우서」에서 상업적 경영을 통해 농업 생산성을 높여야 한다고 주장하였다.

＜정답 ②

기출PLUS

[기출] 2016. 3. 19. 사회복지직

조선 후기 실학자 박제가에 대한 설명으로 옳은 것은?

① 조선에서 처음으로 지전설을 주장하였다.
② 제2차 예송에서 기년설을 주장하였다.
③ 토지 개혁을 위해 여전제 실시를 제안하였다.
④ 서얼 출신으로 규장각 검서관에 등용되었다.

〈정답 ④

- 상공업의 진흥 : 청에 다녀와 열하일기를 저술하고 상공업의 진흥을 강조하면서 수레와 선박의 이용, 화폐유통의 필요성을 강조하였다.
- 양반문벌제도의 비생산성을 비판하였다.
ㄹ 박제가(박지원의 사상을 보다 확충)
- 북학의를 저술하여 청나라 문물의 적극적 수용을 주장하였다.
- 청과의 통상 강화, 수레와 선박의 이용, 상공업의 발달을 주장하였다.
- 절검보다 소비를 권장하여 생산의 자극을 유도하였다.

③ 실학의 특징…18세기를 전후하여 실증적·민족적·근대지향적 특성을 지닌 학문이었다. 이는 19세기 후반 개화사상으로 이어지게 되었다.

[실학사상]

구분	중농학파	중상학파
학파	경세치용학파(남인 계열)	이용후생학파, 북학파(노론 계열)
목표	유교적인 이상국가론	보다 적극적인 부국강병책 제시
계보	유형원 → 이익 → 정약용	유수원 → 홍대용 → 박지원 → 박제가
차이점	• 토지 분배에 관심(자영농 육성) • 지주제 반대 • 화폐 사용에 부정적	• 생산력 증대에 관심 • 지주제 긍정 • 상공업 진흥(국가 통제하에서의 상공업 육성) • 화폐 사용 강조
영향	애국계몽사상가, 국학자	개화사상가
공통점	• 부국강병, 민생안정 • 문벌제도 · 자유상공업 비판 • 농업 진흥(방법론이 다름)	

(4) 국학 연구의 확대

① 연구배경…실학의 발달과 함께 민족의 전통과 현실에 대한 관심이 깊어지면서 우리의 역사, 지리, 국어 등을 연구하는 국학이 발달하게 되었다.

② 역사학 연구
- ㉠ 이익 : 실증적이며 비판적인 역사 서술을 제시하고 중국 중심의 역사관에서 벗어나 우리 역사를 체계화하여 민족사의 주체적인 자각을 높이는 데 이바지했다.
- ㉡ 안정복 : 동사강목을 저술하였고 이익의 역사의식을 계승하여 우리 역사의 독자적 정통론을 세워 체계화하였으며, 고증사학의 토대를 닦았다.
- ㉢ 한치윤 : 외국 자료를 인용하여 해동역사를 편찬하였는데, 이는 민족사 인식의 폭을 넓히는 데 이바지하였다.
- ㉣ 이긍익 : 조선시대의 정치와 문화를 정리하여 연려실기술을 저술하였다.
- ㉤ 이종휘와 유득공 : 이종휘의 동사와 유득공의 발해고는 각각 고구려사와 발해사 연구를 중심으로 고대사의 연구 시야를 만주지방까지 확대하여 한반도 중심의 협소한 사관을 극복하고자 했다.
- ㉥ 김정희 : 금석과안록을 지어 북한산비가 진흥왕순수비임을 고증하였다.

③ 국토에 대한 연구

　㉠ 지리서 : 역사지리서로 한백겸의 동국지리지, 정약용의 아방강역고 등이 나왔고, 인문지리서로 이중환의 택리지가 편찬되었다.

　㉡ 지도 : 서양식 지도가 전해짐에 따라 정밀하고 과학적인 지도가 많이 제작되었다. 동국지도(정상기), 대동여지도(김정호)가 유명하다.

④ 언어에 대한 연구 … 신경준의 훈민정음운해, 유희의 언문지, 우리의 방언과 해외 언어를 정리한 이의봉의 고금석림이 편찬되었다.

⑤ 백과사전의 편찬

저서	저자	시기	내용
지봉유설	이수광	광해군	천문·지리·군사·관제 등 문화의 각 영역을 25부문으로 나누어 기술
성호사설	이익	영조	천지·만물·경사·인사·시문의 5개 부분으로 정리
청장관전서	이덕무	정조	이덕무의 시문 전집으로 중국의 역사, 풍속, 제도 등을 소개
오주연문장전산고	이규경	헌종	우리나라와 중국 등 외국의 고금, 사물에 대해 고증한 책
임원경제지	서유구	헌종	농업의 경제·경영에 대해 정리
동국문헌비고	홍봉한	영조	왕명으로 우리나라의 지리·정치·경제·문화를 체계적으로 정리한 한국학 백과사전

POINT 실학의 역사적 의미

　㉠ 학문영역 : 18세기를 전후하여 크게 융성하였던 실학의 연구는 성리학적 질서를 극복하려는 움직임이었기 때문에 실학자들의 학문영역은 매우 넓어져서 정치, 경제, 철학, 지리, 역사 등 미치지 않는 분야가 없었다.

　㉡ 역사적 의의 : 실학은 성리학의 폐단과 조선후기 사회의 각종 부조리를 개혁하려는 현실개혁의 사상이었다.

　• 민족주의 성격 : 성리학은 중국 중심의 세계관으로서 우리 문화가 중국 문화의 일부로밖에 인식되지 않았으나, 실학자들은 우리 문화에 대한 독자적 인식을 강조하였다.

　• 근대지향적 성격 : 실학자들은 사회체제의 개혁, 생산력의 증대를 통해 근대 사회를 지향하고 있었다.

　• 실증적 성격 : 문헌학적 고증의 정확성을 존중하고 과학적이고 객관적인 학문 태도를 중시하였다.

　• 피지배층 처지 옹호(민중적) : 성리학이 봉건적 지배층의 지도원리였다면 실학은 피지배층의 편에서 제기된 개혁론이었다. 실학자들은 농민을 비롯한 피지배층의 생활에 관심이 많았고 그들의 권익 신장을 위해 노력하였다.

　㉢ 한계 : 실학은 대체로 정치적 실권과 거리가 먼 몰락 지식층의 개혁론이었고, 이를 지지해 줄 광범한 사회적 토대가 미약하였다.

　• 실학자들의 학문과 사상은 당시의 정책에 반영되지 못하여 역사의 흐름을 바꾸어 놓지 못했다.

　• 유교적 한계를 벗어나지 못하였고 성리학의 가치관을 극복하지 못하여 근대적 학문으로 발전되지 못하였다.

section 3 과학기술의 발달

(1) 서양문물의 수용

① 수용과정

    ㉠ 중국을 왕래하던 사신들을 통한 전래 : 17세기경부터 중국을 왕래한 사신들이 전래하기 시작했다. 이광정은 세계지도, 정두원은 화포 · 천리경 · 자명종을 전하였다.

    ㉡ 실학자들의 관심 : 천주교까지 수용한 사람들도 있었으나, 대부분의 학자들은 서양의 과학기술을 받아들이면서도 천주교는 배척하였다.

    ㉢ 서양인의 표류

      • 벨테브레 : 훈련도감에 소속되어 서양식 대포의 제조법 · 조종법을 가르쳐 주었다.

      • 하멜 : 하멜표류기를 지어 조선의 사정을 서양에 전하였다.

② 한계 … 18세기까지는 어느 정도 이루어졌으나 19세기에 이르러서는 더 이상 진전되지 못한 채 정체되고 말았다.

(2) 천문학과 지도제작기술의 발달

① 천문학

    ㉠ 지전설

      • 이익 · 정약용 : 서양 천문학에 큰 관심을 가지고 연구하였다.

      • 김석문 : 지전설을 우리나라에서 처음으로 주장하여 우주관을 크게 전환시켰다.

      • 홍대용 : 과학 연구에 힘썼으며, 지전설과 지구가 우주의 중심이 아니라는 무한우주론을 주장하였다.

    ㉡ 의의 : 서양 과학의 영향을 받아 크게 발전하였고 전통적 우주관에서 벗어나 근대적 우주관으로 접근해 갔으며, 이들의 지전설은 성리학적 세계관을 비판하는 근거가 되기도 하였다.

② 역법

    ㉠ 시헌력 제작 : 서양 선교사인 아담 샬이 중심이 되어 만든 것으로서, 청나라에서 사용되고 있었는데, 종전의 역법보다 한 걸음 더 발전할 것이었다.

    ㉡ 시헌력의 채용 : 김육 등의 노력으로 조선에서는 약 60여년간의 노력 끝에 시헌력을 채용하였다.

③ 수학

    ㉠ 기하원본 도입 : 마테오 리치가 유클리드 기하학을 한문으로 번역한 것이다.

    ㉡ 최석정 · 황윤석 : 전통 수학을 집대성하였다.

    ㉢ 홍대용 : 주해수용을 저술하여 우리나라, 중국, 서양 수학의 연구 성과를 정리하였다.

④ **지도** … 서양 선교사들이 만든 곤여만국전도와 같은 세계 지도가 중국을 통하여 전해짐으로써 지리학에서도 보다 과학적으로 정밀한 지식을 가지게 되었고, 지도 제작에서도 더 정확한 지도가 만들어졌다. 이를 통하여 조선 사람들의 세계관이 확대될 수 있었다.

(3) 의학의 발달과 기술의 개발

① **의학의 발달** … 종래 한의학의 관념적인 단점을 극복하고, 실증적인 태도에서 의학 이론과 임상의 일치에 주력하였다.

　㉠ 17세기 : 허준은 동의보감을 저술하여 의학 발전에 큰 공헌을 하였다. 이 책은 우리의 전통 한의학을 체계적으로 정리한 것으로서 우리나라뿐만 아니라 중국과 일본에서도 간행되어 뛰어난 의학서로 인정되었다. 같은 시기의 허임은 침구경험방을 저술하여 침구술을 집대성하였다.

　㉡ 18세기 : 정약용은 마진(홍역)에 대한 연구를 진전시키고 이 분야의 의서를 종합하여 마과회통을 편찬하였으며, 박제가와 함께 종두법을 연구하여 실험하기도 하였다.

　㉢ 19세기 : 이제마는 동의수세보원을 저술하여 사상의학을 확립하였다. 이는 사람의 체질을 구분하여 치료하는 체질의학이론으로 오늘날까지 한의학계에서 통용되고 있다.

② **정약용의 기술 개발**

　㉠ 기술관 : 과학과 기술의 중요성을 확신하고 기술의 개발에 앞장섰던 사람은 정약용이었다. 그는 인간이 다른 동물보다 뛰어난 것은 기술 때문이라고 보고, 기술의 발달이 인간생활을 풍요롭게 한다고 믿었다.

　㉡ 기계의 제작·설계

　　• 거중기 제작 : 서양 선교사가 중국에서 펴낸 기기도설을 참고하여 거중기를 만들었는데, 이 거중기는 수원 화성을 만들 때 사용되어 공사기간을 단축하고 공사비를 줄이는 데 크게 공헌하였다.

　　• 배다리(舟橋) 설계 : 정약용은 정조가 수원에서 행차할 때 한강을 안전하게 건너도록 배다리를 설계하였다.

(4) 농서의 편찬과 농업기술의 발달

① **농서의 편찬**

　㉠ 신속의 농가집성 : 벼농사 중심의 농법이 소개되고, 이앙법 보급에 기여하였다.

　㉡ 박세당의 색경 : 곡물재배법, 채소, 과수, 원예, 축산, 양잠 등의 농업기술을 소개하였다.

　㉢ 홍만선의 산림경제 : 농예, 의학, 구황 등에 관한 농서이다.

　㉣ 서유구 : 해동농서와 농촌생활 백과사전인 임원경제지를 편찬하였다.

기출PLUS

기출 2017. 3. 18. 서울특별시

다음 저서에 대한 설명으로 옳지 않은 것은?

┌ 보기 ┐
가. 「산림경제」　나. 「색경」
다. 「과농소초」　라. 「농가집성」
└─────────┘

① 가 : 홍만선의 저술로 농업, 임업, 축산업, 식품가공 등을 망라하였다.
② 나 : 박세당의 저술로 과수, 축산, 기후 등에 중점을 두었다.
③ 다 : 정약용의 저술로 농업기술과 농업정책에 관하여 논하였다.
④ 라 : 신속의 저술로 이앙법을 언급하였다.

❮정답 ③

기출PLUS

② 농업기술의 발달

    ⊙ 이앙법, 견종법의 보급으로 노동력이 절감되고 생산량이 증대되었다.

    ⓒ 쟁기를 개선하여 소를 이용한 쟁기를 사용하기 시작하였다.

    ⓒ 시비법이 발전되어 여러 종류의 거름이 사용됨으로써 토지의 생산력이 증대되었다.

    ⓔ 수리시설의 개선으로 저수지를 축조하였다(당진의 합덕지, 연안의 남대지 등).

    ⓜ 황무지 개간(내륙 산간지방)과 간척사업(해안지방)으로 경지면적을 확대시켰다.

POINT 어업의 발달

    ⊙ 어법과 김 양식 : 어업에서는 어살을 설치하는 어법이 실시되고, 어망의 재료도 면사로 바뀌는 등 어구가 개량되었으며, 17세기에는 전라도 지방에서 김 양식의 기술이 개발되었고, 18세기 후반에는 냉장선이 등장하여 어물의 유통이 더욱 활발해졌다.

    ⓒ 자산어보 : 정약전이 신유박해에 연루되어 흑산도 유배 중에 흑산도 근해의 해산물 등을 직접 채집·조사하여 155종의 해물에 대한 명칭, 분포, 습성 등을 기록한 것으로서 어류학의 신기원을 이룩한 것이다.

section 4 문학과 예술의 새 경향

(1) 서민문화의 발달

① **서민문화의 대두와 배경** … 상공업의 발달과 농업생산력의 증대를 배경으로 서당교육이 보급되고, 서민의 경제적·신분적 지위가 향상됨에 따라 서민문화가 대두하였다.

② **참여층의 변화** … 중인층(역관·서리), 상공업 계층, 부농층의 문예활동이 활발해졌고, 상민이나 광대들의 활동도 활기를 띠었다.

[조선시대의 문예활동]

구분	조선전기	조선후기
창작의 주체	양반 중심	중인, 상민의 활동 활발
내용 및 성격	• 성리학의 윤리관 강조 • 양반들의 교양·여가	• 인간 감정의 적나라한 묘사 • 부정과 비리에 대한 고발
문학의 주인공	영웅적인 존재	서민적인 인물
문학의 배경	비현실적인 세계	현실적인 인간세계

③ 서민문화의 발달

    ⊙ 한글소설의 보급 : 영웅이 아닌 평범한 인물이 주인공인 경우가 많았고 대부분 현실적인 세계가 배경이 되는 데 영향력이 매우 컸다.

    ⓒ 판소리와 탈춤 : 서민문화를 확대하는 데 크게 기여하였다.

    ⓒ 풍속화와 민화 : 저변이 확대되어 유행하였다.

    ⓔ 음악과 무용 : 감정을 대담하게 표현하는 경향이 짙었다.

(2) 판소리와 탈놀이

① 판소리

  ⊙ 특징

    • 구체적인 이야기를 창과 사설로 엮어 가기 때문에 감정 표현이 직접적이고 솔직하였다.

    • 분위기에 따라 광대가 즉흥적으로 이야기를 빼거나 더할 수 있었고, 관중들이 추임새로써 함께 어울릴 수 있었다.

  ⓒ 판소리 작품 : 열두 마당이 있었으나, 지금은 춘향가, 심청가, 홍보가, 적벽가, 수궁가 등 다섯 마당만 전하고 있다.

  ⓒ 판소리 정리 : 신재효는 19세기 후반에 판소리 사설을 창작하고 정리하였다.

  ⓔ 의의 : 서민을 포함한 넓은 계층으로부터 호응을 받을 수 있었다. 이런 이유로 판소리는 서민문화의 중심이 되었다.

② 가면극

  ⊙ 탈놀이 : 향촌에서 마을 굿의 일부로서 공연되어 인기를 얻었다.

  ⓒ 산대놀이 : 산대(山臺)라는 무대에서 공연되던 가면극이 민중오락으로 정착되어 도시의 상인이나 중간층의 지원으로 성행하게 되었다.

  ⓒ 내용 : 지배층과 그들에게 의지하여 살아가는 승려들의 부패와 위선을 풍자하기도 하고 양반의 허구를 폭로하고 욕보이기까지 하였었다.

③ 의의 … 상품유통경제의 활성화와 함께 성장하여 당시 사회적 모순을 예리하게 드러내면서 서민 자신들의 존재를 자각하는 데 기여하였다.

(3) 한글소설과 사설시조

① 한글소설 … 홍길동전, 춘향전, 별주부전, 심청전, 장화홍련전 등이 유명하였다.

  ⊙ 홍길동전 : 서얼에 대한 차별의 철폐와 탐관오리의 응징을 통한 이상사회의 건설을 묘사하는 등 당시의 현실을 날카롭게 비판하였다.

  ⓒ 춘향전 : 신분 차별의 비합리성을 통해 인간평등의식을 강조하였다.

② 사설시조 … 서민들의 감정이나 남녀 간의 애정표현을 솔직하게 나타내었고, 현실에 대한 비판을 거리낌 없이 표현하였다.

③ 한문학 … 실학의 유행과 함께 사회의 부조리한 현실을 예리하게 비판하였다.

  ⊙ 정약용 : 삼정의 문란을 폭로하는 시를 남겼다.

  ⓒ 박지원 : 양반전, 허생전, 호질, 민옹전 등의 한문소설을 써서 양반의 위선적 생활을 풍자하여 실용적 태도를 강조하고, 현실을 올바르게 표현할 수 있는 문체로 혁신할 것을 주장하였다.

④ 시사(詩社)의 조직 … 중인, 서민층의 문학창작활동이 활발해지면서 동인들이 모여 조직하였다.

기출PLUS

기출 2016. 3. 19. 사회복지직

조선 후기의 문화에 대한 설명으로 옳지 않은 것은?

① 주자학에 대한 비판이 높아짐에 따라 역사서술에서 강목체는 사라졌다.

② '진경산수'가 유행하여 우리 산천에 대한 사실적인 묘사가 많아졌다.

③ 서양인이 제작한 세계지도의 전래로 조선인들의 세계관이 확대되었다.

④ 판소리나 탈춤이 유행하여 서민들의 문화생활을 풍요롭게 하였다.

〈정답 ①

(4) 진경산수화와 풍속화

① 진경산수화

　⊙ 특징 : 중국 남종과 북종화법을 고루 수용하여 우리의 고유한 자연과 풍속에 맞춘 새로운 화법으로 창안한 것이다. 우리의 자연을 사실적으로 그려 회화의 토착화를 이룩하였다.

　⊙ 유행배경 : 17세기부터 우리 문화에 대한 자부심이 높아졌고 이런 의식은 우리의 고유 정서와 자연을 표현하려는 예술운동으로 나타났다.

　⊙ 정선 : 인왕제색도와 금강전도에서 바위산은 선으로 묘사하고 흙산은 묵으로 묘사하는 기법을 사용하여 산수화의 새로운 경지를 이룩하였다.

② 풍속화 … 사람들의 생활정경과 일상적인 모습을 생동감 있게 표현하였다.

　⊙ 김홍도 : 밭갈이, 추수, 씨름, 서당 등 서민의 생활모습을 소탈하고 익살스러운 필치로 묘사하였으며, 18세기 후반의 생활상과 활기찬 사회의 모습을 반영하였다.

　⊙ 신윤복 : 양반 및 부녀자들의 생활과 유흥, 남녀의 애정을 감각적이고 해학적으로 표현하였다.

③ 민화의 유행 … 민중의 기복적 염원과 미의식을 표현하고 생활공간을 장식하기 위하여 민화가 유행하였다. 민화에는 한국적 정서가 짙게 반영되어 있다.

④ 서예 … 이광사(동국진체), 김정희(추사체)가 대표적이었다.

⑤ 기타 … 강세황(서양화 기법), 장승업(강렬한 필법과 채색법 발휘)은 뛰어난 기량을 발휘하였다.

(5) 건축의 변화

① 양반, 부농, 상공업 계층의 지원을 받아 많은 사원이 건립되었고, 정치적 필요에 의해 대규모 건축물들이 건립되기도 하였다.

② 사원 건축

　⊙ 17세기
　　• 특징 : 규모가 큰 다층 건물로 내부는 하나로 통하는 구조를 가지고 있는데, 불교의 사회적 지위 향상과 양반지주층의 경제적 성장을 반영하였다.
　　• 건축물 : 금산사 미륵전, 화엄사 각황전, 법주사 팔상전 등을 대표로 꼽을 수 있다.

　⊙ 18세기
　　• 특징 : 부농과 상인의 지원을 받아 그들의 근거지에 장식성이 강한 사원이 세워졌다.
　　• 건축물 : 논산의 쌍계사, 부안의 개암사, 안성의 석남사 등이 있다.

③ 수원 화성

　⊙ 서양식 축성법 가미 : 거중기를 사용하여 정조 때 새롭게 만든 화성은 이전의 성곽과는 달리 방어뿐만 아니라 공격을 겸한 성곽으로서 우리나라의 전통적인 성곽 양식의 장점을 살린 바탕 위에 서양식 건축기술을 도입하여 축조된 특색 있는 건축물이다.

ⓛ 종합적인 계획도시 : 주위의 경치와 조화를 이루며 평상시의 생활과 경제적 터전 까지 조화시켜 건설되었다.

④ 19세기의 건축 … 국왕의 권위를 과시할 목적으로 재건한 경복궁 근정전, 경회루가 화려하고 장중한 건물로 유명하다.

(6) 백자 · 생활공예와 음악

① 자기공예 … 백자가 민간에까지 널리 사용되었고, 다양한 문양의 도자기가 제작되었다(청화, 철화, 진사백자 등). 제기와 문방구 등 생활용품이 많았고, 서민들은 옹기를 많이 사용하였다.

② 목공예 … 장롱, 책상, 문갑, 소반, 의자, 필통 등 나무의 재질을 살리면서 기능을 갖춘 작품들이 만들어졌다.

③ 화각공예 … 쇠뿔을 쪼개어 무늬를 새기는 것으로 독특한 우리의 멋을 풍기는 작품들이 많았다.

④ 음악 … 전반적으로 감정을 솔직하게 표현하였다.
  ㉠ 음악의 향유층이 확대되어 다양한 음악이 출현하였다.
  ㉡ 양반층은 가곡 · 시조를 애창하였고 서민들은 민요를 즐겨 불렀다.
  ㉢ 광대나 기생들은 판소리 · 산조 · 잡가를 창작하여 발전시켰다.

01 다음 중 실학자의 주장으로 옳은 것은?

① 이익 – 중상주의 실학자로 상공업의 발달을 강조하였다.
② 박제가 – 절약과 저축의 중요성을 강조하였다.
③ 박지원 – 우서에서 우리나라와 중국의 문물을 비교·분석하여 개혁안을 제시하였다.
④ 정약용 – 토지의 공동소유 및 공동경작 등을 통한 집단 농장체제를 주장하였다.

> **TIPS!**
> ① 이익은 중농주의 실학자로 토지소유의 상한선을 정하여 대토지소유를 막는 한전론을 주장하였다.
> ② 박제가는 소비와 생산의 관계를 우물물에 비교하면서 검약보다 소비를 권장하였다.
> ③ 유수원에 관한 설명이다.

02 조선후기 화풍에 관한 설명으로 옳지 않은 것은?

① 중국의 화풍을 수용하여 독자적으로 재구성하였다.
② 민중의 기복적 염원과 미의식을 표현한 민화가 발달하였다.
③ 강세황의 작품에서는 서양화법의 영향이 드러난다.
④ 뚜렷한 자아의식을 바탕으로 우리의 자연을 직접 눈으로 보고 사실적으로 그리려는 화풍의 변화가 나타났다.

> **TIPS!**
> ① 조선전기 화풍의 특징이다.

03 다음 중 서민 문화로 옳지 않은 것은?

① 잡가   ② 승무
③ 판소리   ④ 처용무

> **TIPS!**
> ④ 처용무는 궁중 나례나 중요 연례 때 처용의 탈을 쓰고 추던 춤으로 신라 헌강왕 처용설화에서 유래되었다.

Answer   01.④   02.①   03.④

04 다음 중 조선후기에 유행한 사상에 관한 설명으로 옳지 않은 것은?

① 굿과 같은 현세구복적인 무속신앙이 유행하였다.
② 말세도래와 왕조교체 등의 내용이 실린 정감록과 같은 비기·도참서가 유행하였다.
③ 인내천, 보국안민, 후천개벽을 내세운 동학이 창시되었다.
④ 서학(천주교)은 종교로 수용되어 점차 학문적 연구대상으로 변하였다.

> **TIPS!**
> ④ 서학은 사신들에 의해 전래되어 문인들의 학문적 호기심에 의해 자발적으로 수용되었다.

05 다음에 제시한 사료를 통해 알 수 있는 사실로 가장 옳은 것은?

> ㉠ 백성을 위해 수령이 존재하는가? 백성이 수령을 위해 태어났는가? 아니다. 수령이 백성을 위해 존재하는 것이다. 옛날에는 백성만이 있었을 뿐이니 어찌 수령이 존재하였을 것인가?
> ㉡ 우리나라는 면적이 작고 백성은 가난하여, 이제 농사를 짓는 데 현명한 재사를 쓰고 상공을 통하도록 하여 나라 안의 이익을 모조리 융통하게 하더라도 오히려 부족하고 걱정하게 될 것이다. 반드시 먼 지역의 물자를 교통한 후에야 재화가 늘고 백 가지 일용품이 생겨날 것이다.

① ㉠ – 상품화폐경제가 발달한 근대시민사회를 추구하였다.
② ㉠ – 주로 노론 명문 출신이 청에 왕래하면서 얻은 경험을 토대로 서술하였다.
③ ㉡ – 서울 부근의 경기지방에서 활약한 남인 출신들 주장을 정리한 것이다.
④ ㉠㉡ – 17, 18세기 사회·경제적 변동에 따른 사회개혁론 중의 일부이다.

> **TIPS!**
> ㉠은 정약용의 원목, ㉡은 박제가의 북학의 일부분이다. 정약용은 원목에서 통치자는 백성을 위해 존재함을 강조하였으며, 박제가는 북학의를 통해 청나라 문물을 적극 수용할 것을 주장하였다.
> ① 실학자들은 유교적 한계를 벗어나지 못하고, 성리학의 가치관을 극복하지 못하여 근대화되지 못하였다.
> ② 정약용은 남인 출신의 학자이다.
> ③ 박제가는 서자 출신으로 서인계열의 학자이다.

Answer 04.④ 05.④

06 다음 중 형법제도의 개선방안을 제시한 정약용의 저서는?

① 전론
② 경세유표
③ 목민심서
④ 흠흠신서

💡 TIPS!
① 전론 : 독특한 부락 단위의 여전제를 주장, 농업협동방법과 집단방위체제를 제시하였다.
② 경세유표 : 중앙정치제도의 폐해를 지적하고, 그 개혁의 의견을 기술한 책이다.
③ 목민심서 : 목민관의 치민(治民)에 관한 도리를 논한 책이다.
④ 흠흠신서 : 형옥(刑獄)에 관한 법률 지침서로, 특히 형옥의 임무를 맡은 관리들이 유의할 사항을 예를 들어 설명하였다.

07 다음과 같은 문학과 예술이 등장하게 된 배경으로 옳은 것은?

> 서민들의 감정을 솔직하게 나타내는 경향의 판소리와 사설시조가 등장하였으며, 양반의 허구를 폭로하고 현실에 대한 비판을 하였다.

① 상업 발달에 따른 상인문화가 발달하였다.
② 성리학이 현실문제 해결능력을 잃어버렸기 때문이다.
③ 서민의 사회 · 경제적 지위가 향상되었다.
④ 인간의 심성을 중시하고 이상주의적 성격이 강하였다.

💡 TIPS!
조선후기 서당교육이 보급되고 서민의 경제적 · 사회적 지위가 향상됨에 따라 서민문화가 대두하였다.

08 조선후기 실학자와 저서의 내용이 옳은 것은?

① 유형원은 반계수록에서 상공업을 진흥시켜 부국강병을 이룰 것을 주장하였다.
② 유수원은 우서에서 상인 간의 합자를 통한 경영규모의 확대와 생산과 판매를 주관할 것을 제안하였다.
③ 홍대용은 임하경륜에서 성리학을 통하여 부국강병을 이룰 수 있다고 주장하였다.
④ 박제가는 북학의에서 청과의 통상을 반대하였다.

Answer 06.④ 07.③ 08.②

TIPS!

① 유형원은 반계수록에서 균전론을 내세워 자영농 육성을 통한 토지제도의 개혁을 주장하였고, 양반문벌제도 · 과거제도 · 노비제도의 모순을 비판하였다.

③ 홍대용은 임하경륜, 의산문답 등에서 기술의 혁신과 문벌제도의 철폐, 그리고 성리학의 극복이 부국강병의 근본이라고 강조하였으며, 중국이 세계의 중심이라는 생각을 극복하였다.

④ 박제가는 북학의에서 청의 문물을 적극적으로 수용할 것을 제청하였다.

09 다음의 사상가가 주장했던 것은?

> 국가에서 일가 소요의 기준량을 정하여 그에 상당한 전지를 한정하고, 1호(戶)에 영업전을 지정해 주어 그 매매는 금하나 제한된 영업전 이외의 전지는 매매를 허락하여 점차로 토지소유의 평등을 이루도록 하자는 것이다. 즉, 영업전 이외의 전지만 매매로 이동될 뿐 토지겸병 등의 폐단이 없어져 균등하게 토지가 분배된다는 것이다.

① 청의 선진 문화 수용

② 소비를 통한 생산의 자극

③ 화폐금융을 통한 국부 증대

④ 양반제도, 노비제도, 과거제도의 폐단 시정

TIPS!

제시된 내용은 이익이 주장한 한전론에 대한 설명으로, 그는 나라를 좀먹는 여섯 가지 폐단(노비제도, 과거제도, 양반문벌제도, 사치와 미신, 승려, 게으름)을 지적하였다.

10 다음 중 조선후기 농서와 저자가 옳지 않은 것은?

① 색경 – 이규경

② 산림경제 – 홍만선

③ 임원경제지 – 서유구

④ 과농소초 – 박지원

TIPS!

① 색경은 곡물재배법, 채소 · 과수 · 화초의 재배법, 목축, 양장기술 등 농사 전반에 걸친 해설서로 박세당이 저술하였다.

Answer 09.④ 10.①

11 다음 지문과 관련성 있는 것은?

> 첫째는, 유교파의 정신이 전적으로 제왕측에 존재하고 인민 사회에 보급할 정신이 부족함이요.
> 둘째는, 여러 나라를 돌아다니면서 세계의 주의를 바꾸려는 생각을 강론하지 아니하고 또한 내가 동몽을 찾는 것이 아니라 동몽이 나를 찾는 주의를 지킴이요.
> 셋째는, 우리 유가에서 쉽고 정확한 학문은 구하지 아니하고 질질 끌고 되어 가는 대로 내버려 두는 공부를 전적으로 숭상함이라.
>
> – 박은식의 유교구신론 –

① 이용후생
② 지행합일
③ 선지후행
④ 동도서기

 TIPS!

박은식은 양명학을 통해서 유교를 개혁하고자 유교구신론을 제창하였다. 나아가 양명학의 지행합일과 사회진화론의 진보원리를 조화시켜 민족적 과제를 해결하려고 노력하였다.

12 다음 중 실학자와 그들이 주장한 사회개혁론을 잘못 연결한 것은?

① 박제가 – 수레나 선박의 이용을 늘리고 소비를 권장하여 생산을 자극시키자.
② 정약용 – 마을 단위로 토지를 공동 경작하여 노동량에 따라 수확량을 분배하자.
③ 유수원 – 상공업을 진흥하고 사·농·공·상의 직업적 평등화와 전문화를 이룩하자.
④ 유형원 – 신분차별 없이 사민에게 균등한 토지를 분배하고 자영농을 육성하자.

TIPS!

④ 유형원은 균전론을 내세워 관리, 선비, 농민 등 신분에 따라 차등 있게 토지를 재분배하고 자영농 육성을 위한 토지제도의 개혁을 주장하였다.

Answer 11.② 12.④

13 다음 중 양명학에 대한 설명으로 옳지 않은 것은?

① 수레·선박의 이용을 주장한 북학파에 영향을 미쳤다.
② 성리학의 현실적 한계성 때문에 수용되었다.
③ 양명학은 지행합일의 실천성을 중시한다.
④ 한말 이후의 이건창, 박은식, 정인보 등에게 영향을 끼쳤다.

TIPS!
① 북학파에 영향을 준 것은 양명학이 아니라 청나라의 고증학이다. 고증학에서는 실사구시를 내세워 학문 연구에서 실증적·실용적인 방법을 강조하였다.

14 조선후기의 현실개혁적 학자와 그 개혁내용을 바르게 연결한 것은?

① 박지원 – 여전제 실시 주장   ② 유형원 – 수레·선박의 이용 주장
③ 이익 – 영업전 지정 주장   ④ 홍대용 – 소비 권장을 강조

TIPS!
① 토지를 공동 경작하며, 그 수확량을 노동량에 따라 공동 분배하는 일종의 공동농장제도인 여전론을 주장한 실학자는 정약용이다.
② 수레와 선박의 이용을 주장한 실학자는 박지원, 박제가이다.
③ 이익은 한전론에서 한 가정의 생활을 유지하는 데 필요한 일정한 토지를 농가 매호에 영업전이라 하여 지정하고, 그 밖의 토지는 매매를 허용하여 점진적인 토지 소유의 평등을 이루자고 주장하였다.
④ 박제가는 소비와 생산의 관계를 우물물에 비유하고, 소비는 생산을 촉진한다고 보았다.

15 다음 중 조선시대 의학의 발달에 대한 설명으로 옳지 않은 것은?

① 허준은 동의보감을 저술하여 의학 발전에 큰 공헌을 하였다.
② 허임은 침구경험방을 저술하여 침구술을 집대성하였다.
③ 정약용은 홍역에 대한 연구를 진전시키고 마과회통을 편찬하였다.
④ 이제마는 동의수세보원을 저술하여 우리의 전통 한의학을 체계적으로 정리하였다.

TIPS!
④ 이제마는 동의수세보원을 저술하여 사상의학을 확립하였다. 이는 사람의 체질을 구분하고 치료하는 체질의학이론이다. 우리의 전통 한의학을 체계적으로 정리한 것은 허준의 동의보감이다.

Answer 13.① 14.③ 15.④

16 조선후기 과학기술의 발달에 대한 내용 중 바르지 않은 것은?

① 대부분의 학자들이 서양의 과학기술과 함께 천주교를 수용하였다.
② 홍대용은 지전설과 지구가 우주의 중심이 아니라는 무한우주론을 주장하였다.
③ 최석정과 황윤석은 전통 수학을 집대성하였다.
④ 중국을 왕래하던 사신들이 세계지도, 화포, 천리경, 자명종을 전하였다.

 **TIPS!**

① 대부분의 학자들은 서양의 과학기술을 받아들이면서도 천주교는 배척하였다.

17 다음 글의 견해와 일치하고 있는 것을 고르면?

> 무릇 재물은 우물과도 같다. 우물은 퍼서 쓸수록 자꾸만 가득 채워지는 것이고, 이용하지 않으면 말라버리고 마는 것이다. 비단을 입지 않으니 나라 안에 비단 짜는 사람이 없어지게 된 것이고, 이로 인해 여공이 없어지게 되었으며, 그릇이 비뚤어지든 어떻든 간에 개의치 않으므로 예술의 교묘함을 알지 못하니 나라에 공장과 도야가 없어지고, 또한 기예도 없어지고 말게 된 것이다.

① 양반제도는 비생산적이다.
② 수레나 선박의 이용을 늘려야 한다.
③ 소비를 권장하여 생산을 자극하여야 한다.
④ 청나라와의 통상을 강화해야 한다.

TIPS!

제시된 내용은 박제가의 주장으로 절검보다 소비를 권장을 강조하였다.

Answer 16.① 17.③

18 조선후기의 공예에 대한 설명으로 옳은 것은?

① 청자가 민간에까지 널리 사용되었다.
② 금속의 재질을 살리면서 기능을 갖춘 작품들이 만들어졌다.
③ 대나무를 쪼개어 무늬를 새기는 화각공예가 발달하였다.
④ 자기공예의 활용으로는 제기와 문방구 등 생활용품이 많았다.

> **TIPS!**
> ① 조선시대에 널리 사용된 것은 백자이다.
> ② 목공예가 발달하였다.
> ③ 화각공예는 쇠뿔을 쪼개어 무늬를 새기는 것이다.

19 다음에서 설명하는 사상에 대한 설명으로 옳지 않은 것은?

> 이 새로운 유학 사상은 중종 때에 조선에 전래되었으며 이후 명과의 교류가 활발해지면서 서경덕 학파와 종친들 사이에서 점점 확산되어 갔다.

① 민생안정과 부국강병을 목표로 하여 비판적이고 실증적인 논리로 사회 개혁론을 제시하였다.
② 지행합일(知行合一)을 중심으로 실천성을 강조하였다.
③ 17세기 후반 소론 학자들에 의하여 수용되었다.
④ 한말과 일제 강점기에 박은식, 정인보 등이 계승하였다.

> **TIPS!**
> 제시된 내용은 중종 때 전래된 양명학에 관한 것이다. 이 양명학은 지행합일의 실천성을 강조하였으며 성리학의 교조주의와 형식화를 비판하였다.
> ① 실학에 관한 설명이다.

Answer 18.④ 19.①

20 조선후기 회화에 나타난 특징으로 볼 수 없는 것은?

① 서민생활을 그린 풍속화가 유행하였다.
② 자연을 사실대로 그리려는 진경산수화풍이 출현하였다.
③ 이상세계를 추구하는 산수화가 유행하였다.
④ 서민 부자들의 수요에 부응하기 위한 민화가 많이 제작되었다.

 TIPS!

③ 이상세계를 그리는 산수화는 조선전기에 많이 그려졌다. 조선후기에는 정선에 의해 진경산수화가 개척되고 김홍도, 신윤복에 의해 풍속화가 유행하였다.

21 다음 인물들에 대한 설명으로 옳지 않은 것은?

① 김정희 – 서예의 새로운 경지를 개척하여 추사체를 만들었다.
② 강세황 – 원근법을 미술에 응용하였다.
③ 신윤복 – 도회지 양반의 풍류를 주로 그렸다.
④ 김홍도 – 서민의 수요에 따라 민화를 그렸다.

TIPS!

④ 김홍도는 서민생활을 주제로 한 풍속화를 주로 그렸으며 민화는 서민 작가들에 의해 주로 그려졌다.

22 다음 중 역사서에 대한 설명으로 옳지 않은 것은?

① 아방강역고 – 화이론적 관점에서 우리 민족의 대외관계사를 서술하였다.
② 발해고 – 통일신라와 발해의 시대를 남북국시대로 규정하였다.
③ 해동역사 – 외국 자료를 폭넓게 인용하여 민족사 이해의 폭을 넓혔다.
④ 연려실기술 – 조선의 정치와 문화를 실증적이고 객관적으로 서술하였다.

TIPS!

① 아방강역고는 정약용이 편찬한 것으로 유배지에서 우리나라의 강역(疆域)에 대해 문헌을 중심으로 그 내용을 고증한 역사지리서이다.

Answer 20.③ 21.④ 22.①

23 실학자들의 국학 연구에 대한 설명으로 옳은 것은?

① 중국 중심의 성리학적 사관을 제시하였다.
② 한반도 중심의 협소한 사관을 극복하고자 하였다.
③ 외국자료는 참고하지 않고 자주적인 의식을 강조하였다.
④ 국어와 국사에만 관심을 가져 지리분야는 무시하였다.

> **TIPS!**
> ① 중국 중심의 성리학적 사관에서 벗어났다.
> ③ 한치윤의 해동역사는 중국 및 일본의 500여종에 이르는 자료를 참고하여 저술되었다.
> ④ 우리나라에 관심을 가지면서 정확한 지리서와 지도가 제작되었다.

24 조선후기에 축조된 건축물로 옳지 않은 것은?

① 수원 화성   ② 화엄사
③ 개성 남대문   ④ 경복궁 경회루

> **TIPS!**
> 조선후기의 건축물
> ㉠ 사원 건축
> • 17세기: 금산사 미륵전, 화엄사 각황전, 법주사 팔상전
> • 18세기: 논산 쌍계사, 부안 계암사, 안성 석남사
> ㉡ 성곽 건축 : 수원 화성
> ㉢ 궁궐 건축 : 경복궁 근정전, 경회루
> ③ 개성 남대문은 조선전기의 건축물로 고려시대 건축양식이 남아 있다.

Answer 23.② 24.③

25 다음 글이 조선사회에 끼친 영향을 고르면?

> 무릇 땅덩어리는 하루에 한 번씩 돈다. 지구의 둘레는 3만리 하루는 12시간이다. 9만리의 큰 덩어리가 12시간에 맞추어 움직이고 보면, 그 빠르기가 번개나 포탄보다도 더하다.
>
> – 의산문답 –

① 중국 중심 세계관의 근거가 되었다.
② 성리학적 세계관을 비판하는 근거가 되었다.
③ 특정 문화를 중심으로 하는 태도이다.
④ 우리 문화를 중국 문화의 일부로 인식하였다.

TIPS! --

홍대용은 지전설을 제기하여 성리학 극복을 주장하고, 중국 중심의 세계관을 비판하였다.

26 다음의 사서들이 갖는 공통점으로 옳은 것은?

| ㉠ 동사강목 | ㉡ 해동역사 | ㉢ 연려실기술 |

① 실증적인 연구를 바탕으로 서술하였다.
② 고조선부터 조선시대까지 저술하였다.
③ 존화주의적 역사인식을 토대로 서술하였다.
④ 조선 왕조 개창에 대한 정당성을 부여하는 입장에서 편찬되었다.

TIPS! --

조선후기의 사서들로 이 시기의 역사학의 특징은 실증적 · 객관적 서술, 국사에 대한 독자성 · 전통성 강조, 고대사 · 문화사에 관심을 기울인 점 등을 들 수 있다.

Answer 25.② 26.①

27 조선후기의 과학기술에 대한 내용이다. 이를 토대로 조선후기의 과학기술의 영향으로 옳은 것은?

> • 농학 – 농가집성, 색경 등의 농서가 저술되었다.
> • 천문학 – 김석문, 홍대용 등은 지전설을 주장하였다.
> • 의학 – 동의보감, 침구경험방, 마과회통 등이 편찬되었다.
> • 지리학 – 김정호가 청구도, 대동여지도를 제작하였고, 중국에서 만국지도가 전래되었다.

> ㉠ 과학기술은 통치의 한 방편으로 연구되었다.
> ㉡ 서양의 과학기술은 전통적 과학기술을 압도하였다.
> ㉢ 국민들의 생활개선을 중요시하는 경향이 생겨났다.
> ㉣ 중국 중심의 세계관을 벗어나는 데 기여하였다.

① ㉠㉡
② ㉡㉢
③ ㉡㉣
④ ㉢㉣

TIPS!
조선후기의 과학분야는 국민생활 개선에 중점을 두었고, 우리에게 맞는 새로운 구성의 노력이 두드러졌다.

28 조선후기 대표적인 화가인 정선의 인왕제색도의 화풍과 같은 인식에서 나온 활동으로 묶은 것은?

> ㉠ 이종휘와 유득공은 고구려와 발해의 역사를 정리하여, 우리 역사의 무대를 만주지역으로 확대하였다.
> ㉡ 김정호는 우리나라의 산맥, 하천, 항만, 도로망을 상세하게 조사하여 지도에 표시하였다.
> ㉢ 김석문과 홍대용은 지전설을 내세워 성리학적 세계관을 비판하는 근거를 마련하였다.
> ㉣ 정약용은 수원성을 쌓을 때 서양의 축성법을 연구하여 거중기를 사용하도록 하였다.
> ㉤ 허준은 동의보감을 저술하고 전통 한의학을 체계적으로 정리하여 의료지식의 보급에 기여하였다.

① ㉠㉡㉢
② ㉠㉡㉤
③ ㉡㉢㉣
④ ㉡㉣㉤

TIPS!
인왕제색도는 우리의 자연을 직접 보고 그리는 화풍이 진경산수화로서 이는 우리의 것을 찾으려는 시대분위기 속에서 나온 것이다.

Answer 27.④ 28.②

PART

06

근현대사의 이해

01 국제 질서의 변동과 근대 국가 수립 운동
02 일제의 강점과 민족 운동의 전개
03 대한민국의 발전과 현대 세계의 변화

국제 질서의 변동과 근대 국가 수립 운동

기출PLUS

기출 2020. 6. 20. 소방공무원

밑줄 친 발언을 한 인물에 대한 설명으로 옳은 것은?

┌─ 보기 ─────────────
어느 공회 석상에서 음성을 높여 여러 대신에게 말하기를 "<u>나는 천리(千里)를 끌어다 지척(咫尺)을 삼겠으며 태산(泰山)을 깎아 내려 평지를 만들고 또한 남대문을 3층으로 높이려 하는데, 여러 공들은 어떠시오?</u>"라고 하였다. …… 대저 천리 지척이라 함은 종친을 높인다는 뜻이요, 남대문 3층이라 함은 남인을 천거하겠다는 뜻이요, 태산 평지라 함은 노론을 억압하겠다는 뜻이다.

－ 『매천야록』
└────────────────

① 평시서를 설치하였다.
② 소격서를 폐지하였다.
③ 삼군부를 부활시켰다.
④ 『대전통편』을 편찬하였다.

〈정답 ③

기출 2021. 4. 3. 소방공무원

(가)에 대한 설명으로 가장 옳은 것은?

┌─ 보기 ─────────────
명칭은 '변방의 방비를 담당하는 것'이라고 하면서 과거에 대한 판하(判下)나 비빈(妃嬪)을 간택하는 등의 일까지도 모두 여기를 경유하여 나옵니다. 신의 어리석은 생각으로는 ┌──┐ 을/를 혁파하는 것이 상책이라 생각합니다.
        └(가)┘
－ 『효종실록』
└────────────────

① 임진왜란 중에 설치되었다.
② 흥선 대원군 때 축소·폐지되었다.
③ 여론을 이끄는 언론 활동을 하였다.
④ 붕당 정치가 형성되는 배경이 되었다.

〈정답 ②

section 1 제국주의 열강의 침략과 조선의 대응

(1) 흥선 대원군의 개혁 정치

① 흥선 대원군 집권 당시 국내외 정세
   ㉠ 국내 정세 : 세도 정치의 폐단→삼정의 문란으로 인한 전국적 농민 봉기 발생, 평등사상 확산(천주교, 동학)
   ㉡ 국외 정세 : 제국주의 열강의 침략적 접근→이양선 출몰, 프랑스, 미국 등 서구 열강의 통상 요구

② 흥선 대원군의 내정 개혁
   ㉠ 목표 : 세도정치 폐단 시정→전제 왕권 강화, 민생 안정
   ㉡ 정치 개혁
   • 세도 정치 타파 : 안동 김씨 세력의 영향력 축소, 당파와 신분을 가리지 않고 능력별 인재 등용
   • 관제 개혁 : 비변사 기능 축소(이후 철폐)→의정부와 삼군부의 기능 부활
   • 법전 편찬 : 통치 체제 재정비→'대전회통', '육전조례'
   ㉢ 경복궁 중건 : 왕실의 권위 회복→재원 조달을 위해 원납전 강제 징수, 당백전 발행, 부역 노동 강화, 양반 묘지림 벌목
   • 결과 : 물가 폭등(당백전 남발), 부역 노동 강화로 인한 민심 악화 등으로 양반과 백성 반발 초래

③ 민생 안정을 위한 노력
   ㉠ 서원 철폐 : 지방 양반 세력의 근거지로서 면세 혜택 부여→국가 재정 악화 문제 초래, 백성 수탈 심화
   • 전국의 서원 중 47개소만 남기고 모두 철폐→양반층 반발, 국가 재정 확충에 기여
   ㉡ 수취 체제의 개편 : 삼정의 문란 시정
   • 전정 : 양전 사업 시행→은결을 찾아내어 조세 부과, 불법적 토지 겸병 금지
   • 군정 : 호포제(호 단위로 군포 징수) 실시→양반에게 군포 징수
   • 환곡 : 사창제 실시, 마을(里) 단위로 사창 설치→지방관과 아전의 횡포 방지

서원 철폐와 양반 유생들의 반발

(가) 서원 철폐

사족이 있는 곳마다 평민을 못살게 굴지만 서원이 가장 심하였다. …… 대원군이 명령을 내려서 나라 안 서원을 모두 허물고 서원 유생들을 쫓아버리도록 하였다. …… 조정에서는 어떤 변고라도 있을까 하여 대원군에게 간언하였다. "선현의 제사를 받드는 것은 선비의 기풍을 기르는 것입니다. 이 명령만은 거두기를 청합니다."라고 하니 대원군이 크게 화를 내며 말하였다. "진실로 백성에게 해되는 것이 있으면 공자가 다시 살아난다 하더라도 나는 용서하지 않겠다. 하물며 서원은 우리나라 선유를 제사하는 곳인데 지금은 도둑의 소굴이 됨에 있어서랴."

– 근세조선정감 –

(나) 양반 유생들의 반발

최익현이 상소하기를 …… "지난 나랏일을 보면 폐단이 없는 곳이 없어 명분이 바르지 못하고 말이 순하지 않아 짧은 시간 안에 다 미칠 수 없을 정도입니다. …… 신의 생각으로는 전하를 위해 오늘날의 급선무를 논한다면, 만동묘를 다시 설치하고 중앙과 지방의 서원을 흥기하여, 귀신의 후사로 나가는 일을 금하고 원통한 일을 풀도록 하여야 합니다."라고 하였다.

– 승정원일기 –

(2) 통상 수교 거부 정책과 양요

① 배경 … 서구 열강의 통상 요구, 러시아가 청으로부터 연해주 획득, 천주교 교세 확장 → 열강에 대한 경계심 고조

② 병인양요(1866)

　㉠ 배경 : 프랑스 선교사의 국내 활동(천주교 확산), 흥선 대원군이 프랑스를 이용하여 러시아를 견제하려 하였으나 실패 → 병인박해(1866)로 천주교 탄압

　㉡ 전개 : 병인박해를 계기로 로즈 제독이 이끄는 프랑스 함대가 강화도 침략 → 문수산성(한성근), 정족산성(양헌수) 전투에서 프랑스군에 항전

　㉢ 결과 : 프랑스군은 외규장각 도서를 비롯한 각종 문화재 약탈

③ 오페르트 도굴 사건(1868)

　㉠ 배경 : 독일 상인 오페르트의 통상 요구를 조선이 거절

　㉡ 전개 : 오페르트 일행이 흥선 대원군 아버지 묘인 남연군 묘 도굴을 시도하였으나 실패

　㉢ 결과 : 서양에 대한 반감 고조, 조선의 통상 수교 거부 정책 강화

④ 신미양요(1871)

　㉠ 배경 : 평양(대동강)에서 미국 상선 제너럴 셔먼호의 통상 요구 → 평안도 관찰사 박규수의 통상 거부 → 미국 선원들의 약탈 및 살상 발생 → 평양 군민들이 제너럴 셔먼호를 불태움

기출PLUS

기출 2019. 4. 6. 소방공무원

다음 상소문이 작성된 배경으로 옳은 것은?

　보기

　장령(掌令) 최익현이 올린 상소의 대략은 이러하였다.
　• 첫째는 토목 공사를 중지하는 일입니다.
　• 둘째는 백성들에게 세금을 가혹하게 거두는 정사를 그만두는 것입니다.
　• 셋째는 당백전을 혁파하는 것입니다.
　• 넷째는 문세(門稅)를 받는 것을 금지하는 것입니다.

① 경복궁을 중건하였다.
② 조선책략이 유포되었다.
③ 군국기무처가 설치되었다.
④ 조청 상민 수륙 무역 장정이 체결되었다.

〈정답 ①

기출PLUS

기출 2018. 10. 13. 소방공무원

다음 사건의 직접적 원인으로 옳은 것은?

─ 보기 ─

수백 명에 달하는 조선군이 전사한 전투는 모두 종식되고, 1시 정각에 킴벌리 부대장이 연락 장교를 기함으로 파견, 로저스에게 전승 소식을 보고하였다. 광성보를 점령하였다가 작약도로 철수하였다. 어재연 등이 이끄는 조선군 수비대는 격렬한 항전을 벌였지만 패배하고 말았다.

① 오페르트의 통상 수교 요구가 거절당하였다.
② 외규장각 도서가 약탈되는 사건이 일어났다.
③ 프랑스 선교사와 천주교 신자들이 처형당하였다.
④ 평양의 대동강에서 제너럴 셔먼호 사건이 일어났다.

〈정답 ④

기출 2021. 4. 17. 인사혁신처

밑줄 친 '조약에 대한 설명으로 옳지 않은 것은?

─ 보기 ─

1905년 8월 4일 오후 3시, 우리가 앉아있는 곳은 새거모어 힐의 대기실. 루스벨트의 저택이다. 새거모어 힐은 루스벨트의 여름용 대통령 관저로 3층짜리 저택이다. …(중략)… 대통령과 마주하자 나는 말했다. "감사합니다. 각하. 저는 대한제국 황제의 친필 밀서를 품고 지난 2월에 헤이 장관을 만난 사람입니다. 그 밀서에서 우리 황제는 1882년에 맺은 조약의 거중조정 조항에 따른 귀국의 지원을 간곡히 부탁했습니다."

① 영사재판권이 인정되었다.
② 임오군란을 계기로 체결되었다.
③ 최혜국 대우 조항이 포함되었다.
④ 『조선책략』의 영향을 받았다.

〈정답 ②

ⓛ **전개** : 미국이 제너럴 셔먼호 사건을 계기로 배상금 지불, 통상 수교 요구→조선 정부 거부→미국 함대의 강화도 침략→초지진, 덕진진 점령→광성보 전투(어재연)→미군 퇴각(어재연 수(帥)자기 약탈)

ⓒ **결과** : 흥선 대원군은 전국에 척화비 건립(통상 수교 거부 의지 강화)

section 2 문호 개방과 근대적 개화 정책의 추진

(1) 조선의 문호 개방과 불평등 조약 체결

① **통상 개화론의 대두와 흥선 대원군의 하야**

ⓛ **통상 개화론** : 북학파 실학 사상 계승→박규수, 오경석, 유홍기 등이 문호 개방과 서양과의 교류 주장→개화파에 영향[통상 개화론의 영향을 받아 급진 개화파(김옥균, 박영효, 홍영식, 서광범 등), 온건 개화파(김홍집, 김윤식, 어윤중 등)로 분화]

- 온건개화파 : 점진적 개혁 추구(청의 양무운동 모방)→동도서기론 주장
- 급진개화파 : 급진적 개혁 추구(일본의 메이지유신 모방)→문명개화론 주장, 갑신정변을 일으킴

ⓒ **흥선 대원군 하야** : 고종이 친정을 실시하며 통상 수교 거부 정책 완화

② **강화도 조약**(1876, 조·일 수호 조규)

ⓛ **배경** : 일본의 정한론(조선 침략론) 대두와 운요호 사건(1875)

ⓒ **내용** : 외국과 체결한 최초의 근대적 조약, 불평등 조약

- '조선은 자주국' : 조선에 대한 청의 종주권 부정, 일본의 영향력 강화
- '부산 이외에 2개 항구 개항' : 경제적, 군사적, 정치적 목적을 위해 각각 부산, 원산, 인천항 개항
- '해안 측량권 허용 및 영사 재판권(치외법권) 인정' : 불평등 조약

ⓒ **부속 조약**

- 조·일 수호 조규 부록 : 개항장에서 일본 화폐 사용, 일본인 거류지 설정(간행이정 10리)을 규정
- 조·일 무역 규칙 : 양곡의 무제한 유출 허용, 일본 상품에 대한 무관세 적용

③ **서구 열강과의 조약 체결**

ⓛ **조·미 수호 통상 조약**(1882) : 제2차 수신사로 파견된 김홍집이 황준헌의 '조선책략' 유입·유포, 청의알선

- 내용 : 치외 법권(영사 재판권)과 최혜국 대우 인정, 수출입 상품에 대한 관세 부과, 거중 조정
- 성격 : 서양과 맺은 최초의 조약이자 불평등 조약
- 영향 : 미국에 보빙사 파견, 다른 서구 열강과 조약 체결에 영향

ⓛ 다른 서구 열강과의 조약 체결 : 영국(1882), 독일(1882), 러시아(1884), 프랑스 (1886)

• 성격 : 최혜국 대우 등을 인정한 불평등 조약

강화도 조약의 주요 내용

제1관 : 조선국은 자주의 나라이며, 일본국과 평등한 권리를 가진다.

제4관 : 조선국은 부산 외에 두 곳을 개항하고, 일본인이 왕래 통상함을 허가한다.

제7관 : 조선국은 일본국의 항해자가 자유로이 해안을 측량하도록 허가한다.

제10관 : 일본국 인민이 조선국 지정의 각 항구에 머무르는 동안 죄를 범한 것이 조선국 인민에게 관계되는 사건일 때에는 모두 일본 관원이 심판한다.

조선책략 유포 반대

아! 러시아가 이리 같은 진나라처럼 정벌에 힘을 쓴 지, 3백여년, 그 처음이 구라파에 있었고, 다음에는 중아시아였고, 오늘에 이르러서는 다시 동아시아에 있어서 조선이 그 피해를 입게 되는 것이다. 그러한 즉, 오늘날 조선의 책략은 러시아를 막는 일보다 더 급한 것이 없을 것이다. 러시아를 막는 책략은 무엇과 같은가? 중국과 친하고 일본과 맺고, 미국과 연결함으로써 자강을 도모할 따름이다.

기출PLUS

기출 2018. 10. 13. 소방공무원

다음 조약의 체결 배경으로 옳은 것은?

┌ 보기 ┐

제5조 무역을 목적으로 조선국에 오는 미국 상인 및 상선은 모든 수출입 상품에 대하여 관세를 지불해야 한다.

제14조 본 조약에 의하여 부여되지 않은 어떤 권리나 특혜를 다른 나라에 허가할 경우 이와 같은 권리나 특혜는 미국 관민과 상민에게도 무조건 균점된다.

① 병인양요의 발생
② 아관파천의 전개
③ 조선책략의 유포
④ 조선의 중립화론 대두

‹ 정답 ③

---

(2) 개화 정책의 추진

① 외교 사절단 파견

ⓙ 수신사 : 일본에 외교 사절단 파견 → 제1차 김기수(1876), 제2차 김홍집(1880) 파견

ⓛ 조사시찰단(1881) : 일본의 근대 문물 시찰, 개화 정책에 대한 정보 수집을 목적으로 파견 → 비밀리에 파견(박정양, 어윤중, 홍영식)

ⓒ 영선사(1881) : 청의 근대 무기 제조술 습득을 목적으로 파견(김윤식) → 귀국 후 기기창 설치

ⓔ 보빙사(1883) : 조미수호통상조약 체결 후 미국 시찰 → 민영익, 홍영식, 유길준 등

② 정부의 개화 정책

ⓙ 통리기무아문(1880) 및 12사 설치 : 개화 정책 총괄

ⓛ 군제 개편 : 신식 군대인 별기군 창설(일본인 교관 초빙), 구식 군대인 5군영은 2영(무위영, 장어영)으로 개편

ⓒ 근대 시설 : 기기창(근대 신식 무기 제조), 박문국(한성순보 발행), 전환국(화폐 발행), 우정총국(우편)

기출PLUS

(3) 개화 정책에 대한 반발

① 위정척사 운동의 전개 … 성리학적 질서를 회복하고 서양 문물의 유입 반대 → 양반 유생 중심(반외세)

    ㉠ 통상 반대 운동(1860년대) : 서구 열강의 통상 요구 거부 → 이항로, 기정진 등

    ㉡ 개항 반대 운동(1870년대) : 강화도 조약 체결을 전후로 개항 반대 주장 → 최익현 (왜양일체론 주장)

    ㉢ 개화 반대 운동(1880년대) : '조선책략' 유포 반대, 미국과의 수교 거부(영남만인소) → 이만손, 홍재학

    ㉣ 항일 의병 운동(1890년대) : 을미사변, 단발령(을미개혁)에 반발 → 유인석, 이소응 등

기출 2019. 6. 15. 서울특별시

위정척사 운동에 대한 설명으로 가장 옳지 않은 것은?

① 최익현은 왜양일체론을 내세우며 개항 반대 운동을 전개하였다.
② 이항로는 척화주전론을 주장하며 통상 반대 운동을 전개하였다.
③ 기정진 등 영남 유생들이 만인소를 올려 조선책략을 들여온 김홍집의 처벌을 요구하였다.
④ 홍재학은 주화매국의 신료를 처벌하고 서양물품과 서양서적을 불태울 것을 주장하였다.

〈정답 ③

통상반대

양이(洋夷)의 화(禍)가 금일에 이르러서는 비록 홍수나 맹수의 해일지라도 그보다 심할 수 없습니다. 양이의 재앙을 일소하는 근본은 전하의 한 마음에 있사옵니다. 지금 전하가 할 계책은 마음을 밝게 닦아 외물(外物)에 견제당하거나 흔들리지 않는 도리밖에 없사옵니다. 이른바 외물이라는 것은 종류가 극히 많아서 일일이 열거할 수 없지만, 그 중에서도 양품(洋品)이 가장 심합니다. 몸을 닦아 집안을 잘 다스리고 나라가 바로잡힌다면 양품이 쓰일 곳이 없어져 교역하는 일이 끊어질 것입니다. 교역하는 일이 끊어지면 저들의 기이함과 교묘함이 수용되지 못할 것이며, 그러면 저들은 기필코 할 일이 없어져 오지 않으리이다.

                              – 이항로 –

개항반대

일단 강화를 맺고 나면 저 적들의 욕심은 물화(物貨)를 교역하는 데 있습니다. 저들의 물화는 지나치게 사치스럽고 기이한 노리개이고 그 양이 무궁한데 반하여 우리의 물화는 백성들의 생명이 달린 것이고 땅에서 나는 것으로 유한한 것입니다. …… 저들의 물화와 교역한다면 우리의 심성과 풍속이 패퇴될 뿐만 아니라 …… 불과 몇 년 안 가 땅과 집이 모두 황폐하여 다시 보존하지 못하게 될 것이니 이에 따라 나라 또한 망하게 될 것입니다.

                              – 최익현 –

개화반대 1

김홍집이 가져온 황쭌센의 〈조선책략〉이 유포되는 것을 보고 울음이 복받치고 눈물이 흐릅니다. …… 〈조선책략〉의 요점은 '시아를 막는 것' 보다 급한 것이 없다고 하고, 러시아를 막기 위해서는 '중국과 친하고, 일본과 맺고, 미국과 이어져야 한다.'는 것보다 급한 것이 없다고 하였습니다. …… 일본은 우리에게 매어 있는 나라입니다. 임진왜란의 숙원이 가시지 않았는데 그들은 우리의 수륙 요충을 점령하였습니다. 만일 방비하지 않았다가 저들이 산돼지처럼 돌진해 오면 전하께서는 장차 어떻게 이를 제어하시겠습니까? 미국은 우리가 모르던 나라입니다. 저들을 끌어들였다가 저들이 우리의 빈약함을 업신여겨 어려운 청을 강요하면 어떻게 대응하시겠습니까? 러시아는 본래 우리와는 혐의가 없는 나라입니다. 공연히 남의 이간을 듣고 배척하였다가 이것을 구실 삼아 분쟁을 일으키면 어떻게 구제하시겠습니까? 하물며 러시아, 미국, 일본은 같은 오랑캐들이어서 후박(厚薄)을 두기 어렵습니다.

– 영남만인소(이만손) –

개화반대 2

대개 서양의 학문은 천리(天理)를 어지럽히고 기강을 소멸시킴이 심함은 다시 말할 필요도 없습니다. 서양의 물건은 태반이 음탕하고 욕심을 유도하며, 윤리와 강상을 깨뜨리고 사람의 정신을 어지럽히며, 천지에 거역하는 것들입니다. 서양의 학문과 물건은 귀로 들으면 창자가 뒤틀리고 …… 또한 십자가의 상을 받들지 않는다 해도 예수교의 책을 읽게 되면 성인에게 죄를 얻는 시작입니다. 전하의 백성들은 과연 귀와 눈과 코와 입이 있습니까 없습니까?

– 홍재학 –

② **임오군란**(1882) … 반외세, 반정부 운동

  ㉠ **배경** : 개항 이후 일본으로의 곡물 유출로 물가 폭등하여 민생 불안정, 구식 군인에 대한 차별대우

  ㉡ **전개** : 구식 군인의 봉기, 도시 빈민 합세→별기군 일본 교관 살해, 일본 공사관과 궁궐 습격→명성황후 피신→흥선 대원군의 재집권(신식 군대 및 개화 기구 폐지)→청군 개입(흥선 대원군을 청으로 납치)→민씨 정권 재집권(친청 정권 수립)

  ㉢ **결과**

   • 제물포 조약 체결(1882) : 일본에 배상금 지불, 일본 공사관 경비를 위해 일본군의 조선 주둔 허용

   • 청의 내정 간섭 심화 : 청군의 주둔 허용, 청의 고문 파견(마건상과 묄렌도르프)

   • 조·청 상민 수륙 무역 장정 체결(1882) : 청 상인의 내지 통상권 허용→청의 경제적 침투 강화

기출PLUS

기출 2016. 6. 25. 서울특별시

다음 약력에 해당하는 인물은?

┌─ 보기 ─────────────┐
• 1872년 철종의 딸 영혜옹주와 결혼
• 1884년 갑신정변에 참여함. 실패 후 일본 망명
• 1894년 내무대신에 임명됨. 다음해 일본 망명
• 1910년 국권 피탈 이후 일본의 작위를 받고 동아일보사 초대 사장, 중추원의장·부의장, 일본 귀족원 의원 등 역임
└─────────────────┘

① 박영효   ② 윤치호
③ 김옥균   ④ 김홍집

❮정답 ①

기출 2021. 4. 3. 소방공무원

다음 사건에 대한 설명으로 옳은 것은?

┌─ 보기 ─────────────┐
이날 밤 우정국에서 낙성연을 열었는데 총판 홍영식이 주관하였다. 연회가 끝나갈 무렵 담장 밖에 불길이 일어나는 것이 보였다. 이때 민영익도 우영사로서 연회에 참가하였다가 불을 끄기 위해 먼저 일어나 문 밖으로 나갔다. 밖에 흉도 여러 명이 휘두른 칼을 맞받아치다가 민영익이 칼에 맞아 당상 위로 돌아와 쓰러졌다.…… 왕이 경우궁으로 거처를 옮기자 각 비빈과 동궁도 황급히 따라갔다. …… 깊은 밤, 일본 공사가 군대를 이끌고 와 호위하였다.
                    - 『고종실록』
└─────────────────┘

① 한성 조약 체결의 계기가 되었다.
② 보국안민, 제폭구민을 기치로 내걸었다.
③ 최익현 등의 유생들에 의해 주도되었다.
④ 구식 군인에 대한 차별 대우가 발단이 되었다.

❮정답 ①

(4) 갑신정변(1884)

① 배경 … 친청 정권 수립과 청의 내정 간섭 심화로 개화 정책 후퇴, 급진 개화파 입지 축소, 청·프 전쟁

② 전개 … 급진 개화파가 우정총국 개국 축하연에 정변을 일으킴 → 민씨 고관 살해 → 개화당 정부 수립 → 14개조 개혁 정강 발표 → 청군의 개입으로 3일만에 실패 → 김옥균, 박영효는 일본 망명

③ 갑신정변 14개조 개혁 정강 … 위로부터의 개혁
   ㉠ 정치적 개혁 : 친청 사대 정책 타파, 내각 중심의 정치 → 입헌 군주제 지향
   ㉡ 경제적 개혁 : 모든 재정의 호조 관할(재정 일원화), 지조법(토지세) 개정, 혜상공국 혁파, 환곡제 개혁
   ㉢ 사회적 개혁 : 문벌 폐지, 인민 평등권 확립, 능력에 따른 인재 등용 → 신분제 타파 주장

④ 결과
   ㉠ 청의 내정 간섭 심화, 개화 세력 약화, 민씨 재집권
   ㉡ 한성 조약(1884) : 일본인 피살에 대한 배상금 지불, 일본 공사관 신축 비용 부담
   ㉢ 텐진 조약(1884) : 한반도에서 청·일 양국 군대의 공동 출병 및 공동 철수 규정

⑤ 의의와 한계
   ㉠ 의의 : 근대 국가 수립을 위한 최초의 근대적 정치·사회 개혁 운동
   ㉡ 한계 : 급진 개화파의 지나친 일본 의존적 성향과 토지 개혁의 부재 등으로 민중 지지 기반 결여

> **갑신정변 14개조 개혁 정강**
> 1. 청에 잡혀간 흥선 대원군을 곧 돌아오도록 하게 하며, 종래 청에 대하여 행하던 조공의 허례를 폐지한다.
> 2. 문벌을 폐지하여 인민 평등의 권리를 세워, 능력에 따라 관리를 임명한다.
> 3. 지조법을 개혁하여 관리의 부정을 막고 백성을 보호하며, 국가 재정을 넉넉하게 된다.
> 4. 내시부를 없애고, 그 중에서 우수한 인재를 등용한다.
> 5. 부정한 관리 중 그 죄가 심한 자는 치죄한다.
> 6. 각 도의 환상미를 영구히 받지 않는다.
> 7. 규장각을 폐지한다.
> 8. 급히 순사를 두어 도둑을 방지한다.
> 9. 혜상공국을 혁파한다.
> 10. 귀양살이를 하고 있는 자와 옥에 갇혀 있는 자는 그 정상을 참작하여 적당히 형을 감한다.

11. 4영을 합하여 1영으로 하되, 영 중에서 장정을 선발하여 근위대를 급히 설치한다.
12. 모든 재정은 호조에서 통합한다.
13. 대신과 참찬은 의정부에 모여 정령을 의결하고 반포한다.
14. 의정부, 6조 외에 모든 불필요한 기관을 없앤다.

(5) 갑신정변 이후의 국내외 정세

① 거문도 사건(1885~1887) … 갑신정변 이후 청 견제를 위해 조선이 러시아와 비밀리에 교섭 진행 → 러시아 견제를 위해 영국이 거문도 불법 점령 → 청 중재로 영국군 철수

② 한반도 중립화론 … 한반도를 둘러싼 열강의 대립이 격화되자 이를 막기 위해 조선 중립화론 제시 → 독일 영사 부들러와 유길준에 의해 제시

section 3 구국 운동과 근대 국가 수립 운동의 전개

(1) 동학 농민 운동

① 농촌 사회의 동요 … 지배층의 농민 수탈 심화, 일본의 경제 침탈로 곡가 상승, 수공업 타격(면직물 수입)

② 동학의 교세 확장 및 교조 신원 운동
 ㉠ 동학의 교세 확장 : 교리 정비(동경대전, 용담유사), 교단 조직(포접제)
 ㉡ 교조 신원 운동 : 교조 최제우의 억울한 누명을 풀고 동학의 합법화 주장
  • 전개 : 삼례집회(1892) → 서울 복합 상소(1893) → 보은 집회(1893)
  • 성격 : 종교적 운동 → 정치적, 사회적 운동으로 발전(외세 배척, 탐관오리 숙청 주장)

③ 동학 농민 운동의 전개
 ㉠ 고부 농민 봉기 : 고부 군수 조병갑의 횡포(만석보 사건) → 전봉준 봉기(사발통문) → 고부 관아 점령 및 만석보 파괴 → 후임 군수 박원명의 회유로 농민 자진 해산 → 안핵사 이용태 파견
 ㉡ 제1차 봉기 : 안핵사 이용태의 농민 탄압 → 동학 농민군 재봉기하여 고부 재점령
  • 백산 집결 : 동학 농민군이 보국안민, 제폭구민의 기치를 걸고 격문 발표, 호남 창의소 설치 → 이후 황토현, 황룡촌 전투에서 관군 격파 → 전주성 점령(폐정개혁안 12개조 요구)
  • 전주 화약 체결 : 정부는 청에 군사 요청 → 청·일 양군 출병(톈진조약) → 전주 화약 체결(집강소 설치)

기출PLUS

기출 2017. 4. 8. 인사혁신처

갑신정변 이후 국내외 정세로 옳지 않은 것은?

① 독일 부영사 부들러는 조선의 영세 중립국화를 건의하였다.
② 러시아의 남하정책에 대응하여 영국 함대가 거문도를 불법 점령하였다.
③ 조·청 상민수륙무역장정을 체결하여 청나라 상인에게 통상 특혜를 허용하였다.
④ 청·일 양국 군대가 조선에서 철수하는 것 등을 내용으로 하는 톈진조약이 체결되었다.

❮정답 ③

기출 2019. 4. 6. 소방공무원

(개)에 들어갈 내용으로 적절한 것은?

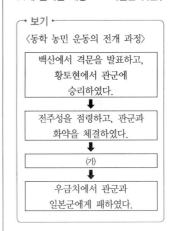

┌ 보기 ┐
〈동학 농민 운동의 전개 과정〉

백산에서 격문을 발표하고,
황토현에서 관군에 승리하였다.

전주성을 점령하고, 관군과 화약을 체결하였다.

(개)

우금치에서 관군과 일본군에게 패하였다.

① 을미사변에 반발하여 의병을 일으켰다.
② 집강소를 설치하고 폐정 개혁을 추진하였다.
③ 조병갑의 탐학에 맞서 고부 관아를 습격하였다.
④ 우정총국 개국 축하연을 이용하여 정변을 일으켰다.

❮정답 ②

기출PLUS

© 제2차 봉기 : 전주 화약 체결 후 정부는 청일 양군의 철수 요구→일본이 거부하고 경복궁 무단 점령(청일전쟁)

• 삼례 재봉기 : 일본군 축출을 위해 동학 농민군 재봉기→남접(전봉준)과 북접(손병희) 합세하여 서울로 북상

• 우금치 전투(공주) : 관군과 일본군의 화력에 열세→동학 농민군 패배, 전봉준을 비롯한 지도부 체포

④ 동학 농민 운동의 의의와 한계

⊙ 의의 : 반봉건 운동(신분제 폐지, 악습 철폐 요구), 반외세 운동(일본 및 서양 침략 반대)→이후 동학 농민군의 일부 요구가 갑오개혁에 반영, 잔여 세력 일부는 항일 의병 운동에 가담

© 한계 : 근대 사회 건설을 위한 구체적인 방안을 제시하지 못함

동학 농민 운동 폐정개혁안 12개조

1. 동학도는 정부와의 원한을 씻고 서정에 협력한다.
2. 탐관오리는 그 죄상을 조사하여 엄징한다.
3. 횡포한 부호를 엄징한다.
4. 불량한 유림과 양반의 무리를 징벌한다.
5. 노비 문서를 소각한다.
6. 7종의 천인 차별을 개선하고 백정이 쓰는 평량갓은 없앤다.
7. 청상과부의 개가를 허용한다.
8. 무명의 잡세는 일체 폐지한다.
9. 관리 채용에는 지벌을 타파하고 인재를 등용한다.
10. 왜와 통하는 자는 엄징한다.
11. 공사채를 물론하고 기왕의 것을 무효로 한다.
12. 토지는 평균하여 분작한다.

기출 2018. 10. 13. 소방공무원

다음 강령을 발표한 사건에 대한 설명으로 옳은 것은?

─ 보기 ─

1. 사람을 죽이지 말고 물건을 해하지 말라.
2. 충효를 다하며, 세상을 구하고 백성을 편안하게 하라.
3. 일본 오랑캐를 쫓아 버리고 왕의 정치를 깨끗이 하라.
4. 군대를 몰고 서울로 들어가 권세가와 귀족을 모두 없애라.

① 흥선 대원군은 청으로 압송되었다.
② 의회를 설립하고 내정 개혁을 추진하였다.
③ 교육입국조서를 발표하고 근대 학교를 세웠다.
④ 집강소를 설치하여 부패한 행정을 개혁하였다.

◀정답 ④

(2) 갑오 · 을미개혁

① 배경 … 갑신정변 및 동학 농민 운동 이후 내정 개혁의 필요성 대두→교정청(자주적 개혁) 설치(1894. 6.)

② **제1차 갑오개혁** … 일본군의 경복궁 무단 점령, 개혁 강요→제1차 김홍집 내각 수립(민씨 정권 붕괴, 흥선 대원군 섭정), 군국기무처 설치

⊙ **정치** : 왕실 사무(궁내부)와 국정 사무(의정부) 분리, 6조를 8아문으로 개편, 과거제 폐지 등

© **경제** : 탁지아문으로 재정 일원화, 은 본위 화폐제 채택, 도량형 통일, 조세 금납화 시행

© **사회** : 신분제 철폐(공사 노비제 혁파), 봉건적 악습 타파(조혼 금지, 과부 재가 허용), 고문 및 연좌제 폐지

▶POINT 평등 사회로의 이행

공노비 해방(1801) → 노비 세습제 폐지(1866) → 신분제 철폐(1894)

③ 제2차 갑오개혁 … 청·일 전쟁에서 일본의 승세로 내정 간섭 강화→제2차 김홍집·박영효 연립 내각수립(흥선 대원군 퇴진, 군국기무처 폐지, 홍범 14조 반포)

　㉠ 정치 : 내각 제도 실시(의정부), 8아문을 7부로 개편, 지방 행정 체계 개편(8도→23부), 지방관 권한 축소, 재판소 설치(사법권을 행정권에서 분리)

　㉡ 군사 : 훈련대와 시위대 설치

　㉢ 교육 : 교육입국 조서 반포, 신학제(한성 사범 학교 관제, 소학교 관제, 외국어 학교 관제) 마련

독립서고문

감히 황조(皇祖)와 열성(列聖)의 신령 앞에 고합니다. 생각건대 짐(朕)은 어린 나이로 우리 조종(祖宗)의 큰 왕업을 이어 지켜온 지 오늘까지 31년이 되는 동안 오직 하늘을 공경하고 두려워하면서 우리 조종들의 제도를 그대로 지켜 간고한 형편을 여러 번 겪으면서도 그 남긴 위업을 그르치지 않았습니다.… 이제부터는 다른 나라에 의거하지 말고 국운을 융성하게 하여 백성의 복리를 증진함으로써 자주 독립의 터전을 튼튼히 할 것입니다. 생각건대 그 방도는 혹시라도 낡은 습관에 얽매지 말고 안일한 버릇에 파묻히지 말며 우리 조종의 큰 계책을 공손히 따르고 세상 형편을 살펴 내정(內政)을 개혁하여 오래 쌓인 폐단을 바로잡을 것입니다. 짐은 이에 14개 조목의 큰 규범을 하늘에 있는 우리 조종의 신령 앞에 고하면서 조종이 남긴 업적을 우러러 능히 공적을 이룩하고 감히 어기지 않을 것이니 밝은 신령은 굽어 살피시기 바랍니다.

홍범 14조

1. 청에 의존하는 생각을 버리고 자주 독립의 기초를 세운다.
3. 임금은 각 대신과 의논하여 정사를 행하고, 종실(宗室), 외척의 내정 간섭을 용납하지 않는다.
4. 왕실 사무와 국정 사무를 나누어 서로 혼동하지 않는다.
5. 의정부(議政府) 및 각 아문(衙門)의 직무, 권한을 명백히 규정한다.
7. 조세의 징수와 경비 지출은 모두 탁지아문(度支衙門)의 관할에 속한다.
9. 왕실과 관부(官府)의 1년 회계를 예정하여 재정의 기초를 확립한다.
10. 지방 제도를 개정하여 지방 관리의 직권을 제한한다.
11. 총명한 젊은이들을 파견하여 외국의 학술, 기예를 견습시킨다.
12. 장교를 교육하고 징병을 실시하여 군제의 근본을 확립한다.
13. 민법, 형법을 제정하여 인민의 생명과 재산을 보호한다.
14. 문벌을 가리지 않고 인재 등용의 길을 넓힌다.

기출 2020. 6. 20. 소방공무원

다음 자료가 발표되기 이전에 나타난 정책으로 옳은 것은?

┌ 보기 ┐
- 청국에 의존하는 관념을 버리고 자주독립의 기초를 세운다.
- 왕실 사무와 국정 사무는 반드시 분리하여 서로 뒤섞이는 것을 금한다.
- 조세의 부과와 징수, 경비의 지출은 모두 탁지아문에서 관할한다.
└─────────────────┘

① 대한국국제를 발표하였다.
② 태양력을 사용하도록 하였다.
③ 6조를 8아문으로 개편하였다.
④ 건양이라는 연호를 제정하였다.

❮정답 ③

기출PLUS

④ 을미개혁(제3차 갑오개혁)

    ㉠ 배경 : 청·일 전쟁에서 일본이 승리→일본의 랴오둥반도 차지(시모노세키 조약) →러시아 주도의 삼국간섭→랴오둥반도 반환→조선에서는 친러내각 수립→ 을미사변(명성황후 시해)→김홍집 내각 수립

    ㉡ 주요 개혁 내용

      • 정치 : '건양' 연호 사용

      • 군사 : 시위대(왕실 호위), 친위대(중앙), 진위대(지방) 설치

      • 사회 : 태양력 사용, 소학교 설치, 우체사 설립(우편 제도), 단발령 실시

    ㉢ 결과 : 아관파천(1896) 직후 개혁 중단→김홍집 체포 및 군중에 피살

⑤ 갑오개혁의 의의와 한계

    ㉠ 의의 : 갑신정변과 동학 농민 운동의 요구 반영(신분제 철폐), 여러 분야에 걸친 근대적 개혁

    ㉡ 한계 : 일본의 강요에 의해 추진, 일본의 조선 침략을 용이하게 함, 국방력 강화 개혁 소홀

(3) 독립협회

① 독립협회의 창립

    ㉠ 배경 : 아관파천 직후 러시아를 비롯한 열강의 이권 침탈 가속화, 러·일의 대립 격화

    ㉡ 과정 : 미국에서 귀국한 서재필이 독립신문 창간→이후 독립문 건립을 명분으로 독립협회 창립(1896)

② 독립협회 활동 … 자주 국권, 자유 민권, 자강 개혁 운동을 통해 민중 계몽→강연회·토론회 개최

    ㉠ 자주 국권 운동 : 고종 환궁 요구, 러시아의 절영도 조차 저지 및 열강 이권 침탈 저지(만민 공동회 개최)

    ㉡ 자유 민권 운동 : 언론·출판·집회·결사의 자유 주장

    ㉢ 자강 개혁 운동 : 헌의 6조 결의(관민 공동회 개최), 의회 설립 운동 전개(중추원 관제 개편)

③ 독립협회 해산 … 보수 세력 반발(독립협회가 공화정 도모한다고 모함)→고종 해산 명령→황국협회의 만민공동회 습격

④ 의의와 한계 … 열강의 침략으로부터 국권 수호 노력

    ㉠ 의의 : 민중 계몽을 통한 국권 수호와 민권 신장에 기여

    ㉡ 한계 : 열강의 침략적 의도를 제대로 파악하지 못함, 외세 배척이 러시아에 한정

기출 2021. 4. 3. 소방공무원

(가) 단체의 활동에 대한 설명으로 옳은 것은?

─ 보기 ─

대한 제국 수립을 전후하여 (가) 은/는 열강의 이권 침탈에 반대하는 운동을 전개하였다. 러시아는 군사 교관과 재정 고문을 파견하여 내정 간섭을 하고 절영도 조차와 한러 은행 설립 등을 요구하였다. 이에 (가) 은/는 민중대회인 만민 공동회를 열어 적극적인 반대 운동을 전개하였고, 고종은 이에 힘입어 러시아의 요구를 거절하였다.

① 만주에 독립군 기지를 마련하였다.

② 고종 퇴위 반대 운동을 전개하였다.

③ 일본의 황무지 개간권 요구에 반대하였다.

④ 자유 민권 운동과 의회 설립 운동을 추진하였다.

〈 정답 ④

독립협회 헌의 6조

1. 외국에 의존하지 않고 관민이 동심합력하여 전제 황권을 공고히 할 것
2. 광산·철도·석탄·삼림 및 차관·차병(借兵)과 모든 정부와 외국 사이의 조약에는 각부 대신과 중추원 의장이 합동으로 서명 날인하여 시행할 것
3. 어떤 세금을 막론하고 전국 재정은 모두 탁지부에서 관장하여 다른 부서나 사회사(私會社)에서는 간섭할 수 없으며, 예산·결산을 인민에게 공포할 것
4. 어떤 중죄인이라도 자신을 변명할 기회를 주고 난 다음 재판을 통해 판결할 것
5. 황제는 칙임관을 임명할 때 의정부에 자문하여 거기서 과반수를 얻은 자를 임명할 것
6. 장정(章程)을 반드시 지킬 것

(4) 대한제국(1897~1910)

① 대한제국 수립 … 아관파천으로 국가적 위신 손상 → 고종의 환궁 요구 여론 고조 → 고종이 경운궁으로 환궁
  ㉠ 대한제국 선포 : 연호를 '광무'로 제정 → 환구단에서 황제 즉위식 거행, 국호를 '대한제국'으로 선포
  ㉡ 대한국 국제 반포(1899) : 황제의 무한 군주권(전제 군주제) 규정

② 광무개혁 … 구본신참(舊本新參)의 원칙에 따른 점진적 개혁 추구
  ㉠ 내용
    • 정치 : 황제권 강화(대한국 국제)
    • 군사 : 원수부 설치(황제가 직접 군대 통솔), 시위대·진위대 증강
    • 경제 : 양전 사업 추진(토지 소유자에게 지계 발급), 식산흥업(근대적 공장과 회사 설립), 금본위 화폐제
    • 교육 : 실업 학교 설립(상공 학교, 광무 학교), 기술 교육 강조, 해외에 유학생 파견
    • 사회 : 근대 시설 도입(전차·철도 부설, 전화 가설 등 교통·통신 시설 확충)
  ㉡ 의의와 한계
    • 의의 : 자주독립과 상공업 진흥 등 근대화를 지향한 자주적 개혁
    • 한계 : 집권층의 보수적 성향, 열강의 간섭 등으로 개혁 성과 미흡

기**출** 2016. 6. 25. 서울특별시

대한제국의 성립 과정에 대한 설명으로 가장 옳지 않은 것은?

① 을미사변 이후 위축된 국가 주권을 지키고 고종의 위상을 높여야 한다는 여론이 높아졌다.
② 고종은 러시아 공사관에 있는 동안 경운궁을 증축하였다.
③ 고종은 연호를 광무라 하고 경운궁에서 황제 즉위식을 거행하였다.
④ 대한제국의 헌법이라 할 수 있는 대한국 국제를 발표하였다.

❮정답 ③

기출PLUS

대한국 국제 9조

제1조 : 대한국은 세계 만국이 공인한 자주 독립 제국이다.

제2조 : 대한국의 정치는 만세 불변의 전제정치이다.

제3조 : 대한국 대황제는 무한한 군주권을 누린다.

제4조 : 대한국의 신민은 대황제의 군권을 침해할 수 없다.

제5조 : 대한국 대황제는 육·해군을 통솔하고 군대의 편제를 정하고 계엄을 명한다.

제6조 : 대한국 대황제는 법률을 제정하여 반포와 집행을 명하고, 대사, 특사, 감형, 복권을 명한다.

제7조 : 대한국 대황제는 행정 각 부서의 관제를 정하고 행정에 필요한 칙령을 공포한다.

제8조 : 대한국 대황제는 문무 관리의 출척 및 임면권을 가진다.

제9조 : 대한국 대황제는 서전, 강화 및 제반 조약을 체결한다.

section 4 일제의 국권 침탈과 국권 수호 운동

(1) 일제의 침략과 국권 피탈

① 러·일 전쟁(1904)과 일본의 침략

   ㉠ 한반도를 둘러싼 러·일 대립 격화 : 제1차 영·일동맹(1902), 러시아의 용암포 조차 사건(1903)

   ㉡ 러·일 전쟁(1904. 2.) : 대한제국 국외 중립 선언 → 일본이 러시아를 선제 공격

   ㉢ 일본의 한반도 침략

     • 한·일 의정서(1904. 2.) : 한반도의 군사적 요충지를 일본이 임의로 사용 가능

     • 제1차 한·일 협약(1904. 8.) : 고문 정치 실시 (외교 고문 美. 스티븐스, 재정 고문 日.메가타 파견)

   ㉣ 일본의 한국 지배에 대한 열강의 인정

     • 가쓰라·태프트 밀약(1905. 7.) : 일본은 미국의 필리핀 지배 인정, 미국은 일본의 한국 지배를 인정

     • 제2차 영·일 동맹(1905. 8.) : 일본은 영국의 인도 지배 인정, 영국은 일본의 한국 지배를 인정

ⓜ **포츠머스 조약 체결**(1905. 9) : 러 · 일 전쟁에서 일본 승리 → 일본의 한국 지배권 인정

> ### 한일 의정서
> 제1조 한 · 일 양 제국은 영구 불변의 친교를 유지하고 동양 평화를 확립하기 위하여 대한제국 정부는 대일본 제국 정부를 확신하여 제도 개선에 관한 충고를 받아들일 것
> 제4조 제3국의 침해 또는 내란으로 인한 대한제국 황실의 안녕과 영토의 보전에 위험이 있을 경우에는 대일본 제국 정부는 곧 필요한 조치를 취할 것이며, 대한제국 정부는 대일본 제국이 용이하게 행동할 수 있도록 충분히 편의를 제공할 것. 대일본 제국 정부는 전항의 목적을 달성하기 위하여 전략상 필요한 지점을 수시로 사용할 수 있다.

> ### 1차 한일 협약
> 제1조 대한제국 정부는 대일본 제국 정부가 추천한 일본인 1명을 재정 고문에 초빙하여 재무에 관한 사항은 모두 그의 의견을 들어 시행할 것
> 제2조 대한제국 정부는 대일본 제국 정부가 추천한 외국인 1명을 외교 고문으로 외부에 초빙하여 외교에 관한 중요한 업무는 모두 그의 의견을 들어 시행할 것

② **일제의 국권 침탈**

ㄱ **을사늑약**(제2차 한일협약. 1905. 11) : 통감 정치 실시
- 내용 : 통감부 설치(대한제국 외교권 박탈), 초대 통감으로 이토 히로부미 부임
- 고종의 대응 : 조약 무효 선언, 미국에 헐버트 파견, 헤이그 특사 파견(이준, 이상설, 이위종. 1907)
- 민족의 저항 : 민영환과 황현의 자결, 장지연의 '시일야방성대곡'(황성신문), 오적 암살단 조직(나철, 오기호), 스티븐스 저격(장인환 · 전명운. 1908), 안중근의 이토 히로부미 처단(1909)

ㄴ **한 · 일 신협약**(정미 7조약. 1907. 7) : 차관 정치 실시
- 배경 : 헤이그 특사 파견 → 고종의 강제 퇴위, 순종 즉위
- 내용 : 행정 각 부처에 일본인 차관 임명, 대한제국 군대 해산(부속 각서) → 이후 기유각서(1909) 체결

기출PLUS

기출 2019. 4. 6. 소방공무원

밑줄 친 '그'에 대한 설명으로 옳은 것은?

┌ 보기 ┐
그는 을사조약이 체결되자 조약의 무효를 주장하는 상소를 올렸다. 1906년에는 이동녕 등과 함께 간도 용정촌에 서전서숙을 설립하여 항일 민족정신을 높이기 위해 온 힘을 다하였다. 1907년 이준, 이위종 등과 함께 고종의 특사로 헤이그 만국 평화 회의에 참석하려다가 일본의 방해로 좌절되었다. 이 사건으로 국내에서는 궐석재판이 진행되어 사형이 선고되었다.

① 물산 장려 운동에 적극 참여하였다.
② 조선 건국 준비 위원회를 조직하였다.
③ 연해주에서 대한 광복군 정부 수립을 주도하였다.
④ 국민 대표 회의에서 새로운 정부 수립을 주장하였다.

< 정답 ③

기출PLUS

ⓒ 한국 병합 조약(1910. 8) : 친일 단체(일진회 등)의 합방 청원→병합조약 체결→조선 총독부 설치

2차 한일 협약(을사늑약)

제1조 일본국 정부는 동경의 외무성을 경유하여 지금부터 한국이 외국에 대하는 관계 및 사무를 감리, 지휘하고, 일본국의 외교 대표자 및 영사는 외국에 거주하는 한국의 신민 및 이익을 보호한다.

제2조 일본국 정부는 한국과 타국 간에 현존하는 조약의 실행을 완수하는 임무를 담당하고 한국 정부는 지금부터 일본국 정부의 중개를 거치지 않고서는 국제적 성질을 가진 어떤 조약이나 약속을 맺지 않을 것을 서로 약속한다.

제3조 일본국 정부는 그 대표자로 한국 황제 폐하 밑에 1명의 통감을 두되 통감은 오로지 외교에 관한 사상을 관리하기 위하여 경성에 주재하고 친히 황제 폐하를 만날 수 있는 권리를 가진다.

한일 신협약

제1조 한국 정부는 시정 개선에 관하여 통감의 지도를 받을 것
제2조 한국 정부의 법령 제정 및 중요한 행정상 처분은 미리 통감의 승인을 거칠 것

시일야방성대곡(是日也放聲大哭) 전문

지난 번 이등(伊藤) 후작이 내한했을 때에 어리석은 우리 인민들은 서로 말하기를, "후작은 평소 동양삼국의 정족(鼎足) 안녕을 주선하겠노라 자처하던 사람인지라 오늘 내한함이 필경은 우리 나라의 독립을 공고히 부식케 할 방책을 권고키 위한 것이리라."하여 인천항에서 서울에 이르기까지 관민상하가 환영하여 마지 않았다. 그러나 천하 일 가운데 예측키 어려운 일도 많도다. 천만 꿈밖에 5조약이 어찌하여 제출되었는가. …… 아, 4천년의 강토와 5백년의 사직을 남에게 들어 바치고, 2천만 생령들로 하여금 남의 노예되게 하였으니, 저 개돼지보다 못한 외무대신 박제순과 각 대신들이야 깊이 꾸짖을 것도 없다 하지만 명색이 참정(參政)대신이란 자는 정부의 수석임에도 단지 부(否)자로써 책임을 면하여 이름거리나 장만하려 했더라 말이냐.…… 아! 원통한지고, 아! 분한지고. 우리 2천만 동포여, 노예된 동포여! 살았는가, 죽었는가? 단군·기자 이래 4천년 국민정신이 하룻밤 사이에 홀연 망하고 말 것인가. 원통하고 원통하다. 동포여! 동포여!

- 〈황성신문〉(1905. 11. 20) -

(2) 항일 의병 운동

① 을미의병 … 을미사변, 단발령 실시(1895)를 계기로 발생

　ㄱ 중심세력 : 유인석, 이소응 등의 양반 유생층

　ㄴ 활동 : 친일 관리 처단, 지방 관청과 일본 거류민, 일본군 공격

　ㄷ 결과 : 아관파천 이후 고종이 단발령 철회, 의병 해산 권고 조칙 발표→자진 해산→일부는 활빈당 조직

② 을사의병 … 을사늑약 체결(1905)에 반발하며 발생, 평민 출신 의병장 등장

　ㄱ 중심세력 : 최익현 · 민종식(양반 유생), 신돌석(평민 출신) 등

　ㄴ 활동 : 전북 태인에서 거병(최익현), 홍주성 점령(민종식), 태백산 일대 평해 · 울진에서 활약(신돌석)

③ 정미의병 … 고종의 강제 퇴위, 대한제국의 군대 해산(1907)을 계기로 발생

　ㄱ 특징 : 해산 군인의 가담으로 의병의 전투력 강화(의병 전쟁), 각국 영사관에 국제법상 교전 단체로 인정할 것 요구

　ㄴ 13도 창의군 결성(총대장 이인영, 군사장 허위) : 서울 진공 작전 전개(1908)→일본군에 패배

③ 호남 의병 … 13도 창의군 해산 이후 호남 지역이 의병 중심지로 부상→일제의 '남한 대토벌 작전'(1909)으로 위축

④ 의병 운동의 의의와 한계

　ㄱ 의의 : '남한 대토벌 작전' 이후 만주와 연해주 등지로 이동하여 무장 독립 투쟁 계승

　ㄴ 한계 : 양반 유생 출신 의병장의 봉건적 신분 의식의 잔존으로 세력 약화

을미의병

아! 우리 팔도 동포는 차마 망해가는 나라를 내버려 둘 것인가, 국모의 원통함을 생각하면 이미 이를 갈았는데 참혹한 일이 더욱 심하여 임금께서도 머리를 깎으시는 지경에 이르렀으니 …… 우리 부모에게서 받은 머리털을 풀 베듯이 베어 버리니 이 무슨 변고란 말인가.…… 의리를 판단해서 이 길을 취하매.…… 군사의 행동을 무엇 때문에 머뭇거리십니까? 이에 감히 의병을 일으키고 마침내 이 뜻을 세상에 포고하노니, 위로는 공경에서 아래로는 서민에까지 어느 누가 애통하고 절박하지 않으랴.

－ 유인석 －

기출 2020. 6. 20. 소방공무원

(가), (나) 자료에 나타난 사건 사이에 있었던 사실로 옳지 않은 것은?

보기

(가) 우리 국모의 원수를 생각하며 이미 이를 갈았는데, 참혹한 일이 더하여 우리 부모에게서 받은 머리털을 풀 베듯이 베어 버리니 이 무슨 변고란 말인가.

(나) 군사장 허위는 미리 군비를 신속히 정돈하여 철통과 같이 함에 한 방울의 물도 샐 틈이 없는지라. 이에 전군에 전령하여 일제히 진군을 재촉하여 동대문 밖으로 진격하였다.

① 외교권이 박탈되고 통감부가 설치되었다.

② 고종이 강제로 퇴위되고 군대가 해산되었다.

③ 안중근이 하얼빈에서 이토 히로부미를 저격하였다.

④ 헤이그에 이상설, 이준, 이위종을 특사로 파견하였다.

◀ 정답 ③

기출PLUS

기출 2017. 4. 8. 인사혁신처

다음 조칙이 발표된 이후의 상황에 대한 설명으로 옳은 것만을 〈보기〉에서 모두 고른 것은?

> ≪관보≫ 호외
> 짐이 생각건대 쓸데없는 비용을 절약하여 이용후생에 응용함이 급무라. 현재 군대는 용병으로서 상하의 일치와 국가 안전을 지키는 방위에 부족한지라. 훗날 징병법을 발표하여 공고한 병력을 구비할 때까지 황실시위에 필요한 자를 빼고 모두 일시에 해산하노라.

―보기―
> ㉠ 신돌석과 같은 평민 출신의 의병장이 처음으로 등장하였다.
> ㉡ 단발령의 실시로 위정척사 사상에 바탕을 둔 의병 운동이 시작되었다.
> ㉢ 연합 의병 부대인 13도 창의군이 결성되어 서울 진공작전을 계획하였다.
> ㉣ 일본군의 '남한 대토벌 작전'으로 의병 부대의 근거지가 초토화되었다.

① ㉠, ㉡   ② ㉠, ㉣
③ ㉡, ㉢   ④ ㉢, ㉣

〈정답 ④

> **을사의병**
> 오호라, 난신적자의 변란이 어느 대에 없었으리오마는 누가 오늘날의 역적 같은 자가 있으며…… 오호라, 작년 10월에 저들이 한 행위는 만고에 일찍이 없었던 일로서, 억압으로 한 조각의 종이에 조인하여 5백년 전해오던 종묘사직이 드디어 하룻밤 사이에 망하였으니, 천지신명도 놀라고 조종의 영혼도 슬퍼하였다.
>
> ― 최익현 「면암집」 ―

(3) 애국 계몽 운동

① **성격** … 사회진화론의 영향(약육강식) → 점진적 실력 양성(교육, 식산흥업)을 통한 국권 수호 추구

② **애국 계몽 운동 단체**
   ㉠ 보안회(1904) : 일제의 황무지 개간권 요구 반대 운동 전개 → 성공
   ㉡ 헌정 연구회(1905) : 의회 설립을 통한 입헌 군주제 수립 추구 → 일제의 탄압
   ㉢ 대한 자강회(1906) : 헌정 연구회 계승, 전국에 지회 설치 → 고종 강제 퇴위 반대 운동 전개
   ㉣ 신민회(1907)
   • 조직 : 안창호, 양기탁 등을 중심으로 공화정에 입각한 근대 국가 설립을 목표로 비밀 결사 형태로 조직
   • 활동 : 학교 설립(오산 학교, 대성 학교), 민족 산업 육성(태극 서관, 자기 회사 운영), 국외 독립운동기지 건설(남만주 삼원보에 신흥 강습소 설립)
   • 해체 : 일제가 조작한 105인 사건으로 와해(1911)
   ㉤ 언론 활동 : 대한매일신보, 황성신문 등이 일제 침략 비판, 국채 보상 운동 지원

③ **의의와 한계**
   ㉠ 의의 : 국민의 애국심 고취와 근대 의식 각성, 식산흥업을 통한 경제 자립 추구, 민족 운동 기반 확대
   ㉡ 한계 : 실력 양성(교육, 식산흥업)에만 주력, 의병 투쟁에 비판적인 태도를 취함

신민회 설립 취지문

신민회는 무엇을 위하여 일어남이뇨? 민습의 완고 부패에 신사상이 시급하며, 민심의 우미에 신교육이 시급하며, 도덕의 타락에 신윤리가 시급하며, 문화의 쇠퇴에 신학술이 시급하며, 실업의 초췌에 신모범이 시급하며, 정치의 부패에 신개혁이 시급이라. 천만 가지 일에 신(新)을 기다리지 않는 바 없도다. …… 무릇 우리 대한인은 내외를 막론하고 통일 연합함으로써 그 진로를 정하고 독립 자유로써 그 목적을 세움이니, 이것이 신민회가 원하는 바이며, 신민회가 품어 생각하는 소이이니, 간단히 말하면 오직 신정신을 불러 깨우쳐서 신단체를 조직한 후에 신국을 건설할 뿐이다.

(4) 독도와 간도

① 독도

ㄱ. **역사적 연원** : 신라 지증왕 때 이사부가 우산국 복속, 조선 숙종 때 안용복이 우리 영토임을 확인

ㄴ. **대한제국 칙령 제41호(1900)** : 울릉도를 울도군으로 승격, 독도가 우리 영토임을 선포

ㄷ. **일제의 강탈** : 러·일 전쟁 중 일본이 불법적으로 편입(시네마 현 고시 제40호, 1905)

② 간도…백두산정계비문(1712)의 토문강 해석에 대한 조선과 청 사이의 이견 발생으로 영유권 분쟁 발생

ㄱ. **대한제국의 대응** : 이범윤을 간도 관리사로 임명, 간도를 함경도 행정 구역으로 편입

ㄴ. **간도 협약(1909)** : 남만주 철도 부설권을 얻는 대가로 일제가 간도를 청의 영토로 인정

백두산 정계비문

烏喇摠管 穆克登, 奉旨査邊, 至此審視, 西爲鴨綠, 東爲土門, 故於分水嶺, 勒石爲記
(오라총관 목극등이 국경을 조사하라는 교지를 받들어 이곳에 이르러 살펴보고 서쪽은 압록강으로 하고 동쪽은 토문강으로 경계를 정하여 강이 갈라지는 고개 위에 비석을 세워 기록하노라)
康熙 五十一年 五月十五日
강희 51년(숙종38, 1712) 5월 15일

기출 2017. 3. 18. 서울특별시

다음의 비문에 관한 설명으로 옳지 않은 것은?

┌ 보기 ┐
오라총관 목극등은 국경을 조사하라는 교지를 받들어 이곳에 이르러 살펴보고 서쪽은 압록강으로 하고 동쪽은 토문강으로 경계를 정해 강이 갈라지는 고개 위에 비석을 세워 기록하노라.

① 조선과 청의 대표는 현지답사를 생략한 채 비를 세웠다.
② 토문강의 위치는 간도 귀속 문제와도 관련이 되었다.
③ 국경 지역 조선인의 산삼 채취나 사냥이 비 건립의 한 배경이었다.
④ 조선 숙종대 세워진 비석의 비문 내용이다.

◀ 정답 ①

section 5 개항 이후 경제 · 사회 · 문화의 변화

(1) 열강의 경제 침탈

① 청과 일본의 경제 침탈

　㉠ 개항 초 일본의 무역 독점 : 강화도 조약 및 부속 조약

　　• 치외 법권, 일본 화폐 사용, 무관세 무역 등의 특혜 독점

　　• 거류지 무역 : 개항장 10리 이내로 제한→조선 중개 상인 활약(객주, 여각, 보부상 등)

　　• 중계 무역 : 영국산 면제품 수입, 쌀 수출(미면 교환 경제)→곡가 폭등, 조선 가내 수공업 몰락

　㉡ 일본과 청의 무역 경쟁 : 임오군란 이후 청 상인의 조선 진출 본격화→청 · 일 상권 경쟁 심화

　　• 조 · 청 상민 수륙 무역 장정(1882) : 청 상인의 내지 통상권 허용(양화진과 한성에 상점 개설)

　　• 조 · 일 통상 장정(1883) : 조 · 일 무역 규칙 개정, 관세권 설정, 방곡령 규정, 최혜 국 대우 인정

② 제국주의 열강의 이권 침탈

　㉠ 배경 : 아관 파천 이후 열강이 최혜국 대우 규정을 내세워 각종 분야(삼림, 광산, 철도 등)에서 이권 침탈

　㉡ 일본의 재정 및 금융 지배

　　• 재정 지배 : 차관 강요(시설 개선 등의 명목)를 통한 대한제국 재정의 예속화 시도

　　• 금융 지배 : 일본 제일 은행 설치(서울, 인천 등)

　　• 화폐 정리 사업(1905) : 백동화를 일본 제일 은행권으로 교환(재정 고문 메가타 주도)→ 민족 자본 몰락

　㉢ 일본의 토지 약탈 : 철도 부지와 군용지 확보를 위해 조선의 토지 매입, 동양 척 식 주식회사 설립(1908)

(2) 경제적 구국 운동

① 방곡령 선포(1889~1890) … 일본으로의 곡물 유출 심화로 곡가 폭등, 농민 경제 악화

　㉠ 과정 : 함경도, 황해도 등지의 지방관이 방곡령을 선포함(조 · 일 통상 장정 근거)

　㉡ 결과 : 일본이 '1개월 전 통보' 규정 위반을 빌미로 방곡령 철회 요구→방곡령 철 회, 일본에 배상금지불

② 상권 수호 운동 … 열강의 내지 진출 이후 국내 상권 위축

　㉠ 시전 상인 : 일본과 청 상인의 시전 철수 요구, 황국 중앙 총상회 조직(1898)

　㉡ 객주, 보부상 : 상회사 설립→대동 상회, 장통 상회 등

　㉢ 민족 자본, 기업 육성 : 민족 은행과 회사를 설립(조선 은행 등)→1890년대 이후

③ 이권 수호 운동

    ㉠ **독립협회** : 만민 공동회 개최→러시아의 절영도 조차 요구 저지, 한·러 은행 폐쇄

    ㉡ **황무지 개간권 요구 반대 운동(1904)** : 일제의 황무지 개간권 요구 압력에 반대→농광 회사, 보안회 설립

④ **국채 보상 운동(1907)** … 일본의 차관 강요에 의한 대한제국 재정의 일본 예속 심화

    ㉠ **과정** : 대구에서 시작(서상돈 중심)→국채 보상 기성회 설립(서울)→대한매일신보 후원

    ㉡ **결과** : 전국적인 금주, 금연, 가락지 모으기 운동으로 확산→통감부의 탄압과 방해로 실패함

국채 보상 운동

지금은 우리들이 정신을 새로이 하고 충의를 떨칠 때이니, 국채 1300만 원은 바로 우리 한(韓) 제국의 존망에 직결된 것이다. 이것을 갚으면 나라가 존재하고, 갚지 못하면 나라가 망할 것은 필연적인 사실이나, 지금 국고는 도저히 상환할 능력이 없으며, 만일 나라에서 갚는다면 그때는 이미 3000리 강토는 내 나라, 내 민족의 소유가 못 될 것이다. 국토란 한번 잃어버리면 다시는 찾을 길이 없는 것이다. 일반 국민들은 의무라는 점에서 보더라도 이 국채를 모르겠다고는 할 수 없는 것이다. 그러므로 이 국채를 갚는 방법으론 2000만 인민들이 3개월 동안 흡연을 금하고, 그 대금으로 한 사람이 매달 20전씩 거둔다면 1300만원을 모을 수 있으며, 만일 그 액수가 미달할 때에는 1환, 10환, 100환의 특별 모금을 해도 될 것이다.

– 대한 매일 신보 –

---

(3) 근대 시설과 문물의 수용

① 근대 시설의 도입

    ㉠ **교통** : 전차(서대문~청량리. 1889), 경인선(1899)을 시작으로 철도 부설(경부선 1905, 경의선 1906)

    ㉡ **통신** : 우편(우정총국. 1884), 전신(1885), 전화(경운궁. 1898)

    ㉢ **전기** : 경복궁에 전등 설치(1887), 한성 전기 회사 설립(1898)

    ㉣ **의료** : 광혜원(제중원으로 개칭. 1885), 세브란스 병원(1904), 대한의원(1907)

    ㉤ **서양식 건축물** : 독립문(1896), 명동성당(1898), 덕수궁 석조전(1910) 등이 만들어짐

② **언론 활동** … 일제의 신문지법(1907) 제정 이전까지 활발한 활동

    ㉠ **한성순보(1883)** : 최초의 신문으로 관보의 성격(정부 정책 홍보)을 지님→순한문, 박문국에서 발행

    ㉡ **독립신문(1896)** : 독립협회가 발간한 최초의 민간 사설 신문→한글판, 영문판 발행

    ㉢ **제국신문(1898)** : 서민층과 부녀자 대상으로 한 계몽적 성격의 신문→순한글

기출PLUS

기출 2019. 4. 6. 소방공무원

⑦ 신문에 대한 설명으로 옳은 것은?

┌─ 보기 ─────────────┐
영국인 베델이 서울에 신문사를
창설하여 이를 ⑦ (이)라고
하고, 박은식을 주필로 맞이하였
다. …(중략)… 각 신문사에서
도 의병들을 폭도나 비류(匪類)
로 칭하였지만 오직 ⑦ 은/는
의병으로 칭하며, 그 논설도 조
금도 굴하지 않고 일본인의 악행
을 게재하여 들으면 들은 대로
모두 폭로하였다. 그러므로 사람
들은 모두 그 신문을 구독하여
한때 그 신문은 품귀상태에 까지
이르렀고, 1년도 못 되어 매일
간행되는 신문이 7천~8천 장이
나 되었다.
                  – 『매천야록』
└──────────────────┘

① 박문국에서 인쇄하였다.
② 국채 보상 운동을 지원하였다.
③ 우리나라 최초의 민간 신문이었다.
④ 대한민국 임시 정부의 기관지 역
할을 하였다.

◀정답 ②

ⓔ 황성신문(1898) : 양반 지식인을 대상으로 간행, 장지연의 '시일야방성대곡' 게재
→국한문 혼용

ⓜ 대한매일신보(1904) : 영국인 베델과 양기탁의 공동 운영, 일제의 국권 침탈 비판, 국채보상운동 지원→순한글

③ 교육 기관

ⓐ 1880년대 : 원산 학사(최초의 근대 학교, 덕원 주민), 동문학(외국어 교육), 육영공원(근대적 관립 학교)

ⓑ 1890년대 : 갑오개혁(교육입국조서 반포, 한성사범학교, 소학교 설립), 대한제국(각종 관립학교 설립)

ⓒ 1900년대 : 사립 학교 설립→개신교(배재학당, 이화학당, 숭실학교), 민족지사(대성학교, 오산학교 등)

(4) 문화와 종교의 새 경향

① 문화의 새 경향…신소설(혈의 누 등), 신체시(해에게서 소년에게) 등장, 창가 및 판소리 유행

② 국학 연구

ⓐ 국어 : 국문 연구소(지석영·주시경, 1907), 조선 광문회(최남선. 1910)

ⓑ 국사 : 근대 계몽 사학 발달, 민족 의식 고취
  • 위인전 간행(을지문덕전, 이순신전), 외국 역사 소개(월남 망국사 등), 신채호(독사신론, 민족주의 역사학)

③ 종교계의 변화

ⓐ 유교 : 박은식 '유교 구신론' 저술→성리학의 개혁과 실천 유학 주장(양명학)

ⓑ 불교 : 한용운 '조선불교 유신론' 저술→조선 불교의 개혁 주장

ⓒ 천도교 : 손병희가 동학을 천도교로 개칭→'만세보' 간행

ⓓ 대종교 : 나철, 오기호가 창시→단군 신앙 바탕, 국권 피탈 이후 만주로 이동하여 무장 독립 투쟁 전개

ⓔ 천주교 : 사회 사업 실시(양로원, 고아원 설립)

ⓕ 개신교 : 교육 기관 설립, 세브란스 병원 설립

┌──────────────────────────────┐
│   **신채호 '독사신론'**   │
│ 국가의 역사는 민족 소장 성쇠의 상태를 열서할 자라, 민족을 버리면 역 │
│ 사가 없을 것이며, 역사를 버리면 민족의 그 국가에서 대한 관념이 크지 │
│ 않을 것이니, 오호라, 역사가의 책임이 그 역시 중하다.…… 즉 고대의 │
│ 불완전한 역사라도 이를 상구하면 동국 주족, 단군 후예의 발달한 실적이 │
│ 밝거늘 어찌하여 우리 조상을 거짓으로 말함이 이에 이르렀느뇨 │
└──────────────────────────────┘

01 다음 중 독립협회에 관한 설명으로 옳지 않은 것은?

① 자주국권운동을 전개하였다.
② 박정양의 진보적 내각이 수립되었다.
③ 최초의 근대적 민중대회인 만민공동회를 개최하였다.
④ 일본의 황무지 개간권 요구를 저지시켰다.

TIPS!

④ 보안회에 관한 설명이다.

02 동학농민군이 전주화약 이후 폐정개혁안을 실천하고 전라도 일대의 행정과 치안을 담당하기 위해 설치한 기구는?

① 통감부
② 군국기무처
③ 집강소
④ 통리기무아문

TIPS!

① 일제가 조선을 병탄하기 위해 서울에 실시한 기구이다.
② 청·일 전쟁 당시 관제를 개혁하기 위해 임시로 설치한 기구이다.
④ 고종 때 설치된 군국기밀과 일반 정치를 관장한 기구이다.

03 다음 중 신민회의 활동으로 옳지 않은 것은?

① 좌·우 합작 단체이다.
② 공화정의 수립을 추구하였다.
③ 대한매일신보를 발행하였다.
④ 해외 독립운동기지 건설에 앞장섰다.

TIPS!

① 신간회에 관한 설명이다.

Answer 01.④ 02.③ 03.①

04 위정척사 사상에 관한 설명으로 옳지 않은 것은?

① 주체의식을 바탕으로 제국주의적 외세를 배격하였다.

② 외세 침략에 대항하여 의병을 조직하였다.

③ 주로 주리파 성리학의 영향을 받은 양반과 재야 유학자가 중심이 되었다.

④ 외세의 침략에 항거하였으나 근대화를 반대하지 않았다.

> **TIPS!**
> ④ 위정척사 사상은 화이관을 기본으로 한 보수적 사상으로 개혁의 필요성을 무시하고, 기존체제를 강화하고자 하였다.

05 다음 중 동학농민운동, 갑신정변, 갑오개혁의 공통점은?

① 신분제의 폐지   ② 토지의 평균분작

③ 청상과부의 개가 허용   ④ 외세의 타파

> **TIPS!**
> 개혁안의 내용 및 의의
>
> | 갑신정변(14개조 개혁) | 동학농민운동(12개조 폐정개혁) | 갑오(을미)개혁(홍범 14조) |
> |---|---|---|
> | • 문벌 폐지
• 지조법 개혁
• 재정의 일원화(호조)
• 규장각 폐지, 순사제 실시 | • 각종 천민 차별 금지
• 무명의 잡세 폐지
• 청상과부 개가 허용
• 왜와 통하는 자 엄징
• 토지의 평균 분작 | • 신분제 폐지
• 조세법률주의
• 재정의 일원화(탁지아문)
• 과부의 개가 허용 및 봉건적 악습 폐지 |
> | • 최초의 근대적 정치 개혁(입헌군주제)
• 한계 : 위로부터의 급진적 개혁, 민중을 개혁의 주체로 보지 않음 | • 반봉건 · 반외세 민족운동
• 한계 : 민권의식 결여 | • 근대사회로의 계기 마련
• 한계 : 군제개혁 소홀, 토지의 평균분작 미실시, 민권보장 안함(타율적 개혁) |

06 다음 중 강화도 조약의 내용으로 옳지 않은 것은?

① 청의 조선에 대한 종주권을 인정한다.   ② 조선의 자주권을 인정한다.

③ 일본인이 죄를 범한 경우 일본관원이 심판한다.   ④ 부산 외의 2개 항을 20일 이내에 개항한다.

> **TIPS!**
> ① 일본은 제1조에서 조선의 자주권을 인정하면서 청의 종주권을 부인하였다.

Answer 04.④ 05.① 06.①

07 다음 중 개항 이후의 사건은?

> ㉠ 전화의 가설   ㉡ 천주교의 전래
> ㉢ 여학교의 설립   ㉣ 신문의 발행

① ㉠㉡㉢   ② ㉠㉢㉣

③ ㉡㉢㉣   ④ ㉠㉡㉢㉣

TIPS!

㉠ 1989년   ㉡ 인조 23년(1645)   ㉢ 1886년(이화학당)   ㉣ 1883년(한성순보)

08 다음 조약에 반대했던 시기의 위정척사 사상의 주장으로 바르게 묶인 것은?

> 제4관 조선국은 부산 외에 두 곳을 개항하고, 일본인이 왕래 통상함을 허가한다.
> 제7관 조선국은 일본국의 항해자가 자유로이 해안을 측량하도록 허가한다.
> 제10관 일본국 인민이 조선국 지정의 각 항구에 머무르는 동안에 죄를 범한 것이 조선국 인민에게 관계되는 사건일
>   때에는 모두 일본 관원이 심판한다.

> ㉠ 왜양일체론   ㉡ 개항불가론
> ㉢ 통상반대론   ㉣ 척화주전론
> ㉤ 영남만인소

① ㉠㉡   ② ㉡㉢

③ ㉢㉣   ④ ㉣㉤

TIPS!

제시된 조약은 강화도조약의 주요 내용의 일부이다. 조선의 문호 개방을 전후해서 최익현을 비롯한 유생들이 왜양일체론, 개항
불가론을 들어 개항반대운동을 전개하였다. 통상반대운동과 척화주전론은 1860년대 서양의 통상요구에 대응한 운동이었으며,
영남만인소는 1880년대 정부의 개화정책 추진과 조선책략의 유포에 반발하여 전개한 운동이다.

09 다음 중 대원군의 개혁정치와 관계가 없는 것은?

① 서원을 47개만 남기고 대부분 철폐

② 호포법을 실시하여 양반에게도 군포를 부과

③ 5위가 유명무실하자 훈련도감을 설치

④ 비변사를 폐지하고 의정부를 부활

TIPS!

③ 훈련도감은 5위제도의 무력함이 드러나 국방력 강화의 필요성이 대두되어 임진왜란 중 용병제를 기본으로 설치하였다.

10 미국과의 수호통상조약에 대한 설명으로 옳지 않은 것은?

① 청의 알선으로 성립되었다.

② 치외법권이 규정되어 있다.

③ 신미양요를 계기로 성립되었다.

④ 최혜국 조관을 규정한다.

TIPS!

조미통상조약은 개항 후 러시아와 일본 세력의 조선 침투를 견제하고, 조선에 대한 종주권을 국제적으로 확인받기 위하여 청이 알선하였다.

11 의병운동이 의병전쟁으로 발전하게 된 계기를 바르게 서술한 것은?

① 명성황후가 시해되는 사건이 일어났다.

② 을사조약이 체결되어 외교권을 상실하게 되었다.

③ 고종의 강제퇴위로 군대가 해산되었다.

④ 을미개혁으로 인해 단발령이 시행되었다.

TIPS!

①④ 을미의병에 대한 설명이다. 명성황후시해사건(을미사변)과 단발령의 시행으로 을미의병이 전국적으로 확산되었고 이것이 항일의병투쟁의 시작이었다.

② 을사의병에 대한 설명이다. 민종식, 최익현, 신돌석 등의 활약이 두드러졌으며, 이들은 조약의 폐기와 친일내각의 타도를 주장하였다.

③ 고종의 강제퇴위로 군대가 해산되자, 해산군인들이 의병에 합류하여 의병운동이 본격적인 의병전쟁으로 발전하게 되었다.

Answer 09.③ 10.③ 11.③

12 다음의 내용 중 동학의 폐정개혁안의 내용으로 옳게 짝지은 것은?

> ㉠ 왜와 통하는 자는 엄징한다.
> ㉡ 토지를 균등하게 나누어주어 경작하게 한다.
> ㉢ 대신과 참찬은 의정부에 모여 정령을 의결한다.
> ㉣ 청에 의존하는 생각을 버리고 자주 독립하는 기초를 세운다.
> ㉤ 7종의 천인차별을 개선하고 백정이 쓰는 평량갓을 없앤다.

① ㉠㉡㉢
② ㉠㉡㉤
③ ㉠㉢㉣
④ ㉡㉢㉣

TIPS!
㉢ 독립협회의 '헌의 6조'의 내용이다.
㉣ 갑오개혁의 '홍범 14조'의 내용이다.

13 흥선대원군의 다음과 같은 정책이 초래한 결과는?

> • 통상 수교 요구를 거절하여 외세의 침투를 막았다.
> • 전국에 척화비를 세우고 서양과의 수교를 거부하였다.

① 실추된 왕권이 회복되었다.
② 조선의 문호 개방이 늦어지게 되었다.
③ 민생이 안정되어 유랑 농민의 수가 줄어들었다.
④ 삼정이 개혁되어 국가 재정이 확보되었다.

TIPS!
제시된 내용은 흥선대원군의 통상수교 거부정책이다. 쇄국정책이라고도 하는 이러한 대외정책으로 조선의 문호 개방과 근대화는 늦어지게 되었다.

Answer 12.② 13.②

14 다음과 같은 조약이 체결된 후 일제가 한국에 대하여 취한 조약의 내용은?

> • 첫째, 일본은 …… (중략) …… 미국의 필리핀 지배를 확인한다. 셋째, 러·일전쟁의 원인이 된 한국은 일본이 지배할 것을 승인한다.
>
>   − 가쓰라·태프트 밀약 −
>
> • 영국은 일본이 한국에서 가지고 있는 이익을 옹호, 증진하기 위해 필요하다고 인정하는 지도, 통제 및 보호의 조치를 한국에서 행하는 권리를 승인한다.
>
>   − 제2차 영·일동맹 −
>
> • 러시아제국 정부는 일본제국이 한국에서 정치·국사·경제상으로 탁월한 이익을 가진다는 것을 인정하고, 일본제국 정부가 한국에서 필요하다고 인정하는 지도·보호 및 감리의 조치를 취하는데, 이를 저지하거나 간섭하지 않을 것을 약정한다.
>
>   − 포츠머스 강화조약 −

① 조선국은 일본국의 항해자가 자유로이 해안을 측량하도록 허가한다.

② 일본제국 정부는 필요한 경우 군략상 필요한 지점을 수시로 수용한다.

③ 조선국은 부산, 원산, 인천의 항구를 개항하고 일본인이 와서 통상하도록 허가한다.

④ 대한제국 정부는 이후에 대일본제국 정부의 중개를 경위하지 않고서 국제적 성질을 가진 하등의 조약이나 또는 약속을 하지 않기로 서로 약정한다.

> **TIPS!**
> 제시된 내용은 조선에 대한 일본의 지배적 우월권을 인정한 열강 간의 조약이다.
> ①③ 1876년 강화도조약의 내용이다.
> ② 1904년 2월에 체결한 한·일의정서의 내용이다.
> ④ 1904년 8월에 체결한 제1차 한·일협약의 내용이다.

15 다음 중 흥선대원군의 개혁정책으로 옳지 않은 것은?

① 비변사를 폐지하고 왕권을 강화하였다.

② 삼정을 개혁하여 국가 재정을 보충하였다.

③ 대동법을 실시하여 소작농의 부담을 줄였다.

④ 왕실의 권위를 높이기 위해 소실된 경복궁을 중건하였다.

> **TIPS!**
> ③ 대동법은 17세기에 시행되었다.

Answer 14.④ 15.③

16 다음 중 외세의 직접적 개입으로 실패한 것은?

> ㉠ 입헌군주제로 바꾸고 근대적 평등사회를 이루려고 하였다.
> ㉡ 반봉건적, 반침략적 근대민족운동의 성격을 띠었다.
> ㉢ 자주권, 행정·재정·관리 임용, 민권 보장의 내용을 규정한 국정 개혁의 강령을 발표하였다.
> ㉣ 민중적 구국운동을 전개하며 외세의 이권 침탈을 배격하였다.
> ㉤ 일제의 황무지개간권 요구에 반대운동을 벌였다.

① ㉠㉡   ② ㉠㉣
③ ㉡㉢   ④ ㉢㉤

TIPS!
㉠ 갑신정변(1884) : 중국에 대한 사대관계를 청산하고 입헌군주제로의 변화를 추구한 근대화 운동이었으나 청의 무력간섭과 일본의 원조약속이 지켜지지 않아 실패하였다.
㉡ 동학농민운동(1894) : 반봉건적, 반침략적 성격의 동학농민운동은 폐정개혁안 12조를 주장하였으나 관군과 일본군과의 우금치전투에서 패하면서 실패하였다.
㉢ 갑오개혁(1894) : 온건개화파들이 국왕의 명을 받아 교정청을 설치하여 자주적 개혁을 추진하였다. 이는 비록 일본의 강압에 의한 타율적 성격도 있으나 조선인의 개혁의지가 일부 반영된 근대적 개혁이었다.
㉣ 독립협회(1896) : 과거의 개혁이 민중의 지지를 얻지 못해 실패한 것을 깨닫고 민중 계몽에 힘썼으나 입헌군주제를 반대하던 보수세력이 황국협회를 이용하여 탄압하였으며 결국 해산되었다.
㉤ 보안회(1904) : 일제가 황무지개간권을 요구하자 보안회는 이를 저지하기 위해 가두집회를 열고 반대운동을 하여 결국 일본의 요구를 철회시켰다.

17 다음 (가)는 어떤 역사적 사건의 주체 세력이 제시한 정강(政綱)의 일부이고, (나)는 이 사건에 대한 평가이다. 이 사건의 기반이 된 윤리사상에 대한 설명으로 옳은 것은?

(가) • 의정부와 6조 외의 모든 불필요한 기관을 폐지한다.
　• 대신과 참찬은 의정부에 모여 정령(政令)을 의결하고 반포한다.
　• 문벌을 폐지하고 인민평등의 권리를 세워, 능력에 따라 관리를 임명한다.
　• 지조법(地租法)을 개혁하여 관리의 부정을 막고 백성을 보호하며, 국가재정을 넉넉하게 한다.
(나) 이 사건은 우리 역사에 있어서 자주적인 근대국가 건설을 지향한 최초의 정치개혁운동이었다. 그러나 결과적으로는 근대화 운동의 흐름을 상당 기간 동안 약화시키고 외세 간섭을 더욱 강화시키는 계기가 되기도 하였다.

① 동도서기론의 입장에서 온건개혁론을 제시하였다.
② 올바른 것은 지키고 사악한 것은 배척한다는 대의명분을 내세웠다.
③ 경천사상을 기반으로 유·불·도사상을 융합하여 형성되었다.
④ 이용후생을 강조한 북학파 사상의 전통을 계승하였다.

> **TIPS!**
> (가)는 김옥균이 중심이 되어 일으킨 갑신정변 때의 14개조 정강 중의 일부이다.
> ① 변법적 개화론과 대별되는 개량적 개화론에 해당한다.
> ② 위정척사 사상이다.
> ③ 동학사상에 해당한다.
> ④ 변법적 개화론, 급진개화파로 불리는 이들은 기술의 혁신과 문벌제도의 철폐, 중국 중심의 세계관을 비판한 북학파의 실학사상을 이어받아 청의 내정 간섭을 물리쳐 자주 독립을 이룩하고 급진적인 개혁을 추진하려 하였다.

18 동학농민운동과 위정척사운동의 공통점으로 옳은 것은?

① 봉건체제를 타파하고 근대사회로의 전환을 추구하였다.
② 청에 대한 사대외교를 청산할 것을 주장하였다.
③ 조선왕조의 전통적 지배질서를 반대하였다.
④ 제국주의 침략 세력에 대한 강한 저항의식을 가졌다.

> **TIPS!**
> ④ 동학농민운동의 성격은 반봉건적·반제국주의적 민족운동이며, 위정척사운동의 성격은 반침략적, 반제국주의적 운동이다.

Answer 17.④ 18.④

19 다음 중 일제의 국권 피탈의 내용으로 옳은 것은?

① 을사조약 – 외교권 박탈과 통감부의 설치
② 한 · 일신협약 – 대한제국의 국권 상실
③ 제1차 한 · 일협약 – 감옥사무권과 경찰사무권의 박탈
④ 한 · 일의정서 – 군대의 해산 및 고종의 강제 퇴위

TIPS!

국권피탈 과정
㉠ 한 · 일의정서 체결(1904. 2) : 러 · 일전쟁 중 체결되었으며 일본군이 필요한 지역을 사용할 수 있으며 조선 정부는 일본의 동의 없이 타국과 조약을 체결할 수 없다는 내용으로 조선의 국외 독립이 무너지고 러시아와의 조약이 폐지되었으며 일본은 군사적 요충지를 장악하였다.
㉡ 제1차 한 · 일협약 체결(1904. 8) : 러 · 일전쟁 중 체결되었으며 일본 정부가 추천하는 외교와 재정고문을 두는 고문정치가 시작되었다.
㉢ 을사조약 체결(1905. 11) : 러 · 일전쟁 승리 후 조선의 독점적 지배권을 인정받고 조선을 보호국화하고자 하여 체결한 것으로 조선의 외교권을 박탈하고 통감부를 설치하였다. 이에 초대 통감으로 이토 히로부미가 부임하였으며 고종황제는 조약의 부당성을 알리기 위해 1907년에 개최된 헤이그 만국평화회의에 밀사를 파견하였다.
㉣ 한 · 일신협약 체결(1907. 7) : 헤이그사건을 이유로 고종황제를 강제 퇴위시킨 후 순종이 즉위하자 강제로 체결한 것으로 차관정치가 실시되었다.
㉤ 군대 해산(1907. 8) : 고종강제퇴위사건과 한 · 일신협약 체결로 항일운동의 움직임이 형성되자 순종에게 군대해산조서를 내리게 하였고 이로 인해 방위력이 상실되었으며, 해산된 군대가 의병에 합류하면서 의병전쟁화되었다.
㉥ 기유각서(1909) : 2대 통감 소네가 사법권과 감옥사무권을 박탈하고, 1910년에 3대 통감 데라우치가 경찰사무권을 박탈하고 총독부를 세워 헌병경찰통치를 실시하였다.
㉦ 한 · 일병합(1910) : 이완용 등 매국내각과 데라우치 간에 '한 · 일합방안'을 조인하여 발표하였다. 이로써 대한제국의 국권이 상실되었다.

20 다음의 시도들이 실패로 끝난 이유로 옳은 것은?

- 입헌 군주제적 정치구조를 세우려 하였다.
- 청에 대한 사대외교를 폐지하였다.
- 재정기관을 호조로 일원화하였다.

① 외세의 간섭이 극심하였다.　　　　　　② 정부의 반대가 심하였다.
③ 아래로부터의 개혁이었다.　　　　　　④ 개혁 주체의 세력 기반이 미약하였다.

TIPS!

제시된 내용은 갑신정변의 정강이다. 갑신정변은 일본에 의지하여 개혁하려던 주체 세력인 개화당의 기반이 미약하여 실패하였다.

Answer 19.① 20.④

21 다음 중 갑오개혁에 대한 내용으로 옳지 않은 것은?

① 신분제를 철폐하고 전통적인 폐습을 타파하였다.
② 내각의 권한이 강화되고 왕권을 제한하였다.
③ 친일내각과 군국기무처가 설치되었다.
④ 농민들의 요구를 수렴하여 토지제도를 개혁하였다.

> 🔅 TIPS! --○
>
> 갑오개혁(홍범 14조)
> ㉠ 문벌 폐지(신분제 폐지)
> ㉡ 납세법정주의
> ㉢ 과거제도 폐지
> ㉣ 과부 개가 허용
> ㉤ 재정의 일원화(탁지부)
> ㉥ 군사개혁 소홀
> ㉦ 경찰제 일원화
> ㉧ 도량형 개정·통일

22 다음 주장이 나타나게 된 계기와 관련이 깊은 조약 내용은?

> (가) 우리 대한이 종전에 자강(自強)의 방도를 강구하지 아니하여 금일의 힘난한 지경에 이르렀고 외국인의 보호까지 받게 되었다. …… (중략) …… 능히 자강에 분발하여 힘써 단체를 만들어 모두 단결하면 국권의 회복을 바라볼 수 있을 것이다. …… (중략) …… 자강의 방도를 강구하려 할 것 같으면 교육을 진작하고 산업을 일으키는 데 있다.
> (나) 5백년 전해 오던 종묘사직이 드디어 하룻밤 사이에 망하였으니, …… (중략) …… 나라를 들어 적국에 넘겨준 이지용 등은 실로 우리나라 만대에 변할 수 없는 원수요, 이토 히로부미는 마땅히 세계 여러 나라가 함께 토벌해야 할 역적이다. …… (중략) …… 우리 의병 군사의 올바름을 믿고, 적의 강대함을 두려워하지 말자. 이에 격문을 돌리니 도와 일어나라.

① 일본의 수출입 상품에 대하여 관세를 부과하지 않는다.
② 조선국은 부산 외에 두 곳의 항구를 개항하고 일본인이 와서 통상하도록 허가한다.
③ 한국 황제폐하는 한국 전부에 관한 모든 통치권을 완전히 또 영구히 일본 황제폐하에게 양여한다.
④ 한국 정부는 금후 일본 정부의 중개를 경유하지 않고서는 국제적 성질을 가진 어떤 조약이나 약속을 하지 않을 것을 약속한다.

Answer 21.④ 22.④

TIPS!

첫 번째 자료는 황성신문에 실린 대한자강회의 취지문이고, 두 번째 자료는 의병항쟁을 호소하는 최익현의 격문이다.
① 강화도조약에 이어 조선이 일본과 맺은 조·일수호조규부록과 통상장정의 조항이다.
② 최초의 근대적 조약인 강화도조약(조·일수호조규)의 일부이다.
③ 1910년 8월에 체결된 한국 병합에 관한 조약 내용이다.
④ 을사조약(1905, 제2차 한·일협약)의 내용이다.

23 다음 개혁의 성격으로 옳은 것은?

> • 전제 황권을 강화하려 하였다.
> • 상공업진흥책을 추진하였다.
> • 근대적 토지소유제도를 마련하였다.

① 개화당의 사상에 영향을 받았다.
② 갑오개혁을 계승하여 추진된 것이다.
③ 농민군의 요구를 반영하였다.
④ 온건개화파의 성향과 유사하였다.

TIPS!

제시된 내용은 광무개혁에 대한 설명으로 광무개혁은 구본신참을 기본으로 하여 전제군주제를 강화하였으며, 경제적인 면에서는 근대화를 지향한 온건개화파의 입장과 유사하다.

24 다음 중 독립협회의 활동으로 옳지 않은 것은?

① 의회식 중추원의 설치
② 대한국국제의 제정
③ 독립신문의 간행
④ 만민공동회의 개최

TIPS!

② 대한국국제는 광무개혁을 통해 1899년에 제정된 일종의 헌법이다.

Answer 23.④ 24.②

25 일제의 황무지개척권 요구를 막은 단체는?

① 신간회

② 대한자강회

③ 보안회

④ 신민회

💡 **TIPS!**

③ 1904년 일제가 황무지개척권을 요구하자 원세성이 중심이 되어 경성에서 조직된 단체로 이들의 반대운동에 전국 각지에서 호응하여 정부는 일제의 황무지개척권 요구를 거절하였다.

26 다음 중 통감부가 존재하던 시기에 발생한 경제적 구국운동은?

① 국채보상운동

② 신간회운동

③ 농촌진흥운동

④ 만민공동회

💡 **TIPS!**

통감부는 1906년부터 1910년까지 존속하였다.

① 1907년 ② 1920년대 ③ 1932년 ④ 1898년

27 경제구국운동으로 잘못 연결된 것은?

① 시전상인 – 황국중앙총상회

② 보안회 – 황무지개간권 반대운동

③ 차관 제공 – 물산장려운동

④ 독립협회 – 러시아의 이권침탈저지

💡 **TIPS!**

③ 물산장려운동은 조선물산장려회가 주동이 된 민족경제의 자립을 기하려는 민족운동으로 일본 상품의 배격과 국산품애용운동이다. 일본의 차관제공에 맞선 운동이 국채보상운동이다.

Answer 25.③ 26.① 27.③

28 개항 초기 일본 상인들이 조선에서 행하던 무역으로 옳지 않은 것은?

① 조선으로 진출한 일본 상인들의 대부분이 몰락한 상인이나 무사층이었다.
② 일본 상인들의 활동범위가 개항장에서 100리까지 확대되었다.
③ 일본 상인들은 불평등 조약을 바탕으로 일본 정부의 지원을 받아 약탈적 무역을 하였다.
④ 임오군란 이후 청국 상인들과 조선의 시장을 주도권 확보를 위한 경쟁을 벌였다.

> 💡 **TIPS!**
> ② 개항 초기의 활동범위는 개항장에서 10리 이내로 제한되어 있었으며 1880년대에 이르러 100리로 확대되었다.

29 다음의 사실들이 공통적으로 추구하고자 했던 목표는?

• 방곡령 시행   • 황무지개관권 반대운동   • 국채보상운동   • 이권수호운동

① 외세의 경제적 침탈에 대항
② 민족 산업 육성
③ 평등사회 건설
④ 중앙과 지방의 균등발전

> 💡 **TIPS!**
> 구한말 외세의 경제적 침탈에 대응하여 우리의 경제를 지키기 위해 일어난 구국운동이다.

30 열강의 경제적 침탈에 대한 경제적 자주권 수호 노력으로 옳지 않은 것은?

① 경부선과 경의선 철도를 부설하여 물자의 수송을 하였다.
② 서울 상인들은 황국중앙총상회를 만들어 서울의 상권을 지키고자 하였다.
③ 함경도와 황해도에서는 일제의 과도한 곡물 유출에 대항하여 방곡령이 시행되었다.
④ 독립협회는 한 · 러 은행을 폐쇄하고 러시아의 절영도 조차요구를 반대하였다.

> 💡 **TIPS!**
> ① 경부선과 경의선은 일본이 대륙 침략 및 우리나라의 식민지 통치를 수월하게 하기 위해 건설한 것이다.

Answer   28.②   29.①   30.①

31 다음과 같은 열강의 경제 침탈에 대응하여 일어난 우리의 저항운동은?

> 일본은 우리 정부로 하여금 차관을 도입하게 하는 한편, 화폐정리업무까지 담당하여 대한제국의 금융을 장악하였다.

① 방곡령 선포　　　　　　　　　　② 만민공동회 개최
③ 국채보상운동 전개　　　　　　　④ 상회사의 설립

TIPS!

일제의 화폐 정리 및 금융 지배에 대해 1907년 국채보상운동을 전개하여 일제의 침략정책에 맞섰으나 일제의 방해로 중단되었다.

32 다음 중 근대적인 민권운동이 시작된 시기는?

① 을사조약 체결 이후　　　　　　② 갑오개혁 이후
③ 강화도조약 체결 이후　　　　　④ 아관파천 이후

TIPS!

근대적 민권운동이 시작된 계기는 바로 독립협회이다.
독립협회는 1896년 결성되어 한국의 자주독립과 내정개혁을 목표로 정치·사회 전반에 걸친 활동을 하였으며, 과거의 개혁들이 민중의 지지가 없어 실패하였다고 판단하여 만민공동회를 개최하였다.
① 1905년　② 1894년　③ 1876년　④ 1896년

33 다음은 한말에 나타난 국사분야에 관한 내용이다. 이에 가장 부합되는 사학의 경향은?

> • 을지문덕전, 강감찬전, 이순신전 등 외국의 침략에 대항하여 승리한 영웅들의 전기를 써서 널리 보급시켰다.
> • 미국 독립사, 월남 망국사 등 외국의 건국 또는 망국의 역사를 번역, 소개하였다.

① 고증사학　　　　　　　　　　　② 계몽사학
③ 식민사학　　　　　　　　　　　④ 실증사학

TIPS!

민족의식을 고취시키기 위한 서적이 간행되었다.

Answer 31.③ 32.④ 33.②

34 다음 중 신문에 대한 설명으로 옳지 않은 것은?

① 제국신문 – 카톨릭이 간행하였고 순 한글 주간지였다.
② 황성신문 – 장지연의 '시일야 방성대곡'을 게재하였다.
③ 대한매일신보 – 베델과 양기탁에 의해 발행되었고 국채보상운동도 지원하였다.
④ 만세보 – 천도교의 기관지이다.

⊛ TIPS! ┄┄

① 카톨릭이 간행한 순 한글 주간지는 1906년에 간행된 경향신문이다.

35 다음은 한말 애국계몽운동의 일환으로 설립된 학교들이다. 이 시기의 근대 교육에 대하여 바르게 설명한 것은?

| • 대성학교 | • 오산학교 |
| • 보성학교 | • 숙명여학교 |

① 미국인 교사를 초빙하여 상류층 자제들을 대상으로 근대 학문을 교육하였다.
② 실업지식이나 기술교육을 위주로 가르쳤다.
③ 학교교육을 통해 개신교를 보급시키고자 하였다.
④ 근대 교육이 민족운동의 기반이라고 인식하였다.

⊛ TIPS! ┄┄

사립학교를 중심으로 구국교육운동이 전개되었으며 민족의식 고취를 위한 교육활동이 성행하였고 근대 학문과 사상이 보급되었다.

Answer 34.① 35.④

02 일제의 강점과 민족 운동의 전개

section 1 일제의 식민 통치와 경제 수탈

(1) 일제의 무단 통치와 경제 수탈(1910년대)

① 일제의 식민 통치 기관 ··· 조선 총독부(식민통치 최고 기관. 1910), 중추원(조선 총독부 자문 기구)

② 무단 통치 ··· 헌병 경찰제 도입(즉결 처분권 행사), 조선 태형령 제정, 관리 · 교원에게 제복과 착검 강요, 언론 · 집회 · 출판 · 결사의 자유 제한, 한국인의 정치 단체와 학회 해산

③ 제1차 조선 교육령 ··· 한국인에 대한 차별 교육 실시(고등 교육 제한), 보통 교육과 실업 교육 강조, 일본어 교육 강조, 사립학교 · 서당 탄압

④ 경제 수탈
  ㉠ 토지 조사 사업(1910~1918) : 공정한 지세 부과와 근대적 토지 소유권 확립을 명분으로 시행→실제로는 식민 지배에 필요한 재정 확보
    • 방법 : 임시 토지 조사국 설치(1910), 토지 조사령 공포(1912) → 기한부 신고제로 운영
    • 전개 : 미신고 토지, 왕실 · 관청 소유지(역둔토), 공유지 등을 조선 총독부로 편입 →동양척식주식회사로 이관
    • 결과 : 조선 총독부의 지세 수입 증가, 일본인 이주민 증가, 이주민이 지주로 성장, 조선 농민의 관습적 경작권 부정, 많은 농민들이 기한부 소작농으로 전락하거나 만주 · 연해주 등지로 이주
  ㉡ 각종 산업 침탈
    • 회사령(1910) : 한국인의 회사 설립 및 민족 자본의 성장 억압→허가제로 운영
    • 자원 침탈 : 삼림령, 어업령, 광업령, 임업령, 임야 조사령 등 제정

(2) 일제의 민족 분열 통치와 경제 수탈(1920년대)

① 문화 통치
  ㉠ 배경 : 3 · 1 운동(1919) 이후 무단 통치에 대한 한계 인식, 국제 여론 악화
  ㉡ 목적 : 소수의 친일파를 양성하여 민족 분열의 획책을 도모한 기만적인 식민 통치
  ㉢ 내용과 실상
    • 문관 총독 임명 가능 : 실제로 문관 총독이 임명된 적 없음
    • 헌병 경찰제를 보통 경찰제로 전환 : 경찰 수와 관련 시설, 장비 관련 예산 증액
    • 언론 · 집회 · 출판 · 결사의 자유 부분적 허용(신문 발간 허용) : 검열 강화, 식민통치 인정하는 범위 내에서 허용

기출 2021. 4. 3. 소방공무원

다음 법령과 관련된 사업의 결과로 옳지 않은 것은?

─ 보기 ─
제4조 토지 소유자는 조선 총독이 정하는 기간 내에 주소, 성명, 명칭 및 소유지의 소재, …… 결수를 임시 토지 조사 국장에게 신고해야 한다.
제17조 임시 토지 조사국은 토지 대장 및 지적도를 작성하고, 토지의 조사 및 측량에 대해 사정으로 확정한 사항 또는 재결을 거친 사항을 이에 등록 한다.
  ─ 조선 총독부, 『조선 총독부 관보』

① 조선 총독부의 지세 수입이 증가하였다.
② 소작인들이 경작권을 인정받지 못하였다.
③ 일본인 농업 이주민이 지주로 성장할 수 있었다.
④ 토지 소유권을 인정하는 증명서로 지계를 발급하였다.

‹정답 ④

- 보통학교 수업 연한 연장(제2차 조선 교육령), 대학 설립 가능 : 고등교육 기회 부재, 한국인 취학률 낮음
- 도 · 부 · 면 평의회, 협의회 설치 : 일본인, 친일 인사만 참여(친일 자문 기구)
ⓛ 영향 : 일부 지식인들이 일제와 타협하려 함→민족 개조론, 자치론 주장

② 경제 수탈

㉠ 산미 증식 계획(1920~1934)
- 배경 : 일본의 공업화로 자국 내 쌀 부족 현상을 해결하기 위해 시행
- 과정 : 농토 개간(밭→논), 수리 시설(수리 조합 설립) 확충, 품종 개량, 개간과 간척 등으로 식량 증산 추진
- 결과 : 수탈량이 증산량 초과(국내 식량 사정 악화)→한국인의 1인당 쌀 소비량 감소, 만주 잡곡 유입 증가, 식량 증산 비용의 농민 전가→소작농으로 전락하는 농민 증가, 소작농의 국외 이주 심화

㉡ 회사령 폐지(허가제→신고제. 1920), 일본 상품에 대한 관세 철폐 : 일본 자본의 침투 심화

사이토 총독의 시정 방침 훈시(1919) - 문화통치

조선 통치의 방침인 일시동인(一視同仁)의 대의를 존중하고 동양 평화를 확보하여 민중의 복리를 증진시키는 것은 대원칙으로 일찍이 정한 바이다. …… 정부는 관제를 개혁하여 총독 임명의 범위를 확장하고, 경찰 제도를 개정하고 또한 일반 관리나 교원 등의 복제를 폐지함으로써 시대의 흐름에 순응한다. …… 조선인 임용과 대우 등에 관하여 더욱 고려하여 각각 그 할 바를 얻게 하고 …… 나아가 장래 기회를 보아 지방 자치 제도를 실시하여 국민 생활을 안정시키고 일반 복리를 증진시킬 것이다.

자치론

그러면 지금의 조선 민족에게는 왜 정치적 생활이 없는가? …… 일본이 조선을 병합한 이래로 조선인에게는 모든 정치 활동을 금지한 것이 첫째 원인이다. 또, 병합 이래로 조선인은 일본의 통치권을 승인해야만 할 수 있는 모든 정치적 활동, 즉 참정권, 자활권 운동 같은 것은 물론이요, 일본 정부를 상대로 하는 독립운동조차 원치 아니하는 강렬한 절개 의식이 있었던 것이 둘째 원인이다. …… 지금까지 해 온 정치적 운동은 모두 일본을 적대시하는 운동뿐이었다. 이런 종류의 정치 운동은 해외에서나 할 수 있는 일이고, 조선 내에서는 허용되는 범위 내에서 일대 정치적 결사를 조직해야 한다는 것이 우리의 주장이다.

– 이광수 「민족적 경륜」 –

기출PLUS

(3) 일제의 민족 말살 통치(1930년대 이후)

① 민족 말살 통치

㉠ 배경 : 대공황(1929) 이후 일제의 침략 전쟁 확대(만주 사변, 중·일 전쟁, 태평양 전쟁)

㉡ 목적 : 한국인의 침략 전쟁 동원 → 한국인의 민족의식 말살, 황국 신민화 정책 강요

• 내선일체·일선동조론 강조, 창씨 개명, 신사 참배, 궁성 요배, 황국 신민 서사 암송, 국어·국사 교육 금지, 소학교를 초등학교로 개칭

• 병참기지화 정책 : 전쟁 물자 공급을 위해 북부 지방에 중화학 공업 시설 배치

㉢ 결과 : 공업 생산이 북부 지역에 편중, 산업 간 불균형 심화(소비재 생산 위축)

② 경제 수탈

㉠ 남면북양 정책 : 일본 방직 산업의 원료 확보를 위해 면화 재배와 양 사육 강요

㉡ 농촌 진흥 운동(1932~1940) : 식민지 지배 체제의 안정을 위해 소작 조건 개선 제시 → 성과 미흡

㉢ 국가 총동원법 제정(1938) : 중·일 전쟁 이후 부족한 자원 수탈을 위해 제정 → 인적·물적 자원 수탈강화

• 인적 수탈 : 강제 징용 및 징병, 지원병제(학도 지원병제 포함), 징병제, 국민 징용령, 여자 정신 근로령

• 물적 수탈 : 공출제 시행(미곡, 금속류), 식량 수탈(산미 증식 계획 재개, 식량 배급제 실시 등), 국방헌금 강요

③ 식민지 억압 통치 강화

㉠ 민족 언론 폐간 : 조선일보·동아일보 폐간(1940)

㉡ 조선어 학회 사건(1942) : 치안 유지법 위반으로 조선어 학회 회원들 구속 → 우리말 큰사전 편찬 실패

황국 신민 서사

1. 우리들은 황국 신민이다. 충성으로써 군국에 보답하자.
2. 우리들 황국은 서로 신에 협력하고 단결을 굳게 하자.
3. 우리들 황국은 인고 단련의 힘을 길러 황도를 선양하자.

조선 교육령

• 제1차 교육령(1911) : 보통학교, 실업학교, 전문학교로 제한, 사립학교 인가조건 강화, 보통학교 수업 연한 단축(4년제)

• 제2차 교육령(1922) : 보통학교의 수업 연한을 6년으로 연장, 한국어를 필수 과목으로 유지

• 제3차 교육령(1938) : 한국어 선택과목 전환, 황국신민서사 암송 강요, 학제 변경(보통학교 → 소학교, 고등 보통학교 → 중학교)

• 제4차 교육령(1943) : 한국어 과목 폐지, 교육에 관한 전시 비상 조치령

기출 2018. 10. 13. 소방공무원

다음 상황이 나타난 시기에 볼 수 있었던 모습으로 가장 적절한 것은?

┌ 보기 ┐

식량 배급제가 실시되어 우리 가족들 모두 배급 통장을 가지고 있었고, 애국반을 통해 한 반에 한두 켤레씩 제공된 고무신은 차례를 정해 지급받았다. 힘겨운 생활은 이것으로 그치지 않았다. 언니는 여자 정신 근로령에 따라 군수 공장에서 강제 노동에 시달렸고, 옆집 오빠는 징용되어 사할린으로 간 지 1년이 되었는데 생사도 알 길이 없다고 한다.

① 치안 유지법을 제정하는 관리
② 황국 신민 서사를 암송하는 학생
③ 제복을 입고 칼을 차고 있는 교원
④ 조선인에게 태형을 가하는 헌병 경찰

〈정답 ②

(1) 1910년대 국내/국외 민족 운동

① 국내 민족 운동

  ㉠ 일제 탄압 강화 : 남한 대토벌 작전과 105인 사건 등으로 국내 민족 운동 약화→ 국외로 이동

  ㉡ 비밀 결사 단체

  • 독립 의군부(1912) : 고종의 밀명을 받아 임병찬이 조직→의병 전쟁 계획, 복벽주의 추구

  • 대한 광복회(1915) : 김좌진, 박상진이 군대식 조직으로 결성→친일파 처단, 군자금 모금, 공화정 추진

  • 기타 : 조선 국권 회복단(단군 숭배. 1915), 송죽회, 기성단, 자립단 등이 조직됨

② 국외 민족 운동

  ㉠ 만주 지역 : 북간도(서전서숙, 명동학교, 중광단), 서간도(삼원보 중심, 경학사 · 부민단, 신흥강습소 조직)

  ㉡ 중국 관내 : 상하이 신한 청년당→김규식을 파리 강화 회의에 대표로 파견함

  ㉢ 연해주 지역 : 신한촌 건설(블라디보스토크), 권업회 조직→이후 대한 광복군 정부(이상설, 이동휘 중심) 수립

  ㉣ 미주 지역 : 대한인 국민회, 대조선 국민 군단(박용만)

(2) 3 · 1 운동(1919)

① 배경

  ㉠ 국내 : 일제 무단 통치에 대한 반발 고조, 고종의 사망

  ㉡ 국외 : 월슨의 민족 자결주의 대두, 레닌의 약소민족 해방 운동 지원, 파리강화회의에 김규식 파견(신한청년당) 동경 유학생들에 의한 2 · 8 독립 선언, 만주에서 대한 독립 선언 제창

② 과정 … 초기 비폭력 만세 시위 운동→이후 무력 투쟁의 성격으로 전환

  ㉠ 준비 : 고종 황제 독살설 확산, 종교계 및 학생 중심으로 만세 운동 준비

  ㉡ 전개 : 민족 대표가 종로 태화관에서 독립 선언서 낭독→탑골공원에서 학생 · 시민들 만세 운동 전개

  ㉢ 확산 : 도시에서 농촌으로 확산→농민층이 가담하면서 무력 투쟁으로 전환→일제 탄압(제암리 사건)→국외 확산

③ 의의 및 영향

  ㉠ 국내 : 최대 규모의 민족 운동, 대한민국 임시 정부 수립에 영향, 식민 통치 방식 변화(무단 통치→문화 통치), 독립 운동의 분수령 역할→무장 투쟁, 노동 · 농민 운동 등 다양한 민족 운동 전개

기출PLUS

기출 2015. 4. 18. 인사혁신처

밑줄 친 ㉠, ㉡에 대한 설명으로 옳은 것은?

▸ 보기 ◂

일제의 가혹한 탄압으로 독립 운동은 큰 제약을 받게 되었다. 그러나 그러한 제약 속에서도 비밀 결사의 형태로 독립 운동 단체가 결성되었다. ㉠독립의군부와 ㉡대한광복회는 모두 이러한 비밀 결사 단체였다.

① ㉠은 공화국의 건설을 목표로 하였다.
② ㉡은 고종의 비밀 지령을 받아 조직되었다.
③ ㉠과 ㉡은 모두 1910년대 국내에서 결성된 단체이다.
④ ㉠은 박상진을 중심으로, ㉡은 임병찬을 중심으로 한 조직이었다.

❮정답 ③

기출PLUS

기출 2020. 6. 20. 소방공무원

다음을 선언한 민족 운동에 대한 설명으로 옳은 것은?

┌ 보기 ┐

• 금일 오인(吾人)의 이 거사는 정의 인도 생존 존영을 위하는 민족적 요구이니, 오직 자유적 정신을 발휘할 것이요, 결코 배타적 감정으로 일주(逸走)지 말라.

• 최후의 한사람까지, 최후의 한 순간까지 민족의 정당한 의사를 쾌히 발표하라.

• 일체의 행동은 가장 질서를 존중하여 오인의 주장과 태도로 하여금 어디까지든지 광명정대하게 하라.

① 대한매일신보의 후원을 받았다.
② 신간회의 지원을 받아 전국으로 확산되었다.
③ 대한민국 임시 정부 수립의 계기가 되었다.
④ 원산 노동자들의 총파업을 이끈 운동이었다.

< 정답 ③

ⓛ 국외 : 중국의 5 · 4 운동, 인도의 비폭력 · 불복종 운동 등에 영향

---

2 · 8 독립선언

오족(吾族)은 생존의 권리를 위하여 온갖 자유 행동을 취하여 최후의 일인까지 자유를 위한 열혈(熱血)을 유(流)할지니 오족은 일본에 대하여 영원히 혈전을 선언하리라. …. 오족은 이본이나 혹은 세계 각국이 오족에게 자결의 기회를 여하기를 요구하며, 만일 불연이면 오족은 생존을 위하야 자유의 행동을 취하야써 독립을 기성하기를 선언하노라

기미독립선언서

오등(吾等)은 자(慈)에 아(我) 조선(朝鮮)의 독립국(獨立國)임과 조선인(朝鮮人)의 자주민(自主民)임을 선언(宣言)하노라. 차(此)로써 세계만방(世界萬邦)에 고(告)하여 인류평등(人類平等)의 대의(大義)를 극명(克明)하며, 차(此)로써 자손만대(子孫萬代)에 고(誥)하여 민족자존(民族自存)의 정권(正權)을 영유(永有)케 하노라……구시대(舊時代)의 유물(遺物)인 침략주의(侵略主義), 강권주의(強權主義)의 희생(犧牲)을 작(作)하여 유사이래(有史以來) 누천년(累千年)에 처음으로 이민족(異民族) 겸제(箝制)의 통고(痛苦)를 상(嘗)한지 금(今)에 십년(十年)을 과(過)한지라. 아(我) 생존권(生存權)의 박상(剝喪)됨이 무릇 기하(幾何)이며, 심령상(心靈上) 발전(發展)의 장애(障碍)됨이 무릇 기하(幾何)이며, 민족적(民族的) 존영(尊榮)의 훼손(毁損)됨이 무릇 기하(幾何)이며, 신예(新銳)와 독창(獨創)으로써 세계문화(世界文化)의 대조류(大潮流)에 기여보비(寄與補裨)할 기연(機緣)을 유실(遺失)함이 무릇 기하(幾何)이뇨.

---

(3) 대한민국 임시 정부 수립과 활동

① 여러 임시 정부 수립 … 3 · 1 운동 이후 조직적인 독립운동의 필요성 자각

　㉠ 대한 국민 의회(1919. 3.) : 연해주 블라디보스톡에서 조직 → 손병희를 대통령으로 선출

　㉡ 한성 정부(1919. 4.) : 서울에서 13도 대표 명의로 조직 → 집정관 총재로 이승만 선출

　㉢ 상하이 임시 정부(1919. 4.) : 상하이에서 국무총리로 이승만 선출

② 대한민국 임시 정부의 수립

　㉠ 각지의 임시 정부 통합 : 한성 정부의 정통성 계승, 외교 활동에 유리한 상하이에 임시 정부 수립

　㉡ 형태 : 삼권 분립에 입각한 민주 공화정 → 임시 의정원(입법), 법원(사법), 국무원(행정)

　㉢ 구성 : 대통령 이승만, 국무총리 이동휘, 국무위원

③ 대한민국 임시 정부의 활동
  ㉠ **연통제, 교통국 운영** : 국내외를 연결하는 비밀 행정 및 통신 조직
  ㉡ **군사 활동** : 광복군 사령부, 국무원 산하에 군무부 설치하고 직할 군단 편성(서로 군정서 · 북로 군정서)
  ㉢ **외교 활동** : 파리 강화 회의에 독립 청원서 제출(김규식), 미국에 구미 위원부를 설치(이승만)
  ㉣ **독립 자금 모금** : 독립 공채(애국 공채) 발행, 국민 의연금을 모금
  ㉤ **기타** : 독립신문 발간

④ **국민 대표 회의**(1923)
  ㉠ **배경** : 연통제와 교통국 해체 후 자금 조달 곤란, 외교 활동 성과 미흡
    • 독립운동 방법론을 둘러싼 갈등 발생 : 외교 독립론과 무장 독립론의 갈등
    • 이승만의 국제 연맹 위임 통치 청원(1919)에 대한 내부 반발
  ㉡ **과정** : 임시 정부의 방향을 둘러싼 창조파와 개조파의 대립 심화
    • 개조파 : 현 임시 정부를 유지하며 드러난 문제점 개선 주장
    • 창조파 : 현 임시 정부의 역할 부정, 임시 정부의 위치를 연해주로 옮겨야 한다고 주장
  ㉢ **결과** : 회의 결렬 및 독립운동가 다수 이탈

⑤ 대한민국 임시 정부의 개편
  ㉠ **배경** : 국민 대표 회의 결렬 이후 독립 운동가들의 임시 정부 이탈 심화→이승만 탄핵→제2대 대통령으로 박은식 선출 후 체제 개편 추진
  ㉡ **체제 개편** : 대통령제(1919) → 국무령 중심 내각 책임제(1925) → 국무위원 중심의 집단 지도 체제(1927) → 주석 중심제(1940) → 주석 · 부주석제(1944)

기출PLUS

ⓒ 임시정부 이동 : 상하이(1932) → 충칭에 정착(1940)

대한민국 임시정부 헌장

〈제1조〉 대한민국은 민주공화제로 함.
〈제2조〉 대한민국은 임시정부가 임시 의정원의 결의에 의하여 이를 통치함
〈제3조〉 대한민국의 인민은 남녀귀천 및 빈부의 계급이 없고 일체 평등함
〈제4조〉 대한민국의 인민은 종교·언론·저작·출판·결사·집회·통신·주소이전·신체 및 소유의 자유를 향유함
〈제5조〉 대한민국의 인민으로 공민 자격이 있는 자는 선거권 및 피선거권이 있음
〈제6조〉 대한민국의 인민은 교육납세 및 병역의 의무가 있음
〈제7조〉 대한민국은 신의 의사에 의하여 건국한 정신을 세계에 발휘하며 인류의 문화 및 평화에 공헌하기 위하여 국제 연맹에 가입함

임시정부의 외교노선 비판

우리 3천만 형제자매의 이름으로 이승만이 미국에 위임통치청원을 제출한 것을 엄중히 성토한다.
조선이 이미 멸망했다 하여도 조선인의 마음에는 영원 독립의 조선이 있어 총이나 칼로 아니면 맨손으로 싸우는 것이 조선의 정신이다. 친일자는 일본에, 친미자는 미국에 노예되기를 청원한다면 조선민족은 영원히 노예의 길을 걸을 것이니 이승만을 성토하지 않을 수 없다. 따지고 보면 이승만은 이완용이나 송병준보다 더 큰 역적이다. 이완용 등은 있는 나라를 팔아먹었지만, 이승만은 아직 우리나라를 찾기도 전에 있지도 않은 나라를 팔아먹은 자다.

section 3 | 국내 민족 운동의 전개

[민족주의 계열과 사회주의 계열의 흐름]

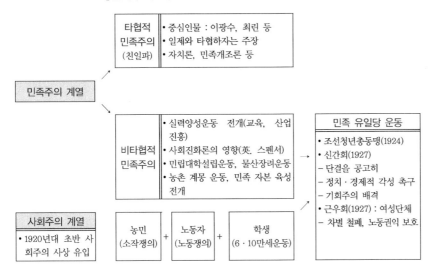

(1) 실력 양성 운동

① 실력 양성 운동의 대두 … 사회 진화론의 영향→식산흥업, 교육을 통해 독립을 위한 실력 양성

② 물산 장려 운동

　㉠ 배경 : 회사령 폐지(1920), 일본 상품에 대한 관세 철폐(1923)로 일본 자본의 한국 침투 심화→민족기업 육성을 통해 경제적 자립 실현하고자 함

　㉡ 과정 : 평양에서 조선 물산 장려회 설립(조만식. 1920)→전국적으로 확산

　㉢ 활동 : 일본 상품 배격, '내 살림 내 것으로, 조선 사람 조선 것'을 기치로 토산품 애용 장려, 금주·단연 운동 전개

　㉣ 결과 : 토산품 가격 상승, 사회주의 계열 비판(자본가와 일부 상인에게만 이익), 일제의 탄압으로 실패

> **물산장려회 궐기문**
>
> 내 살림 내것으로 보아라 우리의 먹고 입고 쓰는 것이 다 우리의 손으로 만든 것이 아니었다. 이것이 세상에서 제일 무섭고 위태한 일인 줄을 오늘에야 우리는 깨달았다. 피가 있고 눈물이 있는 형제 자매들아, 우리가 서로 붙잡고 서로 의지하며 살고서 볼일이다. 입어라 조선 사람이 짠 것을. 먹어라 조선 사람이 만든 것을 써라 조선 사람이 지은 것을. 조선 사람, 조선 것

③ 민립 대학 설립 운동

    ⊙ 배경 : 일제의 식민지 우민화 교육(보통 교육, 실업 교육 중심)→고등 교육의 필요성 제기

    ⓒ 과정 : 조선 민립 대학 기성회 조직(이상재, 1920)→모금 운동('한민족 1천만이 한 사람이 1원씩')

    ⓒ 결과 : 일제의 방해로 성과 저조→일제는 한국인들의 불만을 무마하기 위해 경성 제국 대학 설립

> **민립 대학 설립 운동**
>
> 우리의 운명을 어떻게 개척할까? 정치냐, 외교냐, 산업이냐? 물론 이와 같은 일이 모두 필요하도다. 그러나 기 기초가 되고 요건이 되며, 가장 급한일이 되고 가장 먼저 해결할 필요가 있으며, 가장 힘있고 필요한 수단은 교육이 아니면 아니 된다. …… 민중의 보편적 지식은 보통 교육으로도 가능하지만 심오한 지식과 학문은 고등 교육이 아니면 불가하며, 사회 최고의 비판을 구하며 유능한 인물을 양성하려면 …… 오늘날 조선인이 세계 문화 민족의 일원으로 남과 어깨를 견주고 우리의 생존을 유지하며 문화의 창조와 향상을 기도하려면, 대학의 설립이 아니고는 다른 방도가 없도다.

④ 문맹 퇴치 운동…문자 보급을 통한 민중 계몽 추구

    ⊙ 야학 운동(주로 노동자, 농민 대상), 한글 강습회

    ⓒ 문자 보급 운동 : 조선일보 주도→"한글 원본" 발간('아는 것이 힘, 배워야 산다')

    ⓒ 브나로드 운동 : 동아일보 주도→학생들이 참여하여 농촌 계몽 운동 전개

(2) 민족 협동 전선 운동의 전개

① 사회주의 사상 수용

    ⊙ 배경 : 러시아 혁명 이후 약소국가에서 사회주의 사상 확산(레닌의 지원 선언)

    ⓒ 전개 : 3·1 운동 이후 청년·지식인층을 중심 사회주의 사상 수용→조선 공산당 결성(1925)

    ⓒ 영향 : 이념적 차이로 인하여 민족 운동 세력이 민족주의 계열과 사회주의 계열로 분화→이후 일제는 사회주의 세력을 탄압하기 위해 치안 유지법 제정(1925)

② 6·10 만세 운동(1926)

    ⊙ 배경 : 일제의 수탈과 차별적인 식민지 교육에 대한 불만 고조, 사회주의 운동 확대, 순종 서거

    ⓒ 전개 : 학생과 사회주의 계열, 천도교 계열이 순종 인산일을 계기로 대규모 만세 시위 계획→시민 가담

〈보기〉에서 일제강점기의 사건을 발생한 순서대로 바르게 나열한 것은?

┌─ 보기 ─────────┐
  ⊙ 물산장려운동
  ⓒ 3·1 운동
  ⓒ 광주학생항일운동
  ⓔ 6·10 만세운동
└──────────────┘

① ⊙→ⓒ→ⓒ→ⓔ

② ⊙→ⓒ→ⓒ→ⓔ

③ ⓒ→⊙→ⓔ→ⓒ

④ ⓒ→ⓔ→ⓒ→⊙

〈정답 ③

ⓒ 의의 : 학생들이 독립 운동의 주체 세력으로 부상, 민족주의 계열과 사회주의 계
열의 연대 계기(민족유일당)

6·10 만세 운동

조선 민중아! 우리의 철천지 원수는 제국주의 일본이다. 2천만 동포야!
죽음을 각오하고 싸우자! 만세 만세 조선독립 만세!

③ 신간회 결성(1927~1931)

ⓐ 배경
- 국내 : 친일 세력의 자치론 등장, 치안 유지법→민족주의와 사회주의 세력 연대의
필요성 공감
- 국외 : 중국에서 제1차 국·공 합작 실현

ⓑ 활동 : 정우회 선언을 계기로 비타협적 민족주의 세력과 사회주의 세력 연대→
신간회 결성
- 이상재를 회장으로 선출하고 전국 각지에 지회 설치
- 강령 : 정치적·경제적 각성, 민족의 단결 강화, 기회주의 일체 배격
- 전국적 연회·연설회 개최, 학생·농민·노동·여성 등의 운동 지원, 조선 형평 운
동 지원
- 광주 학생 항일 운동에 조사단을 파견하여 지원

ⓒ 해체 : 일부 지도부가 타협적 민족주의 세력과 연대 시도, 코민테른 노선 변화→
사회주의자 이탈→해체

ⓓ 의의 : 민족 유일당 운동 전개, 국내에서 가장 규모가 큰 합법적 항일 민족 운동
단체

신간회 강령

1. 우리는 정치적·경제적 각성을 촉진함
2. 우리는 단결을 공고히 함
3. 우리는 기회주의를 일체 부인함

④ 광주 학생 항일 운동(1929)

ⓐ 배경 : 차별적 식민 교육, 학생 운동의 조직화, 일본인 남학생의 한국인 여학생
희롱이 발단

ⓑ 전개 : 광주 지역 학생들 궐기→신간회 및 여러 사회 단체들의 지원→전국적으
로 확산

기출PLUS

기출 2021. 4. 3. 소방공무원

다음 강령을 발표한 단체에 대한 설명으로 옳은 것은?

┌ 보기 ┐
1. 우리는 정치·경제적 각성을
촉구한다.
2. 우리는 단결을 공고히 한다.
3. 우리는 기회주의를 일체 부인
한다.

① 민족 협동 전선의 성격을 표방
하였다.
② 고등 교육 기관인 대학을 설립
하고자 하였다.
③ 백정에 대한 차별을 철폐하는
운동을 전개하였다.
④ 어린이날을 제정하고, 잡지 『어
린이』를 발간하였다.

〈정답 ①

기출 2017. 3. 18. 서울특별시

**다음의 (   ) 안에 들어갈 말을 바
르게 나열한 것은?**

┌ 보기 ┐
일제의 민족분열정책과 자치운동
론의 등장에 대응하여, 민족해방
운동의 단결과 통일적 대응을 모
색하던 사회주의 진영과 비타협적
민족주의 진영은 1926년 (㉠) 선
언을 계기로, 1927년 1월 (㉡)를
발기하였다. 이어서 서울청년 회계
사회주의자와 물산장려운동계열이
연합한 (㉢)와도 합동할 것을 결
의, 마침내 2월 15일 YMCA 회관에
서 (㉡) 창립대회를 가졌다.

① ㉠ 북풍회, ㉡ 정우회, ㉢ 고려
공산 청년회
② ㉠ 정우회, ㉡ 신간회, ㉢ 조선
민흥회
③ ㉠ 정우회, ㉡ 근우회, ㉢ 고려
공산 청년회
④ ㉠ 북풍회, ㉡ 신간회, ㉢ 조선
민흥회

〈정답 ②

ⓒ 의의 : 3 · 1 운동 이후 국내 최대 규모의 항일 민족 운동

> **광주학생 항일운동**
>
> 나는 피가 머리로 역류하는 분노를 느꼈다. 가뜩이나 그 놈들하고 한 차에 통학을 하면서도 민족 감정으로 서로 멸시하고 혐오하며 지내온 터였는데, 그 자들이 우리 여학생을 희롱하였으니 나로서는 당연히 감정적 충격이었다. 더구나 박기옥은 나의 누님이었으니 나의 분노는 더하였다. 나는 박기옥의 댕기를 잡고 장난을 친 후쿠다를 개찰구 밖 역전 광장에 불러 세우고 우선 점잖게 따졌다. 그의 입에서 조센징이라는 말이 떨어지기가 무섭게 나의 주먹은 그 자의 면상에 날아가 작열하였다.
> 1. 조선인 본위의 교육을 획득하자!
> 2. 식민지 차별적 교육을 타도하자!
> 3. 조일공학(朝日共學)을 절대 반대하자.
> 4. 군사교육에 절대 반대하자!
> 5. 교내 학우회의 자치제를 획득하자!

⑤ 농민 · 노동 운동

ⓐ 농민 운동 : 고율의 소작료 및 각종 대금의 소작인 전가로 소작농 부담 증대

- 전개 : 암태도 소작쟁의(1923) → 소작료 인하, 소작권 이동 반대 주장

ⓑ 노동 운동 : 저임금, 장시간 노동 등 열악한 노동 환경에 대한 노동자 반발

- 전개 : 조선 노동 총동맹(1927) 주도 → 노동 조건의 개선과 임금 인상 요구 → 원산 노동자 총파업(1929)

ⓒ 1930년대 농민 · 노동 운동 : 사회주의 세력과 연계하여 정치적 투쟁의 성격 나타남(반제국주의)

⑥ 각계 각층의 민족 운동

ⓐ 청년 운동 : 조선 청년 총동맹 결성

ⓑ 소년 운동 : 천도교 소년회 중심(방정환) → 어린이날을 제정, 잡지 "어린이" 발간

ⓒ 여성 운동 : 신간회 자매 단체로 근우회 조직 → 여성 계몽 활동 전개

ⓓ 형평 운동 : 조선 형평사 조직 → 백정 출신에 대한 사회적 차별 반대, 평등 사회 추구

(3) 민족 문화 수호 운동

① 한글 연구

ⓐ 조선어 연구회(1921) : 가갸날 제정함, 잡지 "한글" 간행

ⓑ 조선어 학회(1931) : 조선어 연구회 계승, 한글 맞춤법 통일안과 표준어 제정, 우리말 큰사전 편찬 시도 → 일제에 의한 조선어 학회 사건(1942)으로 강제 해산

다음 글을 저술한 인물에 대한 설명으로 옳은 것은?

> ─ 보기 ─
>
> 대개 국교 · 국학 · 국어 · 국문 · 국사는 혼(魂)에 속하는 것이요, 전곡 · 군대 · 성지 · 함선 · 기계 등은 백(魄)에 속하는 것으로 혼의 됨됨은 백에 따라서 죽고 사는 것이 아니다. 그러므로 국교와 국사가 망하지 않으면 그 나라도 망하지 않는 것이다. 오호라! 한국의 백은 이미 죽었으나 소위 혼은 남아 있는 것인가?

① 유교구신론을 발표하여 유교 개혁을 주장하였다.

② 조선심을 강조하며 역사 대중화를 위해 노력하였다.

③ 의열단의 기본 정신이 나타난 조선혁명선언을 저술하였다.

④ 민족 문화의 고유성과 세계성을 찾으려는 조선학 운동에 참여하였다.

< 정답 ①

② 국사 연구

　㉠ **식민 사관** : 식민 통치의 정당화를 위해 우리 역사 왜곡→조선사 편수회→정체
　　성론, 당파성론, 타율성론

　㉡ **민족주의 사학** : 한국사의 독자성과 주체성 강조

　　• 박은식 : 근대사 연구, 민족혼을 강조→'유교구신론', '한국통사', '한국독립운동지혈
　　　사' 저술

　　• 신채호 : 고대사 연구, 낭가사상 강조→'조선사연구초', '조선상고사' 저술

　　• 정인보 : 조선 얼 강조, 조선학 운동 전개

　㉢ **사회 경제 사학** : 마르크스의 유물 사관 수용

　　• 백남운 : 식민 사관인 정체성론 비판→'조선 사회 경제사' 저술, 세계사의 보편적
　　　발전 법칙에 따라 한국사 이해

　㉣ **실증 사학** : 객관적 사실 중시

　　• 진단 학회 : 이병도, 손진태 등이 결성→'진단 학보' 발간

민족주의 사학 1

역사란 무엇이뇨? 인류 사회의 '아(我)'와 '비아(非我)'의 투쟁이 시간부터 발
전하여 공간부터 확대하는 심적 활동의 상태의 기록이니, 세계사라 하면 세
계 인류의 그리 되어 온 상태의 기록이며, 조선사라 하면 조선 민족의 그리
되어 온 상태의 기록이니라. 무엇을 '아'라 하며 무엇을 '비아'라 하느뇨? 깊
이 팔 것 없이 얕게 말하자면, 무릇 주관적 위치에 선 자를 아라 하고 그 이
외에는 비아라 하나니, 이를테면 조선인은 조선을 아라 하고,……영·러·
불·미 등은 각기 제 나라를 아라 하고, 조선을 비아라 하며, …… 그러므로
역사는 아와 비아의 투쟁의 기록이니라.

– 신채호 「조선상고사」 –

민족주의 사학 2

옛 사람들이 이르기를 나라는 멸망하더라도 역사는 망할 수 없다고 하였
다. 나라라는 것은 형체만을 말하는 것이고, 역사는 발로 신명과 같은 것
이다. 오늘날 우리나라의 형체는 이미 훼손되고 말았으나, 신명만큼은 고
고히 남아 존재하고 있으니, …… 신명이 존재하여 없어지지 않으면 형체
는 언젠가는 다시 살아날 것이다.

– 박은식 「한국통사」 –

---

③ 종교 활동

　㉠ **불교** : 일제의 사찰령으로 탄압→한용운이 중심이 되어 조선 불교 유신회 조직

　㉡ **원불교** : 박중빈이 창시→개간 사업, 미신 타파, 저축 운동 등 새생활 운동 전개

　㉢ **천도교** : 소년 운동 주도, 잡지 '개벽' 발행

　㉣ **대종교** : 단군 숭배, 중광단 결성(북간도)함→이후 북로 군정서로 확대·개편→
　　항일 무장 투쟁 전개

기출PLUS

기출 2021. 4. 3. 소방공무원

다음을 주장한 인물에 대한 설명으로 옳은 것은?

┌ 보기 ┐

역사란 무엇이뇨? 인류 사회의
아(我)와 비아(非我)의 투쟁이 시
간부터 발전하며 공간부터 확대
하는 정신적 활동상태의 기록이
니 …… 조선 역사라 함은 조선
민족의 그리되어 온 상태의 기록
인 것이다.

① 『대한매일신보』에 「독사신론」을
　발표하여 민족주의 사학의 연구
　방향을 제시하였다.

② 정약용 서거 99주년을 기념하며
　『여유당전서』를 간행하면서 조
　선학을 제창하였다.

③ 진단학회를 조직하고 철저한 문
　헌고증으로 한국사를 객관적으
　로 서술하려 하였다.

④ 유물 사관에 바탕을 두고 한국사
　가 세계사의 보편 법칙에 따라
　발전하였다는 점을 강조하였다.

〈정답 ①

ⓜ 개신교 : 교육 운동, 계몽 운동을 전개→신사 참배 거부

ⓗ 천주교 : 사회 사업 전개(고아원, 양로원 설립), 항일 무장 투쟁 단체인 의민단 조직

④ 문화 활동

　ㄱ 문학 : 동인지 발간 및 신경향파 문학 등장(1920년대) → 저항 문학(이육사, 윤동주) · 순수 문학(1930년대)

　ㄴ 영화 : 나운규의 '아리랑(1926)'

section 4 국외 민족 운동의 전개

(1) 1920년대 무장 독립 투쟁

① 봉오동 전투와 청산리 대첩

　ㄱ 봉오동 전투(1920. 6) : 대한 독립군(홍범도), 군무 도독부군(최진동), 국민회군(안무) 연합부대가 봉오동에서 일본군 격파

　ㄴ 청산리 대첩(1920. 10) : 봉오동 전투에서 패배한 일본이 만주에 대규모로 일본군 파견(훈춘사건)

　　• 북로 군정서(김좌진), 대한 독립군(홍범도) 등 연합 부대가 청산리 일대에서 일본군에게 크게 승리

② 독립군의 시련

　ㄱ 간도 참변(1920, 경신참변) : 봉오동 전투, 청산리 대첩에서 패배한 일본군의 복수→간도 이주민 학살

　ㄴ 독립군 이동 : 일본군을 피해 독립군은 밀산에 모여 대한독립군단 결성(총재 서일)→소련령 자유시로 이동

　ㄷ 자유시 참변(1921) : 독립군 내부 분열, 러시아 적군과의 갈등→적군에 의해 강제 무장 해제 당함

③ 독립군 재정비 … 간도 참변, 자유시 참변으로 약화된 독립군 재정비 필요성 대두

　ㄱ 3부 성립 : 자치 정부의 성격→민정 기능과 군정 기능 수행

　　• 참의부(대한민국 임시 정부 직속), 정의부, 신민부

　ㄴ 미쓰야 협정(1925) : 조선 총독부와 만주 군벌 장작림 사이에 체결→독립군 체포 · 인도 합의, 독립군 위축

　ㄷ 3부 통합 : 국내외에서 민족 협동 전선 형성(민족 유일당 운동)

　　• 국민부(남만주) : 조선 혁명당, 조선 혁명군(양세봉) 결성

　　• 혁신의회(북만주) : 한국 독립당, 한국 독립군(지청천) 결성

기출PLUS

기출 2021. 4. 3. 소방공무원

(가)~(라)의 사건을 발생 순서대로 옳게 나열한 것은?

┌ 보기 ┐
(가) 봉오동 전투
(나) 자유시 참변
(다) 청산리 대첩
(라) 3부 통합 운동
└───────┘

① (가) → (다) → (나) → (라)
② (가) → (다) → (라) → (나)
③ (라) → (가) → (다) → (나)
④ (라) → (나) → (가) → (다)

< 정답 ①

기출 2018. 10. 13. 소방공무원

다음 (가)와 (나) 사이에 발생한 사실로 옳은 것은?

┌ 보기 ┐
(가) 만주에 출병한 일본군은 청산리 대첩을 전후해서 독립군의 근거지를 없앤다는 명분으로 간도의 한인 마을에 들어가 우리 동포를 무차별 학살하고 집과 학교, 교회 등을 불태우는 반인륜적 만행을 저질렀다.
(나) 참의부, 정의부, 신민부는 동포 사회를 이끌어 가는 민정 조직과 독립군의 훈련 및 작전을 담당하는 군정 조직을 갖추고 있었다.
└───────┘

① 만주 사변
② 자유시 참변
③ 중 · 일 전쟁
④ 국가 총동원법 제정

< 정답 ②

(2) 1930년대 무장 독립 투쟁

① 한 · 중 연합 작전

- ㉠ **배경** : 일제가 만주 사변(1931) 후 만주국을 수립하자 중국 내 항일 감정 고조→한 · 중 연합 전선 형성
- ㉡ **전개**
  - 남만주 : 조선 혁명군(양세봉)이 중국 의용군과 연합→흥경성 · 영릉가 전투 등에서 승리
  - 북만주 : 한국 독립군(지청천)이 중국 호로군과 연합→쌍성보 · 사도하자 · 대전자령 전투 등에서 승리
- ㉢ **결과** : 한중 연합군의 의견 대립, 일본군의 공격 등으로 세력 약화→일부 독립군 부대는 중국 관내로 이동

② 만주 항일 유격 투쟁

- ㉠ **사회주의 사상 확산** : 1930년대부터 조선인 사회주의자들이 중국 공산당과 연합하여 항일 운동 전개→동북 항일 연군 조직(1936)
- ㉡ **조국 광복회** : 동북 항일 연군 일부와 민족주의 세력이 연합→국내 진입(1937, 보천보 전투)

③ 중국 관내의 항일 투쟁

- ㉠ **민족 혁명당(1935)** : 민족 협동 전선 아래 독립군 통합을 목표로 조직→한국독립당, 조선혁명군 등 참여
  - 김원봉, 지청천, 조소앙 중심(좌우 합작)→이후 김원봉이 주도하면서 지청천, 조소앙 이탈
  - 이후 조선 민족 혁명당으로 개편→조선 민족 전선 연맹 결성(1937)→조선 의용대 결성(1938)
- ㉡ **조선 의용대(1938, 한커우)** : 김원봉 등이 중국 국민당 정부의 지원을 받아 조직
  - 중국 관내에서 조직된 최초의 한인 독립군 부대→이후 한국 광복군에 합류(1942)
  - 분화 : 일부 세력이 중국 화북 지방으로 이동→조선 의용군으로 개편됨(조선 독립 동맹의 군사 기반)
- ㉢ **조선 의용군(1942)** : 조선 의용대 일부와 화북 사회주의자와 연합하여 옌안에서 조직
  - 중국 공산당과 연합하여 항일 투쟁 전개, 해방 이후에는 북한 인민군으로 편입

기출PLUS

기출 2020. 6. 20. 소방공무원

㈎~㈑의 사건들을 발생 순서대로 옳게 나열한 것은?

┌ 보기 ┐
㈎ 조선민족전선연맹 산하에 조선의용대를 창설하였다.
㈏ 대한독립군단이 자유시에서 참변을 당하였다.
㈐ 한국독립군이 한 · 중연합 작전으로 쌍성보에서 전투를 전개하였다.
㈑ 임시 정부에서 한국광복군을 조직하였다.

① ㈎→㈏→㈐→㈑
② ㈎→㈏→㈑→㈐
③ ㈏→㈎→㈐→㈑
④ ㈏→㈐→㈎→㈑

〈 정답 ④

기출PLUS

기출 2019. 6. 15. 제1회 지방직

다음 선언문의 강령에 따라 활동한 단체에 대한 설명으로 옳은 것은?

┌ 보기 ─
민중은 우리 혁명의 대본영(大本營)이다. 폭력은 우리 혁명의 유일한 무기이다. 우리는 민중 속으로 가서 민중과 손을 맞잡아 끊임없는 폭력－암살, 파괴, 폭동－으로써 강도 일본의 통치를 타도하고 우리 생활에 불합리한 일체의 제도를 개조하여 인류로써 인류를 압박하지 못하며, 사회로써 사회를 박탈하지 못하는 이상적 조선을 건설할지니라.

① 임시정부 활동에 활기를 불어넣고자 결성하였다.
② 청산리 지역에서 일본군과 접전을 벌여 대승을 거두었다.
③ 한국독립당, 조선혁명당 등과 함께 민족혁명당을 결성하였다.
④ 원산에서 일본인이 한국인 노동자를 구타한 사건을 계기로 총파업을 일으켰다.

〈정답 ③

(3) 의열 투쟁과 해외 이주 동포 시련

① **의열단(1919)** … 김원봉을 중심으로 만주 지린에서 비밀 결사로 조직
  ⊙ 목표 : 민중의 직접 혁명을 통한 독립 추구(신채호 '조선 혁명 선언')
  ⊙ 활동 : 조선 총독부의 주요 인사·친일파 처단, 식민 통치 기구 파괴 → 김익상, 김상옥, 나석주 등의 의거
  ⓒ 변화 : 개별적인 무장 활동의 한계 인식 → 체계적 군사 훈련을 위해 김원봉을 중심으로 황푸 군관 학교 입교 → 이후 조선 혁명 간부 학교 설립함(독립군 간부 양성) → 민족 혁명당 결성 주도

> **조선혁명선언**
>
> 민중은 우리 혁명의 대본영(大本營)이다. 폭력은 우리 혁명의 유일 무기이다. 우리는 민중 속에 가서 민중과 손을 잡고 끊임없는 폭력 － 암살·파괴·폭동으로써, 강도 일본의 통치를 타도하고, 우리 생활에 불합리한 일체 제도를 개조하여, 인류로써 인류를 압박치 못하며, 사회로써 사회를 수탈하지 못하는 이상적 조선을 건설할지니라.
>
> － 신채호 －

② **한인 애국단(1931)** … 김구가 주도
  ⊙ 활동 : 일왕 암살 시도(이봉창), 상하이 훙커우 공원 의거(1932, 윤봉길)
  ⊙ 의의 : 대한민국 임시 정부와 독립군에 대한 중국 국민당 정부의 지원 약속 → 한중 연합작전의 계기

③ **해외 이주 동포의 시련**
  ⊙ 만주 : 한인 무장 투쟁의 중심지 → 일본군의 간도 참변으로 시련
  ⊙ 연해주 : 중·일 전쟁 발발 이후 소련에 의해 중앙아시아로 강제 이주(1937)
  ⓒ 일본 : 관동 대지진 사건(1923)으로 많은 한국인들 학살
  ⓔ 미주 : 하와이로 노동 이민 시작(1900년대 초) → 독립운동의 재정을 지원함

(4) 대한민국 임시정부 재정비와 건국 준비 활동

① **충칭 임시 정부** … 주석 중심제로 개헌, 전시 체제 준비
  ⊙ 한국 독립당(1940) : 김구, 지청천, 조소앙의 중심으로 결성
  ⊙ 대한민국 건국 강령 발표(1941) : 민주 공화국 수립 → 조소앙의 삼균주의 반영
  ⓒ 민족 협동 전선 성립 : 김원봉의 조선 의용대를 비롯한 민족혁명당 세력 합류 → 항일 투쟁 역량 강화

② 한국 광복군(1940)

　　㉠ 조직 : 중국 국민당 정부의 지원으로 조직된 정규군으로 조선 의용대 흡수, 총사령관에 지청천 임명

　　㉡ 활동 : 대일 선전 포고, 연합 작전 전개(인도, 미얀마에서 선전 활동, 포로 심문 활동 전개)

　　• 국내 진공 작전 준비 : 미국 전략 정보국(OSS)의 지원으로 국내 정진군 편성 → 일제 패망으로 작전실패

한국 광복군의 대일 선전 포고

1. 한국 전 인민은 현재 이미 반침략 전선에 참가하였으니 한 개의 전투 단위로서 추축국에 선전한다.
2. 1910년의 합방 조약과 일체의 불평등 조약이 무효임을 거듭 선포하여 아울러 반침략 국가인 한국에 있어서의 합리적 기득권을 존중한다.
3. 한국·중국 및 서태평양으로부터 왜구를 완전히 구축하기 위하여 최후 승리를 거둘 때까지 혈전한다.

---

③ 조선 독립 동맹(1942)

　　㉠ 조직 : 화북 지역의 사회주의자들 중심으로 조직 → 김두봉 주도

　　㉡ 활동 : 항일 무장 투쟁 전개(조선 의용군), 건국 강령 발표(민주 공화국 수립, 토지 분배 등의 원칙수립)

④ 조선 건국 동맹(1944)

　　㉠ 조직 : 국내 좌우 세력을 통합하여 비밀리에 조직 → 여운형이 주도

　　㉡ 활동 : 국외 독립운동 세력과 연합 모색, 민주 공화국 수립 표방 → 광복 직후 조선 건국 준비 위원회로 발전

기출PLUS

기출 2019. 4. 6. 소방공무원

㈎ 단체에 대한 설명으로 옳은 것은?

┌ 보기 ┐

조선 안에 있는 모든 관청을 폭탄으로 깨트리고 조선 안 관공리를 암살하며 뒤로 아라사의 무서운 힘을 업고 앞으로는 독립을 열망하는 청년을 앞세운 ㈎ 사건의 일부가 조선 안에서 계획을 실행하려다가 미리 발각된 일은 …(중략)… ㈎ 은/는 단장 김원봉을 중심으로 오년 전에 설립된 조선독립당의 비밀 단체이니 …(하략)…

－『동아일보』

① 신흥 무관 학교를 설립하였다.
② 민족 혁명당 결성에 참여하였다.
③ 정우회 선언을 계기로 결성되었다.
④ 상하이 훙커우 공원 의거를 일으켰다.

< 정답 ②

01 다음은 3·1운동 이후 독립운동 항일무장투쟁에 관한 내용이다. 시대순으로 올바르게 나열한 것은?

> ㉠ 봉오동전투, 청산리대첩 ㉡ 간도참변
> ㉢ 미쓰야협정 ㉣ 자유시참변
> ㉤ 한·중연합작전 ㉥ 한국광복군의 창설

① ㉠ – ㉡ – ㉢ – ㉣ – ㉥ – ㉤
② ㉠ – ㉡ – ㉣ – ㉢ – ㉤ – ㉥
③ ㉠ – ㉣ – ㉡ – ㉢ – ㉤ – ㉥
④ ㉡ – ㉠ – ㉣ – ㉢ – ㉥ – ㉤

 TIPS!
봉오동전투(1920. 6) → 청산리전투(1920. 10) → 간도참변(1920. 10월부터 3개월간) → 자유시참변(1921) → 미쓰야협정(1925. 6. 11) → 한·중연합작전(1931) → 한국광복군의 창설(1940)

02 다음 중 무장독립전쟁에 대한 설명으로 옳은 것은?

① 일본군은 독립군을 지원하는 동포 사회를 파괴하고자 간도참변을 일으켰다.
② 대한독립군은 봉오동전투와 청산리전투에서 승리를 거두었다.
③ 참의부는 자유시참변 이후 귀환한 독립군 중심으로 편성되었다.
④ 신민부는 상해임시정부의 직할대였다.

TIPS!
② 대한독립군은 봉오동전투에서, 북로군정서는 청산리전투에서 승리를 거두었다.
③ 자유시참변 이후 독립군을 중심으로 북만주 일대에서 조직된 것은 신민부이다(1925).
④ 임시정부의 직할부대는 육군주만참의부이다.

Answer 01.② 02.①

03 다음 중 사회주의 사상이 독립운동에 미친 영향을 바르게 설명한 것은?

① 북로군정서를 조직하여 청산리에서 일본군과의 전투에서 승리하였다.
② 신간회에 참여하여 농민들의 소작쟁의활동을 지원하였다.
③ 국내정진군을 편성하여 국토수복계획을 수립하였다.
④ 만주에 독립군 기지를 만들고 그곳에 사관학교를 설립하였다.

 TIPS!

한국의 사회주의 운동은 1926년 6·10만세운동을 계획하였다가 사전에 발각되었고 파벌싸움, 일제의 감시와 탄압으로 활동이 어려웠다. 이러한 때 민족주의 계열과 연합하여 신간회를 조직하고 농민들의 소작쟁의와 노동자들의 노동쟁의 등을 지원하였다.
① 대종교 ③ 광복군 ④ 대한광복회

04 1920년대 만주에서의 독립운동에 대한 설명으로 옳지 않은 것은?

① 자유시참변으로 독립군은 큰 타격을 받았다.
② 일제는 독립군에 대한 조치로 간도참변을 일으켰다.
③ 만주의 독립군은 참의부, 정의부, 신민부로 통합되었다.
④ 천마산대가 결성되어 일본 군경과의 치열한 교전이 이루어졌다.

TIPS!

④ 천마산대는 평북 천마산을 근거지로 활동하였으며 국내의 대표적 무장단체로 평북 동암산의 보합단, 황해도 구월산의 구월산대 등이 있다.

05 다음 중 1919 ~ 1931년 일제의 식민지 지배체제가 아닌 것은?

① 내선일체, 일선동조론, 황국신민화를 강요하였다.
② 소수의 친일분자를 키워 우리 민족을 이간하여 분열시켰다.
③ 문관총독의 임명을 약속하였으나 임명되지 않았다.
④ 교육은 초급의 학문과 기술교육만 허용되었다.

TIPS!

1919 ~ 1931년까지는 일제의 문화통치 기간이다.
① 1930년대의 민족말살통치에 대한 내용이다.

Answer 03.② 04.④ 05.①

06 일제가 실시한 식민통치에 관한 설명으로 옳지 않은 것은?

① 헌병 경찰과 헌병 보조원을 전국에 배치하여 무단 통치를 행하였다.
② 우리 민족에게 태형을 실시하였으며 재판 없이 구류에 처하였다.
③ 중추원을 두어 한국인 대표가 통치할 수 있도록 정치적 권한을 주었다.
④ 문화통치를 통하여 소수의 친일분자를 키워 우리 민족을 이간하고 분열시켰다.

TIPS!
③ 일제는 자문기구인 중추원을 두어 한국인을 정치에 참여시킨다고 하였으나 한 번도 소집된 적이 없는 기구로 회유책에 불과했다.

07 우리 민족이 일제에 대항하여 벌인 경제적 구국운동으로 옳지 않은 것은?

① 방곡령   ② 노동쟁의
③ 토지조사사업   ④ 국채보상운동

TIPS!
③ 일제가 1910 ~ 1918년까지 근대적인 토지소유권을 확립한다는 미명하에 행해진 것으로 복잡한 서류와 기한부 신고제로 많은 농민들이 토지를 잃게 되었다.

08 다음 중 일제에 대한 노동자들의 저항운동이 가장 활발했던 시기는?

① 1910년대 전반기   ② 1920년대 후반기
③ 1930년대 전반기   ④ 1930년대 후반기

TIPS!
일제시대의 노동쟁의
㉠ 배경 : 일제시대의 열악한 노동환경
㉡ 성격 : 생존권 보장을 위한 투쟁, 반일 투쟁
㉢ 전개
• 1단계(1920년대 전반) : 임금인상 투쟁이 많았다.
• 2단계(1920년대 후반) : 특정 도시로 한정되었던 쟁의가 전국의 도시로 확산되었으며 지역별 · 산업별 노동조합연합체가 결성되었다.
• 3단계(1930년대 전반) : 파업투쟁이 급격히 증가하였으며 생존권 투쟁과 함께 민족해방과 계급해방을 목적으로 하였다.

Answer 06.③ 07.③ 08.③

09 일제하 민족경제의 변화에 대한 설명으로 옳지 않은 것은?

① 지주제가 강화되고 소작농이 증가하였다.

② 증산량보다 많은 쌀이 수탈되어 식량사정이 악화되었다.

③ 광업령, 임야조사사업, 어업령을 통해 자원이 약탈되었다.

④ 산미증식계획으로 수리조합사업비와 토지개량사업비는 총독부에서 전담하였다.

TIPS!

④ 수리조합사업비와 토지개량사업비를 농민에게 전가하여 농민 부채가 증가하여 농민의 몰락이 가속화되었다.

※ 산미증식계획(1920 ~ 1933)

　㉠ 일제가 공업화를 추진하면서 부족한 식량을 우리나라에서 착취하기 위해 15년간 920만석을 증산하도록 강요한 계획이다.

　㉡ 증산량보다 많은 양이 수탈되자 한국의 식량사정은 악화되었다.

　㉢ 논농사 중심의 구조로 쌀 생산을 강요하였다.

　㉣ 수리조합사업비와 토지개량사업비를 농민에게 전가하자 농민부채가 증가하여 농민의 몰락이 가속화되었다.

10 다음 내용의 시기에 대한 사실을 옳게 짝지은 것은?

일제는 우리나라를 식민지로 개척한 이후 만주와 중국대륙까지도 점령할 욕심으로 대륙침략전쟁을 일으켜 만주지방을 점령한 다음 결국 중·일 전쟁을 일으켰다.

㉠ 공출　　　　　　　　　　　　　　　　㉡ 토지조사사업
㉢ 허가제의 회사령　　　　　　　　　　　㉣ 병참기지화정책

① ㉠㉡　　　　　　　　　　　　　　　　② ㉠㉢
③ ㉠㉣　　　　　　　　　　　　　　　　④ ㉡㉢

TIPS!

1930년 일본의 대륙침략이 본격화됨에 따라 전기·제철·중화학공장 등 군수공업시설을 많이 설치하여 우리나라를 일본의 병참기지로 삼았으며 침략전쟁이 중·일 전쟁, 태평양전쟁으로 확대되면서 우리나라의 각종 물자의 공출제도를 강행하였다. 민족말살정책을 강행하면서 우리말과 우리 역사교육을 일체 금지하였다.

㉡은 1910년, ㉢은 1920년대에 실시되었다.

Answer 09.④ 10.③

11 1910년대의 회사령에 대한 설명으로 옳지 않은 것은?

① 회사 설립은 신고제였다.
② 민족경제가 성장할 수 있는 토대가 상실되었다.
③ 우리의 근대적 기업의 발달을 저해하였다.
④ 한국인의 회사 설립 및 경영을 통제하였다.

 TIPS!

① 1910년에 공포된 회사령은 회사를 설립할 경우 총독의 허가를 받아야 하는 허가제로 허가조건을 위반할 경우 총독이 사업의 금지 및 기업의 해산을 명령할 수 있었다.

12 1920 ~ 1930년대에 일어났던 소작쟁의와 노동쟁의에 대한 설명으로 옳지 않은 것은?

① 소작농들은 일본인 지주에게만 대항하여 소작료 인하와 소작권 박탈반대 등을 요구하였다.
② 항일민족운동과 결부되었다.
③ 노동자들의 요구는 임금인상이나 노동조건 개선이었다.
④ 일제의 탄압과 수탈로 점차 약화되고 말았다.

TIPS!

① 소작농들의 소작쟁의는 일본인 지주뿐만 아니라 조선인 지주에 대항해서도 일어났다.

13 다음 중 같은 해에 일어난 사건끼리 짝지어지지 않은 것은?

① 원산총파업 – 광주학생운동
② 신간회 창립 – 근우회 창립
③ 일장기 말소사건 – 조선농지령 공포
④ 만보산 사건 – 브나로드 운동 시작

TIPS!

① 1929년
② 1927년
③ 일장기 말소사건(1936년), 조선농지령 공포(1934년)
④ 1931년

Answer 11.① 12.① 13.③

14 다음은 일제가 우리나라에서 실시하였던 경제정책을 나열한 것이다. 이에 대한 설명으로 옳은 것을 모두 고르면?

> (개) 토지조사령을 발표하여 전국적인 토지조사사업을 벌였다.
> (내) 회사령을 제정하여, 기업의 설립을 총독의 허가제로 하였다.
> (대) 발전소를 건립하고 군수산업 중심의 중화학공업을 일으켰다.

> ㉠ (개)의 결과로 우리 농민이 종래 보유하고 있던 경작권이 근대적 소유권으로 전환되었다.
> ㉡ (내)의 목적은 우리의 민족자본을 억압하기 위한 것이었다.
> ㉢ (개), (내)의 정책이 추진되었던 시기에는 주로 소비재 중심의 경공업이 발달하였다.
> ㉣ (대)의 시설은 북동부 해안지방에 편중되어 남북 간의 공업 발달에 심한 불균형을 초래하였다.

① ㉠㉡㉢
② ㉠㉡㉣
③ ㉠㉢㉣
④ ㉡㉢㉣

TIPS!
㉠ 종래 우리나라의 농민은 토지의 소유권과 함께 경작권도 보유하고 있었는데, 토지조사사업으로 많은 농민이 기한부 계약에 의한 소작농으로 전락하고 말았다.

15 1915 ~ 1918년 사이에 일본의 경제는 수출이 7억 8천만 엔에서 19억 엔으로 비약적으로 증가하여 호황을 누렸다. 그러나 1920년부터는 심각한 경제공황을 겪어 많은 기업이 도산하였으며, 쌀값이 폭등하였다. 이때 일본이 취한 대책을 다음에서 고른다면?

> ㉠ 조선에서 회사령을 실시하여 기업의 설립을 억제하였다.
> ㉡ 중국 대륙으로 진출을 서둘러 1931년에 만주를 점령하였다.
> ㉢ 토지조사사업을 실시하여 일본의 빈민을 조선에 이주시켰다.
> ㉣ 조선에서 산미증식계획을 실시하여 식량난을 해결하고자 하였다.
> ㉤ 일본 국내의 산업구조를 경공업에서 석유화학공업을 변경시켰다.

① ㉠㉢
② ㉠㉣
③ ㉡㉣
④ ㉡㉤

TIPS!
1920년대 이후 일본의 식민지 경제정책은 병참기지화 정책, 산미증식계획 등으로 추진되었다.

Answer 14.④ 15.③

16 다음은 1920년대 우리 사회에 나타난 현상이다. 이러한 문제점을 해결하기 위해 정부가 취했던 정책은?

성장 위주의 경제정책으로 빈부의 격차가 커지자 상대적으로 빈곤감을 느끼는 계층들의 불만이 표출되었다. 해외시장에서의 가격경쟁력을 유지하기 위하여 근로자에 대한 저임금정책이 상당 기간 계속됨으로써 생산 증가와 실질임금 사이에 큰 격차가 발생하였다. 뿐만 아니라 장시간의 근로조건과 열악한 노동환경으로 인하여 사용자와 근로자 사이의 관계는 악화되지 않을 수 없었다.

① 노동쟁의운동을 불법화시켰다.
② 노동조합의 설립을 적극 지원하였다.
③ 근로자의 임금인상을 적극적으로 유도하였다.
④ 환경문제에 관심을 갖고 많은 공해업소를 폐쇄시켰다.

💡 TIPS! --
① 성장 위주의 경제정책은 노동자 계층의 불만을 야기시켰고, 이에 노동운동이 점차 활발해지자 정부는 그 대응책으로 노동쟁의운동을 불법화시켰다.

17 다음은 어느 신문의 사설이다. 밑줄 친 것과 관련된 운동으로 옳은 것은?

1931년부터 4년간에 걸쳐 벌인 <u>브나로드 운동</u>은 대표적인 계몽운동이었다. 남녀 청년학도들이 계몽대, 강연대를 조직하여 삼천리 방방곡곡을 누비며 우리글, 우리 역사를 가르치고 농촌위생, 농촌경제개발에 앞장섰던 이 운동은 지식인과 학생이 이 땅에서 일으킨 최초의 민중운동이었다.

① 언론사 중심의 문맹퇴치운동이 전개되었다.
② 사회운동계열이 주도하였다.
③ 이 운동의 영향으로 민립대학설립운동이 추진되었다.
④ 이 시기에 언론과 지식인과 학생이 주도한 만세시위가 확산되고 있었다.

💡 TIPS! --
'브나로드'는 '민중 속으로'라는 러시아 말에서 유래된 것으로 일제강점기에 동아일보사가 주축이 되어 전국적 문맹퇴치운동으로 전개되었다. 브나로드 운동은 문자교육과 계몽활동(미신 타파, 구습 제거, 근검절약 등)을 병행한 대표적인 농촌계몽운동이다.

Answer 16.① 17.①

18 갑오개혁으로 신분해방은 되었으나 사회적으로는 여전한 신분불평등을 해소할 것을 요구하며 진주에서 일어난 백정 신분해방운동을 주도한 세력으로 옳은 것은?

① 조선형평사　　　　　　　　　　　　② 집강소
③ 활빈당　　　　　　　　　　　　　　④ 조선농민총동맹

TIPS!

　진주에서 일어난 백정신분해방운동은 조선형평사가 주도하였다.

19 다음 중 신간회의 기본 강령을 바르게 묶은 것은?

　㉠ 민족 산업의 육성운동 전개
　㉡ 민립대학 설립운동 전개
　㉢ 기회주의자의 배격
　㉣ 여성 노동자의 권익 옹호와 새 생활 개선
　㉤ 민족의 단결. 정치 · 경제적 각성 촉구

---

① ㉠㉡　　　　　　　　　　　　　　② ㉡㉢
③ ㉢㉣　　　　　　　　　　　　　　④ ㉢㉤

TIPS!

　㉡ 조선교육회　㉣ 근우회
　※ 신간회 강령
　　㉠ 정치적 · 경제적 각성을 촉구함
　　㉡ 단결을 공고히 함
　　㉢ 기회주의를 일체 부인함

20 다음 중 각각 종교에 대한 설명으로 옳지 않은 것은?

① 천주교 – 중인과 평민층, 부녀자 신도가 많았다.
② 동학 – 인내천사상으로 평민층 이하의 지지를 받았다.
③ 개신교 – 남녀평등사상을 보급하였다.
④ 불교 – 불교의 생활화, 대중화를 주장하였다.

> **TIPS!**
> ④ 불교의 생활화, 대중화를 주장한 것은 박중빈이 창시한 원불교로 시주 대신에 각자가 정당한 직업에 종사하면서 교화사업을 전개하여야 한다는 생활불교를 내세웠다.

21 다음 중 민족문화운동 단체로 옳지 않은 것은?

① 광문회   ② 조선어연구회
③ 진단학회   ④ 청구학회

> **TIPS!**
> ① 한국의 고전을 발굴하고 그 가치를 재인식시키기 위해 한국고전을 간행·보급시켰으며, 민족문화와 사상의 기원에 관한 연구를 하였다.
> ② 지석영, 주시경 등 서울의 사립학교 교사들과 교육자들이 중심이 되어 한글을 보급하였으며, 가갸의 날(한글날)을 지정하였으며 기관지 '한글'을 발행하였다.
> ③ 1934년에 설립된 민간학술단체로 국내 및 주변 지역의 역사·언어·문학 등 인문학에 관한 연구를 하였으며 진단학보(震檀學報)를 발행하였다. 특히 신진학자들에 의한 실증사학 연구를 바탕으로, 식민사학을 극복하고자 하였다.
> ④ 1926년에 결성된 단체로 식민사학을 연구하였으며, 청구학총이라는 역사연구지를 간행하였다.

22 다음 중 "나라는 형(形)이고 역사는 신(神)이다."라고 주장한 박은식의 저서는?

① 조선상고사   ② 조선사연구
③ 한국통사   ④ 조선역사

> **TIPS!**
> ① 신채호 ② 정인보 ④ 최남선

Answer 20.④ 21.④ 22.③

23 다음 중 우리 민족이 세운 단체로 옳지 않은 것은?

① 토월회
② 극예술연구회
③ 조선어학회
④ 조선사편수회

 TIPS! ....

④ 일제가 식민사학을 연구하고 우리의 역사를 왜곡하기 위해 만든 단체이다.

24 다음 중 일제 시대의 한국인에 대한 교육정책으로 옳지 않은 것은?

① 우민화 정책을 기본으로 하였다.
② 고등교육기관은 설치하지 않고 실업교육을 강조하였다.
③ 교육기관을 탄압하기 위해 서당을 철폐하였다.
④ 사립학교는 인가제를 실시하여 신설을 막았다.

TIPS! ....

③ 서당규칙을 공포하여 도지사의 인가를 받아 설립할 수 있도록 하였으며, 교과서도 총독부에서 편찬한 것만 사용하게 하였다.

25 다음 글에서 설명하고 있는 민족주의 사학자의 업적을 바르게 서술한 것은?

> 중국 상하이에서 한국통사(韓國痛史)를 저술하여 근대 이후 일본의 한국 침략과정을 밝혔으며, 한국독립운동지혈사에서는 일제의 침략에 대항하여 투쟁한 한민족의 독립운동을 서술하였다.

① 진단학회를 조직하고 진단학보를 발간하였다.
② 독사신론을 저술하여 민족주의 사학의 연구방향을 제시하였다.
③ 묘청의 난을 '조선 역사상 1천년 이래 제일대사건'으로 간주하였다.
④ 민족정신을 '혼(魂)'으로 파악하여 혼이 담겨 있는 민족사의 중요성을 강조하였다.

TIPS! ....

제시된 내용은 박은식에 대한 설명으로, 그는 민족정신을 고취하여 독립심을 배양할 목적으로 '혼'을 민족정신으로 강조하였다.
① 진단학회는 이병도, 손진태 등이 조직하였다.
②③ 신채호의 업적이다.

26 다음은 일제하에서의 문예활동의 성과이다. 이들 작품에서 나타나는 공통적인 성격은?

> • 나운규의 아리랑   • 한용운의 님의 침묵
> • 홍난파의 봉선화   • 안익태의 애국가

① 문화의식의 창달   ② 도덕성의 함양
③ 민족의식의 고취   ④ 개화사상의 고취

 TIPS!

나운규의 아리랑은 민족의 애환과 저항의식 고취시켰고, 한용운의 님의 침묵은 한민족에게 자주독립의 신념을 고취시켰으며, 홍난파의 봉선화와 안익태 애국가는 일제에 억눌린 민족감정을 작품으로 승화하였다.

27 다음과 같은 글에서 일제 식민사학의 내용으로 옳은 것은?

> 1930년대 백남운 등은 유물사관을 토대로 역사를 연구하였는데, 이들은 한국사가 세계사의 보편적 발전 법칙에 입각하여 발전하였음을 강조하였다.

① 일선동조론   ② 당파성론
③ 타율성론   ④ 정체성론

TIPS!

제시된 내용은 사회·경제사학에 관한 설명으로 백남운 등은 한국사를 세계사적 보편성에 맞추어 체계화하면서 일제의 식민사학 중 정체성 이론에 반박하였다.

※ 일제의 식민사학
  ㉠ 일선동조론 : 일본과 조선의 고대사 연구를 통해 일본과 조선이 한 민족이었으며, 그로 인해 일본이 조선을 지배하는 것은 당연한 것이라는 주장
  ㉡ 당파성론 : 조선의 민족성은 분열성이 강하여 내분되어 싸웠다는 주장
  ㉢ 타율성론 : 조선의 역사는 주체적으로 발전하지 못하고 주변국에 종속되어 전개되었다는 주장
  ㉣ 정체성론 : 조선의 역사는 오랫동안 발전하지 못하고 정체되었다는 주장

Answer 26.③ 27.④

28 다음 중 일제시대 청구학회에 대항한 단체는?

① 조선어학회
② 진단학회
③ 조선사편수회
④ 대한협회

> 💡**TIPS!**
>
> 진단학회 … 청구학회를 중심으로 한 일본 어용 학자들의 왜곡된 한국사 연구에 대항하여, 이병도, 손진태 등은 진단학회를 조직하고 진단학보를 발간하면서 한국사 연구에 힘썼다.
> ① 조선어연구회가 개편된 조선어학회는 한글교육에 힘써 한글맞춤법통일안을 마련하고 표준어를 제정하였다.
> ③ 조선사편수회는 조선총독부가 한민족의 우수성을 은폐하고 왜곡된 역사를 편찬하기 위하여 설치한 일본 어용기관이다.
> ④ 대한협회는 대한자강회를 계승하여 신민회로 이어졌으며, 교육의 보급, 산업의 개발, 민권의 신장, 행정의 개선 등을 강령으로 내걸고 실력양성운동을 전개하였다.

29 다음과 관련이 있는 민족주의 사학자가 중요시 여겼던 것으로 알맞은 것은?

> 역사란 무엇이뇨, 인류사회의 아(我)와 비아(非我)의 투쟁이 시간부터 발전하여 공간부터 확대하는 심적 활동의 상태가 기록이지.
>
> — 조선상고사 —

① 형(形)
② 혼(魂)
③ 낭가사상
④ 조선심

> 💡**TIPS!**
>
> 민족주의 주체사학의 기본을 확립한 신채호는 조선상고사에서 역사를 '아(我)와 비아(非我)의 투쟁'으로 보았고, 조선사연구초에서는 묘청의 난을 낭가사상(화랑정신)의 대표로 평가하였다.

30 일제의 탄압에 맞서 종교단체들이 전개한 항일운동을 틀리게 연결한 것은?

① 개신교는 일제말기에 신사참배를 거부하여 지도자들이 체포되었다.
② 천주교는 잡지 '경향'을 발간하여 민중의 계몽에 앞장섰다.
③ 불교는 사찰령의 폐지와 친일지주 성토운동을 전개하였으며, 독립운동에도 적극 참여하여 비밀결사인 중광단을 결성하였다.
④ 원불교는 개간사업과 저축운동을 통해 민족의 자립정신을 고양하고 허례허식을 폐지하는 등 새생활운동을 전개하였다.

> 💡**TIPS!**
>
> ③ 불교는 사찰령의 폐지와 친일지주 성토운동을 전개하였으며, 조선불교유신회를 만들어 불교계 정화운동을 펼쳤다. 중광단을 결성하여 독립운동에 적극적으로 참여한 종교는 대종교이다.

Answer 28.② 29.③ 30.③

03 대한민국의 발전과 현대 세계의 변화

기출PLUS

section 1 대한민국 정부 수립과 6 · 25 전쟁

(1) 광복 직후 국내 상황

① 광복 … 우리 민족의 지속적 독립운동 전재, 국제 사회의 독립 약속(카이로 회담, 얄타 회담, 포츠담 회담)

② 38도선의 확정 … 광복 후 북위 38도선을 기준으로 미군과 소련군의 한반도 주둔
   ㉠ 미군 : 38도선 이남에서 미군정 체제 실시→대한민국 임시 정부 부정, 조선 총독부 체제 답습
   ㉡ 소련군 : 북위 38도선 이북에서 군정 실시→김일성 집권 체제를 간접적으로 지원

③ 자주적 정부 수립 노력
   ㉠ 조선 건국 준비 위원회 : 조선 건국 동맹 계승 · 발전→여운형, 안재홍 중심의 좌우 합작 단체
   • 활동 : 전국에 지부를 설치하고 치안, 행정 담당
   • 해체 : 좌익 세력 중심으로 운영되면서 우익 세력 이탈→조선 인민 공화국 선포(1945. 9.) 후 해체
   ㉡ 한국 민주당 : 송진우 · 김성수를 비롯한 보수 세력이 결성→미 군정과 협력
   ㉢ 독립 촉성 중앙 협의회 : 이승만 중심
   ㉣ 임시 정부 요인 : 개인 자격으로 귀국→한국 독립당을 중심으로 김구를 비롯한 임시 정부 요인 활동

기출 2018. 10. 13. 소방공무원

자료에 제시된 '위원회'에 대한 설명으로 옳은 것은?

— 보기 —
〈위원회 개요〉
• 결성 : 조선 건국 동맹을 기반으로 결성
• 활동 : 전국에 지부 설치, 치안대 조직
• 해체 : 좌익 세력이 주도권 장악, 우익 세력의 이탈, 조선 인민 공화국 선포 후 해체

① 좌우 합작 7원칙을 발표하였다.
② 5 · 10 총선거 실시를 결정하였다.
③ 반민족 행위 처벌법을 제정하였다.
④ 여운형, 안재홍 등이 중심 인물이었다.

〈정답 ④

(2) 통일 정부 수립을 위한 노력

① 모스크바 3국 외상 회의(1945. 12.)
   ㉠ 결정 사항 : 민주주의 임시 정부 수립, 미 · 소 공동 위원회 설치, 최대 5년간 한반도 신탁 통치 결의
   ㉡ 국내 반응 : 신탁 통치를 둘러싼 좌 · 우익의 대립 심화로 국내 상황 혼란
   • 좌익 세력 : 초기에는 반탁 주장→이후 찬탁 운동으로 변화
   • 우익 세력 : 반탁 운동 전개(김구, 이승만 등)

모스크바 3국 외상 회의 결정서

1. 조선을 독립 국가로 재건하기 위해 조선 민주주의 임시 정부를 수립한다.
2. 조선 임시 정부 수립과 이에 대한 방침을 강구하기 위해 미·소 공동 위원회를 설치한다.
3. 공동 위원회의 제안은 조선 임시 정부와 타협한 후 미·영·소·중 정부에 제출하여 최고 5년간의 4개국 조선 신탁 통치에 관한 협정을 할 것이다.

② 제1차 미·소 공동 위원회(1946. 3) … 임시 정부 수립에 참여할 단체 선정을 위해 개최 → 미·소 의견 대립으로 결렬

③ 좌우 합작 운동(1946)

㉠ 배경 : 제1차 미·소 공동 위원회 결렬, 이승만의 정읍 발언(남한 만의 단독 정부 수립 주장)

㉡ 좌우 합작 위원회 결성 : 미 군정의 지원 하에 여운형과 김규식(중도 세력) 등이 주도하여 결성

• 좌우 합작 7원칙 발표 : 토지제도 개혁, 반민족 행위자 처벌 등을 규정
• 결과 : 토지 개혁에 대한 좌익과 우익의 입장 차이, 여운형의 암살, 제2차 미소 공동 위원회 성과 미흡으로 실패

이승만의 정읍발언

이제 우리는 무기 휴회된 미·소 공동 위원회가 재개될 기색도 보이지 않으며, 통일 정부를 고대하나 여의치 않게 되었으니, 우리는 남쪽만이라도 임시정부, 혹은 위원회 같은 것을 조직하여 38도선 이북에서 소련이 철퇴하도록 세계 공론에 호소해야 할 것이니 여러분도 결심하여야 될 것이다. 그리고 민족 통일 기관 설치에 대하여 지금까지 노력하여 왔으나 이번에는 우리 민족이 대표적 통일 기관을 귀경한 후 즉시 설치하게 되었으니 각 지방에서도 중앙의 지시에 순응하여 조직적으로 활동하여 주기 바란다.

기출PLUS

기출 2016. 4. 9. 인사혁신처

다음 결정문에 근거하여 실행된 사실로 옳은 것은?

→ 보기 ←

조선을 독립시키고 민주국가로 발전시키는 동시에, 가혹한 일본의 조선 통치 잔재를 빨리 청산하기 위해 조선에 임시 민주주의 정부를 수립한다.

① 미·소 공동위원회가 개최되었다.
② 서울에서 건국준비위원회가 조직되었다.
③ 유엔 감시 하에 남한에서 총선거가 실시되었다.
④ 한반도에서 미군과 소련군의 군정이 시작되었다.

〈정답 ①

기출 2020. 6. 20. 소방공무원

(가)~(라) 시기에 해당하는 사실로 옳은 것은?

(가)	(나)	(다)	(라)
조선건국 준비 위원회 결성	제1차 미·소 공동 위원회 개최	5·10 총선거 실시	

① (가) : 모스크바 3국 외상회의가 개최되었다.
② (나) : 반민족행위특별조사위원회가 설치되었다.
③ (다) : 김구와 김규식이 남북 협상을 제안하여 평양에서 회의가 개최되었다.
④ (라) : 좌우합작 7원칙이 발표되었다.

〈정답 ③

기출**PLUS**

좌우합작위원회 7원칙

1. 조선의 민주 독립을 보장한 3상 결정에 의하여 남북을 통한 좌우 합작으로 민주주의 임시정부를 수립할 것
2. 미소공동위원회 속개를 요청하는 공동성명을 발표할 것
3. 토지개혁에 있어 몰수, 유조건 몰수, 체감매상 등으로 토지를 농민에게 무상으로 분여하며 시가지의 기지 및 대건물을 적정 처리하며 중요산업을 국유화하며 사회노동법령 및 정치적 자유를 기본으로 지방자치제의 확립을 속히 실시하며 통화 및 민생문제 등을 급속히 처리하여 민주주의 건국과업 완수에 매진할 것
4. 친일파 민족반역자를 처리할 조례를 본 합작위원회에서 입법기구에 제안하여 입법기구로 하여금 심리 결정하여 실시케 할 것
5. 남북을 통하여 현정권 하에 검거된 정치운동자의 석방에 노력하고 아울러 남북좌우의 테러적 행동을 일체 즉시로 제지토록 노력할 것
6. 입법기구에 있어서는 일체 그 권능과 구성방법, 운영 등에 관한 대신 본 합작위원회에서 작성하여 적극적으로 실행을 기도할 것
7. 전국적으로 언론 · 집회 · 결사 · 출판 · 교통 · 투표 등의 자유를 절대 보장되도록 노력할 것

기출 2018. 4. 7. 인사혁신처

㈎와 ㈏를 주장한 각 인물에 대한 설명으로 옳은 것은?

┌─ 보기 ─────────────
│ ㈎ 우리는 남방만이라도 임시 정
│   부 혹은 위원회 같은 것을 조
│   직하여 38도선 이북에서 소
│   련이 철퇴하도록 세계 공론에
│   호소해야 할 것이다.
│ ㈏ 나는 통일된 조국을 달성하려
│   다 38도선을 베고 쓰러질지
│   언정 일신의 구차한 안일을
│   위하여 단독 정부를 세우는
│   데는 협력하지 아니하겠다.
└───────────────────

① ㈎ – 5 · 10 총선거에 불참하였다.
② ㈎ – 좌우 합작 7원칙을 지지하였다.
③ ㈏ – 탁치 반대 국민 총동원 위원회를 조직하였다.
④ ㈏ – 남조선 과도 입법 의원의 의장을 역임하였다.

◀ 정답 ③

④ **남한만의 단독 총선거와 남북 협상**

㉠ **한국 문제의 유엔 상정**: 미국이 한반도 문제를 유엔에 상정

• 유엔 총회: 인구 비례에 따른 총선거 실시안 통과→유엔 한국 임시 위원단 파견→소련은 위원단의 입북 거절
• 유엔 소총회: '위원단이 접근 가능한 지역의 총선거' 결의→남한만의 단독 총선거 실시

㉡ **남북 협상(1948)**: 김구와 김규식이 남한만의 단독 총선거에 반대하며 남북 정치회담 제안

• 과정: 김구와 김규식이 평양 방문→남북 협상 공동 성명 발표(단독 정부 수립 반대, 미 · 소 양군 공동 철수)
• 결과: 성과를 거두지 못함, 김구 암살(1949. 6.)→통일 정부 수립 노력 실패

김구의 '삼천만 국민에게 고함'

조국이 있어야 한국 사람이 있고, 한국 사람이 있고야 민주주의도 공산주의도 무슨 단체도 있을 수 있는 것이다. 그러면 우리의 자주 독립적 통일 정부를 수립하려는 이때에 있어서 어찌 개인이나 자기 집단의 사리사욕에 탐하여 국가 민족의 백년대계를 그르칠 자가 있으랴?…… 현실에 있어서 나의 유일한 염원은 3천만 동포가 다 손을 잡고 통일된 조국의 달성을 위하여 공동 분투하는 것뿐이다. 이 육신을 조국이 필요로 한다면 당장에라도 제단에 바치겠다. 나는 통일된 조국을 건설하려고 38선을 베고 쓰러질지언정 일신의 구차한 안일을 위하여 단독 정부를 세우는 데는 협력하지 않겠다.

(3) 대한민국 정부 수립

① 정부 수립을 둘러싼 갈등
  ㉠ 제주 4·3 사건(1948) : 제주도 좌익 세력 등이 단독 선거 반대, 통일 정부 수립을 내세우며 무장봉기→제주 일부 지역에서 선거 무산, 진압 과정에서 무고한 양민 학살
  ㉡ 여수·순천 10·19 사건(1948) : 제주 4·3 사건 진압을 여수 주둔 군대에 출동 명령→군대 내 좌익세력이 반발하며 봉기

② 대한민국 정부 수립
  ㉠ 5·10 총선거(1948) : 우리나라 최초의 민주적 보통 선거→2년 임기의 제헌 국회의원 선출(198명)
    • 과정 : 제헌 국회에서 국호를 '대한민국'으로 결정, 제헌 헌법 제정
    • 한계 : 김구, 김규식 등의 남북 협상파와 좌익 세력이 선거에 불참
  ㉡ 제헌 헌법 공포(1948. 7. 17.) : 3·1 운동 정신과 대한민국 임시 정부의 법통을 계승한 민주 공화국 규정
    • 국회에서 정·부통령을 선출, 삼권 분립과 대통령 중심제 채택
  ㉢ 정부 수립(1948. 8. 15.) : 대통령에 이승만, 부통령에 이시영 선출

③ 북한 정부 수립
  ㉠ 북조선 임시 인민 위원회 수립(1946) : 토지 개혁과 주요 산업 국유화 추진
  ㉡ 북조선 인민 위원회 조직(1947) : 최고 인민 회의 구성과 헌법 제정→조선 민주주의 인민 공화국 선포(1948. 9. 9.)

(4) 제헌 국회 활동

① 친일파 청산을 위한 노력
  ㉠ 반민족 행위 처벌법 제정(1948. 9.) : 반민족 행위자(친일파) 처단 및 재산 몰수
  ㉡ 반민족 행위 특별 조사 위원회 활동 : 이승만 정부의 비협조와 방해로 친일파 청산 노력 실패

기출PLUS

기출 2020. 6. 13. 제1회 지방직

다음의 사건을 시기순으로 바르게 나열한 것은?

─ 보기 ─
㉮ 제헌국회가 구성되어 헌법을 제정하였다.
㉯ 여운형과 김규식은 좌우합작 위원회를 조직하였다.
㉰ 조선건국동맹을 기반으로 조선 건국준비위원회가 조직되었다.
㉱ 민주주의 임시정부 수립을 논의하기 위해 제1차 미·소공동위원회가 열렸다.

① ㉮ – ㉰ – ㉯ – ㉱
② ㉯ – ㉰ – ㉱ – ㉮
③ ㉰ – ㉱ – ㉯ – ㉮
④ ㉱ – ㉯ – ㉮ – ㉰

❮ 정답 ③

② **농지 개혁(1949)** … 유상매수, 유상분배를 원칙으로 농지 개혁 시행→가구당 농지 소유 상한을 3정보로 제한

기출PLUS

반민족 행위자 처벌법

제1조. 일본 정부와 통모하여 한·일 합방에 적극 협력한 자, 한국의 주권을 침해하는 조약 또는 문서에 조인한 자와 모의한 자는 사형 또는 무기 징역에 처하고 그 재산과 유산의 전부 또는 1/2 이상을 몰수한다.

제2조. 일본 정부에서 작위를 받은 자 또는 일본 제국 의회의 의원이 되었던 자는 무기 또는 5년 이상의 징역에 처하고 그 재산과 유산의 전부 또는 1/2 이상을 몰수한다.

제3조. 일본 치하 독립 운동가나 그 가족을 악의로 살상 박해한 자 또는 이를 지휘한 자는 사형, 무기 또는 5년 이상의 징역에 처하고 그 재산의 전부 또는 일부를 몰수한다.

---

(5) 6·25 전쟁과 그 영향

① **6·25 전쟁 배경**

㉠ **한반도 정세**: 미·소 양군 철수 후 38도선 일대에서 소규모 군사 충돌 발생, 미국이 애치슨 선언 선포(1950)

㉡ **북한의 전쟁 준비**: 소련과 중국의 지원을 받음

㉢ **남한의 상황**: 좌익 세력 탄압, 국군 창설, 한·미 상호 방위 원조 협정 체결(1950. 1.)

② **전쟁 과정**

㉠ **전개**: 북한의 무력 남침(1950. 6. 25.)→서울 함락→유엔 안전 보장 이사회의 유엔군 파견 결정→낙동강 전투→ 인천 상륙 작전(서울 수복)→38도선 돌파 →압록강 유역까지 진격→중국군 참전(1950. 10. 25.)→1·4 후퇴→서울 재 탈환(1951. 3.)→38도선 일대에서 전선 고착

㉡ **정전 협정**: 소련이 유엔에서 휴전 제의→포로 교환 방식, 군사 분계선 설정 문제로 협상 지연→이승만 정부가 휴전 반대 성명을 발표하고 반공 포로 석방→협청 체결(군사 분계선 설정)

㉢ **전쟁 피해**: 인명 피해 및 이산가족 문제 발생, 산업 시설 및 경제 기반 붕괴로 열악한 환경 초래

③ **영향** … 한·미 상호 방위 조약 체결(1953. 10.), 남북한의 독재 체제 강화

기출 2020. 6. 20. 소방공무원

다음 사건이 일어난 시기를 연표에서 옳게 고른 것은?

┌ **보기** ┐

• 아군은 38선 이북에서 대대적인 철수를 계획하였다.

• 아군과 피난민들이 흥남부두에서 모든 선박을 동원하여 해상으로 철수를 시작하였다.

(가)	(나)	(다)	(라)
북한군 남침 시작	인천상륙 작전 개시	평양 탈환	

① (가) ② (나)
③ (다) ④ (라)

〈 정답 ④

(1) 이승만 정부

① 발췌 개헌(1952)

   ㉠ **배경** : 제2대 국회의원 선거(1950. 5.) 결과 이승만 반대 성향의 무소속 의원 대거 당선→국회의원에 한 간선제 방식으로 이승만의 대통령 재선 가능성이 희박

   ㉡ **과정** : 6·25 전쟁 중 임시 수도인 부산에서 자유당 창당 후 계엄령 선포→야당 국회의원 연행·협박

   ㉢ **내용 및 결과** : 대통령 직선제 개헌안 통과→이승만이 제2대 대통령에 당선

② 사사오입 개헌(1954)

   ㉠ **배경** : 이승만과 자유당의 장기 집권 추구를 위해 대통령 중임 제한 규정의 개정 필요

   ㉡ **과정** : 개헌 통과 정족수에 1표 부족하여 개헌안 부결→사사오입 논리를 내세워 통과

   ㉢ **내용 및 결과** : 초대 대통령에 한해 중임 제한 규정 철폐→이승만이 제3대 대통령에 당선

③ **독재 체제의 강화** … 1956년 정·부통령 선거에서 민주당의 장면이 부통령에 당선, 무소속 조봉암의 선전→진보당 사건(조봉암 탄압), 정부에 비판적인 경향신문 폐간, 국가 보안법 개정(1958)

④ 전후 복구와 원조 경제

   ㉠ **전후 복구** : 산업 시설과 사회 기반 시설 복구, 귀속 재산 처리 등

   ㉡ **원조 경제** : 미국이 잉여 농산물 제공→삼백 산업(밀, 사탕수수, 면화) 발달

⑤ 북한의 변화

   ㉠ **김일성 1인 독재 체제 강화** : 반대 세력 숙청, 주체사상 강조

   ㉡ **사회주의 경제 체제 확립** : 소련·중국의 원조, 협동 농장 체제 수립, 모든 생산 수단 국유화

(2) 4·19 혁명과 장면 내각

① 4·19 혁명(1960)

   ㉠ **배경** : 1960년 정·부통령 선거에서 이승만과 이기붕을 당선시키기 위해 3·15 부정 선거 실행

   ㉡ **전개** : 부정 선거 규탄 시위 발생→마산에서 김주열 학생의 시신 발견→전국으로 시위 확산→비상계엄령 선포→대학 교수들의 시국 선언 발표 및 시위 참여→이승만 하야

기출PLUS

기출 2021. 4. 17. 인사혁신처

이승만 정부의 경제 정책으로 옳지 않은 것은?

① 한미 원조 협정을 체결하였다.

② 농지개혁에 따른 지가증권을 발행하였다.

③ 제분, 제당, 면방직 등 삼백 산업을 적극 지원하였다.

④ 제1차 경제개발 5개년 계획을 추진하였다.

＜정답 ④

기출 2021. 4. 3. 소방공무원

다음 성명이 발표된 계기로 옳은 것은?

─ 보기 ─

• 국민이 원한다면 대통령직을 사임할 것이다.

• 지난번 정·부통령 선거에서 많은 부정이 있었다고 하니 선거를 다시 실시하도록 지시하였다.

• 선거로 인한 모든 불미스러운 것을 없게 하기 위하여 이미 이기붕 의장에게 공직에서 완전히 물러나도록 하였다.

① 6·3 시위가 전개되었다.

② 4·19 혁명이 발생하였다.

③ 한·일 협정이 체결되었다.

④ 부·마 민주 항쟁이 일어났다.

＜정답 ②

기출PLUS

기출 2018. 10. 13. 소방공무원

다음 선언문이 발표된 민주화운동에 대한 설명으로 옳은 것은?

┌─ 보기 ─

1. 마산, 서울 기타 각지의 학생 데모는 주권을 빼앗긴 국민의 울분을 대신하여 궐기한 학생들의 순진한 정의감의 발로이며 부정과 불의에 항거하는 민족 정기의 표현이다.
2. 데모를 공산당의 조종이나 야당의 사주로 보는 것은 고의의 곡해이며 학생들의 정의감에 대한 모독이다.
5. 3·15 선거는 불법 선거이다. 공명선거에 의하여 정·부통령 선거를 다시 실시하라.

① 대통령의 하야 발표를 이끌어냈다.
② 6·29 선언이 발표되는 계기가 되었다.
③ 신군부 세력의 권력 장악을 막고자 하였다.
④ 시위대가 시민군을 조직하여 계엄군에 맞섰다.

〈정답 ①

ⓒ 결과: 허정 과도 정부 구성→내각 책임제와 양원제 국회 구성을 골자로 한 개헌 성립

ⓐ 의의: 학생과 시민 주도로 독재 정권을 붕괴시킨 민주 혁명

② 장면 내각(1960)

ⓐ 성립: 새 헌법에 따라 치른 7·29총선에서 민주당 압승→대통령 윤보선 선출, 국무총리 장면 지정

ⓑ 정책: 경제 개발 계획 마련, 정부 규제 완화

ⓒ 한계: 부정 선거 책임자 처벌에 소극적, 민주당 구파와 신파의 대립으로 인한 정치 불안 초래

(3) 5·16 군사 정변과 박정희 정부

① 5·16 군사 정변(1961) … 박정희를 중심으로 군부 세력이 정변 일으킴→국가 재건 최고회의 설치(군정 실시)

ⓐ 정치: 부패한 공직자 처벌, 구정치인의 활동 금지

ⓑ 경제: 경제 개발 5개년 계획을 추진

ⓒ 개헌: 대통령 중심제와 단원제 국회 구성을 주요 내용으로 하는 개헌 단행

5·16 군사정변

첫째, 반공을 국시의 제 1의(義)로 삼고 …… 반공 체제를 재정비 강화할 것입니다.

셋째, 이 나라 이 사회의 모든 부패와 구악을 일소하고…… 청신한 기풍을 진작할 것입니다.

넷째, 절망과 기아 선상에 허덕이는 민생고를 시급히 제겨하고 국가 자주 경제 재건에 총력을 경주할 것입니다.

여섯째, 이와 같은 우리의 과업이 성취되면 참신하고도 양심적인 정치인들에게 언제든지 정권을 이양하고 우리들 본연의 임무에 복귀할 준비를 갖추겠습니다.

---

② 박정희 정부

ⓐ 성립: 민주 공화당 창당→박정희가 대통령에 당선(1963)

ⓑ 한·일 국교 정상화(1965): 한·미·일 안보 체제 강화, 경제 개발에 필요한 자금을 확보 목적

• 과정: 김종필·오히라 비밀 각서 체결→한·일 회담 반대 시위(6·3 시위, 1964)→계엄령 선포

• 결과: 한·일 협정 체결

ⓒ 베트남 전쟁 파병(1964~1973): 미국의 요청으로 브라운 각서 체결(경제·군사적 지원 약속)→경제성장

ㄹ **3선 개헌(1969)** : 박정희가 재선 성공 후에 3선 개헌안 통과→개정 헌법에 따라 박정희의 3선 성공(1971)

> **한·일 국교정상화**
>
> 1. 일제 35년간의 지배에 대한 보상으로 일본은 3억 달러를 10년간 걸쳐서 지불하되 그 '독립축하금'으로 한다.
> 2. 경제 협력의 명분으로 정부 간의 차관 2억 달러를 3.5%, 7년 거치 20년 상환이라는 조건으로 10년간 제공하며, 민간 상업 차관으로 1억 달러를 제공한다.
> 3. 독도 문제를 국제 사법 재판소로 이관한다.
>
> – 김종필, 오히라 각서 –

③ **유신 체제**

ㄱ **유신 체제 성립** : 1970년대 냉전 완화(닉슨 독트린), 경제 불황
  - 과정 : 비상 계엄령 선포, 국회 해산, 정당·정치 활동 금지→유신 헌법 의결·공고(1972)→통일 주체 국민 회의에서 박정희를 대통령으로 선출
  - 내용 : 대통령 간선제(통일 주체 국민 회의에서 선출), 대통령 중임 제한 조항 삭제, 대통령 임기 6년, 대통령에게 긴급 조치권, 국회 해산권, 국회의원 1/3 추천권 부여

ㄴ **유신 체제 반대 투쟁** : 개헌 청원 100만인 서명 운동 전개, 3·1 민주 구국 선언→긴급 조치 발표, 민청학련 사건과 인혁당 사건 조작

ㄷ **유신 체제 붕괴**
  - 배경 : 국회의원 선거에서 야당 득표율 증가(1978), 경제위기 고조(제2차 석유 파동), YH 무역 사건과정에서 김영삼의 국회의원 자격 박탈→부·마 항쟁 발생
  - 결과 : 박정희 대통령 피살(1979, 10·26 사태)로 유신 체제 붕괴

> **유신헌법**
>
> 제4장 대통령
> 제47조 대통령의 임기는 6년으로 한다.
> 제53조 ① 대통령은 천재·지변 또는 중대한 재정·경제상의 위기에 처하거나, 국가의 안전보장 또는 공공의 안녕질서가 중대한 위협을 받거나 받을 우려가 있어 신속한 조치를 할 필요가 있다고 판단할 때에는 내정·외교·국방·경제·재정·사법 등 국정 전반에 걸쳐 필요한 긴급조치를 할 수 있다. ② 대통령은 제1항의 경우에 필요하다고 인정할 때에는 이 헌법에 규정되어 있는 국민의 자유와 권리를 잠정적으로 정지하는 긴급조치를 할 수 있고, 정부나 법원의 권한에 관하여 긴급조치를 할 수 있다.…… ④ 제1항과 제2항의 긴급조치는 사법적 심사의 대상이 되지 아니한다.
> 제59조 ① 대통령은 국회를 해산할 수 있다.

기출PLUS

기출 2021. 4. 3. 소방공무원

다음 헌법이 적용된 시기에 일어난 사건으로 옳은 것은?

┌ 보기 ┐
제39조 대통령은 통일 주체 국민 회의에서 토론 없이 무기명 투표로 선거한다.
제40조 통일 주체 국민 회의는 국회의원 정수의 3분의 1에 해당하는 수를 선거한다.
제53조 대통령은 천재지변 또는 중대한 재정·경제상의 위기에 처하거나, 국가의 안전 보장 또는 공공의 안녕질서가 중대한 위협을 받을 우려가 있어 신속한 조치를 할 필요가 있다고 판단할 때에는 내정·외교·국방·경제 등 국정 전반에 걸쳐 필요한 긴급 조치를 할 수 있다.

① 윤보선이 대통령직에서 물러났다.
② 국가 재건 최고 회의를 만들었다.
③ 3·1 민주 구국 선언을 발표하였다.
④ 고위 공무원의 재산 등록을 의무화하였다.

정답 ③

기출PLUS

대통령 긴급조치 제1호

1. 대한민국 헌법을 부정·반대·왜곡 또는 비방하는 일체의 행위를 금한다.
2. 대한민국 헌법의 개정 또는 폐지를 주장·발의·제안 또는 청원하는 일체의 행위를 금한다.
3. 유언비어를 날조 유포하는 일체의 행위를 금한다.
4. 이 조치를 위반한 자와 이 조치를 비방한 자는 비상군법회의에서 심판·처단한다.

(4) 5·18 민주화 운동과 자유 민주주의의 발전

① 민주화 열망의 고조
  ㉠ 12·12 사태(1979): 10·26 사태 직후 전두환 중심의 신군부 세력이 권력 장악
  ㉡ 서울의 봄(1980): 시민과 학생들이 신군부 퇴진, 유신 헌법 폐지를 요구하며 시위 전개 → 비상계엄령 선포 및 전국 확대

② 5·18 민주화 운동(1980)
  ㉠ 배경: 신군부 세력 집권과 비상계엄 확대에 반대하는 광주 시민들을 계엄군이 과잉 무력 진압
  ㉡ 의의: 1980년대 민주화 운동의 기반

③ 전두환 정부
  ㉠ 신군부 집권 과정: 국가 보위 비상 대책 위원회(국보위) 설치 → 삼청교육대 설치, 언론 통폐합 등
  ㉡ 전두환 집권: 통일주체 국민회의에서 전두환을 11대 대통령으로 선출(1980. 8)
    • 개헌: 대통령을 선거인단에 의해 선출, 대통령 임기는 7년 단임제 적용
    • 개헌 이후: 대통령 선거인단에서 전두환을 12대 대통령으로 선출(1981. 2)
  ㉢ 전두환 정부 정책
    • 강압책: 언론 통제, 민주화 운동 탄압
    • 유화책: 두발과 교복 자율화, 야간 통행금지 해제, 프로야구단 창단, 해외여행 자유화

④ 6월 민주 항쟁(1987)
  ㉠ 배경: 대통령 직선제 개헌 운동 고조, 박종철 고문 치사 사건 발생
  ㉡ 4·13 호헌 조치: 전두환 정부는 대통령 직선제 개헌안 요구를 거부하고 간선제 유지를 발표 → 시민들의 반발 확산, 이한열 사망 → 호헌 철폐 요구하며 시위 확산
  ㉢ 6·29 민주화 선언: 민주 정의당 대통령 후보인 노태우가 대통령 직선제 개헌 요구 수용
  ㉣ 결과: 대통령 직선제, 5년 단임제의 개헌 실현

기출 2019. 4. 6. 소방공무원

다음 자료에 나타난 민주화 운동에 대한 설명으로 옳은 것은?

― 보기 ―

우리는 왜 총을 들 수밖에 없었는가? 그 대답은 너무나 간단합니다. 너무나 무자비한 만행을 더 이상 보고 있을 수만 없어서 너도나도 총을 들고 나섰던 것입니다. …(중략)… 계엄 당국은 18일 오후부터 공수부대를 대량 투입하여 시내 곳곳에서 학생, 젊은이들에게 무차별 살상을 자행하였으니!
― 「광주 시민군 궐기문」

① 직선제 개헌이 이루어졌다.
② 3·15 부정 선거를 규탄하였다.
③ 대통령이 하야하는 계기가 되었다.
④ 신군부 세력의 퇴진을 요구하였다.

< 정답 ④

(5) 민주화 진전

① 노태우 정부

　　㉠ 성립 : 야권 분열 과정에서 노태우가 대통령에 당선→이후 3당 합당(노태우, 김영삼, 김종필)

　　㉡ 성과 : 북방 외교 추진(공산권 국가들과 수교), 서울 올림픽 개최, 5공 청문회, 남북한 유엔 동시 가입

② 김영삼 정부 ··· 지방 자치제 전면 실시, 금융 실명제 시행, OECD(경제 협력 개발 기구) 가입, 외환위기(IMF) 초래

③ 김대중 정부

　　㉠ 성립 : 선거를 통한 최초의 평화적 여야 정권 교체가 이루어짐

　　㉡ 성과 : 국제 통화 기금(IMF) 지원금 조기 상환, 국민 기초 생활 보장법 제정, 대북 화해 협력 정책(햇볕 정책)→제1차 남북 정상 회담 개최, 6 · 15 남북 공동 선언 채택(2000)

④ 노무현 정부 ··· 권위주의 청산 지향, 제2차 남북 정상 회담 개최, 10 · 4 남북 공동 선언 채택(2007)

⑤ 이명박 정부 ··· 한 · 미 FTA 추진, 기업 활동 규제 완화

section 3 경제 발전과 사회 · 문화의 변화

(1) 경제 발전 과정

① 경제 개발 5개년 계획

　　㉠ 제1차, 2차 경제 개발 5개년 계획(1962~1971) : 노동집약적 경공업 육성, 수출 주도형 산업 육성 정책추진

　　　• 베트남 경제 특수 효과, 사회 간접 자본 확충(경부 고속 국도 건설, 1970)

　　　• 외채 상환 부담 증가, 노동자의 저임금, 정경 유착 등의 문제가 나타남

　　㉡ 제3차, 4차 경제 개발 5개년 계획(1972~1911) : 자본집약적 중화학 공업 육성, 수출액 100억 달러 달성(1977)

　　　• 정경 유착, 저임금 · 저곡가 정책으로 농민 · 노동자 소외, 빈부 격차 확대, 2차례에 걸친 석유 파동으로 경제 위기

② 1980년대 경제 변화 ··· '3저 호황'(저유가, 저금리, 저달러) 상황 속에서 자동차, 철강 산업 등이 발전

기출PLUS

기출 2019. 4. 6. 소방공무원

다음 담화문을 발표한 정부 시기에 있었던 사실로 옳은 것은?

┌─ 보기 ─┐

저는 이 순간 엄숙한 마음으로 헌법 제76조 1항의 규정에 의거하여, 「금융실명 거래 및 비밀 보장에 관한 대통령 긴급명령」을 반포합니다. 아울러 헌법 제47조 3항의 규정에 따라, 대통령의 긴급명령을 심의하기 위한 임시국회 소집을 요청하고자 합니다. ···(중략)··· 이 시간 이후 모든 금융 거래는 실명으로만 이루어집니다.

① 삼백 산업이 발달하였다.
② 새마을 운동이 전개되었다.
③ 경부 고속 국도(도로)가 개통되었다.
④ 경제 협력 개발 기구(OECD)에 가입하였다.

〈정답 ④

③ 1990년대 이후 경제 변화

    ㉠ 김영삼 정부: 경제 협력 개발 기구(OECD) 가입, 외환 위기 발생→국제 통화 기금(IMF)의 긴급 금융지원

    ㉡ 김대중 정부: 금융 기관과 대기업 구조 조정(실업률 증가), 국제 통화 기금(IMF) 지원금 조기 상환

(2) 사회·문화의 변화

① 급속한 산업화·도시화…주택 부족, 교통 혼잡, 도시 빈민 등의 사회적 문제 발생

② 농촌의 변화…이촌향도 현상으로 농촌 인구 감소, 고령화 문제 출현, 도농 간 소득 격차 확대

③ 새마을 운동(1970)…농촌 환경 개선과 소득 증대 목표(근면·자조·협동)

④ 노동 문제…산업화로 노동자 급증, 열악한 노동 환경(저임금·장시간 노동)→전태일 분신 사건(1970)→6월 민주 항쟁 이후 노동 운동 활발

(3) 통일을 위한 노력

① 7·4 남북 공동 성명(1972)…평화 통일 3대 원칙 합의(자주 통일, 평화 통일, 민족적 대단결→남북 조절 위원회 설치

> **7·4 남북 공동 성명**
>
> 쌍방은 다음과 같은 조국통일 원칙들에 합의를 보았다.
>
> 첫째 통일은 외세에 의존하거나 외세의 간섭을 받음이 없이 자주적으로 해결하여야 한다.
>
> 둘째 통일은 서로 상대방을 반대하는 무력행사에 의존하지 않고 평화적 방법으로 실현하여야 한다.
>
> 셋째 사상과 이념, 제도의 차이를 초월하여 우선 하나의 민족으로서 민족적 대단결을 도모하여야 한다.

② 전두환 정부…이산가족 고향 방문단과 예술 공연단 교환(1985)

기출PLUS

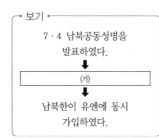

기출 2020. 6. 20. 소방공무원

(개) 시기에 있었던 사실로 옳은 것은?

─ 보기 ─
> 7·4 남북공동성명을
> 발표하였다.
> ↓
> (개)
> ↓
> 남북한이 유엔에 동시
> 가입하였다.

① 금강산 해로 관광이 시작되었다.

② 6·15 남북공동선언이 발표되었다.

③ 최초로 이산가족 상봉을 위한 남북 적십자 회담이 열렸다.

④ 민족자존과 통일 번영을 위한 특별 선언(7·7선언)이 발표되었다.

〈 정답 ④

③ 노태우 정부(1991) … 남북한 유엔 동시 가입, 남북 기본 합의서 채택(남북 사이 화해와 불가침, 교류와 협력)

남북 기본 합의서

"남과 북은 분단된 조국의 평화적 통일을 염원하는 온 겨레의 뜻에 따라 7·4 남북 공동 성명에서 천명된 조국 통일 3대 원칙을 재확인하고, 정치·군사적 대결 상태를 해소하여 민족적 화해를 이룩하고, 무력에 의한 침략과 충돌을 막고 긴장 완화와 평화를 보장하며, 다각적인 교류·협력을 실현하여 민족 공동의 이익과 번영을 도모하며, 쌍방 사이의 관계가 나라와 나라 사이의 관계가 아닌 통일을 지향하는 과정에서 잠정적으로 형성되는 특수 관계라는 것을 인정하고, 평화 통일을 성취하기 위한 공동의 노력을 경주할 것을 다짐하면서, 다음과 같이 합의하였다."

남북 고위급 회담을 통해 채택된 위의 남북 기본 합의서는 제1장 남북 화해, 제2장 남북 불가침, 제3장 남북 교류·협력, 제4장 수정 및 발표 등 4부분으로 이루어졌다.

④ 김영삼 정부 … 북한에 경수로 원자력 발전소 건설 사업 지원

⑤ 김대중 정부 … 대북 화해 협력 정책(햇볕 정책), 금강산 관광 사업 시작, 남북 정상 회담 개최(6·15 남북 공동 선언)

　㉠ 6·15 남북 공동 선언(2000) : 남측의 연합제 통일안과 북측의 연방제 통일안의 공통성 인정

　㉡ 개성 공단 건설, 이산가족 상봉, 경의선 복구 사업 진행

6·15 남북 공동 선언

1. 통일문제의 자주적 해결
2. 통일을 위한 연합제와 연방제의 공통성 인정
3. 이산가족 방문단의 교환과 비전향 장기수 문제해결을 위한 노력
4. 경제협력을 통한 민족 경제의 균형적 발전과 사회, 문화, 체육, 보건, 환경 등 제분야의 협력과 교류의 활성화 합의

기출PLUS

기출 2018. 10. 13. 소방공무원

다음 선언문을 발표한 회담의 결과로 옳은 것은?

┌ 보기 ┐
1. 남과 북은 나라의 통일 문제를 그 주인인 우리 민족끼리 서로 힘을 합쳐 자주적으로 해결해 나가기로 하였다.
2. 남과 북은 나라의 통일을 위한 남측의 연합제 안과 북측의 낮은 단계의 연방제 안이 서로 공통성이 있다고 인정하고 앞으로 이 방향에서 통일을 지향시켜 나가기로 하였다.
└─────────────┘

① 남북 조절 위원회가 설치되었다.
② 남북한이 유엔에 동시 가입하였다.
③ 경의선 철도 복구 사업을 추진하였다.
④ 최초의 남북 적십자 회담이 개최되었다.

❮정답 ③

기출**PLUS**

⑥ 노무현 정부 ⋯ 제2차 남북 정상 회담(2007) →10·4 남북 공동 선언

10·4 남북공동선언

1. 남과 북은 6.15 공동선언을 고수하고 적극 구현해 나간다.
2. 남과 북은 사상과 제도의 차이를 초월하여 남북관계를 상호존중과 신뢰 관계로 확고히 전환시켜 나가기로 하였다.
3. 남과 북은 군사적 적대관계를 종식시키고 한반도에서 긴장완화와 평화를 보장하기 위해 긴밀히 협력하기로 하였다.
4. 남과 북은 현 정전체제를 종식시키고 항구적인 평화체제를 구축해 나가야 한다는데 인식을 같이하고 직접 관련된 3자 또는 4자 정상들이 한반도지역에서 만나 종전을 선언하는 문제를 추진하기 위해 협력해 나가기로 하였다.
5. 남과 북은 민족경제의 균형적 발전과 공동의 번영을 위해 경제협력사업을 공리공영과 유무상통의 원칙에서 적극 활성화하고 지속적으로 확대 발전시켜 나가기로 하였다.
6. 남과 북은 민족의 유구한 역사와 우수한 문화를 빛내기 위해 역사, 언어, 교육, 과학기술, 문화예술, 체육 등 사회문화 분야의 교류와 협력을 발전시켜 나가기로 하였다.
7. 남과 북은 인도주의 협력사업을 적극 추진해 나가기로 하였다.
8. 남과 북은 국제무대에서 민족의 이익과 해외 동포들의 권리와 이익을 위한 협력을 강화해 나가기로 하였다.

01 다음은 한국 현대사를 정리한 것이다. 각 시기의 정세가 가장 바르게 서술된 것은?

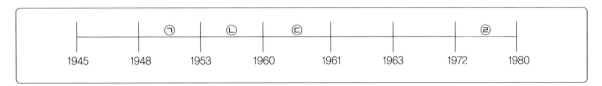

① ㉠ – 신탁통치안에 좌·우익의 견해가 대립되기 시작하였다.

② ㉡ – 전후 복구를 위한 중화학공업 육성정책에 의해 울산과 포항공단이 설립되기 시작하였다.

③ ㉢ – 10월 유신을 단행한 세력에 의해 경제력은 성장하였으나 인권은 극도로 위축되었다.

④ ㉣ – 신흥공업국으로 부상하였으나 노사 간의 갈등, 첨단과학 기술 인력의 부족, 부정부패의 만연 등의 과제를 남 겼다.

> **TIPS!**
> ① 신탁통치안에 대한 좌·우 견해의 대립은 1945년의 일이다.
> ② 포항공단은 1968년 설립되기 시작하였다.
> ③ 10월 유신은 1972년의 일이다.

02 다음 중 대한민국 수립 전후 상황으로 옳은 것은?

① 김구가 남북협상을 위해 노력했다.

② 남·북한 공동 총선거의 실시가 결의되었다.

③ 헌법의 절차에 따라 국민의 직접 선거로 대통령을 선출하였다.

④ 제주도 4·3사건은 좌익계 군인들을 중심으로 전개되었다.

> **TIPS!**
> ② 김구, 김규식 등은 남한의 단독선거가 남북의 영구적 분단을 초래할 것을 우려하여 남·북 총선거를 실시하려고 시도했으나 실패하였다.
> ③ 1948년 5·10 총선거로 구성된 제헌국회의 간접선거로 대통령을 선출하였다.
> ④ 제주도 4·3사건은 좌·우익의 대립이 격화되어 일어난 사건으로, 남한의 5·10총선거 반대, 미군철수 등을 주장하며 시위 하던 제주도민들에 대해 미군정과 토벌대가 무차별로 가혹하게 대처하면서 확대된 사건이다.

Answer 01.④ 02.①

03 다음 내용과 관련 있는 통일방안으로 옳은 것은?

> 자주통일, 평화통일, 민족적 대단결 등 통일을 위한 3대 기본 원칙과 통일문제를 협의하기 위한 남북조절위원회 설치에 합의하였다.

① 7 · 4남북공동성명
② 6 · 23평화통일선언
③ 한민족공동체통일방안
④ 남북기본합의서

🔦 TIPS!
7 · 4남북공동성명(1972. 7) … 서울과 평양에서 동시에 발표된 성명으로 조국통일 3대 기본 원칙을 밝혔다.
㉠ 자주적 · 평화적 · 민족적 통일원칙에 합의한다.
㉡ 남북적십자회담에 협조한다.
㉢ 남북조절위원회를 구성하여 운영한다.
㉣ 상대방을 중상, 비방하지 않고, 무장도발하지 않는다.

04 다음의 연설문이 나온 시기에 해당하는 곳으로 옳은 것은?

> 나는 통일된 조국을 건설하려다가 38선을 베고 쓰러질지언정 일신의 구차한 안일을 취하여 단독정부를 세우는 데는 협력하지 아니하겠다.
>
> — 김구의 삼천만 동포에게 울면서 간절히 고함(1948. 2) —

> (가)→ 모스크바 3상회의→(나)→ 미 · 소공동위원회→(다)→ 5 · 10총선거→ (라)→ 대한민국 정부 수립

① (가)
② (나)
③ (다)
④ (라)

🔦 TIPS!
신탁통치와 정부 수립
㉠ 모스크바 3상회의(1945. 12)
㉡ 미 · 소공동위원회(1946. 3)
㉢ 5 · 10총선거(1948. 5)
㉣ 대한민국정부 수립(1948. 8. 15)

Answer 03.① 04.③

05 다음 중 1960년대 북한의 상황으로 옳은 것은?

① 4대 군사노선을 채택하여 군수공업 발전에 박차를 가하였다.
② 3대 혁명 소조운동을 전개하였다.
③ 주체사상을 강조한 사회주의 헌법을 제정하였다.
④ 합작법을 제정하여 외국자본 도입을 적극 추진하였다.

> **TIPS!**
> 1960년대에 북한은 중공업·경공업의 병진정책을 추진하였고, 천리마운동을 전개하였으며, 4대 군사노선과 주체노선을 강조하였다.
> ② 1970년 ③ 1948년 ④ 1993년

06 1972년에 남북한 당국이 합의한 평화통일 삼원칙의 중심내용은?

① 통일을 위해 우선적으로 사상, 이념, 제도의 차이를 초월하여 민족의 대단결을 도모해야 한다.
② 통일은 남북한이 단일 국호로 유엔에 동시가입한 후 점차적으로 실현한다.
③ 통일을 위해 한국전쟁 전범문제 처리 등 역사 청산을 반드시 이루어야 한다.
④ 통일은 미국, 중국 등 휴전협정 당사자들의 참여와 동의하에 이루어야 한다.

> **TIPS!**
> 7·4 남북공동성명(1972년 7월 4일)
> ㉠ 남북한 간의 자주적, 평화적, 민족대단결의 통일원칙(평화통일의 삼원칙)
> ㉡ 상호 간의 중상, 비방과 무력도발 방지
> ㉢ 남북한 간의 다방면적인 제반교류 실시
> ㉣ 남북적십자회담에의 적극 협조
> ㉤ 서울과 평양 간의 상설 직통전화의 개설
> ㉥ 남북조정위원회의 설치
> ㉦ 합의사항의 성실한 이행

Answer 05.① 06.①

07 다음은 한국 현대사의 정치적 변동을 초래한 사건 당시 발표된 선언문이다. 이와 관련된 사건에 공통적으로 해당하는 것은?

> • 민주주의 이념의 최저 공리인 선거권마저 권력의 마수 앞에 농단되었다. 언론·출판·집회·결사 및 사상의 자유의 불빛은 무식한 전제 권력의 악랄한 발악으로 하여 깜박이던 빛조차 사라졌다. 긴 칠흑같은 밤의 계속이다. 나이 어린 학생 김주열의 참시를 보라. 그것은 가식 없는 전제주의 전횡의 발가벗은 나상밖에 아무것도 아니다.
> • 오늘 우리는 전세계 이목이 우리를 주시하는 가운데 40년 독재정치를 청산하고 희망찬 민주국가를 건설하기 위한 거보를 전국민과 함께 내딛는다. 국가의 미래요 소망인 꽃다운 젊은이를 야만적인 고문으로 죽여 놓고 ……(중략)…… 국민의 여망인 개헌을 일방적으로 파기한 4·13 폭거를 철회시키기 위한 민주 장정을 시작한다.

① 부정선거에 항거하였다.   ② 민주주의 발전에 기여하였다.
③ 대일굴욕외교를 반대하였다.   ④ 대통령직선제 개헌을 요구하였다.

 TIPS!

첫 번째 자료는 4·19선언문이고, 두 번째 자료는 6월민주항쟁 당시의 선언문이다.
① 4·19혁명에만 해당된다.
② 4·19혁명은 이승만 정부, 6월민주항쟁은 전두환 정부의 독재에 항거한 민주화운동이었다.
③ 1964년의 6·3시위에 해당한다.
④ 6월민주항쟁에만 해당한다.

08 다음 중 광복 후 농지개혁에 대한 설명으로 옳은 것은?

① 모든 토지를 국유화하여 무상으로 분배하였다.
② 철저하게 농민의 입장에서 추진된 개혁이었다.
③ 실시 결과 소작농이 줄고 어느 정도 자작농이 늘어났다.
④ 미군정하에서 입법이 추진되어 정부 수립 이전에 끝마쳤다.

TIPS!

① 부재지주(不在地主)의 농지를 국가에서 유상매입하고 영세농민에게 3정보를 한도로 유상분배하여 5년간 수확량의 30%씩 상환하도록 하였다.
② 지주 중심의 개혁이었다.
④ 농지개혁은 1949년에 입법되어 1950년에 실시되었다.

Answer   07.②   08.③

09 다음 연표의 ㉠~㉣과 관련된 설명으로 옳지 않은 것은?

1945. 2.	서울에서 ㉠'신탁통치 반대 국민 총동원 위원회' 결성
1946. 6.	이승만, 정읍에서 남한 단독 정부 수립 주장
1947. 7.	㉡제2차 미·소 공동위원회 결렬
1947. 11.	유엔 총회, 한국 총선안·유엔 한국 임시위원단 설치안 가결
1948. 11.	유엔 한국 임시위원단 내한, 소련측 입북 거부
1948. 4.	㉢제주도 4·3 사건 발발, 김구·김규식, 남북 대표자 연석 회의 참석
1948. 5.	국회의원 선거, 제헌국회 개원
1948. 8.	대한민국 수립 선포, ㉣이승만 정부 출범

① ㉠ – 모스크바 3국 외상회의의 결정에 반발하여 나타났다.
② ㉡ – 냉전체제의 대립구도가 적용되었다.
③ ㉢ – 5·10총선거를 저지하려는 시도에서 일어났다.
④ ㉣ – 좌·우익 세력을 통합하여 출범하였다.

> **TIPS!**
> 38도선을 경계로 한반도가 분단된 후 모스크바 3국 외상회의에서 한국을 최고 5년 동안 미·영·중·소 4개국의 신탁통치하에 두기로 결정하였다(1945. 2). 이 소식이 국내에 전해지자 전국적으로 반탁운동이 치열하게 전개되었다. 이러한 가운데 서울에서 미·소 공동위원회가 열렸으나 결렬되고, 이에 이승만은 1946년 6월에 정읍에서 남한만이라도 단독정부를 수립해야 한다는 주장을 펼쳤다. 1947년 제2차 미·소 공동위원회가 실패한 이후, 유엔 총회에서 유엔 감시하의 인구비례에 의한 남북한 총선거가 결의되었다. 그런데 이 결의가 인구가 적은 북한에게 불리하다고 생각한 소련은 유엔한국임시위원단의 북한 입국을 막았으며, 이에 유엔 소총회에서 남한만의 총선거가 가결되었다(1948. 2). 김구, 김규식 등은 단독선거를 막고 민족통일 문제를 논의할 목적으로 1948년 4월 평양에서 열린 남북대표자 연석회의에 참석하였으나, 결국 실패로 끝이 나고 1948년 5월 남한만의 총선거가 실시되어, 제헌국회가 구성되고 1948년 8월 15일 대한민국이 수립되었다.

10 다음 중 경제개발 5개년계획에 대한 설명으로 옳은 것은?

① 제1·2차 경제개발 5개년계획에서는 중화학공업의 육성에 주력하였다.
② 제3·4차 경제개발 5개년계획으로 공업구조가 중화학공업에서 경공업 중심으로 변화하였다.
③ 국내 산업의 수출의존도가 심해졌다.
④ 중소기업에 대한 지원으로 자본의 집중이 완화되었다.

> **TIPS!**
> 1·2차 경제개발 5개년계획은 경공업의 신장에 주력하였으며, 3·4차 경제개발 5개년계획은 공업구조가 경공업에서 중화학공업으로 변화하였다. 국내 자본이 축적되어 외국 자본에 의존하던 자본구조가 어느 정도 개선되었으며, 소수 재벌에 의해 자본의 집중이 심화되었다.

Answer 09.④ 10.③

11 다음의 내용에 대한 설명으로 올바른 것은?

> 농가나 부재지주가 소유한 3정보 이상의 농지는 국가가 매수하고, 국가에서 매수한 농지는 영세농민에게 3정보를 한도로 분배하였다. 그 대가를 5년간에 걸쳐 보상토록 하였다.

① 북한의 토지개혁에 영향을 주었다.
② 무상몰수, 무상분배의 원칙하에 전개되었다.
③ 토지국유제에 입각하여 경작권을 나누어주었다.
④ 많은 농민들이 자기 토지를 소유하게 되었다.

 TIPS!

제시된 내용은 대한민국 정부수립 직후에 단행된 농지개혁법의 내용이다. 이 시기 농민의 대부분은 소작농이었으므로 농지개혁을 실시하여 소작농들이 어느 정도 자기 농토를 소유하게 되었다.
① 남한의 농지개혁에 대한 설명이다.
② 유상몰수, 유상분배의 원칙하에 실시되었다.
③ 토지국유제가 아니었으며, 소유권을 나누어 준 것이다.

12 5 · 16군사정변 후 군사정부에 의해 재수정되어 1962년부터 제3 · 4공화국에 의하여 추진된 다음의 경제정책에서 우선적으로 고려된 경제정책의 원리를 고르면?

> 경제개발 5개년계획은 자본, 기술, 자원이 부족한 농업 위주의 경제상황을 극복하여 공업 위주의 산업구조를 형성하기 위한 것이었다. 정부 주도로 진행된 이 계획은 외국 자본을 유치하여 산업설비와 원료를 수입하여 값싼 국내의 노동력을 통해 수출을 증대시키는 방식으로 진행되었다. 따라서 정부는 대외경쟁력을 높이기 위하여 임금을 규제하고, 유망 기업에 대한 정부차원의 특혜적 투자를 실시하였다.

① 형평성 위주의 경제정책
② 국민경제의 대외적 자율성
③ 민간경제의 활성화 추진
④ 효율성 위주의 경제정책

 TIPS!

경제개발 5개년계획은 성장, 공업, 수출을 우선시한 정부주도형 정부개발정책으로 효율성 위주의 경제정책이었다.

Answer 11.④ 12.④

13 다음 중 한국의 노동운동에 대한 설명으로 옳지 않은 것은?

① 노동운동이 활성화 된 것은 1990년대에 들어서면서부터이다.
② 1980년대 기업가들은 해외시장에서의 경쟁력 유지와 생산성을 높인다는 명분으로 저임금을 강요하였다.
③ 노동조건 개선에 대한 노동자들의 집단적인 요구에 대해서 정부는 이를 통제하였다.
④ 1980년대 중반기 이전, 정부는 노동자의 단체 교섭권과 단체 행동권을 크게 제한하였다.

> **TIPS!**
> 1987년 이후 우리 사회에서는 정치적인 민주화와 함께 노동운동도 활성화되었다.

14 다음을 바탕으로 정부가 추진한 시책을 바르게 추론한 것은?

> • 국민교육헌장을 선포하여 새로운 정신지표를 제시하였다.
> • 근면, 자조, 협동을 기본이념으로 새마을운동을 전개하였다.

① 복지사회의 건설　　　　　　　　② 국민의 정치참여 확산
③ 정의사회의 구현　　　　　　　　④ 국민의식의 개혁

> **TIPS!**
> 국민교육헌장의 선포와 새마을운동은 국민들의 의식개혁과 민족의식을 높이려는 목적에서 전개되었다.

15 다음 중 1960년대부터 진행된 산업화와 도시화의 결과로 옳지 않은 것은?

① 서비스산업의 종사자가 늘어났다.
② 가족제도가 붕괴되고 노동자문제가 나타났다.
③ 도시에 주택문제, 환경문제가 발생하였다.
④ 저곡가정책으로 농촌의 생활이 개선되었다.

> **TIPS!**
> ④ 수출주도형 경제개발로 인해 농업은 희생을 감수하였다. 산업화에 따른 노동자의 저임금정책을 뒷받침하기 위하여 저곡가정
> 책을 실시하였기 때문이다.

Answer 13.① 14.④ 15.④

PART

07

최근기출문제분석

2021. 4. 3. 소방공무원 채용

1 ㈎ 시대에 볼 수 있는 모습으로 가장 적절한 것은?

수행 평가 보고서

간석기

- 주제 : ㈎ 시대의 사회 변화
- 조사 내용 : 약 1만 년 전 빙하기가 끝나면서 한반도에는 오늘날과 유사한 자연환경과 기후가 나타나게 되었다. 당시 ㈎ 시대의 사람들은 강가나 바닷가에 머물면서 농경과 목축을 시작함으로써 조, 수수, 피 등 잡곡류를 생산할 수 있게 되었다. 또한 이들은 간석기 등의 정교한 돌 도구를 제작하기 시작하였다.

---

① 계절제를 주관하는 천군
② 가락바퀴를 사용하는 사람
③ 부족을 지배하는 읍군과 삼로
④ 비파형 동검을 보고 있는 군장

(Point)

㈎에 들어갈 시대는 신석기다. 신석기는 간석기를 도구로 사용하던 시대로, 빙하기가 끝난 약 1만 년 전(기원전 8,000년경)부터 시작되었다. 이 시대의 사람들은 농사를 짓고 목축을 했으며, 강가나 바닷가에 집(움집)을 짓고 정착 생활을 하였다.
② 가락바퀴(방추차)는 신석기 시대부터 청동기 시대까지 실을 만들 때 사용했던 도구이다.
① 삼한 – 철기 시대
③ 옥저와 동예 – 철기 시대
④ 청동기 시대

Ⓐnswer 1.②

2 ㈎ 나라에 대한 설명으로 옳은 것은?

> [㈎] 의 혼인하는 풍속은 여자의 나이가 10살이 되기 전에 혼인을 약속하고, 신랑 집에서는 (그 여자를) 맞이하여 장성하도록 길러 아내로 삼는다. (여자가) 성인이 되면 다시 친정으로 돌아가게 한다. 여자의 친정에서는 돈을 요구하는데, (신랑 집에서) 돈을 지불한 후 다시 신랑 집으로 돌아온다.
>
> －『삼국지』, 위서 동이전

① 농경과 관련하여 동맹이라고 하는 제천행사가 있었다.
② 대가들의 호칭에 말, 소, 돼지, 개 등의 가축 이름을 붙였다.
③ 단궁, 반어피(바다표범 가죽), 과하마 등의 특산물로 중국과 교역하였다.
④ 시체를 가매장하였다가 뼈만 추려 가족 공동 무덤인 큰 나무 덧널에 넣었다.

🔊 Point
제시된 사료의 내용은 옥저의 혼인 풍속인 민며느리제에 대한 설명이다.
④ 옥저는 가족 중 누군가가 죽으면 시체를 가매장하였다가 나중에 뼈만 추려서 가족 공동 무덤에 안치하는 골장제라는 장례 풍속이 있었다.
① 고구려 ② 부여 ③ 동예

3 밑줄 친 '왕'에 대한 설명으로 옳은 것은?

> 신라가 사신을 보내 왕에게 말하기를, "왜인이 그 국경에 가득 차 성을 부수었으니, 노객은 백성 된 자로서 왕에게 귀의하여 분부를 청한다."고 하였다. …… 10년 경자(庚子)에 보병과 기병 5만을 보내 신라를 구원하게 하였다. …… 관군이 이르자 왜적이 물러가므로, 뒤를 급히 추격하여 임나가라(任那加羅)의 종발성에 이르렀다. 성이 곧 귀순하여 복종하므로, 순라병을 두어 지키게 하였다.

① 태학을 설립하였다.   ② 대가야를 정복하였다.
③ 관산성에서 전사하였다.   ④ 독자적인 연호를 사용하였다.

🔊 Point
제시된 사료는 광개토대왕릉비의 내용으로, 밑줄 친 '왕'은 고구려의 광개토대왕이다. 광개토대왕은 재위 10년(400년) 신라에 군사를 파견하여 왜적을 물리쳤다.
④ 광개토대왕은 독자적인 연호로 '영락'을 사용하였다.
① 소수림왕(372년)
② 진흥왕(562년)
③ 성왕(554년)

Ⓐnswer, 2.④ 3.④

4 다음 내용을 실시한 왕의 업적으로 옳은 것은?

> • 1년, 병부령 군관을 죽이고 교서를 내렸다. "병부령 이찬 군관은 …… 반역자 흠돌 등과 교섭하여 역모 사실을 미리 알고도 말하지 않았다. …… 군관과 맏아들은 스스로 목숨을 끊게 하고, 이를 온 나라에 널리 알려라."
> • 9년, 정월에 명을 내려 내외관의 녹읍을 없애고 해마다 조(租)를 차등 있게 주었다.
>
> −『삼국사기』

① 삼국 통일을 이룩하였다.
② 국학을 설치하여 관료를 양성하였다.
③ 한강을 차지하고, 북한산에 순수비를 세웠다.
④ 국호를 신라로 확정하고, 왕의 호칭을 사용하였다.

Point

제시된 사료의 내용은 통일신라 신문왕의 업적으로, 김흠돌의 난(681년)과 녹읍 혁파(689년)에 대한 설명이다.
② 신문왕은 682년 국가 최고 교육 기관으로 국학을 설립하였다.
① 문무왕(676년)
③ 진흥왕(555년)
④ 지증왕(503년)

5 밑줄 친 '정책'에 해당하는 것은?

> 태조가 죽은 후 기반이 약했던 혜종이 왕위에 오르자 외척 세력 사이에 왕위 다툼이 벌어졌다. 왕권의 안정은 광종이 즉위한 이후 이루어졌다. 광종은 26년 동안 왕위에 있으면서 왕권 강화를 위해 여러 <u>정책</u>을 추진하였다.

① 정방을 폐지하였다.　　　　　　② 양현고를 설치하였다.
③ 과거제를 실시하였다.　　　　　④ 서경 천도를 추진하였다.

Point

밑줄 친 '정책'은 고려의 광종(재위 949∼975)이 실시한 왕권 강화 정책을 말한다.
③ 광종은 쌍기의 건의를 받아들여 과거제를 실시하였다.
① 정방은 최우 집권기였던 고종 12년(1225년)에 인사행정을 담당하기 위해 최우가 자신의 집에 설치한 기관으로, 존폐를 반복하다 고려 말인 창왕 때에 가서 완전히 폐지되었다.
② 예종은 관학의 진흥을 위하여 장학 재단인 양현고를 설치하였다(1119년).
④ 정종은 도참설에 따라 서경 천도를 추진하였다(949년). 인종 때인 1135년에도 묘청 등이 서경 천도 운동을 전개하였다.

Answer　4.② 5.③

6 다음 사건에 대한 설명으로 옳은 것은?

> 왕에게 건의하기를, "저희가 보니 서경 임원역의 땅은 음양가들이 말하는 대화세(大華勢)입니다. 만약 이곳에 궁궐을 세우고 수도를 옮기면 …… 금이 공물을 바치고 스스로 항복할 것이며, 36개 나라가 모두 신하가 될 것입니다."라고 하였다. …… 국호를 대위(大爲), 연호를 천개(天開), 그 군대를 천견충의군(天遣忠義軍)이라고 불렀다.
>
> ─『고려사』

① 김부식이 이끄는 관군에게 진압당하였다.

② 이자겸이 척준경을 끌어들여 난을 일으켰다.

③ 정중부, 이의방 등 무신들이 정권을 장악하였다.

④ 최우는 교정도감 외에 정방과 삼별초를 설치하였다.

🔊 **Point**

제시된 사료는 묘청의 난(1135년)에 대한 설명이다. 묘청은 서경 천도 운동이 실패하자 서경에 궁궐을 짓고 국호를 대위(大爲), 연호를 천개(天開), 군대를 천견충의군(天遣忠義軍)이라고 하며 난을 일으켰다.

① 묘청의 난은 발생 1년 만인 1136년 김부식이 이끄는 관군에게 진압당하였다.

② 이자겸의 난(1126년)

③ 무신 정변(1170년)

④ 최우 집권기(1219~1249년)

7 (개)와 (나) 사건 사이에 있었던 사실로 옳은 것은?

> (개) 강감찬이 산골짜기 안에 병사를 숨기고 큰 줄로 쇠가죽을 꿰어 성 동쪽의 큰 개천을 막아서 기다리다가, 적이 이르자 물줄기를 터뜨려 크게 이겼다.
>
> (나) 윤관이 새로운 부대를 창설했는데, 말을 가진 자는 신기군으로 삼았고, 말이 없는 자는 신보군 등에 속하게 하였으며, 승려들을 뽑아 항마군으로 삼았다.

① 여진을 몰아내고 동북 9성을 설치하였다.
② 공을 세운 신하들에게 역분전을 지급하였다.
③ 압록강에서 도련포에 이르는 천리장성을 축조하였다.
④ 친원적 성향이 강한 권문세족이 지배세력으로 등장하였다.

📢 **Point**
(개) 강감찬의 귀주대첩(1018년)
(나) 윤관의 별무반 창설(1104년)
③ 천리장성은 거란의 3차 침입 이후인 1033~1044년에 축조되었다.
① 동북 9성(1107년)
② 역분전 지급(940년)
④ 권문세족의 성장(원 간섭기)

8 (개)에 들어갈 기관은?

> 고려는 백성의 생활을 안정시키기 위한 여러 정책을 추진하였다. 가난한 백성을 진료하고, 의탁할 곳이 없는 백성들을 돌보기 위해 개경에 [개]을 설치하였다.

① 의창　　　　　　　　　　　② 흑창
③ 상평창　　　　　　　　　　④ 동·서 대비원

📢 **Point**
(개)에 들어갈 기관은 동·서 대비원이다. 개경 동쪽과 서쪽에 하나씩 두 곳이 있어 동·서 대비원이라 하였다.
①② 흑창은 고려 태조 때 설치한 빈민 구제 기관으로, 이후 성종 때 와서 의창으로 개편되었다.
③ 상평창은 고려와 조선 시대의 물가 조절 기관으로, 풍년에 비싼 값으로 곡물을 사들였다가 흉년 때 값을 내려 팔아 물가를 조절하였다.

Ⓐnswer, 7.③ 8.④

9 ㈎에 들어갈 말로 옳지 않은 것은?

> 변징원에게 임금이 "그대는 이미 흡곡현령(歙谷縣令)을 지냈으니 백성을 다스리는 데 무엇을 먼저 하겠는가?"라고 물었다. 그는 "마땅히 칠사(七事)를 먼저 할 것입니다."라고 하였다. 임금이 말하기를 "이른바 칠사라는 것은 무엇인가?"라고 하니 변징원이 "칠사란 ㈎ 이 바로 그것입니다."라고 답하였다.
>
> – 『성종실록』

① 호구를 늘게 하는 것
② 학교 교육을 장려하는 것
③ 수령의 비리를 감찰하는 것
④ 공정하게 세금을 징수하는 것

> **Point**
>
> ㈎에는 조선 시대 수령이 지방을 통치할 때 힘써야 하는 7가지 임무인 수령 칠사(守令 七事)의 내용이 들어가야 한다. 수령 칠사는 『경국대전』이전(吏典) 고과조(考課條)에 실린 내용으로, 구체적인 사항은 다음과 같다.
> - **농상성(農桑盛)** : 농상을 성하게 하는 것
> - **호구증(戶口增)** : 호구를 늘게 하는 것
> - **학교흥(學校興)** : 학교 교육을 장려하는 것
> - **군정수(軍政修)** : 군정을 닦는 것
> - **부역균(賦役均)** : 역의 부과를 균등하게 하는 것
> - **사송간(詞訟簡)** : 소송을 간명하게 하는 것
> - **간활식(奸猾息)** : 교활하고 간사한 버릇을 그치게 하는 것

10 ㈎에 대한 설명으로 가장 옳은 것은?

> 명칭은 '변방의 방비를 담당하는 것'이라고 하면서 과거에 대한 판하(判下)나 비빈(妃嬪)을 간택하는 등의 일까지도 모두 여기를 경유하여 나옵니다. 신의 어리석은 생각으로는 ㈎ 을/를 혁파하는 것이 상책이라 생각합니다.
>
> – 『효종실록』

① 임진왜란 중에 설치되었다.
② 흥선 대원군 때 축소·폐지되었다.
③ 여론을 이끄는 언론 활동을 하였다.
④ 붕당 정치가 형성되는 배경이 되었다.

> **Point**
>
> '변방의 방비를 담당하는 것'을 통해 ㈎는 비변사임을 알 수 있다.
> ② 흥선 대원군은 왕권 강화를 위해 비변사를 혁파하고 의정부와 삼군부의 기능을 부활시켰다.
> ① 비변사는 삼포왜란을 계기로 중종 12년인 1517년에 설치되었으며, 임진왜란 때 권한과 기능이 강화되었다.
> ③ 여론을 이끄는 언론 활동을 한 기관은 삼사(사헌부·사간원·홍문관)이다.
> ④ 붕당 정치가 형성되는 직접적인 배경이 된 것은 1575년 이조전랑직을 둘러싼 김효원과 심의겸의 반목이다.

Answer, 9.③ 10.②

11 ㈎ 인물에 대한 설명으로 옳은 것은?

> ㈎ 은/는 『성학십도』와 『주자서절요』 등을 저술하여 주자의 학설을 당시 사회 현실에 맞게 체계화하였다. 특히 『성학십도』는 태극도 등 10개의 그림과 설명이 들어가 있는 책으로, 당시 임금이었던 선조가 성군(聖君)이 되기를 바라는 마음에서 지어 올린 것이라고 한다.

① 여전론을 주장하였다.
② 강화 학파를 형성하였다.
③ 일본의 성리학 발달에 영향을 주었다.
④ '이'와 '기'를 통일적으로 이해하면서 '기'를 중시하였다.

🔊 **Point**

㈎에 들어갈 인물은 퇴계 이황이다.
③ 퇴계 이황의 사상은 임진왜란 이후 일본으로 전해져 일본의 성리학 발달에 영향을 주었다.
① 여전론 – 정약용
② 강화 학파 – 정제두를 비롯한 양명학자들
④ 주기론 – 율곡 이이

12 밑줄 친 '반란'에 대한 정부의 대책으로 옳은 것은?

> 이번에 진주의 난민들이 큰 소동을 일으킨 것은 오로지 백낙신이 탐욕을 부려 백성들을 수탈하였기 때문입니다. 병영에서 이미 써 버린 환곡과 전세 6만 냥 모두를 집집마다 배정하여 억지로 받아내려 하였습니다. 이로 인해 진주 지역의 인심이 들끓게 되었고 많은 사람들의 분노가 폭발하여 결국 큰 반란이 발생하게 되었던 것입니다.
>
> － 『철종실록』

① 호패법을 도입하였다.　　　　　　　② 집강소를 설치하였다.
③ 연분9등법을 마련하였다.　　　　　④ 삼정이정청을 설치하였다.

🔊 **Point**

밑줄 친 '반란'은 조선 철종 13년인 1862년에 진주에서 시작되어 전국으로 확산한 진주민란을 말한다.
④ 정부는 진주민란의 진상을 조사하기 위해 안핵사로 박규수를 파견하였으며, 삼정의 문란을 바로잡기 위해 삼정이정청을 설치하였다.

ⓐ**Answer,**　11.③　12.④

13 다음 사건에 대한 설명으로 옳은 것은?

> 이날 밤 우정국에서 낙성연을 열었는데 총판 홍영식이 주관하였다. 연회가 끝나갈 무렵 담장 밖에 불길이 일어나는 것이 보였다. 이때 민영익도 우영사로서 연회에 참가하였다가 불을 끄기 위해 먼저 일어나 문 밖으로 나갔다. 밖에 흉도 여러 명이 휘두른 칼을 맞받아치다가 민영익이 칼에 맞아 당상 위로 돌아와 쓰러졌다.…… 왕이 경우궁으로 거처를 옮기자 각 비빈과 동궁도 황급히 따라갔다. …… 깊은 밤, 일본 공사가 군대를 이끌고 와 호위하였다.
>
> – 『고종실록』

① 한성 조약 체결의 계기가 되었다.
② 보국안민, 제폭구민을 기치로 내걸었다.
③ 최익현 등의 유생들에 의해 주도되었다.
④ 구식 군인에 대한 차별 대우가 발단이 되었다.

🔊 **Point**

제시된 사료의 내용은 1884년에 일어난 갑신정변에 대한 설명이다. 갑신정변은 청군의 무력공격에 패배함으로써 삼일천하(三日天下)로 끝을 맺었는데, 김옥균, 박영효 등 개화당 일파가 일본으로 망명하자 분개한 민중은 일본 공사관에 불을 지르고 일본 거류민을 살해하였다. 이에 일본은 조선의 사과와 일본 공사관 신축비 및 배상금을 요구하였고 이것을 계기로 한성 조약을 체결하였다.

② 동학 농민 운동에 대한 설명이다. 동학 농민군은 백산에 집결하여 보국안민(나라 일을 돕고 백성을 편안하게 한다), 제폭구민(폭도를 제거하고 백성을 구한다)의 기치를 걸고 격문 발표하였다.

③ 위정척사운동은 최익현, 이항로, 기정진 등 보수적인 유학자를 중심으로 형성된 반침략·반외세의 정치사상이다.

④ 임오군란은 구식군인에 대한 차별대우가 발단이 되어 발생하였다.

Ⓐnswer, 13.①

14 ㈎ 단체의 활동에 대한 설명으로 옳은 것은?

> 대한 제국 수립을 전후하여 [㈎]은/는 열강의 이권 침탈에 반대하는 운동을 전개하였다. 러시아는 군사 교관과 재정 고문을 파견하여 내정 간섭을 하고 절영도 조차와 한러 은행 설립 등을 요구하였다. 이에 [㈎]은/는 민중 대회인 만민 공동회를 열어 적극적인 반대 운동을 전개하였고, 고종은 이에 힘입어 러시아의 요구를 거절하였다.

① 만주에 독립군 기지를 마련하였다.
② 고종 퇴위 반대 운동을 전개하였다.
③ 일본의 황무지 개간권 요구에 반대하였다.
④ 자유 민권 운동과 의회 설립 운동을 추진하였다.

📢 Point

㈎에 해당하는 단체는 1896년에 설립된 독립 협회이다. 독립 협회는 자주 국권, 자유 민권, 자강 개혁 사상에 의해 민족주의 · 민주주의 · 근대화 운동을 전개한 사회정치단체이다.
④ 독립 협회는 자유 민권 운동으로 국민의 기본권 확보 운동, 국민 참정 운동, 의회 설립 운동 등을 전개하였다.
① 신민회
② 대한 자강회
③ 보안회

15 ㈎~㈑의 사건을 발생 순서대로 옳게 나열한 것은?

> ㈎ 봉오동 전투   ㈏ 자유시 참변
> ㈐ 청산리 대첩   ㈑ 3부 통합 운동

① ㈎ → ㈐ → ㈏ → ㈑
② ㈎ → ㈐ → ㈑ → ㈏
③ ㈑ → ㈎ → ㈐ → ㈏
④ ㈑ → ㈏ → ㈎ → ㈐

Ⓐnswer, 14.④ 15.①

㈎ **봉오동 전투**(1920년 6월) : 중국 지린성 왕칭현 봉오동에서 홍범도 등이 이끈 독립군 연합 부대가 일본군을 무찌르고 크게 승리한 전투이다.

㈐ **청산리 대첩**(1920년 10월) : 김좌진 등이 지휘하는 북로 군정서군과 홍범도 등이 이끄는 대한독립군을 주력으로 한 독립군 부대가 청산리에서 일본군을 대파한 전투이다.

㈏ **자유시 참변**(1921년 6월) : 봉오동 전투와 청산리 대첩에서 크게 패한 일본군은 독립군의 활동 근거지를 파괴하고 간도의 한 인을 무차별 학살하였다(간도 참변). 이를 피해 러시아의 스보보드니(Svobodny) 지역으로 들어갔던 독립군들이 러시아 군대에 의해 학살당하고 무장 해제되는 사건이 발생하였다. 러시아어로 '스바보다(Svoboda)'가 '자유'라는 뜻이라서 자유시 참변이라고 부르게 되었다.

㈑ **3부 통합 운동**(1928~1929년) : 각각 자치 정부 성향을 보이는 참의부, 정의부, 신민부의 3부를 하나로 통합하고자 하는 운동으로 1928년에 혁신의회가, 1929년에 국민부가 설립되었다.

16 다음 법령과 관련된 사업의 결과로 옳지 않은 것은?

> 제4조 토지 소유자는 조선 총독이 정하는 기간 내에 주소, 성명, 명칭 및 소유지의 소재, …… 결수를 임시 토지 조사 국장에게 신고해야 한다.
> 제17조 임시 토지 조사국은 토지 대장 및 지적도를 작성하고, 토지의 조사 및 측량에 대해 사정으로 확정한 사항 또는 재결을 거친 사항을 이에 등록 한다.
>
> – 조선 총독부, 『조선 총독부 관보』

① 조선 총독부의 지세 수입이 증가하였다.
② 소작인들이 경작권을 인정받지 못하였다.
③ 일본인 농업 이주민이 지주로 성장할 수 있었다.
④ 토지 소유권을 인정하는 증명서로 지계를 발급하였다.

제시된 사료는 일제가 1912년에 공포한 토지 조사령의 일부로, 1910~1918년까지 식민지적 토지 소유관계를 공고히 하고자 시행한 토지 조사 사업과 관련된다.
④ 양전 사업에 대한 설명이다.

Answer, 16.④

17 다음 강령을 발표한 단체에 대한 설명으로 옳은 것은?

> 1. 우리는 정치 · 경제적 각성을 촉구한다.
> 2. 우리는 단결을 공고히 한다.
> 3. 우리는 기회주의를 일체 부인한다.

① 민족 협동 전선의 성격을 표방하였다.
② 고등 교육 기관인 대학을 설립하고자 하였다.
③ 백정에 대한 차별을 철폐하는 운동을 전개하였다.
④ 어린이날을 제정하고, 잡지 『어린이』를 발간하였다.

🔊 Point

제시된 사료는 신간회의 강령이다. 신간회는 1927년 2월 '민족유일당 민족 협동 전선'이라는 표어 아래 좌 · 우익 세력이 합작하여 결성한 항일단체이다.
② 민립 대학 설립 운동 – 민립 대학 기성회(1923년)
③ 형평 운동 – 조선 형평사(1923년)
④ 소년 운동 – 천도교 소년회(1921년)

18 다음을 주장한 인물에 대한 설명으로 옳은 것은?

> 역사란 무엇이뇨? 인류 사회의 아(我)와 비아(非我)의 투쟁이 시간부터 발전하며 공간부터 확대하는 정신적 활동상태의 기록이니 …… 조선 역사라 함은 조선 민족의 그리되어 온 상태의 기록인 것이다.

① 『대한매일신보』에 「독사신론」을 발표하여 민족주의 사학의 연구방향을 제시하였다.
② 정약용 서거 99주년을 기념하며 『여유당전서』를 간행하면서 조선학을 제창하였다.
③ 진단학회를 조직하고 철저한 문헌고증으로 한국사를 객관적으로 서술하려 하였다.
④ 유물 사관에 바탕을 두고 한국사가 세계사의 보편 법칙에 따라 발전하였다는 점을 강조하였다.

🔊 Point

제시된 사료는 신채호가 쓴 『조선상고사』의 일부이다.
② 1930년대에 안재홍, 정인보 등이 전개한 조선학 운동에 대한 설명이다.
③ 진단학회는 1934년 이병도, 손진태 등을 중심으로 조직되었다.
④ 백남운에 대한 설명이다.

ⓐAnswer, 17.① 18.①

19 다음 성명이 발표된 계기로 옳은 것은?

> • 국민이 원한다면 대통령직을 사임할 것이다.
> • 지난번 정·부통령 선거에서 많은 부정이 있었다고 하니 선거를 다시 실시하도록 지시하였다.
> • 선거로 인한 모든 불미스러운 것을 없게 하기 위하여 이미 이기붕 의장에게 공직에서 완전히 물러나도록 하였다.

① 6·3 시위가 전개되었다.　　　　　② 4·19 혁명이 발생하였다.
③ 한·일 협정이 체결되었다.　　　　④ 부·마 민주 항쟁이 일어났다.

Point

제시된 사료는 1960년 4·19 혁명을 계기로 발표된 이승만 대통령 하야 성명이다.
①③ 박정희 정부는 1964년부터 1965년까지 한일회담을 전개하고 한일협정을 체결하였는데, 이에 반대하는 야당, 지식인, 학생들이 6·3 시위를 전개하였다.
④ 1979년 10월 16일부터 20일까지 부산 및 마산 지역을 중심으로 박정희 유신독재에 반대하는 항쟁이 민주 발생하였다.

20 다음 헌법이 적용된 시기에 일어난 사건으로 옳은 것은?

> 제39조 대통령은 통일 주체 국민 회의에서 토론 없이 무기명 투표로 선거한다.
> 제40조 통일 주체 국민 회의는 국회의원 정수의 3분의 1에 해당하는 수를 선거한다.
> 제53조 대통령은 천재지변 또는 중대한 재정·경제상의 위기에 처하거나, 국가의 안전 보장 또는 공공의 안녕질서가 중대한 위협을 받을 우려가 있어 신속한 조치를 할 필요가 있다고 판단할 때에는 내정·외교·국방·경제 등 국정 전반에 걸쳐 필요한 긴급 조치를 할 수 있다.

① 윤보선이 대통령직에서 물러났다.　　② 국가 재건 최고 회의를 만들었다.
③ 3·1 민주 구국 선언을 발표하였다.　④ 고위 공무원의 재산 등록을 의무화하였다

Point

제시된 사료는 1972년 10월 17일에 선포되어 동년 12월 27일에 공포·시행된 유신헌법(제7차 개헌)의 일부이다. 유신헌법은 제8차 개헌이 이루어진 1980년 10월 27일까지 적용되었다.
③ 1976년 3월 1일 윤보선, 김대중 등이 긴급조치 철폐와 민주 인사 석방 등을 요구하는 3·1 민주 구국 선언을 발표하였다.
① 윤보선이 대통령직에서 물러난 것은 1962년 3월이다.
② 5·16으로 정권을 장악한 박정희는 군사혁명위원회를 구성하여 입법·사법·행정의 3권을 장악하여 국회와 지방의회를 해산하였는데, 이후 5월 19일 군사 혁명 위원회를 국가 재건 최고 회의라고 개칭하였다.
④ 고위 공무원의 재산 등록을 의무화한 것은 김영삼 정부(1993년 2월~1998년 2월) 때의 일이다.

Answer, 19.② 20.③

당신의 꿈은 뭔가요?

MY BUCKET LIST !

꿈은 목표를 향해 가는 길에 필요한 휴식과 같아요.

여기에 당신의 소중한 위시리스트를 적어보세요. 하나하나 적다보면 어느새 기분도

좋아지고 다시 달리는 힘을 얻게 될 거예요.

- ☐ _____
- ☐ _____
- ☐ _____
- ☐ _____
- ☐ _____
- ☐ _____
- ☐ _____
- ☐ _____
- ☐ _____
- ☐ _____
- ☐ _____
- ☐ _____
- ☐ _____
- ☐ _____
- ☐ _____
- ☐ _____
- ☐ _____
- ☐ _____
- ☐ _____
- ☐ _____
- ☐ _____
- ☐ _____
- ☐ _____
- ☐ _____
- ☐ _____
- ☐ _____

- ☐ _____
- ☐ _____
- ☐ _____
- ☐ _____
- ☐ _____
- ☐ _____
- ☐ _____
- ☐ _____
- ☐ _____
- ☐ _____
- ☐ _____
- ☐ _____
- ☐ _____
- ☐ _____
- ☐ _____
- ☐ _____
- ☐ _____
- ☐ _____
- ☐ _____
- ☐ _____
- ☐ _____
- ☐ _____
- ☐ _____
- ☐ _____
- ☐ _____
- ☐ _____

창의적인 사람이 되기 위해서

정보가 넘치는 요즘, 모두들 창의적인 사람을 찾죠.
정보의 더미에서 평범한 것을 비범하게 만드는 마법의 손이 필요합니다.
어떻게 해야 마법의 손과 같은 '창의성'을 가질 수 있을까요. 여러분께만 알려 드릴게요!

01. 생각나는 모든 것을 적어 보세요.

아이디어는 단번에 솟아나는 것이 아니죠. 원하는 것이나, 새로 알게 된 레시피나, 뭐든 좋아요.

떠오르는 생각을 모두 적어 보세요.

02. '잘하고 싶어!'가 아니라 '잘하고 있다!'라고 생각하세요.

누구나 자신을 다그치곤 합니다. 잘해야 해. 잘하고 싶어.

그럴 때는 고개를 세 번 젓고 나서 외치세요. '나, 잘하고 있다!'

03. 새로운 것을 시도해 보세요.

신선한 아이디어는 새로운 곳에서 떠오르죠. 처음 가는 장소, 다양한 장르에 음악, 나와 다른 분야의 사람.

익숙하지 않은 신선한 것들을 찾아서 탐험해 보세요.

04. 남들에게 보여 주세요.

독특한 아이디어라도 혼자 가지고 있다면 키워 내기 어렵죠.

최대한 많은 사람들과 함께 정보를 나누며 아이디어를 발전시키세요.

05. 잠시만 쉬세요.

생각을 계속 하다보면 한쪽으로 치우치기 쉬워요. 25분 생각했다면 5분은 쉬어 주세요.

휴식도 창의성을 키워 주는 중요한 요소랍니다.